识干家

企業閱讀　學以致用

跟我们学建流程体系

陈立云　罗均丽◎著

 中华工商联合出版社

图书在版编目（CIP）数据

跟我们学建流程体系/陈立云，罗均丽著. —北京：
中华工商联合出版社，2014. 8
ISBN 978-7-5158-0986-1
Ⅰ. ①跟…　Ⅱ. ①陈…　②罗…　Ⅲ. ①企业管理—研究
Ⅳ. ①F270

中国版本图书馆 CIP 数据核字（2014）第 140346 号

跟我们学建流程体系

作　　者：陈立云　罗均丽
责任编辑：于建廷　高　尚
责任审读：郭敬梅
封面设计：久品轩设计
责任印制：迈致红
出版发行：中华工商联合出版社有限责任公司
印　　刷：河北宝昌佳彩印刷有限公司
版　　次：2014 年 8 月第 1 版
印　　次：2022 年 11 月第 2 次印刷
开　　本：787 × 1092 毫米　1/16
字　　数：270 千字
印　　张：17. 75
书　　号：ISBN 978-7-5158-0986-1
定　　价：88. 00 元

服务热线：010 – 58301130
团购热线：010 – 58302813
地址邮编：北京市西城区西环广场 A 座
19 – 20 层，100044
http：//www. chgslcbs. cn
E-mail：cicap1202@ sina. com（营销中心）
E-mail：gslzbs@ sina. com（总编室）

博瑞森图书：企业阅读　本土实践

亲爱的读者朋友：

也许您是博瑞森图书的老读者，也许是新朋友，欢迎您阅读博瑞森图书！

当今中国，各行各业都存在着转型升级的压力与机遇。博瑞森图书与您一同应对转型挑战并发现其带来的机遇。

我们一直在问：什么样的书能为您解决管理难题并带来启发？

我们一直在找：哪些作品能帮助企业从跟随到领先？

我们一直在做：把最好的作品以最便捷的方式呈现给您，纸质版、电子版、听读版、书摘邮件、微信……

我们策划图书的原则是：

• 企业阅读——与您一样，做水中的游泳者，而非岸上的观众或教练，企业的困惑就是我们的任务。

• 本土实践——与您一样，立足本土环境，追求卓越实践，传播最适合当下中国企业的管理之道。

我们也向所有的企业管理者、管理咨询专家和企业研究者征稿，让更多被实践检验的好思想、好方法迸发出来，为企业助力！您可以将个人简介、博客链接、文章等相关资料发送到 bookgood@126.com 或 QQ：1963328416，我们将会协助您出版作品（绝非“自费出书”，不向作者收取任何费用）。

如果有一天，您把博瑞森图书视为您优秀的事业伙伴、管理助手，我们也就实现了自己的梦想。

博瑞森图书

010－51900529

bookgood@126.com

突破流程体系建设的瓶颈

四年前，本着“总结提炼，共享交流”的原则，我和金国华先生共同完成了《跟我们做流程管理》一书的编著。图书出版之后，我没有向任何熟人推销此书，甚至没提起过这件事情，因为担心该书的理论高度不够，方法论的先进性与实用性不足，抱着让读者自由选择的心态接受市场的检验。然而，我没有想到该书发行之后成为畅销书，并得到了广大读者的积极反响与好评，甚至在很多公司内部成为流程管理的培训教材。

《跟我们做流程管理》的出版改变了我对写书的看法，一是：一本好书的价值意义重大，如果能够成功启发一个人，也许一句话也会带来一个企业流程管理水平的全面提升，也许将一个经验成功应用于流程管理项目中，就会给企业带来十万、百万、千万甚至上亿元的收益。二是：要继续坚持实战分享的定位，不必强求理论严密性与先进性，更多地分享实践，分享感悟，分享从实践总结出来的方法论，这是当前国内企业流程管理工作最需要的。

《跟我们做流程管理》上市已经四年了，在这四年间，笔者一直没有离开流程管理的领域，其中积累了华为公司流程管理工作实战及 AMT 流程管理咨询工作经验。在这期间笔者对于流程管理有了新的理解与认识，有了更为丰富与广泛的实践，思考更加深入，对于流程管理方法论也有了长足的进步与完善。

在为企业提供流程管理咨询服务的过程中，我们深刻感受到流程管理得到越来越多企业的重视，并且快速地在国内企业推广开来。同时也发现，企业推行流程管理工作迫切需要更加专业、更加丰富、更加深入的方法论进行指导。《跟我们做流程管理》已经无法满足企业流程管理深化推行的要求，读者普遍的感受是内容不够深入，工具不够丰富，案例不够充足。

在读者的期盼下，在博瑞森公司张总的支持下，我决定与同事罗均丽女士共同对《跟我们做流程管理》一书进行升级。针对重点章节进行充分展开，深入阐述，力图达到把理论讲透，把方法与工具细化到可以指导操作。《跟我们做流程管理》一书升级后，将会成为系列丛书。《跟我们学建流程体系》是《跟我们做流程管理》系列丛书的第一本，对应原书的章节是“流程规划”及“流程治理机制建设”，这是企业开展流程管理体系最难也是最重要的部分。本书重点解决企业如何构建科学有效的流程体系，如何规划战略导向、先进的流程架构模式，如何建立以客户为中心的流程型组织。

与上一版《跟我们做流程管理》对比主要有以下 3 个特点：

1. 根据最近四年的实践与总结，对流程管理的方法论进行修改与完善，重点丰富笔者所接触的流程管理最佳实践。修改后的流程管理方法论将会更关注落地，更关注如何与业务紧密结合，更关注操作层的工具与方法。

2. 对流程管理方法论进行细化，力求把方法论与工具讲细、讲透，达到真正能够指引操作的目的，尽量避免读者看完之后还是无从下手，而是能够马上行动起来。

3. 通过增加企业实践及咨询案例的分享，将流程管理理念与方法论讲得更直白、更透彻、更形象，在保持一定专业性的基础上，力争做到通俗、易读、易懂。案例比理论及方法论可读性更强，更有带入感，能够更好地启发读者并引起共鸣。

本书主要面向的读者群体包括以下三类人员：

1. 企业的各级管理者

万科总裁郁亮说，管理者首要任务是管事，然后才是管人。企业规模越大，市场竞争越激烈，管理复杂度越高的情况下，对于管理者管理能力要求越高。

在传统的职能管理环境下，管理者只要具备充分的专业能力，就能够把所在职能领域的事情管好。然而在卖方经济、网络经济、客户体验经济时代，要把事情管好，管理者面对的不再是单个职能领域，而是多个职能领域，是一条跨部门的价值链条。因此，管理者核心能力已经不在于专业能力本身，而在于系统管理能力，万科集团曾经提倡类似的能力：整合资源能力。

笔者认为，企业运营管理系统的构建应当是以流程为主线，集成各类管理要素形成的一体化流程体系。而系统管理能力的核心是流程体系管理能力，而流程体系管理能力的核心是如何构建流程体系架构，如何建立流程体系有效运行，以及持续改进的长效机制，我们称之为：流程架构规划能力及流程治理机制设计能力。

本书旨在帮助企业中高层管理者在面对由多个流程组成的复杂管理系统时，如何为流程体系构建一套稳定、卓越、可持续的流程架构，确保流程体系结构上的先进性；如何构建一套有效驱动这个流程体系高效运营的治理机制，确保流程体系能够有效运行，并产生预期的高绩效。笔者认为，管理者的流程架构规划能力及流程治理机制设计能力越强，管理者对于管理体系的驾驭能力就会越强，就能够找到“韩信点兵，多多益善”的感觉，面对再大、再复杂的系统都能够掌控，实现从将才到帅才的转变。

2. 管理咨询顾问

每当笔者看到咨询顾问输出的流程缺乏架构支撑，是职能导向而不是流程导向，是控制导向而不是客户导向的时候，就会为客户感到痛心，这种违背流程管理本质的架构是很难满足企业需求的，也注定会以失败而告终。

流程管理类的咨询项目是管理咨询业务中占比非常大的一块，所以，几乎管理咨询顾问都会涉及流程管理咨询项目。同时几乎任何管理咨询项目都会涉及流程，而且相关流程的设计是决定管理咨询方案能否成功落地的关键，所以流程管理咨询能力是管理咨询顾问必备的核心能力之一。

本书对于如何开展流程规划及流程治理机制建设给出的方法论、工具、模板，大都来源于实践，而且描述深入细节、具体详实，都可以拿来即用，可以直接指导咨询项目实施。如能够结合管理咨询顾问自身的个人经验进行适当修改，应用效果更佳。

3. 企业流程管理专业人员

企业流程管理专业人员担负着公司流程体系建设、推行与持续改进的职责。然而如何开展流程架构规划，如何构建有效的流程治理机制，往往是企业流程管理专业人员面临的最大挑战。一方面由于这两块工作相对有高度，另一方面可借鉴的理念、方法及案例不多。本书将笔者从事多年企业流程管理实践及流程管理咨询工作的经验与感悟进行了系统的梳理与提炼，相信对于企业流程管理专业人员开展流程体系管理有一定的参考价值。

本书一如既往地保持实战风格，对于在阅读本书过程中或在流程管理实际工作中存在的困惑、意见及建议，欢迎大家及时沟通、联系、批评与指正。期待本书能够帮助读者突破流程体系建设的瓶颈，如果真地做到了，则是本书最大的价值，也是对我们最好的激励与肯定。

陈立云　罗均丽

从结构化思维说起

不论是在工作中还是在生活中，大家都会面临这样的困境：放眼望去都是问题，多如牛毛，问题之间的关系错综复杂，相互影响，牵一发而动全身，要解决这些问题，感觉无从下手，理不出头绪。

在这种时候，我们最需要的就是通过结构化思维来整理思路，将问题分类，分层分级，理出头绪，确定重点，找到关键。通过结构化分析，往往会发现，最根本最重要的问题往往只有一个，然后集中资源进行攻克。

结构化思维是管理咨询顾问的核心能力之一，也是优秀管理者的必备能力。概括而言，结构化思维的三个步骤就是：确定目标——分析资源——制订计划。管理者需要通过结构化思维为一个系统建立清晰、稳定的结构，有了这个结构之后，让管理体系从零散到系统，从无序到有序，从低效到高效。

结构为王，架构力决定了管理者的格局，决定了管理者能够管控的范围，一旦理清了结构，管理就能够顺畅、有序且简单。在企业管理中，结构无处不在，简单列举如下：

一、5W1H 分析法

它是一种思考方法，也可以说是一种创造技法。是对选定的项目、工序或操作，从原因（WHY）、对象（WHAT）、地点（WHERE）、时间

(WHEN)、人员（WHO）、方法（HOW）等六个方面提出问题进行思考。这种看似很可笑、很天真的问话和思考办法，可使思考的内容深化、科学化。如表1所示：

表1　5W1H分析法

要素	现状如何	为什么	如何改善
What	生产什么	为什么生产这些产品	应该生产些什么产品
Why	什么目的	为什么基于这种目的	应该基于什么目的
Where	在哪干	为什么在那里干	应该在哪里干
When	何时干	为什么在那时干	应该在什么时候干
Who	谁来干	为什么由那人干	应该由谁来干
How	怎么干	为什么那样干	应该如何干

这种方法相对通用，也可以被借用到其他领域。例如，笔者之前与父母电话沟通时，总感觉没有太多的话讲，加上父母担心浪费话费，往往一两分钟结束，达不到与父母沟通的目的，于是套用5W1H法，采取如下句式：

最近做了什么？为什么想起做这件事情呢？您是去哪里办这件事情的？您是什么时候做的这件事情？您是和谁一块过去的？您办这件事情的过程是怎样的？有了这个句式之后，发现可以一下子把话匣子打开，与父母能够找到更多的话题，每次都感觉有聊不完的话题，能够比较全面的掌握他们的近况及情感。到了后来这个结构也就成了潜移默化的习惯，不用刻意从六个维度来编排问题了。

5W1H法同样可以应用到流程管理中，在描述流程中每一个活动的操作说明时，也可以用这种结构：

What：活动的加工对象是什么？

Why：活动的目的是什么？

Where：活动的操作地点在哪里？

When：活动什么时候开始？

Who：活动由谁来执行？

How：活动具体的操作程序或方法是什么？

二、5M1E 法

它是一种质量问题分析的结构，帮助质量管理者系统、全面地分析导致质量问题产生的根本原因。包括以下六个方面：

人（Man/Manpower）：操作者对质量的认识、技术熟练程度、身体状况等。

机器（Machine）：机器设备、工具的精度和维护保养状况等。

材料（Material）：材料的成分、物理性能和化学性能等。

方法（Method）：包括加工工艺、工装选择、操作规程等。

测量（Measurement）：测量时采取的方法是否标准、正确。

环境（Environment）：工作地的温度、湿度、照明和清洁条件等。

通常以因果图的方式进行，如图 1 所示：

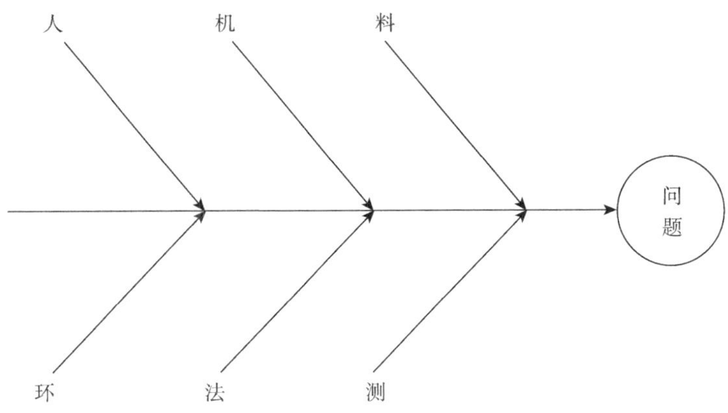

图 1　5M1E 法 - 因果示意图

在管理的不同业务领域类似的结构非常多，例如，战略规划领域的 PEST（Political System，Economic，Social，Technological）外部环境分析法，销售领域的 SPIN 销售法（Situation Questions，Problem Questions，Implication Questions，Need - Payoff Questions），供应链领域的 TQRDCES（技术，质量，响应，交货，成本，环境，安全）供应商绩效评估法，一级质量管理中的 PDCA（Plan，Do，Check，Action）法等。

结构无处不在，正是由于有了这些稳定的结构，使得复杂的、庞大的管理体系变得简单、有序，使得管理者能够做到系统管理，能够拿出整体解决方案，有效达成管理目标。同时，由于这些结构是高度抽象与概括出来的，所以结构是相对稳定的、可以重复使用的。

然而，并不是所有的管理体系都有现成的结构，也并不是每一个成熟的结构都可以简单地套用，因此对于企业管理者来说，结构化思维、架构构建能力（简称为架构力）至关重要。如果不能够为管理体系建立一个清晰、高效的结构，管理者就失去了对整个管理体系的掌控力，整个管理体系的运作肯定不是高效的。

目录

第一章　把握流程规划的本质

第二章　流程规划怎么做

第一章
把握流程规划的本质

马云说：“做企业赢在细节，输在格局。”流程管理也一样，流程管理首先要解决格局问题，然后才是细节。离开了格局，流程管理没办法成功，是没有灵魂的，是没有战略导向的，是没有模式上的优势的；离开了细节，再好的格局也是空中楼阁，无法落地，虽美丽但不真实，不能产生实实在在的价值。流程规划决定了流程管理的格局，本书就是围绕如何提升企业流程管理格局、建立战略导向的流程架构进行阐述的。

一、流程规划案例

案例 1：美的与华为流程架构领先实践

美的电器何老板以机制狂人著称，非常敢于并擅于分权，美的提出在非关键路径上放权管理，美的的分权手册备受业界推崇。

我在美的商用空调事业部综合管理部工作时，负责分权手册的动态管理。每半年，我们都会推动公司高层将相对成熟的业务决策权下放，要求领导聚焦例外管理，并将决策经验规则化、标准化。高管团队都具备极强的分权管理意识，会积极地配合管理部门做好分权手册修订工作。

我在美的工作的时候，深深地感受到分权的力度及带来的价值。企业有相当一部分流程是管控类的，管控类流程的本质是审批流。由于美的采取高度分权的管理模式，它的业务流程简洁、快速、高效。以我自身的经历来说，在我仍处于试用期阶段时，我曾负责造价 500 万元实验室的招标项目，我作为招标小组组长，有充分的权力来决策选择哪一家供应商，虽然我签完字后仍需总经理签字，但总经理主要是根据我的意见来决策。所以招标的压力与责任充分地传递到我这儿，将我的能量、积极性与主动性充分地激发出来。

分权在相当大的程度上支撑了美的的狼文化，支撑了美的的快速成长。在美的工作期间，我每天都在面临挑战并期待挑战，每天都在努力奔跑并享受奔跑的过程，每天都在学习并快速地转化到工作实践中。我曾经问过一位集团高管：一个毕业生在美的成长起来需要多久？他的回答是半年到一年。背后的原因何在？相当一部分要归功于分权为员工提供的工作机会，分权为员工带来的责任与压力，分权把员工团队激活了。

另外，美的高度重视跨部门之间流程接口的简化及流程处理过程的高效，如在制冷家电集团，美的曾推行过“1131”流程工作项目，关键要求如下：

（1）**一个接口**：集团各事业部之间，每个单项流程在每个单位只允许有一个接口，实现流程在各单位的单点接触，流程在各单位内部的流转由各单位负责进行处理。

（2）**一个工作日签批（反馈）**：每个流程控制点的停留时间最多一天。

（3）**三个签批控制点**：每个单项流程原则上为三个签批控制点，超过三个签批控制点的特殊流程倡导自主改善，尽可能压缩签批空间，并对相关签批控制点予以删减。

（4）**一个工作日反馈**：对于下达的工作任务在一个工作日内响应，向相关部门反馈执行或解决的时间进度。

由于美的分权结构是高效的，管理决策点低，决策点贴近业务一线，跨部门之间流程接口简洁，流程效率要求高，所以它的流程设计也是高效的，加上美的务实进取的企业文化，这样的流程支撑了美的的快速反应与高效率。

根据笔者咨询过程中接触的企业来看，企业大都采取的是高度集权的管理模式，通常是“总经理一支笔”，这种模式直接带来的是流程审批节点冗长，实际管控形同虚设，管理责任上交，总经理呕心沥血，其他管理干部压力强度不足，被动执行。在跨部门之间流程接口上，大多数企业同一个部门或经营单元做不到接口唯一，相反是按照组织管理层级，层层审核。

例如，一个流程如果会签涉及10个职能部门，如果职能条线上有4个管理层级（员工、室主任、部门经理、分管副总），则在会签环节，流程将要经历40个环节，用美的的做法，只需要4个节点。在流程节点时效上，相当一部分企业是没有明确的时效标准的，一个简单的流程走上半个月，甚至一个月是很正常的，与美的相比，效率差距明显。

与其他大多数企业对比，我明显感觉到美的的人员配备是非常精简的，人均效率处于较高的水平上，其背后是由流程的结构（分权结构+部门接口结构）决定的。

在做流程管理咨询的时候，面对业务审批流程的优化，我通常不会直接进入具体某个业务流程来讨论如何进行优化，我会要求客户提供其分权手册，统计不同层级决策权比例，分析公司集、分权情况。

如果公司是高度集权的，首先，我会与企业讨论分权结构的优化，即多少比例的决策事项应当交给最高决策者来负责，多少比例应交给副总层级决策，多少决策权在中层，多少决策权可以放在业务人员身上。坦白说，如果分权结构上不做优化，企业的流程肯定是沿着组织架构阶梯逐层爬到总经理去决策，流程效率一定是低下的。

所以在做管控类流程设计时，其效率关键取决于企业的分权结构，而不在于单个审批流程的设计。要提升管控流程效率，首要解决的是分权结构的优化，即如何在保证可控的前提下，将决策点前移，让“听得到炮声的人呼唤炮火”。无疑美的集团是这方面的标杆。

而当我进入华为工作一段时间之后，我又一次感受到结构对于企业流程管理的价值，提升了对流程管理认识的高度。

在我刚进入华为公司参加某流程优化专项讨论会议时，10名项目成员对于“专业评审人”的英文翻译用“professional reviewer”，还是“functional reviewer”，组织专题讨论一下午，最终还没有定论。

我当时非常的纳闷与不解：这么简单的事情需要讨论吗？定哪个都行呀，没有本质的区别，为什么要如此吹毛求疵？决策程序也太复杂了吧？如此一个小事有必要组织这么大规模的会议来讨论吗？决策效率未免也太低了。我暗自在想，这效率不要说比不上美的，甚至连大多数沿海民营企业也比不上；华为作为中国最优秀的民营企业，作为流程管理最领先的国内企业，也太名不符实了，实在让人失望。

随着我在华为工作时间的增长，我对华为公司流程管理的认识也越来越深刻，后来我终于解开了心中的疑惑。华为在众多国际级咨询公司的帮助下，在借鉴业界领先实践的基础上，结合自身实际情况，完成了流程架构的整体设计与持续优化，从而保证了流程体系在结构上处于领先水平。

（1）每一个一级流程都是端到端设计的，都是直指利益相关方价值创造需求的，而不是被职能割裂成一段一段的流程碎片。

（2）在高阶流程架构设计中引入了最佳业务模型，如IPD（集成产品研发）、ISC（集成供应链）等，从流程结构上实现了整体优化。

（3）真正做到了“横向拉通，纵向集成”，让公司流程体系成为一个目标一致、主次分明的整体。

（4）体现华为的中长期战略发展要求，将战略所需的核心能力落实到架构设计里。

首先，由于华为在流程架构设计上的先进性，从格局上已经与绝大多数国内企业拉开了差距：研产销价值链高度协同，一体化运作；前、中、后台一体化运作；业务模式设计为卓越级，直接采取业界最佳实践；流程体系与战略相对接。从结构上保证了华为公司整体的卓越运营。我在华为公司的最大感受之一就是：在某个点上，你看不出华为的优势，但在整体链条上，在公司整体运营上，华为的优势非常明显。

另外，由于华为采取全球统一流程的策略，对于近200个国家和地区原则上采用同一套流程标准，推行全球统一流程（少数国家允许做本地化设计）。这种流程管控结构，做到了一次设计，全领域共享，并且共享的是全球最佳业务实践。同时，由于高度标准，带来了组织运作效率的大幅提升。

华为真正实现了流程驱动组织，是一个典型的流程型组织，流程不是挂在墙上的标准，也不是锁在抽屉里的文档，而是真实地体现在业务运作过程中。因此华为必须追求操作级流程设计的精准与精细，从局部的点上来看，华为在流程设计过程中显得效率会低一些，但从整体来看，恰恰是复杂的流程设计过程，保证了全球统一流程设计的质量，保证了数万名流程用户对流程的正确理解，降低了面向数万名用户流程推行过程中的难度与成本，保证了面向数万名流程用户的执行力，极大地提升了业务流程运作的效率。

对比美的与华为可以看到，二者之间各有所长，显然华为在分权管理方面应当向美的学习，高度集权管理为华为带来了巨大的管理成本，同时也降低了面向市场快速响应的能力。美的应当学习华为端到端流程的管理能力，变部门导向流程管理为战略导向端到端流程管理。具体而言：美的在低阶流程设计上（三、四级）与华为公司差距不大（精细度不如华为），但在一、二级流程，甚至是公司总体架构设计上，存在较大的差距。主要表现在：

（1）美的在全集团领域流程集中与协同不足。如何发挥集团价值创造的作用，充分地实现资产与能力的共享，而共享主要凭借的是流程，如何在流程上实现跨事业部的集中共享与标准化管理。华为的共享服务模式（财务共享服务中心、人事共享服务中心、全球采购平台、全球研发平台等）值得美的大力学习。

（2）在端到端流程价值链条上的管理能力不足，既要埋头拉车，更要抬头看路，美的需要强化核心端到端流程管理能力，比如产品生命周期管理、集成供应链管理等。价值链一体化协同能力是美的长期的痛，美的通过组织架构、考核机制等做了很多尝试，但效果不佳，笔者认为核心在于建立端到端流程管理模式。

（3）基于战略的流程变革管理能力，简单来说，就是将战略落实到核心业务流程上，而不是简单地通过组织架构调整来实现，提升变革推行的速度与成效。美的擅长组织架构变革，华为擅长流程变革，但从实际的效果来看，重大的变革美的推行起来效果不佳，华为则是化变革为日常工作，润物细无声，几年之后，蓦然回首，发现“轻舟已过万重山”，企业又无声息地实现了一次华丽的转身。

美的的分权结构决定了其业务流程简洁、响应快速，华为端到端流程模式、集中共享流程模式，决定了其流程高效协同与共享能力。所以当公司达到一定规模之后，流程架构设计质量成为企业运营效率的关键，企业首先要解决的是设计先进的架构，在此之下才是操作层面单个流程的设计。

案例 2：流程架构破解会议管理难题

张先生就职于某世界 500 强企业，任企业管理专员，主要负责行政管理工作。熟悉岗位业务与相关流程制度之后，工作进入了按部就班的轨道，工作没有了成就感，岗位升迁机会渺茫。于是在猎头推荐下，张先生进入到某快速成长型民营企业，做总裁办主任，他直接向公司老板兼 CEO

汇报。走马上任后，老板交办的第一项任务是让他写一份会议管理制度，以提升公司会议管理水平。

出于问题导向的职业习惯，张先生问老板：出台会议管理制度的目的是什么？当前的会议管理存在什么问题？您期望我通过会议管理提升要达到什么目标？老板想了想后告诉他：公司开会有组织无纪律，按计划9：00召开的会议，经常要拖到9：30才能够聚齐人，正式召开，效率非常低下，希望通过这个制度的出台，能够有效地解决会议出席不准时、会议纪律差的现象，能够给公司会议管理带来明显的改观。

明确了目标之后，张先生马上拟订了一份“关于强化会议纪律的管理规定”，里面明确了会议签到要求，会议纪律管理要求，如手机调震动、不允许带笔记本电脑等。制度出台后，张先生通过检查、考核等方式严格执行制度，受益于过往外资企业训练有素的执行督导能力，一个月下来，会议纪律有了明显的提升，迟到、缺席的现象几乎没有了。对此，领导给予了高度的肯定。

可是好景不长，几天后，领导把张先生叫到他的办公室，对他说，你这个会议制度还是不行，需要修改。张先生非常纳闷，不会吧，难道还有会议纪律问题。他谨慎地问道：“领导，会议纪律还有哪些问题呢？”领导：会议纪律是没问题了，但会议室管理有问题，会议室管理太混乱，前两天我去参加公司月度经营检讨会的时候，我发现到了开会的时候，会议室没有人打扫，里面乱得很，会议设备也没有准备就绪，影响了会议的效率，你得好好整治一番。

张先生接到任务之后，马上写了一份“关于加强会议室管理的规定”，发布之后亲自督导执行。一周后，会议室管理有了明显改善。看着会议室管理井井有条，张先生不由得暗自得意起来，心想，领导一定会对我大加赞赏。

一个月之后，领导又将张先生叫到办公室谈会议管理的事情。没有想到的是，领导仍然对会议管理不满意。张先生怯怯地问道：“会议室管理有什么问题吗？”领导回答说：会议室管理是没有问题了，但我又发现公司存在会议跟进不到位的问题，开了很多会议，最后没有几条决议得到了落实，决议如果不执行，那召开会议有什么意义呢？张先生说，那我赶紧去写一个“强化会议跟进管理的规定”去解决它。领导说，你先别急着写，你能否一次将会议管理制度写到位，实现会议管理的有效管控，我需要的是系统的会议管理制度，而不是打补丁式的会议制度。否则一个会议管理我都不知道你要整出多少制度，这种管理太散了，太不让人放心了。

提出问题，分析问题，然后去解决问题，是张先生的强项。可是老板这次不说具体问题，要求解决会议管理的所有问题，这个时候，张先生感觉非常的迷惘，真的是无从下手，束手无策。

我和张先生是好朋友，于是他打电话向我求助。坦白说，我对会议管理没有张先生专业，无法给出专业意见。但我知道他的问题出在流程制度建设方式上。张先生采取的是问题导向的制度建设，即出现一个问题，就制订一个对应的制度去解决这个问题。这种方式是典型的“救火式管理模式”，问题肯定会很多，而且非常不成体系。于是我推荐他采取流程导向的制度建设方式，即先规划流程架构，然后基于流程架构去建制度。

我根据自己的理解，为他规划了会议管理的流程架构。如图 1－1 所示。

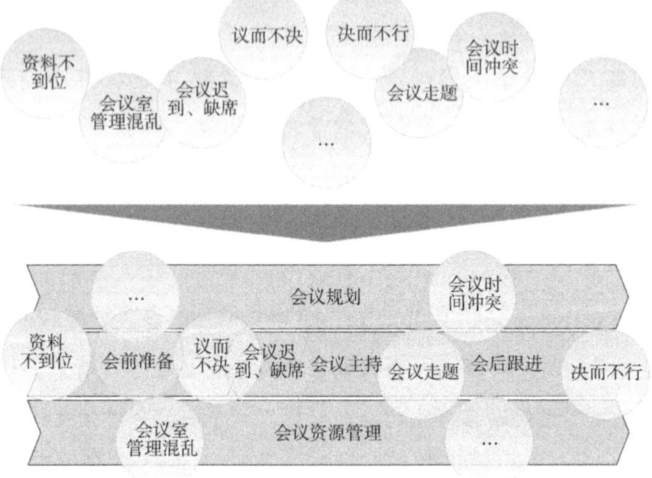

图 1－1　流程架构导向的会议管理示意图

首先，需要对会议体系进行管理，需要做会议规划，系统地识别公司会议有哪些。安排好不同会议之间的关系，计划好重要会议的时间安排，尤其是关注公司高管时间资源的分配，确保重要的会议得到优先的资源保障。

其次，从单个会议来看，可以按照会议召开的逻辑顺序将其分成：会前准备，会议召开，会后跟进三个过程。会议准备包含：会议材料准备、会议通知、会议室预订；会议召开包括：签到、会议主持、会议纪律管理、会议决议；会后跟进包含：下发会议纪要，会议执行情况跟进，执行效果评估。

最后，要为会议召开提供合适的资源保障，即会议资源管理，主要包括会议室、会议设备等的管理。

基于这个架构基本能够将会议管理流程全部涵盖，在这个架构的指导下，张先生通过求助专家及查阅网络资源，并结合公司实际情况，很快完成了会议管理制度的编写。新的会议管理制度发布之后，基本解决了公司会议管理的大部分问题，促使公司会议管理水平得到了全面的提升。为此，张先生也得到了公司领导的高度认可。

通过这个案例可以看出，张先生从大公司跳槽到小公司，新的岗位对张先生提出了新的挑战，张先生原来的工作经验与能力不能完全胜任。其中最大的变化在于：

（1）管理的定位变了，从执行者转向管理者，管理的高度发生了明显的变化。作为执行者，面对的是具体的任务，一个一个的问题点，要把事情搞定，问题导向的思维是有效的；但作为管理者，面对的是一个团队，是一个系统，他不再是具体问题的解决者，而是系统设计者，让他的团队甚至是公司其他员工在这个系统里工作，来保证某个职能或业务领域有效运作。

（2）管理的幅度变了，原来是某个相对专业而狭小的领域，新岗位要求的管理范围成数倍的放大，行政、人事、战略、安全、环保等，所以企业越来越需要他的架构能力与系统管理能力，而不是亲力亲为的执行力。

（3）工作的方式变了。在规范的大企业，已经建立了相对完善的体系，背后有无形的一个系统在支撑你工作；而小企业没有这个系统，在小企业你需要把这个系统建起来，还要符合公司的实际情况。所以知其然，而不知其所以然的工作方式是无法适应的。

张先生在新岗位面对的挑战还会陆续出现，会议管理只是其中的一项。而要适应新的岗位要求，架构思维能力是关键要求之一。

可见，要系统地解决管理问题，流程制度的建设首先不要陷于操作层面，不能一下子进入到具体的问题，想到哪建到哪，而应当从架构上整体规划好流程管理体系包含哪些内容，并逐层打开，根据公司实际情况再决定流程建设的重点与先后顺序，有策略的选择，从而实现基于架构建设流程制度的转变。

案例 3：从流程架构层剖析制度建设问题

请读者花几分钟时间看一看下面这个工作补贴管理制度，从直觉上判断一下这个文件存在什么问题。

M 公司工作补贴管理制度

一、补贴

1 补贴分类：

1.1 差旅补贴：

1.1.1 短期差旅：差旅时间为一个月以内。员工因公司公务出差，公司给予的工作补贴为差旅补贴。其计发以半天为基准，以中午 12：00 为半天划分界限。差旅期间，因无考勤记录，公司按每日 8 小时工作时间标准计算工作时间。

1.1.2……

1.2 培训补贴：

1.2.1 公司为使员工取得岗位从业资格许可或提高员工与本职工作相关的专业技能，而安排员工参与的培训，员工可以申请培训补贴；培训补贴以天为基准计算。但公司已支付或承担员工培训食宿费用的，除员工在接受培训后在部门内部实施了内部培训且向人力资源及行政部备案的以外，不应再申请培训补贴。在培训期间，人力资源及行政部应在审核培训申请表时，要求员工提供课程表，并以课时计算工时。

1.2.2……

1.3 出车补贴：

1.3.1 夜间行车补贴：公司因公务需要安排驾驶人员 19：00 以后出车的，公司向员工支付的补贴称为夜间行车补贴，夜间行车补贴以日历日为基准计算。

1.3.2……

1.4 值班补贴

1.4.1 值班定义：值班指在节、假日或公休日期间，因工作需要而保持待命状态，但勿须到岗处理的情况。如：电话值班。值班时间不应计算为加班时间，值班时间内，值班人员须确保能在2小时内自主到达员工本人所驻地点。

1.4.2……

2 补贴申请及发放流程：

2.1 流程一，适用于差旅、培训补贴。差旅适用《差旅申请表》；培训适用《培训申请表》。

2.2 流程二，适用于出车补贴。使用《差旅申请表》格式。

2.3 值班补贴申请流程：值班补贴的申请，与每月考勤同步，按加班申请程序执行。

细流程及执行规定如图1－2、1－3所示

负责部门/岗位	流程环节	表单	管理要求
公司员工	提出申请	出差申请单 培训申请单	1. 由员工本人填写；2. 按表格要求填写完整；3. 附件齐全
部门负责人及相关部门负责人	审核	出差申请单 培训申请单	略
总经理或授权负责人	审批	出差申请单 培训申请单	略
公司员工	实施审批事项	无	略
部门负责人及相关部门负责人	审核	无	略
公司员工	申请报销及补贴发放	报销申请单	略
人力资源及行政部薪酬计算人员	审核	报销申请单	略
总经理或授权负责人	审批	报销申请单	略
财务部	发放	无	略
	结束		略

图1－2　出差申请与报销流程图

负责部门/岗位	流程环节	表单	管理要求
公司员工	提出申请	用车申请/发货单	员工因公务需求，提前向行政提交用车申请；因客户需求，发货员提出发货申请
配送主管或行政	审核	用车申请/发货单	略
驾驶员或押运员	执行车辆行驶任务	用车申请/发货单	略
配送主管或行政	审核	用车申请/发/行车记录	略
驾驶员或押运员	提出补贴申请	报销申请单	略
配送主管或行政/人力资源及行政部薪酬计算人员	审核	报销申请单	略
总经理或授权负责人	审批	报销申请单	略
财务部	发放	无	略
	结束		略

图 1－3　出车补贴申请流程图

三、补贴标准

3.1 短期差旅补贴：

短期差旅补贴的标准是基于出差活动的所在地，而非飞机着陆或住宿的城市。

3.2 短期差旅补贴具体规定如表 1－1 所示：

表 1－1　短期差旅补贴具体规定

是否能当天返回	旅行距离（公里）	补贴（元/天）	出差城市

上述以“天”为基础计算的补贴，单位“天”均指实际工作日，且与月度考勤同步申请。法定节假日期间有到岗出勤工作的值班员工，则按工作记录及出勤记录计算加班，不再按值班计算补贴。

四、本政策自××年××月××日签发，自××年××月××日起生效，同时原《补贴及备用金管理政策》废止。

从流程架构层面来分析，我们可以发现如下问题：

(1) 这是典型的基于“走流程”的视角来设计流程，而不是基于流程本质（为客户创造价值）来设计的。仅仅由于流经的岗位大致相同，而将出差申请与外出培训申请两个本来性质不同的流程强行合并在一起，如图1-4所示，无法满足这两个流程管控设计要求。

图1-4　工作补贴管理政策流程架构分析一

具体而言有两方面的影响：

首先，这两条流程的本质不一样，流程活动节点其实也不一样，且每个节点执行的任务与管控要求都不一样，无法真实地将实际流程清晰地表达出来。

其次，每个流程的前、后段流程也不一样，无法体现出流程上、下游接口关系。外出培训申请流程前端与培训计划、培训协议签订流程相衔接，后端与培训后管理及费用报销相衔接，而出差申请流程无固定的前端流程，其后端与费用报销流程相衔接。流程设计时需考虑与它们之间的关系，而不能够孤立地设计。

(2) 由于对流程没有进行分段，没有体现模块化设计的理念，导致费用报销流程被重复设计，既增加了不必要的工作量，也可能导致文件之间的不一致甚至是矛盾，如图1-5所示。

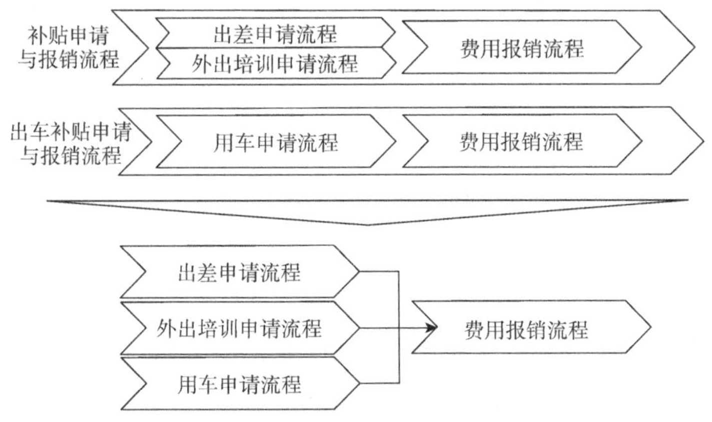

图 1－5　工作补贴管理政策流程架构分析二

(3) 流程文件编写没有体现端到端全流程打通的理念，导致管理显得零散、割裂，无法满足公司整体管控需求。端到端费用管控流程示意图如图 1－6 所示。

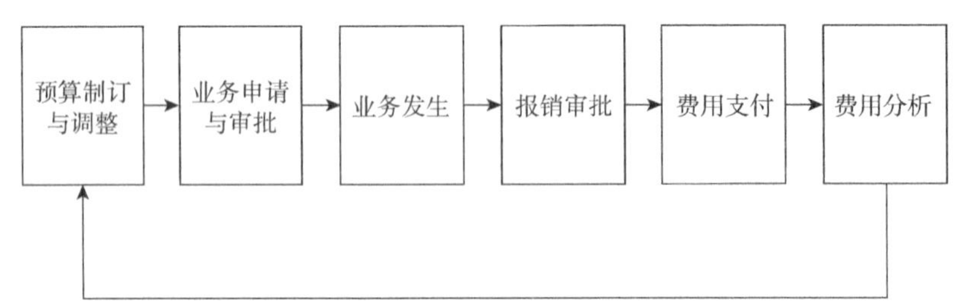

图 1－6　端到端费用管控流程示意图

案例 4：持续的管理源自稳定的架构

又到了一年一度的本年度总结与明年规划的时候，某电器制造企业管理部总监李总采取自下而上的方式进行总结，先让团队每个人总结本岗位本年的工作任务完成情况、取得了哪些成绩、存在哪些不足，然后由部门经理按部门进行整合汇总之后，李总在此基础上形成管理部的总结报告。

李总是一名从外企“空降”来公司不足一年的新人，有着国际化外企良好的职业素养，非常期望能够在本企业做出一番成绩，得到公司高管的认同。

完成管理部年度总结报告之后，李总组织召开管理部全体员工大会，集中讨论、评审年度总结报告，并为明年的工作规划做准备。

在总结会上，李总重点关注过去一年的创新点在哪里，相比于过往管理改进点在哪里，而不关注日常例行工作部分。在部门人员的共同努力下，李总发现过去一年工作成果非常显著，在人力资源与营运管理方面均取得了明显的进步，尤其是导入了很多先进的管理方法与工具，并且得到有力推行，初见成效。

由于对公司的过往情况不太熟悉，李总想知道自己与前几任管理总监相比处于什么水平，于是在会议讨论结束后，他让手下将近五年的工作总结报告找出来。李总通读近五年的工作总结报告之后发现，今年自己在管理上的创新与改进成绩，几乎都出现在过往的总结报告里。换句话说，虽然今年取得了很多的成就，但这些成就几年前就已经实现了，只是由于后来的领导没有在前任的基础上继续深入推行，而是另起炉灶，导入一套自己所熟悉或偏爱的管理方法，于是管理体系被推倒重来。但几年下来，管理体系走走停停，最终留在原地打圈。

李总所在的企业以快速变化著称，每半年作一次组织架构调整，管理部总监正常情况下一年一换。不同领导思路不一样，每个领导来了推一套新东西，推完之后被下一任新的方式所取代。想到这儿，李总感到非常的无奈：企业如何保持管理的连续性，如何在一个稳定的架构上持续积累？

从流程的角度来说，我认为根本原因在于公司没有架构思维及架构管理习惯，流程架构本质是管理建模的过程，管理需要模型化，而这个模型不是某个部门负责人确定的，需要得到公司高管的审批认可。一旦确定之后架构的变更是非常严格的，部门后来者只能继承，不能够轻易地推翻。

就像华为公司从 1997 年导入 IPD（集成产品研发）业务架构之后，后续十多年一直在这个架构上进行深化与完善，而不是推倒重来。可以对流程架构进行升级、调整，但整体结构上，一定是 IPD 结构，而不会退回到原有的职能式研发模式的老路上。

二、企业流程架构管理主要痛点

以下是笔者对过往在咨询、培训服务过程中接触到的大量客户及项目进行归类、摘录及总结而来的流程架构规划的常见问题，与读者分享如下：

（一）流程分类不合理、不充分

信用部门在制订审批规则时，没有考虑到地区经济发展水平的差异（如太原跟深圳比经济发展水平低，即便是2000元的月工资也算是较高的水平了），不应该全国共用一个标准；授信方面也存在同样的问题。

如果A产品有向单独的利润中心发展的趋势，它有自己独立的一套业务开展模式和审批系统，不能够简单套用传统老产品的运作模式去运营。对于核心的价值链环节，如营销、销售、服务、供应链等，应当充分地与A产品业务模式特点相匹配，一定要体现差异化。

业务流程由总部统一制订，应考虑不同区域的特点。应适当流程本地化，毕竟不同区域经济水平不一样，市场定位也不一样，甚至销售的产品都不一样，不能够用大一统的模式来进行简单的管理。

大家都在强调差异化，都知道差异化的好处，但从总部来看，差异化会丧失集中处理及标准化作业的效率优势，会带来成本的上升，要慎重考虑。

都知道行业大客户重要，但因为公司流程制度是统一的，必须执行公司的制度与政策。如果公司觉得这种重点客户可以不按照公司规矩来执行，但现在没有明确规定。如果都按照公司流程来，要提高服务水平提前发货，这肯定办不到。

（二）流程未打通，“铁路警察各管一段”

我们急需端到端打通流程，将流程整体如何运作全面梳理出来，有利于后台更好地理解前台，也有利于业务流程中的各个部门、岗位能够从目标、根源上处理事情，而不是救火式的模式。

流程体系建设是部门导向的，没有对架构进行统一规划，产生的问题就是各部门都从自己的角度来写流程，于是流程出现割裂、重叠，甚至是相互冲突。

供应链是职能导向的、相互割裂的，缺乏集成统一的管理。经常是采购与供应商管理吵架，计划与销售吵架，质量与生产吵架，没有人对供应链流程整体负责。

最大的问题是没有梳理出全流程，这个完整的过程是怎样的，没有人知道，所以过程不可控，流程走到哪一步了不清楚，每个部门都只是其中的一段，没有人对整体结果负责。跨部门出了问题，就很难协调，只有在出了问题被捅到总经理那儿才会被解决，非常痛苦且低效。

（三）流程重复设计，未实现能力共享

某公司采购流程就有五套：质量管理体系文件里有采购程序，财务部制度里有采购流程，信息技术部门编写的ERP操作文件里也有采购流程，采购部门也有一套采购流程制度，最可笑的是审计部还有一套他们认为应当遵守的采购流程。弄得一线操作人员根本不知道看哪一份文件才好，最后是莫名其妙地被通报处罚。

由于不同区域对于经营分析管理思想不统一，不同领导要求不一样，对后台部门提出不同格式的报表制作需求，给财务部造成了极大的工作量。如果够统一流程、业务规划及表格，就可以大幅减少报表制作的工作量了。

公司是典型的职能条线管理，通俗地说是上面千条线，下面一根针，最后都要扎在一线这儿。不同部门都要下来检查，对于一线销售来说就是受罪，一份合同可以在同一段时间里被检查许多遍，一线人员得把相同的问题回答许多遍，难道总部不可以简化吗？合在一起操作不可以吗？

（四）流程设计不系统，头痛医头，脚痛医脚

公司发展到目前的规模，系统规划能力不足已经显现，直接产生的问

题是节奏不清晰，部门会出现重复工作，比如产品设计，流程设计等。

行业是比较封闭的，企业也是比较封闭，一直以来大家都是埋头干活，凭经验在做管理，但不清楚一个完善的流程体系应当包括哪些流程。公司缺了哪些流程，希望能够借助咨询公司帮助系统盘点，查漏补缺。

随着公司业务规模的壮大，业务越来越复杂，公司已经没有人能够清楚业务过程是怎样的，为此需要开展流程规划把公司复杂的业务理顺，便于后续的系统设计、分析与改进。由于看不清楚整个系统，我们目前采取的模式是头痛医头、脚痛医脚的方式，医生看了不少，药也吃了很多，但病一直好不了。

（五）流程管理未分层，高层难参与

公司流程管理应当学学人力资源部门，作为高层，人力资源管理提供了有效的管理范例，那就是组织架构图、组织绩效、人员编制、干部管理等，这样既能够抓住重点，把住人力资源管理的大方向，又不需要陷入细节，被占用太多的精力。

老板是非常推崇流程管理的，也将国内知名企业如华为、万科等作为标杆学习，大大小小的会上都要求各层级管理者必须重视流程管理，但实际效果不佳。流程管理缺方法，公司中高层都有意愿参与流程管理，但面对具体的问题、具体的流程文件及相关 IT 系统，大家感觉太细节化了，没有办法参与，还是交给了最熟悉业务情况的基层岗位人员。

三、把握流程规划的本质

（一）什么是流程规划

流程规划就是流程架构设计。

什么是架构呢？简单来说，架构就是针对某种特定目标系统所具有的体系性的、普遍性的问题而提供的通用解决方案。架构往往是对复杂系统的一种共性的体系抽象，架构让我们能够正确、合理地理解、设计和构建

复杂的系统。对这个学术定义，笔者理解**架构的本质在于：从复杂的系统中抽取出共性，从而达到化繁为简的效果，是系统的高阶解决方案的展现。**

流程架构设计是根据公司中长期战略目标及业界领先实践，应用系统的方法，为企业构建流程体系架构，对流程进行分层、分类，理顺业务流程之间的接口关系，为企业系统管理提供基础。一个好的流程架构设计要符合两个标准：第一，与战略进行无缝对接，能够有效支撑战略实现；第二，充分借鉴业界领先实践，确保了业务模式的先进性。

（二）常见流程规划需求

为什么要做流程架构呢，直接根据需求来建流程不就可以了吗？对于很简单的流程，怎么做都问题不大，但是一旦业务复杂、处理麻烦时，必须有一个清晰的架构才能保证做出来的流程是正确的。

根据笔者的咨询经验，通常企业存在以下 4 种产生流程架构规划咨询需求的场景：

场景 1：

在为企业提供流程规划服务时，某企业高管对我们说，目前公司规模大了，没有一个人能够说得清楚公司的业务到底是如何运作的。当企业出现问题的时候，面对超级复杂的系统，问题导向的管理思路已经开始无能为力了，经常是“按起葫芦浮起瓢”，始终在原地打转，问题得不到根本地解决。为此，我们迫切地需要将业务流程体系进行系统的梳理，通过流程架构规划将内在的逻辑呈现出来。有了管理体系系统图，我们就能够从全局上进行把握，抓住重点与关键点。

场景 2：

E 企业为了保住行业第二的位置，企业采取了全面向行业龙头企业进行对标的策略。E 企业花了三年的时候完成了市场、销售、服务、供应链、新产品研发等核心业务领域的对标与改进，纵向对比来看，公司取得了明显的进步，然而与行业领头羊的市场差距却越来越大。E 公司企业为此专门召开高管研讨会，在研讨会上，一位高管深有感触地说，从单领域来看，我们离市场领头羊的差距很小，甚至在局部我们还有竞争优势，我认为关键输在整体，我们输在管理系统的设计上。因此，我们今后需要重视对流程架构进行梳理与优化，一方面从管理体系整体结构上进行优化，另一方面通过流程架构把管理体系各组成部分有机地结合在一起，形成管理的合力。

场景3：

在与某企业客户做售前交流时，客户对我们说，从单个流程来看，公司的流程还是比较健全的，而且每个流程设计似乎都没有问题，通过IT固化手段，流程执行也比较到位。但从整个流程链条来看，业务部门，尤其是市场一线的同事抱怨流程环节太长。例如：采购流程，从需求到付款整段来看，效率太慢。业务部门抱怨在招标环节、定标环节、合同环节对于合同重复审批了三次，这种设计是否合理？我们需要把这些流程放在一起作为一个整体来思考与设计，需要对公司流程架构进行系统的规划，以实现对高阶流程的系统管理。

场景4：

某客户企业调整了业务组合战略，重点发现新兴战略业务。新业务的开展，几乎涉及企业所有领域的流程，需要各个部门进行联动调整，然而没有哪个部门知道如何调整，于是调整责任落到了新业务部门负责人的身上，产生了两方面的不利后果：(1) 新业务部门的精力被如何搞定内部流程所占据，而没有足够时间去经营市场、产品与客户；(2) 新业务部门负责人承担了流程设计职责，然而他并不熟悉每一块业务，导致流程设计质量不高。同时该公司总经理非常困惑，为了保证新业务能够快速发展，很多部门都倾向于重建一套体系来支撑，涉及流程、系统、人员等。不清楚到底哪些需要重新建设，哪些可以共享已经建设的平台。

可见，企业规模比较小、业务不复杂的时候，没有流程架构是不会有什么问题的。但当企业发展到一定规模，如果没有一个清晰的流程架构，直接进入操作层级，往往会出现流程设计偏离企业目标，不增值，各流程之间相互独立，没有办法形成一个有机的流程体系。

如果流程架构设计不当，就意味着整个流程体系存在巨大的结构性缺陷，并且无法通过操作级流程的修补或调整得到更正。流程架构不当往往导致流程体系失效，或者需要进行系统的、全面的重建。

（三）流程规划结果

（1）流程架构图

类似于组织架构图，流程架构图是对企业流程体系进行结构化的表达，通常包括流程架构总图与一级流程架构图。流程架构图通常采取自上而下、逐层展开的表达方式，具体见第二章第十一节第一至第二小节。

（2）流程视图

流程架构图展现了流程体系分成了哪几个层级，各层级由哪些流程组成，层次结构非常清晰，但没有体现不同流程之间的接口关系，流程间的接口关系通常用流程视图来展现。流程视图基于业务开展的逻辑顺序将流程体系全过程展开，以流程图的方式完整的展现，通常流程视图可以清晰地表达出流程体系整体的业务逻辑。流程视图的绘制具体见第二章第十一节第三小节。

（3）流程清单

流程清单是公司流程体系中全部流程的集合体，一方面它遵从了流程架构，以清单的形式对流程架构进行转化与展现；另一方面流程清单是对流程架构的进一步细化，通常会进一步分级，将三级流程根据需要分成四级流程，以及对三级流程根据不同业务场景进行分类。另外可以基于不同的管理目的增加相应的要素，实现基于流程清单的管理方式。例如增加流程的管理责任分配，增加流程的管理策略等。流程清单梳理要点及模版具体见第二章第十一节第四小节。

四、流程规划的六大价值

流程的本质是增值，流程规划也可以看作是一个流程。做流程规划之前必须要想清楚规划后的产出，即“流程架构”能够给公司带来什么好处？否则就会为了规划而规划。笔者遇见过一些企业花了不少力气去做流程架构规划，规划完成之后，流程架构与清单就被放到一边，偶尔拿出来看看，作为从整体了解公司的业务资料或许有点帮助，但与企业的业务运营没有任何关系，更谈不上能够为公司带来什么价值。这样的结果可想而知，架构规划之后没有生命力，没有人关注动态调整与实际应用。

总体来看，**流程规划主要有：战略落地、系统管理、分层管理、集成共享、结构优化与落实责任六大方面的价值，**如图 1－7 所示。

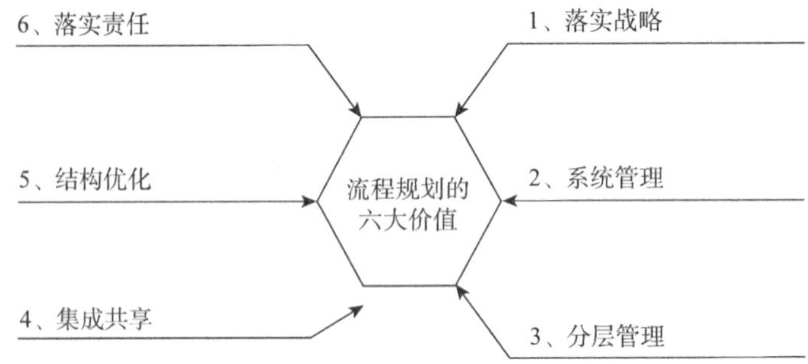

图 1－7　流程规划的六大价值示意图

以下我们会分别从六个方面对流程规划价值进行详细的阐述。

（一）战略落地

流程架构对战略落地的支撑如图 1－8 所示。

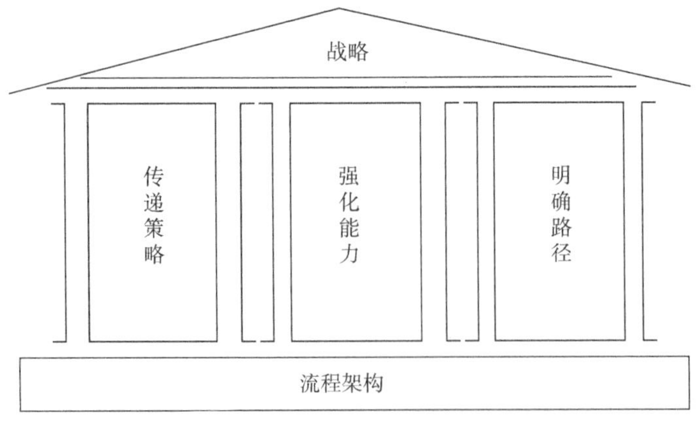

图 1－8　流程架构支撑战略落地示意图

流程架构对于战略的支撑作用主要体现在三个方面：

1. 传递策略导向

将业务组合策略与竞争战略导向落实到流程架构中

（1）流程架构要关注对战略性业务发展的支撑。

一般而言，战略性业务常为新业务，而公司现有的流程都是基于成熟业务构建的，在做流程架构规划时，需要思考新的业务对流程架构有什么需求。如果业务模式相差很大，甚至要考虑重新围绕新的业务板块去构建流程体系。

企业在缺乏流程架构规划的时候，通常会采取成立独立的事业部来支撑战略性新业务的发展。而事业部制实际操作上会有三方面的问题：第一，事业部制会带来大量资源的重复性投放，资源集中共享效率不足，且事业部之间协同难度大；第二，成立事业部需要新的业务发展到一定的体量才具备条件；第三，即使采取事业部制也仍然需要解决流程体系与新业务匹配的问题，只不过企业没有把流程问题浮现出来，而是通过事业部组织磨合来自行解决。

所以企业要识别战略性业务对核心业务流程差异化的需求，然后考虑如何在流程架构上进行差异化设计来给予支撑。从流程架构上要去思考在哪一个层级进行差异化，是一级流程端到端价值链条整体的差异化设计，还是共享一级流程，在二级流程上进行差异化，或者在三、四级流程进行差异化。有的时候可能流程架构是可以完全共享的，通过对流程设置差异化的管理标准、差异化的组织、差异化的政策即可实现。

（2）流程架构设计要体现公司竞争战略导向。

《市场领先者的修炼》的作者 Treacy 和 Wiersema 通过研究世界级卓越企业，提出许多企业组织都是通过“卓越的运营”、“领先的产品”、“顾客亲密度”三项修炼之一而成为市场领先者的。

卓越运营型企业通常以最低成本为客户提供高质量的产品，而在产品的可选择性或功能方面保持平均水平的竞争力即可，例如丰田汽车、戴尔电脑。

产品领先型企业则异常注重提供高绩效的产品或服务，常常在产品的性能、规格、上市速度等方面追求行业最佳水平，典型的代表企业如英特尔、苹果、3M。

客户亲密型企业往往更关注为客户提供全面解决方案、与客户的服务和合作，通常这种类型的企业最了解客户的综合需求，例如IBM、家得宝。

不同竞争战略导向的企业对于流程体系的要求是不同的。战略导向对于架构设计的影响主要体现在两方面：

第一，核心流程的定义是不同的。卓越运营型公司核心流程往往会放在供应链领域；而产品领先型公司核心流程则会放在集成产品研发；客户亲密型公司则会将营销、销售与服务作为核心流程。

第二，影响流程设计的导向：职能导向还是客户导向。卓越运营型公司会将更多的精力放在内部运营上，职能导向的流程架构设计比较常见，在充分发挥直线职能制组织架构专业化效率的同时，通过流程优化提升企业运营水平；职能导向流程架构设计如：供应链管理、客户关系管理、质量管理、营销管理、新产品研发等。

而客户亲密型公司，流程架构设计则会体现客户导向，将会采取端到端的流程架构设计模式，流程设计会从客户端需求触发到客户端满意结束。客户导向流程架构设计如：（C2M）从概念到市场，（M2L）从市场到线索，（L2C）从线索到回款，（T2R）从问题到解决。

2. 强化核心能力

将核心能力关联流程作为公司的关键流程，通过精细化、精益化管理来提升流程能力与绩效。

识别公司战略落地所需要的核心能力，将这些能力需求体现在流程架构设计中。一般而言流程架构对核心能力的支撑体现在两个方面：精细化与精益化。

精细化主要体现在将战略导向核心能力驱动流程放在流程架构相对高的层级上，以提升企业对于该流程的重视度，并驱动企业将该流程建设得更加精细、更加可控、更加厚实。精细化的流程会体现在操作层级的流程活动甚至是任务设计中，通过对流程活动任务操作要求的细化，对每一个细节进行规范化、IT化，从而形成差异化的竞争优势，与竞争对手拉开差距。

这种精细化的流程非常的稳定，非常的高效，而且很难被复制。读者可以想象一下麦当劳这类卓越运营型公司，他们正是由于将核心流程高度的精细化，将流程的逻辑、技术要求、作业要求、管理要求研究得非常透彻，最终固化成生产设备及管理制度、操作规程中，才能够支撑在全球任何一家分店里可以吃到品味一致的产品，在以临时工为主体的员工队伍里，面对高速流动且没有操作经验的员工能够快速上手，并保持较高的人均效能。

对于战略导向核心能力缺乏相应的流程支撑时，在架构规划时会增加相应的流程，并通过分层分级的规划，驱动该能力的快速发育，这时候通过标杆借鉴，引入先进成熟的业务模式是一种快速提升核心能力的途径。

精益化则体现在对于流程价值的追求上。由于核心流程支撑了企业的核心能力，所以核心流程必须具备高绩效，通过高绩效实现企业竞争的获胜。流程高绩效来源于流程卓越高效的设计及卓越的运营。所以在架构设计的时候，一定要将核心竞争力相关的流程作为核心流程，并且在资源投放上给予相应的重视度，比如流程所有者任命。例如华为公司为了保证业务变革与 IT 管理（BT&IT）流程能够得到重视，能够取得高绩效，任命了 EMT（管理执行团队）负责人徐直军作为流程 IT 部门的分管领导来支撑。

3. 匹配业务模式

建立与企业战略发展阶段相匹配的业务模式、管理模式，来支撑未来战略发展要求。

企业处于不同发展阶段，需要不同的业务模式、管理模式来支撑，企业在做流程规划时要从战略上审视业务模式、管理模式是否与未来发展阶段相匹配。

什么是业务模式与管理模式呢？让我们先弄清模式的定义。**模式（Pattern）其实就是解决某一类问题的方法论。把解决某类问题的方法总结归纳到理论高度，那就是模式。**模式是一种指导，在一个良好的指导下，有助于你完成任务，有助于你做出一个优良的设计方案，达到事半功倍的效果，而且会得到解决问题的最佳办法。根据自身的管理经历，笔者认为模式的核心是从实践中总结提炼出来，被实践证明行之有效的方法论或解决方案。

所以对应的业务模式可以定义为：在业务领域，从企业业务实践中总结提炼出来的，被企业实践证明是成功的，能够有效解决某一类业务问题的方法论或解决方案。业务模式可大可小，大则可以到整个公司的经营，与商业模式类似；小则可以是一个业务领域，如研发、营销、销售、服务、供应链，也可以是某一个业务子域，如配送、库存管理、计划等。例如在采购业务领域，可以分成三种业务模式：采购执行、资源管理、战略采购；又如在质量管理业务领域，可以分成质量检验模式、统计过程控制模式（SPC）、ISO 质量保证/管理体系模式、全面质量管理模式等。业务模式本身有先进之分，但对于企业个体来说强调的是适合，适合企业的发展阶段，适合企业的战略与实际情况。

对应的管理模式则可以定义为：在管理领域，从企业管理实践中总结出来的，被企业实践证明是成功的，能够有效解决某一类管理问题的方法论或解决方案。管理模式跟业务模式一样可大可小，大到整个企业的管控模式，小到某一个职能领域的具体管理模式。管控模式通常分为：财务管控型（管结果）、战略管控型（管理结果 + 战略）、运营管控型（管理结果 + 战略 + 过程）。在具体的职能管理领域也有不同的模式，例如人力资源管理领域，有人将人力资源管理模式分成：事务型人力资源管理模式、专业型人力资源管理模式、战略型人力资源管理模式。同样管理模式对企业而言重要的是适合，而不是先进。

流程规划是企业系统审视现有的业务模式、管理模式是否与未来发展战略相匹配，是否能够满足未来业务发展的需求。是企业一次管理模式升级、调整的好机会，而不论是业务模式还是管理模式，主要通过流程架构来具体承载与落实。从企业的架构上就可以很清晰地看出企业的业务模式与管理模式。

（二）系统管理

在 ISO9001 标准中，管理的系统方法作为质量管理八项原则之一。标准要求：针对设定的目标，识别、理解并管理一个由相互关联的过程所组成的体系，有助于提高组织的有效性与效率。

然而标准没有给出如何有效地识别、理解并管理一个由相互关联的过程所组成的体系。只是在原则层面提出了要求，没有具体的方法、规则、程序、细则来支撑，所以导致 ISO9001 质量管理体系实际无法做到系统管理。而流程规划则是实现企业系统管理最有效的方法与工具，因为流程规划的本质就是围绕企业价值创造过程进行分级、分类，进行剖析，从流程维度把系统展开。

为了让大家更好地理解流程规划对于企业系统管理的价值，让我们先来回顾一下企业流程制度建设经历的四个阶段：问题导向的流程制度建设、部门导向的流程制度建设、标准/系统导向的流程制度建设、流程导向的流程制度建设，如图 1 -9 所示。

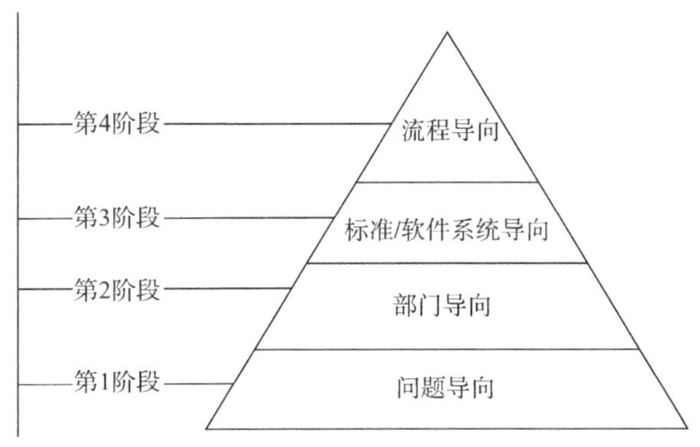

图 1 -9　制度建设的四个阶段示意图

1. 在问题导向流程制度建设阶段

企业建流程制度是出现一个问题之后，管理者为了能够经验复用，有效控制风险，会针对这个问题制订相应的流程制度。例如，企业出现会议出席纪律差、效率低的问题，制订《关于强化会议纪律的管理规定》。通常流程制度出台之后，这个问题能够得到一定程度地解决。但我们知道企业的问题是层出不穷的，而且也是形式多样，于是企业不停地出台流程制度，不停地根据问题对流程制度进行修改。这种情况下，管理者的困惑在于：

第一，管理走在问题的后面，始终是救火式的事后管理，管理的成本比较高。

第二，制度泛滥成灾，制度越来越多，管理难度与成本巨大，而且执行起来非常不容易。第三，制度缺乏系统性，要么相互重复，要么相互出现空白无人管，甚至相互冲突。这一阶段的特点是流程制度很散，往往在解决点上的问题。

2. 在部门导向流程制度阶段

企业流程制度建设是由各个职能部门去负责，他们根据职能专业管理的要求，会从职能视角来出台一系列流程制度。对于影响到本部门的流程都会去编写，但编写的角度是基于所在部门的职能。这种模式下，企业通过会出现以下几类问题：

第一，谁写的流程“长的像谁”。对于跨部门流程设计由于采取的是职能导向模式，没有充分邀请相关部门人共同参与，对于本部门之外的流程活动一笔带过，甚至是只字不提，对于本部门的流程活动则描写得极为细致与丰满。这种流程显然是为写流程的部门服务的，无法满足流程整体管理的需求。

第二，流程边界不清晰。由于缺乏流程规划，对于流程边界没有清晰的界定，完全是由流程编写部门人员根据经验与喜好来决定，所以会出现三不管的空白地带；会出现交叉，流程与流程之间相互有重叠；重复，同一个流程多个部门去梳理，存在多套标准。

第三，目标不一致甚至出现冲突。因为部门写流程的目的很单纯，是为了满足部门管理的需求，所以流程设计的出发点是职能管理。很显然不同的部门有不同的职能定位，而且出于分工与制衡需求，部门之间的利益往往会出现矛盾，所以为了平衡矛盾，流程要么设计得非常冗余，要么缺乏一致的运行规则导致实际运行效率低下。这个阶段流程建设覆盖度有了很大的提升，系统性也有很大的提升，只在部门、职能内会自成体系，但职能体系之间的集成性不足。

3. 标准/系统导向流程制度建设阶段

流程制度建设基于成熟的管理标准，如 ISO9001 质量管理标准，或者基于软件系统实施需求，如 ERP（企业资源计划）。这一阶段的特点是借鉴成熟管理标准或软件系统中成熟的管理模式来建设企业的流程制度，围绕某个业务领域或主题，实现对跨部门流程进行集成与整合。但从公司整体来看，管理体系的系统性仍然不足，主要原因在于：企业往往同时存在多套标准与软件，包括质量管理体系、环境管理体系、健康安全管理体系、内控管理体系、ERP、ITIL 等。这些体系都没有涵盖企业经营管理的全部要素，而这些子体系之间相互集成性差。另外任何一个体系相对都是完整的，所以存在大量的重叠。比如围绕问题原则改进的流程，在 ISO9001 里采取的是纠正/预防措施程序；在 ITIL 中则采取的是问题管理程序，影响了管理体系的精简性与标准化程度。

4. 流程导向的流程制度建设模式阶段

流程导向的流程制度建设模式是企业流程制度建设最先进的方式。其关键点在于：基于流程架构去建流程制度。和地产公司盖房子一样，先做好房子的框架结构设计，然后在这个框架上去逐块按顺序施工。流程体系建设第一步是先完成流程体系架构设计，全面识别公司有哪些一级流程（业务域），这些一级流程之间的定位与关联关系是怎样的，一级流程之下由哪些二级流程、三级流程、四级流程组成，各流程之间的接口与集成关系如何。架构规划完成之后，企业基于流程体系架构来逐条建设操作层级的流程，每一个操作层级流程的梳理都要求严格遵守架构的要求，包括它的归属、它的边界、它的接口、它的目标。如此可以保证每一个操作层面流程制度都被流程架构集成起来，最终能够形成一个相互联系、相互作用、相互支撑、有机融合的整体。

由此可见，企业管理体系建设真正到了流程导向建设模式时，才真正将系统管理原则落实到位了。

管理体系不再是割裂的、各自为阵的，而是分层分级的，既有公司整体层面的流程总架构（价值链模型），又有每一个端到端流程架构，并逐层能够细化落实到三、四级流程，并直到岗位活动与任务中。同时这个流程体系重点突出、导向清晰、主次分明，有助于管理者从全局入手，重点突破，抓住关键，解决瓶颈，提升企业系统解决问题的能力与整体运营效率。

（三）分层管理

企业流程管理没有做好的重要原因在于：虽然企业高管对流程管理非

常重视，但由于高管不知道如何参与到流程管理中，实际就是几个不懂业务的流程管理专业人员在努力但低效地工作着。

在某项目现状诊断期间，客户告诉我们企业流程管理最大的问题在于，流程都是操作层员工设计的，中高层管理者没有参与进来，所以流程设计质量不高，执行力低下。

反观相对成熟的人力资源管理，如总经理对于组织架构、人员任命、薪酬预算、激励预算、政策等高度重视，并投入了大量的精力。企业组织架构调整大多数是高层管理者提出的，而不是由人力资源管理部门，所以人力资源管理才会做得越来越成熟，越来越有价值。

可见企业推行流程管理效果不佳的重要原因之一就是中高层管理者缺乏管理工具，他们不关心深入细节的流程文件、操作指导书、模板表格等。他们需要流程管理提供与他们管理层级相匹配的管理工具，这就是我们常说的分层管理。

不同层级人员在流程管理中发挥的作用是不同的，如下图 1－10 所示。

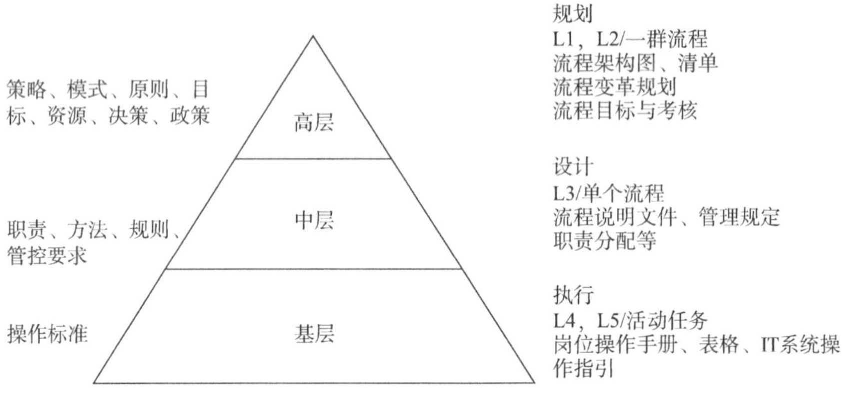

图 1－10　流程体系分层管理示意图

对于企业高层：在流程管理中更多承担的是流程规划的职责，其核心作用在于把流程有效的管理起来，包括明确流程的策略、目标与原则，定义流程的结构（结构的背后体现了公司的业务策略与模式），管理高阶流程的绩效，确保其能够有力支撑公司级战略目标的达成。

通常来说，高层的管理对象是：流程架构图、流程清单、一级流程人员任命、高阶流程绩效目标/绩效测评/分析报告、高阶流程审计报告、高阶流程变革规划等。

对于企业中层：中层管理者在流程管理中则承担流程设计职责，他要完成从管人到管理流程规则的转变，将企业最佳的实践经验及公司管控要求转变为一份份可执行并易于执行的流程制度，把自己的管理智慧注入制度中，使制度成为中层管理者的化身，使公司走上标准化、规范化管理道路，并最大化发挥中层管理者的杠杆作用。所以他们是最关注流程文件的，关注对流程运行方法与规则的设计，体现在文件上主要是流程说明文件、流程支持性文件及流程相关的各类管理规定等。同时会关注这些操作层级流程的审计报告、流程绩效评估结果、流程执行问题与需求收集等。

对于企业基层：基层员工在流程管理中承担的是执行的角色，负责按中层管理者设计的流程与制度，不折不扣地执行到位，将设计能力充分发挥出来，实现企业的卓越运营。他们关注的是执行，关注的是流程执行的规范性与有效性，所以他们不关注流程图、流程说明文件，他们关注的是我这个岗位要怎么做，要注意什么，要遵守哪些规则。所以他们喜欢岗位操作手册，喜欢表单、模板与各类实用的小工具。

在没有做流程规划的企业，不同层级的人员所看到的流程文件几乎是一样的：程序与各类管理制度、表格、模板等，很显然无法满足不同层级人员的需求。通过流程规划，就能够为不同层级的人员提供不同层次的流程文件，以此来满足他们差异化的管理需求。

（四）集成共享

集成（integration）就是一些孤立的事物或元素通过某种方式集中在一起，产生联系，从而构成一个有机整体的过程。

集成的反面就是割裂、孤立。如同前面分析，企业没有进行流程规划，体系建设通常是部门导向的，这必然导致流程之间集成性差，集成性差表现为三个方面：

第一，重叠。流程与流程之间出现重复，由于不同部门设计，必然会导致不一致和矛盾。

第二，空白。理论上应当紧密相连的流程间出现了空白地带，没有被定义，没有被管理，属于典型的三不管地带，导致实际业务运行效率低下，可控性差，存在遗漏。

第三，流程之间没有被当成一个整体来设计，相互之间孤立，导致出现目标不一致、不协同或设计冗余等。

流程规划通过分层、分级、分类，将流程按照一定的逻辑进行分解，同一层级之间有清晰的接口关系，有明确的分层逻辑及分类原则。有了流程架构之后，企业的流程建设就可以升级到流程导向建设阶段，要求企业严格按照流程架构建流程的方法来建设企业的流程体系，虽然每一个流程是由流程所有者组织单独设计的，但通过流程架构将彼此有效地集成起来，成为一个严密的体系。集成的好处就是可以提升企业的横向协同能力与组织协同效率，提升企业面向客户与公司战略创造价值的能力。

共享的反面就是分散与重复。这在企业里也是比较多见的，即重复的业务由于采取部门导向的管理模式，不同部门都有对流程独特的定义，并且分配了独特资源去支撑流程运作。这样做的坏处是管理粗放、资源浪费、效率低下，同时不便于企业将最优的经验进行复制。

在流程规划中，首先强调对于同一个业务，只能有一个流程（可以有不同分类）并由一个统一的归口部门进行集中管理；同时通过模块化设计，将共享的流程定义为一个相对独立的流程，类似于软件开发里的封装，可以被其他流程重复调用。

共享可以极大地简化企业的管理，提升企业的效率。举个简单的例子，对于全球化企业，通过推行全球统一流程，不同业务覆盖多个地区、国家，只有一套统一的流程标准，相比于各分支机构独立分散管理，效率呈十倍甚至是上百倍地提升。

（五）结构优化

结构优化的第一个方面是完善结构，确保企业流程体系没有结构性缺失，同时从结构上明确流程体系的重点。

在没有进行系统全面的流程规划时，企业流程体系往往是不系统、不全面，存在结构性缺失的。例如，笔者在为某金融企业提供流程架构规划咨询时，产品开发部门惊奇地发现，从产品全生命周期管理架构角度来看，他们的产品管理是残缺的，是失衡的。他们把绝大多数时间都花在了产品开发与上市推广上，但在产品规划与上市后管理投入的时间太少，甚至没有建立相应的流程。

这样导致的问题就是产品野蛮生长，花了大量的资源，开发了大量没有利润、没有市场的产品，违背了产品生命周期管理对于财务成功与市场成功的目标。同时对于上市之后的产品缺少管理，导致企业投入一定的精力与资源去维护根本没有经营价值的产品，而没有及时地将其退市。

产品全生命周期管理流程架构如图 1 – 11 所示。

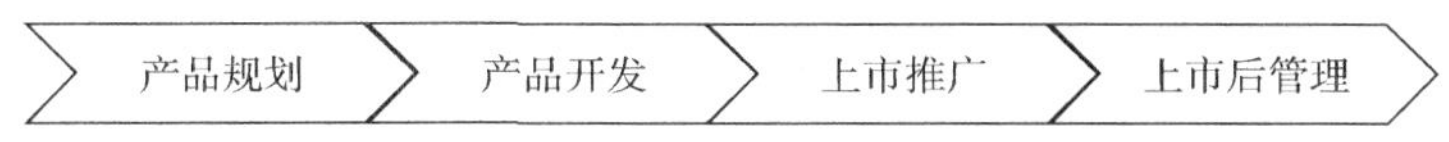

图 1 – 11　产品全生命周期管理流程架构图

结构优化的第二个方面是提升业务、管理模式，通过流程架构层级的优化来系统地优化流程体系，这比单个操作各级流程优化效果更有效、更巨大。

（六）落实责任

企业的整体效率是由三方面决定的：运作效率，协同效率，决策效率。而协同效率是具有一定规模的企业所面临的最大问题，如果处理不好就会出现规模不经济，从而出现增长瓶颈。

笔者认为企业的协同效率也是由三方面决定的：文化协同能力，计划协同能力，流程协同能力；其中流程协同能力是最重要的一个环节，流程协同理顺了，有助于落实文化协同，同时强化计划协同。

流程是横向的，职能组织是纵向的。企业苦恼的是部门墙、部门壁垒太重，部门本位主义，相互之间不协同，局部最优而不是整体最优。究其根源是，除了总经理之外似乎没有人对横向的跨部门业务负责，横向的业务如何组合，通过任命副总的方式，似乎也解决不了这个问题。

流程规划为企业管理者从价值创造视角提供了另一个维度的管理载体，通过按流程架构任命流程所有者的方式，可以有效地将横向业务流程的管理责任落实下去。流程所有者对流程设计、运行及绩效负责，而职能管理部门负责带领团队严格按流程设计去执行。

不同层面上，跨部门流程都会任命一位流程所有者来管理，解决了原来部门之间各自为阵、不协调、不对话、不合作的局面。流程所有者会承担起流程变革与流程生命周期管理的责任，他会对流程整体绩效负责，会去解决流程执行过程中存在的跨部门分歧与争议，会全程跟进流程的执行，会从整体考虑如何设计出高效、简洁的流程，等等。

由于横向流程价值链管理责任落实到位了，组织的协同能力提升了，自然协同效率也会显著提升。

五、流程规划六大原则

（一）战略导向

流程架构规划不是基于现状，而是基于未来，要能够支撑公司未来3～5年的战略发展要求，具体而言体现在以下三方面：

第一，确保流程架构与公司未来3～5年战略规划发展阶段及业务特点相匹配。

第二，确保流程架构导向与公司未来3～5年战略导向相一致。

第三，确保业务模式、管理模式满足公司未来3～5年战略发展要求。

（二）端到端打通

端到端流程是“从利益相关方需求出发到利益相关方满意结束”的一条首尾相连、全程贯通的活动流转过程。基于端到端打通原则做流程规划，要求每一个一级流程设计都必须是端到端视角的，即：始于利益相关方需求，终于利益相关方满意的一条完整的流程活动价值链条。

通常企业在做端到端流程设计时，要考虑四类关键利益相关方：外部客户、员工、合作伙伴/供应商、股东，而其中最重要的利益相关方是外部客户。

对客户而言，客户不关注企业内部流程是如何流转的，也不关注过程是如何执行的，表现有多优异，客户关注的是结果给他带来的价值是否达到预期，给他带来的体验如何。例如，订单执行流程，客户不关注单个下单环节、内部审核、计划排产、采购、制造、发货等过程，他关注的是企业是否能够在他期望的时间内把正确的产品交付到正确的地点。客户追求的是全过程的体验，对于 MOT（关键时刻/接触点）的体验是否积极、正向、满意，只要有其中一个环节让客户体验不好，其他环节做得再好，对客户而言都是没有价值的，客户最终体验都是差的，最终会导致到客户满意度与忠诚度下降。

很显然客户的需求不是某一个操作级流程，也不是某一个部门能够实现交付的，必须要跨部门、多条流程进行协同才能够完成，必须打通部门之间的壁垒，围绕统一的流程绩效目标，实现活动、责任、规则、目标、IT、决策、信息等的全程打通，通过端到端流程链条来高效整合资源，实现客户需求的完美交付。

另一个非常重要的利益相关方是公司的股东。对于股东而言，他追求的是可持续发展与合理的利润，概括来说就是战略、经营目标的达成。所以股东不关注哪个部门绩效是否优秀，过程环节执行是否到位，他关注的是最终的战略、经营目标是否达成。所以面向股东的端到端流程，是“从股东需求（公司的战略目标）出发到最终的经营业绩达成”全过程打通的活动流转过程。

通俗来说，端到端流程要追求最终的成果，而不是过程的成果，它的背后体现了 P（计划）、D（执行）、C（检查）、A（改进）闭环管理的思想。制订了计划，如果不被执行是没有价值的；执行了，没有检查确保执行到位，也是没有价值的；执行到位了，但没有达到预定目标，同样没有价值；只有通过评估发现问题，采取改进措施，一直到计划设定的目标达成了，这个时候流程对股东来说才是有价值的。

从供应链角度，从企业网络群角度来看，企业需要将合作伙伴（供应商、渠道商等）看成是互利的价值共同体，而不是零和博弈，不是进行压榨的交易对象。所以端到端流程设计也越来越强调关注合作伙伴的需求，如何帮助合作伙伴共同成长，如何共享利益，让合作伙伴获得合理的回报。其设计逻辑与理念同外部客户端到端流程是一致的。

企业亦逐步意识到员工是企业最宝贵的资产，只有员工满意度高、忠诚度高，企业才会有更好的运营，更高的客户满意度、更好的财务回报。为此企业越来越强调以人为本，关注员工满意度的管理，而面向员工的端到端流程则是这一策略具体落地的载体。

（三）流程视角，而非职能视角

流程是企业创造价值的机制，是利用资源将输入转化为输出的一组相互关联的活动过程。**流程视角的流程规划做法是：基于一级流程目标或客户需求去识别从起点到终点的完整价值链创造过程，**这条价值链上的所有活动都隶属于该一级流程，不论这些活动归属于哪个部门。职能视角的流程规划则是从每一个一级部门出发，将每个部门视为一个一级流程，凡是该部门归口职责相关的活动都划归到这个部门，不论这些活动是否在同一条价值链上。

从流程视角完成流程规划之后，通常一个部门的业务会被分散到多个一级流程里，一个一级流程往往也跨越了多个部门的业务。

在实际操作过程中，人们往往很难改变职能思考的惯性，往往会不自觉地从职能视角去规划流程，尤其是在做后台支撑类流程规划时，容易犯这类错误。当流程与职能出现模糊的时候，我们可以用这样一个标准来判断：这个流程活动与哪一个一级流程的目的关联度更紧密、更直接。

有效运用“水平的流程视角而非垂直的职能视角”这一原则，需把握以下 3 个关键点：

第一，邀请职能意识相对淡薄的外部专家或内部顾问参与，由他们从专业第三方立场进行正确引导与把关。

第二，严格按照自上而下的规划方法，先定义好一级流程，然后再是二级、三级、四级流程。对于每个一级流程定义要明确其目的、目标及大致的范围。

第三，一旦出现流程活动架构归属分歧时，适当借鉴标杆架构做法。

（四）不重复，不遗漏

MECE 是 **Mutually Exclusive Collectively Exhaustive** 的缩写，意思是“互斥，完全穷尽”。它是麦肯锡的第一个女咨询顾问巴巴拉·明托在金字塔原理中提出的一个很重要的原则。

所谓的不遗漏、不重叠指在将某个整体（不论是客观存在的还是概念性的整体）划分为不同的部分时，必须保证划分后的各部分符合以下要求：各部分之间互斥（Mutually Exclusive），所有部分完全穷尽（Collectively Exhaustive）。

要做到不遗漏，需要充分地对现状流程清单进行盘点，同时要有清晰的规划逻辑（统一的分级/分类维度，尽量不要多个维度交叉），从逻辑上保证结构的完整性。例如按 PDCA 闭环法，只要涵盖了 P，D，C，A 四大过程，结构上是完整的。通过标杆借鉴，尤其是借鉴相对成熟的、通用性的标准可以有效保证架构的完整性，比如 APQC（American Productivity and Quality Center）流程清单等。

要做到不重叠，流程规划时需要清晰定义流程的边界，定义流程之间的接口关系，当出现重叠时，合理确定重叠部分的流程架构归属，通过调用方式来解决需要使用其他一级流程中的某个部分。在三、四级流程梳理的时候更能够暴露流程边界之间是否存在重叠的问题，发现问题之后根据制订的解决方案来调整流程清单，来确保流程清单中的流程间不重叠。

在流程规划实操中，往往会将流程分级与分类混在一起，从而导致流程规划结果违反 MECE 原则。通常在一、二、三级流程统一采取分级的方式，而不进行分类，将分类放在四级流程（含以下）上。

（五）集成共享

原则上，同一业务对公司而言只能有一个归口管理部门或岗位来设计统一的一套流程，它可以根据不同的应用场景进行差异化设计。差异化流程设计必须由该流程归口管理部门统一管理（如报归口管理部门审核），而不是各部门分头独立设计，否则就会造成流程制度野蛮生长，既增加了管理的复杂度，也导致优秀的管理经验无法实现共享与复制。

例如，几乎所有领域都会涉及人力资源管理流程，如绩效管理、团队管理、培训管理等，人力资源管理流程应当统一由人力资源归口管理部门进行统一设计，可以考虑根据不同区域或事业部的需求做差异化设计，但这种设计要得到人力资源归口管理部门认可。这样做的好处是公司可以强化流程归口管理部门能力，提升业务流程设计水平，从而实现全公司各部门快速地将最佳经验进行传播与复制。

为了确保企业的运营效率，简化管理工作，集中共享是流程规划必须遵守的原则。然而企业由于实际业务需要，又不可能为了共享做到完全的流程标准化，必须要考虑根据不同业务场景进行适当的差异化。

企业通常采取“顶层共享，底层差异”的原则来平衡流程设计标准化与个性化的关系，如图 1－12 所示。

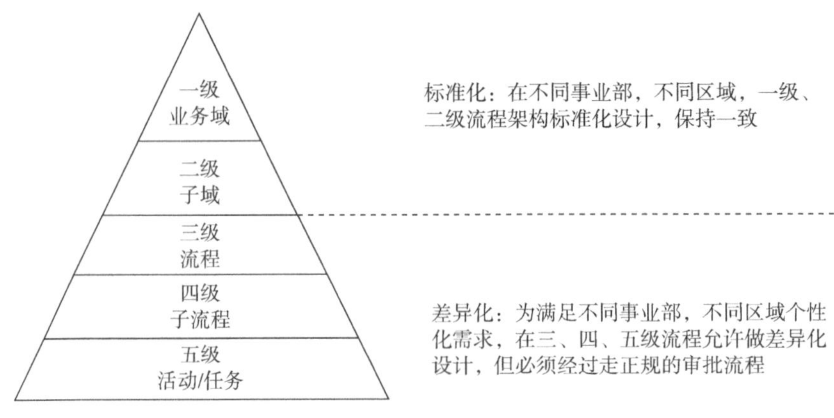

图 1－12　流程架构差异化管控示意图

越是处于流程架构的高阶，企业不同业务板块或区域越通用，越没有差异化，而越是处于流程架构的低阶，不同业务板块或区域的差异就会越大。根据实践经验，往往面向不同的业务场景（产品线、客户群等），通常对于一级、二级流程采取标准化设计，即一级、二级流程共享，在三级、四级流程上进行差异化设计。

（六）逻辑清晰

流程规划的本质是一次管理建模的过程，是对企业管理思想模型化、结构化的表达，将管理体系过程模型化、结构化，以流程架构图的方式展现出来。通过流程规划实现管理体系模型化之后，可以达到管理体系模块化设计与优化，大幅地提升管理体系运营效率，增强管理体系的稳定性。

流程架构不是简单地、随机地将流程从上至下进行分段、分级，这个分段、分级的过程体现了管理者的管理思想与思路。管理思想及思路不同，流程架构规划方式就会不同，其背后本质是管理模式及业务模式的选择。

逻辑清晰的流程架构由于具有明晰的内在逻辑关联，能够很方便地、容易地被大家理解、接受与记忆，很容易被推广开来。

逻辑清晰的流程架构由于充分体现了管理者的管理意图，有助于统一流程相关人员的意识与认识，有助于提升团队的执行力与协同能力。

本书第三章第八、第九节内容给出了如何确保流程架构逻辑清晰的几种具体流程规划方法。

第二章
流程规划怎么做

一、流程规划方法论

流程规划总体方法论如图 2 – 1 所示。

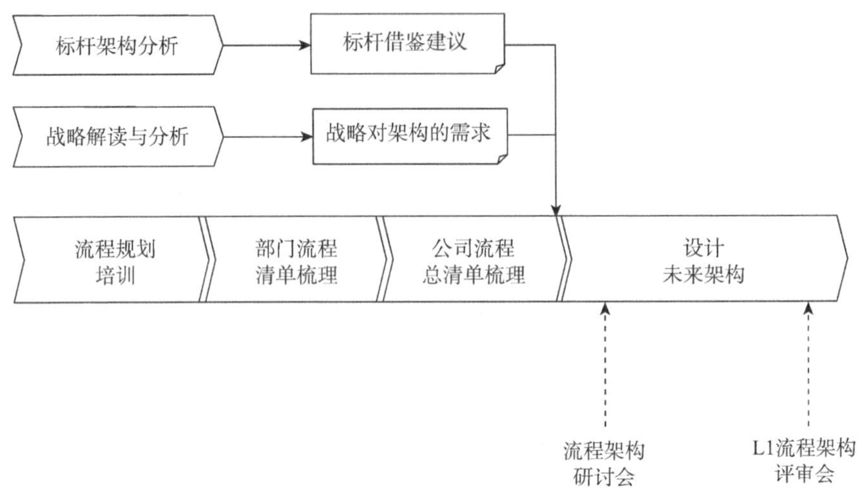

图 2 – 1　流程规划总体方法论示意图

总体而言，流程规划分成三步走：

开展流程规划培训：通过培训导入专业的流程规划方法与工具，教会大家做什么，如何做？

公司现状流程清单盘点：即了解公司目前有哪些流程，现有业务是如何运行的，各业务流程之间的关系是怎样的，现有流程体系在架构上存在什么问题。

规划公司未来流程架构：在充分理解现状业务基础上，基于公司未来发展战略需求，借鉴标杆架构经验设计出公司未来的流程架构。

二、流程规划项目组织

流程规划是一项既有高度、全面系统，又需要具有一定深度的工作，需要将公司不同层级的人员整合起来，形成有效的流程规划项目组才能够确保流程规划质量。流程规划项目组织架构如图 2 – 2 所示。

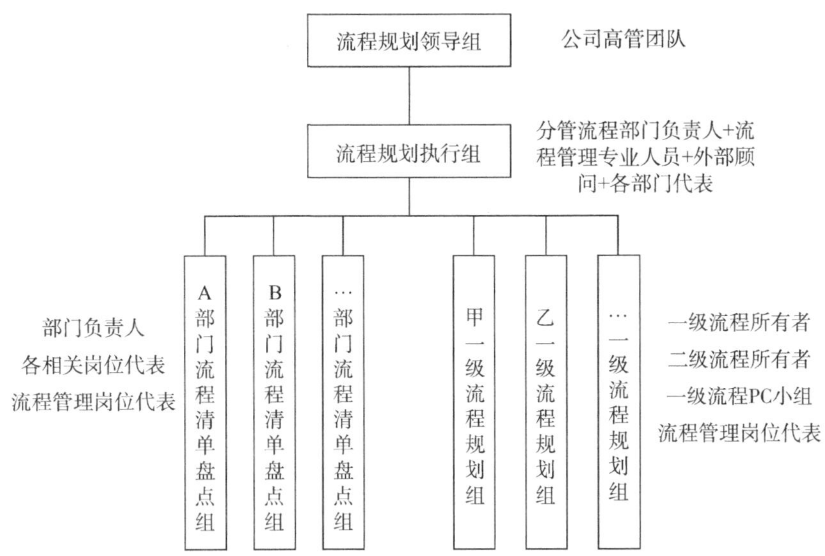

图2－2　流程规划项目组织架构图

（1）流程规划领导组

由公司高管团队组成，主要负责：把握流程规划总体方向、框架，评审流程架构规划结果，为流程规划提供资源保障等。

（2）流程规划执行组

由流程管理部门人员及各部门流程规划责任人（通常是部门负责人）共同组成，通常由分管流程的部门负责人担任组长，必要时可以邀请外部咨询顾问参加。是流程架构规划的组织协调者及推动者，主要职责如下：

➢ 负责流程架构规划的整体策划与计划。

➢ 组织开展架构规划培训、组织开展现状流程清单盘点与评审。

➢ 负责各部门或领域流程清单的汇总与整合、标杆流程架构收集与分析、流程架构的战略支撑需求分析。

➢ 进行流程总架构规划并组织评审，发布流程总架构（含一级流程所有者任命）。

➢ 跟进与辅导各一级流程架构规划。

➢ 组织评审各一级流程架构规划结果。

（3）流程清单盘点组

每个一级部门均需成立流程清单盘点组，组长由部门负责人担任，组员由各岗位代表、流程管理岗位代表组成。主要职责是根据流程规划执行组的计划安排，完成本部门流程现状清单的盘点，输出本部门流程现状清单盘点表。

（4）一级流程规划组

在完成公司总体架构规划之后，每个一级流程业务域内均需成立一级流程规划组，组长由一级流程所有者担任，组员包括一级流程 PC 小组、各二级流程所有者以及流程管理岗位代表。其职责为根据公司流程总架构规划要求完成所辖一级流程架构规划，将一级流程细划到二、三、四级，输出一级流程架构图、一级流程清单、一级流程全视图。

三、流程规划培训

（一）培训内容

建议培训分两期：一期讲理念，重点针对公司的中高层管理者；另一期讲实操，针对流程规划实操层责任人。

1. 理念培训

重点要讲清楚流程规划的目的与价值，让管理者理解为什么要做流程规划，流程规划可以为公司、为管理者带来哪些价值，通过培训增强管理者的紧迫感与认同感。同时要将流程规划的方法论讲清楚，让管理者知道大致的操作过程是怎样的，他们在流程规划里要承担哪些工作，扮演什么角色。最后要讲清楚流程规划完成之后如何应用，对企业的管理会带来哪些改变，以及能为每一位管理者带来的变化是什么。

流程管理作为一门相对较新的管理工具还没有被大家广泛理解，加上流程规划内容相对较空，所以对讲师提出了比较高的要求。建议讲师要有丰富的流程架构规划实战经验，同时具有一定的管理高度，能够与中高层管理者对话，引起大家的共鸣。为了保证培训效果，要多讲标杆企业成熟的案例，以及企业流程架构实际存在的问题，增加被训人员的带入感。

2. 实操培训

实操培训的目的是教会大家具体如何完成流程规划工作，要讲清楚具体的流程规划工作一步一步如何开展，涉及具体的表格、模板、工具如何应用，这是面向流程规划小组成员进行的培训。由于流程规划操作难度较大，而且被培训人员几乎没有过类似的经验，所以培训方式宜采用分组实战演练的方式进行，并通过讲师对演练成果的点评，加深学员对工具方法的理解。

（二）培训讲师选择

由于流程规划培训相对专业，要求讲师具备相应的流程规划经验与理论基础，建议请外部专业讲师来进行培训。在讲师选择上，要重点关注他的实战背景及课程内容是否具有实操性，是否有相对完备的方法论与实操层的工具。一般而言从流程管理专业咨询公司聘请资深讲师是个不错的选择，因为流程规划重在实战，企业需要顾问式讲师，而不是学院派讲师。

流程规划理念与方法很难通过一场培训来解决，如果企业不想引入外部咨询顾问自行开展流程规划，企业可以采取“培训＋辅导”的方式，操作关键点为：

（1）在培训进入流程规划实操阶段后，再邀请培训讲师进行几次集中的辅导，由于经过实战演练，学员一定会有很多的困惑、问题与建议，通过培训讲师面对面地的，针对性的答疑与讲解来强化培训的效果。

（2）可以在培训后的流程规划过程中，采取按人/天付费的方式，在不同的阶段邀请培训讲师参与到流程规划过程中。培训讲师起到的作用是解决问题、提供思路与建议、评审交付物质量、重大分歧的解决等。

四、部门现状流程清单盘点

现状清单盘点有三种方法：基于职责的现状流程盘点，基于对标的现状流程盘点，基于流程文件的现状流程盘点。

基于职责的流程盘点法是基于部门职责去识别为履行职责所需要操作的流程。基于职责的流程盘点工作量最大，但盘点最全面、最深入。

基于对标的流程盘点法是参照标杆企业流程清单，识别出本企业流程清单现状。基于对标的流程盘点最省事，效果也不差，但需要拿到比较好的标杆架构与清单作参照，否则质量得不到保证；同时对流程盘点人员提出了两个要求：对标杆解读到位，能够读懂标杆清单背后的业务逻辑；流程盘点人员对企业的业务要非常的熟悉。

基于流程文件的流程盘点法，是从现有的流程与IT系统中识别出目前已经在使用的业务流程。这些流程是真实存在的，而且是被管理的、实际在用的，通常来说分权手册也是制度的重要部分，分权手册里体现了大量的业务流程。基于流程文件的流程盘点，能够快速地把公司已经显性化的流程盘点出来，工作量相对小一些，但不能够将隐性流程（即未形成流程文件的，在操作教材者脑中的流程）盘点出来。

企业可以根据自身的情况来选择其中一种方法，当然也可以其中几种方法同时使用。

（一）基于职责的盘点流程清单

1. 操作程序

基于职责的流程现状清单盘点，其中的职责是指部门职责，而不是岗位职责。对于部门级别的确定要与企业规模相匹配，规模较小的企业，流程相对简单，可以直接选择一级部门；对于规模较大的企业，由于流程相对复杂，精细化程度高，则应选择更低层级部门。基于职责的现状流程盘点操作如图2－3所示。

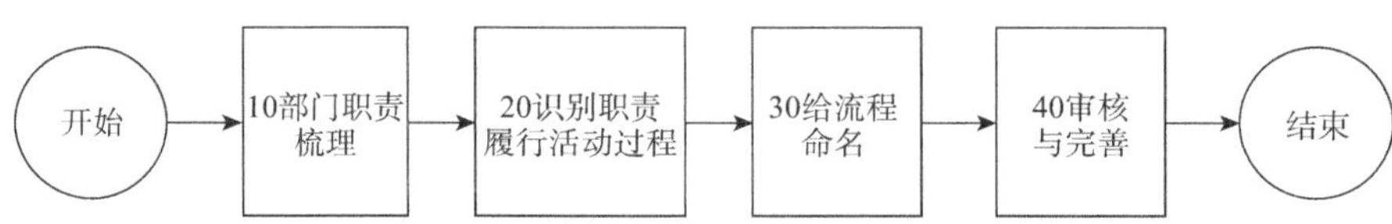

图2－3 基于职责的现状流程盘点操作示意图

具体操作程序说明如表2－1所示。

表 2－1 基于职责的现状流程盘点操作程序说明

序号	活动	角色/岗位	操作说明	表格/模板
10	部门职责梳理	本部门流程规划负责人、部门各岗位代表	1. 从人力资源管理业务领域获取部门职责说明文件，将本部门职责填入《部门现状流程盘点表》。由本部门流程规划负责人组织本部门人员对职责进行评审，确认职责项是否全面，是否包括了本部门全部的工作，如果有遗漏则进行完善。如果职责项内容比较多，可以适当地将其细分成几个职责子项，以便于后续的职责背后流程识别 2. 如果公司没有规范的部门职责描述时，可以将部门各岗位工作说明书中的岗位职责进行汇总整合，形成部门职责 3. 如果公司既没有规范的部门职责，也没有规范的岗位工作说明书时，比如新成立部门，则可以采取部门各岗位工作穷尽法来识别每个岗位的工作职责，再将各岗位工作职责进行汇总，形成部门职责	《部门现状流程盘点表》 《岗位工作穷举表》
20	识别职责履行活动过程	部门各岗位代表	1. 部门流程规划负责人组织本部门各岗位代表对自己所负责的职责项目进行相应流程识别工作：识别为履行该职责项目所要开展的工作，并按逻辑顺序进行先后排列 2. 对于流程走向描述应采取：“××活动（××岗位）—××活动（××岗位）”的方式。对于流程活动颗粒度（粗细程度）的把握遵循一个原则：以岗位为分界线，只要是一个岗位单独完成的，只写成一个活动，只要是多个岗位共同完成的，则要按岗位拆分成多个活动 3. 过程中由部门流程规划负责人负责提供指导，需要时，部门流程规划负责人可向公司流程规划组成员求助	《部门现状流程盘点表》
30	给流程命名	部门各岗位代表	1. 完成履行职责相应流程走向之后，要对该流程进行命名。如果该流程已经被显性化（通常有流程文件与 IT 固化两种方式），则直接取文件或系统中当前的流程名 2. 如果该流程没有被显性化，则由岗位代表根据流程实际内容进行概括命名，要求能够直观体现流程的内容，并且要用动宾词组 3. 过程中由部门流程规划负责人负责提供指导，需要时，部门流程规划负责人可升级向公司流程规划组成员求助	《部门现状流程盘点表》

续表

序号	活动	角色/岗位	操作说明	表格/模板
40	识别前后段流程及相应的触发事件	部门各岗位代表	1. 各岗位代表完成职责，履行相应流程走向与流程名梳理之后，要识别该流程的前段流程（前段流程是通过触发事件触发本段流程启动的那个流程）及前段流程为本段流程提供的触发事件。前段流程不是必需的，可以存在没有前段流程的情况 2. 识别本段流程的后段流程（后段流程是本段流程结束后触发启动的下个流程）及本段流程为后段流程提供的触发事件。后段流程不是必需的，可以存在没有后段流程的情况 3. 触发事件是触发本流程启动的事件，它是一个状态，其描述要规范，而不是一个活动，如“收到发票时或发票已开出时”	《部门现状流程盘点表》
50	审核汇总形成《部门现状流程盘点表》	部门流程规划负责人	1. 部门流程规划负责人收到各岗位提供的《部门现状流程盘点表》后，进行审核，审核点为： （1）职责项是否完整，是否包含了本部门全部的工作 （2）流程识别是否充分，部门流程清单是否包含了本部门所有的职责项 （3）《部门现状流程盘点表》填写是否规范、正确 2. 对填写不规范的提出修改意见，交由各岗位代表进行完善。之后汇总形成《部门现状流程盘点表》，交由部门负责人审核后，统一提交给公司流程规划小组	《部门现状流程盘点表》

2. 表格与模板

模板一：《部门现状流程盘点表—填表说明及示例》如表 2－2 所示。

表 2－2　部门现状流程盘点表—填写说明及示例

序号	主要职责		流程名	流程走向	前段流程及触发事件	后段流程及触发事件
	职责项	子项				
填写说明	取自部门职责	对职责项进行拆分	1. 如果公司已经有制度，则直接取制度中的流程名；如果没有形成文件，则根据流程内容重新命名 2. 采用动宾词组	1. 描述履行该项职责的操作步骤 2. 以岗位来划分活动，一个岗位操作的活动不需拆分，多个岗位操作的活动，需要按岗位拆分 3. 表述方式：活动1（岗位）—活动2（岗位）	1. 前段流程是通过触发事件触发本段流程启动的那个流程 2. 触发事件描述方式：是一种状态，如发票已开出	1. 后段流程是本段流程结束后触发启动的下个流程 2. 触发事件描述方式：是一种状态，如发票已开出
示例	管理者培养与辅导	优才生培养与管理	轮岗训练流程	确定优才生轮岗部门（培训主管） 宣导优才计划项目（培训主管） 确定轮岗培养考核方案（培训经理） 轮岗学习（受训学员）——追踪轮岗情况（培训主管） 总结与评估（培训主管）	入职流程 优才生完成入职后	基层岗位见习流程 优才生完成轮岗训练考核通过后
			基层岗位见习流程	确定见习部门（培训主管） 宣导优才计划项目（培训主管） 确定见习培养方案（培训经理） 见习（受训学员） 追踪见习情况（培训主管） 总结与评估（培训主管）	轮岗训练流程 优才生完成轮岗训练考核通过后	定岗流程 优才生基层岗位见习考核通过后

续表

序号	主要职责		流程名	流程走向	前段流程及触发事件	后段流程及触发事件
	职责项	子项				
…	…	…	…	…	…	…
			…	…	…	…
			…	…	…	…

模板二：《岗位工作穷举表》如表 2－3 所示。

表 2－3 岗位工作穷举表—填写示例

岗位职责	工作任务	主要输出	重要度	发生频次	工作类别
经营数据统计分析	审核数据的准确性，跟踪任务、预算达成情况	经营分析日报	高	例行	决策支持
	优化、完善报表结构	经营分析日报	高	偶尔	决策支持
	统计分析当月当年累计主要经营指标执行情况	经营分析月报	高	每月	决策支持
	统计分析各季度主要经营指标执行情况	经营分析季报	高	每半年	决策支持
	统计分析上半年累计主要经营指标执行情况	经营分析半年报	高	每半年	决策支持
	统计分析全年累计主要经营指标执行情况	经营分析年报	高	每年	决策支持
	公司或各部门领导临时需要的经营数据统计	经营数据统计分析	高	偶尔	服务支撑
	审核业务信息系统运维项目需求	需求登记表	高	例行	风险管控
	协助信息系统流程优化	/	高	偶尔	服务支撑
	负责 BW 系统应收账款数据的准确性	/	高	每月	服务支撑
	bw 系统出现异常，负责联系、协调信息中心解决	/	高	例行	服务支撑
	协助或参与新的信息化项目	利润分析报表等	高	偶尔	服务支撑
数据服务	协调、指导数据服务组员工的工作		高	例行	服务支撑
客户服务	客户满意度调查	客户满意度调查问卷、客户满意度调查报告	高	每年	决策支持

3. 常见问题

（1）职责识别不完整，会将重要的职责项遗漏掉，通常会将职责中有但当前还没有开展相关工作，但战略发展又需要的那部分职责遗漏掉。

（2）对流程的理解不到位，把流程等同于固化到制度流程或 IT 系统中的电子流。没有把所有的流程都识别出来，只识别出了显性流程，而遗漏了隐性流程，即真实的业务天天都在发生，只是没有被显性化为相关的流程文件或 IT 系统电子流。

（3）职责与流程边界不对应，要么流程写得太窄，没有覆盖职责的全部内容；要么流程写得太宽，超出了职责范围。

（4）流程走向中活动的颗粒度把握不到位，要么写得太粗，没有把跨岗位的活动区分开来；要么写得太细，将同一个岗位的事情拆得过于零散。

（5）对前后段流程识别不准确，没有准确表达触发事件，往往容易将前段流程触发事件写成前段流程的输出物，将后段流程触发事件写成本段流程的输出物。

（二）基于对标的现状流程盘点

首先要找好标杆流程清单，通常企业很难获得其他企业的流程清单，可以考虑寻求咨询公司或外部专家的帮助。由于不同企业所擅长的业务领域不一样，很少有企业在所有的业务领域都做得很好。为此，对于标杆企业流程清单的选择可以分领域来进行，即不同业务领域可以选择不同的企业作为标杆学习对象。优先考虑拿同行业标杆企业流程清单进行对标，如无法获取，再考虑跨行业寻找标杆。做跨行业对标时一定要考虑标杆企业与本企业之间行业及业务模式的差异化，有选择的借鉴，而不能生搬硬套。

在无法获得标杆企业流程清单的时候，可以考虑将 APQC 流程清单作为参照，对于 APQC 流程清单的选择，建议从 APQC 官网上下载获得最新对应行业的版本，由于是英文版，可以按领域分配给相应部门去翻译，同时提供老版本的 APQC 中文版作为参考。

公司流程规划执行组将流程清单按流程业务领域确定不同领域的责

任人，将对应流程业务领域的清单分发给他们，由他们根据标杆清单来识别公司相应的流程。具体负责流程清单盘点的人员要求必须是相应业务领域的专家，非常熟悉该项业务领域的整体情况，具体识别的操作如表 2 -4 所示。

表 2 -4　标杆借鉴现状流程盘点表

NO	标杆一级流程	标杆二级流程	标杆三级流程	标杆四级流程	公司相应流程名
	A1				
		A11			
			A111		
				A1111	
				A1112	
			A112		
				A1121	
				A1122	

（三）基于流程文件的现状流程盘点

公司流程规划执行组可以安排各部门收集汇总本部门相关的流程文件，包括：流程说明文件、管理规定、操作指导书/表格/模板、质量手册、分权（授权）手册、IT 系统操作说明等。

完成现有流程文件收集之后，要求各部门完成本部门归口管理的流程文件中流程的盘点，通常在相应的流程文件里有流程图或流程操作过程的描述。对于 IT 系统可以由交 IT 部门统一盘点 IT 系统中的流程。

五、公司现状流程清单整理

（一）部门现状流程清单评审

完成各部门现状流程清单盘点后，公司流程规划执行组应对各部门提交的部门现状流程清单盘点表进行审核，对于不符合要求的提出明确的修改意见，由各部门流程规划负责人组织进行完善，直到合格为止。对于部门流程现状清单的质量评审标准如表2-5所示。

表2-5　部门现状流程清单质量评审标准

评审维度	评审方法
完整性	流程清单是否覆盖了职责事项，是否有遗漏
规范性	流程名称描述是否规范，包括以下两方面 （1）与流程内容一致 （2）严格按动宾词组
	流程走向规范性，包括以下两方面 （1）格式是否规范？是否按活动+岗位的方式描述 （2）活动划分是否规范？颗粒度是否按岗位来区分
	前段流程识别正确性，包括以下两方面： （1）前段流程识别是否符合业务逻辑 （2）触发事件描述是否准确
	后段流程识别正确性，包括以下两方面： （1）后段流程识别是否符合业务逻辑 （2）触发事件描述是否准确

（二）总成公司现状流程清单

公司流程规划执行组负责将各部门现状流程清单进行汇总整合。整合主要工作为：

（1）将太过分散的流程进行合并。

（2）将重复的流程进行归整，找到流程归口部门，并且清单只保留在归口管理部门。

（3）参照标准的APQC通用流程框架进行初步的分级，即将公司流程清单分成12个业务域：

√ 规划愿景与战略

√ 开发与管理产品/服务

√ 营销与销售产品/服务

√ 交付产品/服务

√ 管理顾客服务

√ 开发及管理人力资本

√ 管理信息技术

√ 管理财务资源

√ 物业获得、建设与管理

√ 管理企业风险、遵从与弹性

√ 管理外部关系

√ 开发与管理业务能力

整合后的公司现状流程清单如表 2－6 所示。

表 2－6　整合后的公司现状流程清单表

序号	一级流程	二级流程	三级流程	四级流程	流程走向	前段流程	后段流程
1							

六、流程架构标杆借鉴

流程架构标杆借鉴是流程架构规划最重要也是价值最大的一个环节，流程架构规划的本质就是借鉴先进成熟的标杆经验，从结构上提升公司流程体系水平，促进公司业务模式与管理模式升级，推动公司管理水平上台阶，为公司业务发展提供更好的流程制度平台支撑，同时提升内部运营效率。

标杆架构有两大类：

通用的架构。要么适用于各行各业，要么面向某些行业，如面向所有行业的 APQC 流程框架与清单，面向电信运营企业的 ETOM 流程框架与清单；还有面向某一块业务域的流程架构，如 SCOR，ITLL，CMMI 等。

标杆企业架构。即在同行业甚至是跨行业内领先企业所使用的流程架构。

标杆架构借鉴如图 2－4 所示。

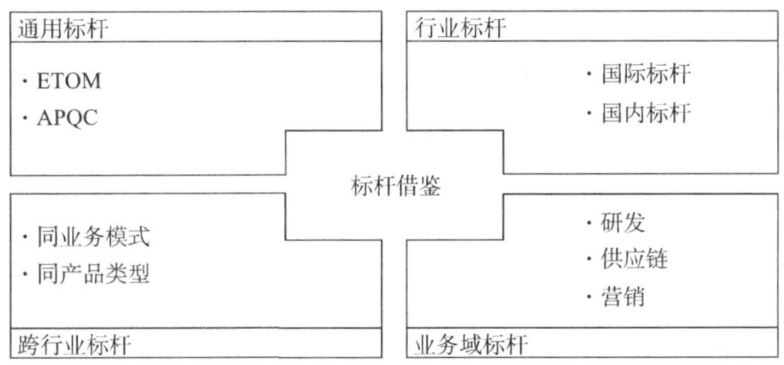

图 2－4 标杆架构借鉴示意图

（一）APQC 架构分析

1. APQC 简介

APQC 是美国生产力与质量中心（American Productivity and Quality Center）的简称。该中心自 1991 年开始研究开发流程分类框架（简称 PCF），于 1992 年发布 PCF1.0。最初，APQC 提出的流程分类框架是跨行业的，参与设计的 80 个组织单位希望能创造出“前瞻性标杆式企业流程分类法则”向全球推广。历时 10 年之后，该标准已经被全球数百家企业所认同使用。该分类框架是以“开放性标准标竿合作（OSBC）数据库”的内容为基础，并按照全球产业领导者的协同建议整合而成。

PCF 由 APQC 与其会员公司创立，是一个通过流程管理与标竿分析，不分产业、规模与地理区域，用来改善流程绩效的公开标准。PCF 将运营与管理等流程汇总成 12 项企业级流程类别，每个流程类别包含许多流程群组，总计超过1500个作业流程与相关作业活动。2008年，APQC陆续提出了十个行业的流程分类框架，包括跨行业、电力行业、消费品行业、航空航天和国防行业、汽车行业、传媒行业、医药行业、电信行业、石油行业、石化行业的流程分类框架。

2. APQC流程分级说明

APQC流程分级如图2－5所示。

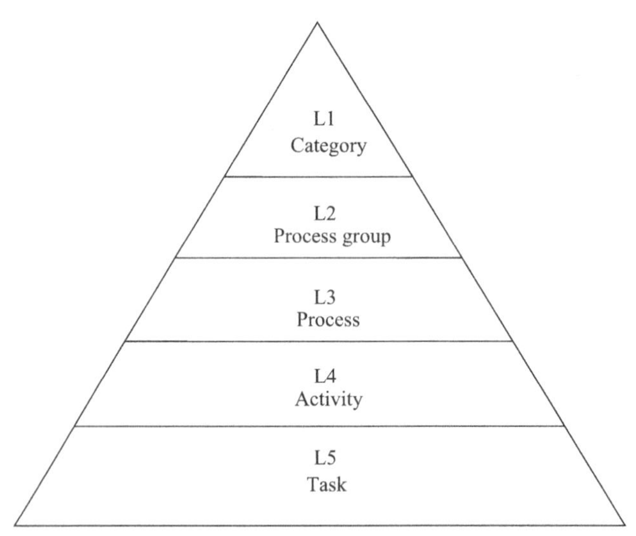

图2－5　APQC流程分级示意图

第一级：category（**类或域**）

是企业流程中的最高一个级别，例如管理客户服务、管理供应链、管理财务资源、管理人力资源等。

第二级：Process Group（**流程组**）

是企业第一级（类或域）的下一级流程，代表一群流程，例如：售后维修、采购、应付款管理、招聘等。

第三级：Process（**流程**）

是一系列将输入转化为输出的相互关联的活动。流程消耗资源并且需要制订可重复执行的标准；流程需要遵从一个面向质量、速度、成本绩效要求的控制系统。

第四级：Activity **（活动）**

是执行流程要完成的关键事项。例如：接收客户请求，处理客户抱怨，采购合同洽谈等。

第五级：Task **（任务）**

是活动的下一个层级。任务通常颗粒度更细，不同的行业差异会较大。例如：创建业务计划、获得资助、设计识别与奖励方法等。

3. APQC **架构总图**

APQC 2012 年发布的 V6.0.0 跨行业通用版流程总架构如图 2－6 所示。

图 2－6　APQC 通用版流程架构 V6.0.0

4. APQC **一级流程架构**

对于每一个一级流程，APQC 都给出了细到第三，甚至是第四级的流程架构。以“规划愿景与战略”一级流程为例，APQC2012 年 V6.0.0 版流程清单如表 2－7 所示。

表2－7　APQC规划愿景与战略流程清单

1	规划愿景和战略（一级）			
1.1		定义业务概念和长期愿景（二级）		
1.1.1			评估外部环境（三级）	
1.1.1.1				分析和理解竞争格局
1.1.1.2				识别经济趋势
1.1.1.3				识别政治和监管问题
1.1.1.4				评估技术创新
1.1.1.5				分析人口特征
1.1.1.6				识别社会和文化变化
1.1.1.7				理解生态相关因素
1.1.2			调查市场并确定客户需求	
1.1.2.1				开展定性/定量评估
1.1.2.2				采集和评估客户需求
1.1.3			进行内部分析	
1.1.3.1				分析组织特征
1.1.3.2				建立现有流程基线
1.1.3.3				对系统和技术进行分析
1.1.3.4				分析财务定位
1.1.3.5				识别企业核心竞争力
1.1.4			建立战略愿景	
1.1.4.1				围绕战略愿景结盟利益相关方
1.1.4.2				与利益相关方就战略愿景进行交流
1.2		制订业务战略		
1.2.1			制订整体使命描述	
1.2.1.1				定义当前现有业务
1.2.1.2				制订使命
1.2.1.3				使命交流
1.2.2			评估战略备选方案	
1.2.2.1				确定战略选择

续表

1. 2. 2. 2				分析和评估战略选择的影响
1. 2. 2. 3				制订持续性战略
1. 2. 2. 4				制订全球支持和共享服务战略
1. 2. 2. 5				制订精益/持续改进战略
1. 2. 3			选择长期业务战略	
1. 2. 4			协调和调整职能和流程战略	
1. 2. 5			组织架构设计（框架、管理、报告等）	
1. 2. 5. 1				评估组织架构的广度和深度
1. 2. 5. 2				执行具体的工作角色匹配和增值分析
1. 2. 5. 3				开发流程图来评估活动衔接
1. 2. 5. 4				开展机构重新设计研讨会
1. 2. 5. 5				设计组织结构单元关系
1. 2. 5. 6				针对关键流程开展角色分析和绘制活动图
1. 2. 5. 7				评估可行的方案的组织含义
1. 2. 5. 8				向新的组织架构切换
1. 2. 6			开发和设定组织目标	
1. 2. 7			制订业务单元战略	
1. 3		管理起步策略		
1. 3. 1			设计起步策略	
1. 3. 2			评估起步策略	
1. 3. 3			选择起步策略	
1. 3. 4			制订高阶措施	

注：对于 APQC 架构更多的信息见附件 1《APQC 流程清单 v6. 0. 0》

5. APQC 标杆借鉴说明

（1）用对版本，APQC 流程清单一直在动态调整、持续优化之中，所以要直接上官网下载最新版本。

（2）APQC 既有不分行业的通用版，也有细分的行业版。如果 APQC 有自己企业所在的行业版本，优先考虑对标 APQC 相应行业版流程架构。

（3）APQC 通用版架构由于通用，所以流程清单相对全面并具有共性，所以 APQC 流程清单非常适合企业用来查漏补缺，确保流程规划的完整性。借鉴 APQC 规划流程架构示例如图 2－7 所示。

运营	1.0 战略管理流程
	2.0 新产品/业务上线流程
	3.0 营销与销售管理流程
	4.0 供应链运作流程
	5.0 客户服务流程

管理支撑	7.0 人力资源管理流程
	8.0 财务管理流程
	9.0 信息技术管理流程
	10.0 对知识、变革与改进的管理流程
	11.0 综合管理流程

图 2－7　E 公司流程架构总图

（二）ETOM 分析

1. ETOM 简介

ETOM 是 enhanced Telecom Operations Map 的英文首字母缩写，英文全称为 Enhanced Telecom Operations MapTM（ETOM），即增强的电信运营图（ETOM），是信息和通信服务行业的业务流程框架。ETOM 是一种业务流程模型或框架，它为服务提供商提供所要求的企业流程，但它不是业务模型。ETOM 作为电信运营业务流程向导的蓝图，是 NGOSS（新一代运营系统和软件）的重要概念和关键组成元素。

◇ ETOM 是一种业务过程模型或框架，它为电信运营商或服务商提供所要求的企业过程。

◇ ETOM 重点在于对运营商开展工作所涉及的过程单元和业务活动进

行分类，并定义它们之间的联系。

◇ ETOM 采用自上而下层次划分的方法对业务过程进行分解，使用者可以根据需求参考不同级别的视图。

◇ ETOM 业务过程框架中定义的过程是静态的，描述了业务功能及其相互之间的关系，并没有强制性规定如何组织流程以及如何处理过程间的顺序。

◇ 企业可以根据需求，将不同的过程组合在一起，从而定义自己的运营流程。

◇ ETOM 是业界认同的标准，是分析问题、解决问题的参考模型，不是强制性的规范。

◇ ETOM 框架主要针对信息通信服务和技术管理，但是在其他行业领域也可以参考使用，尤其是企业管理区域。

2. ETOM 流程架构总图

ETOM 流程架构总图如图 2－8 所示。

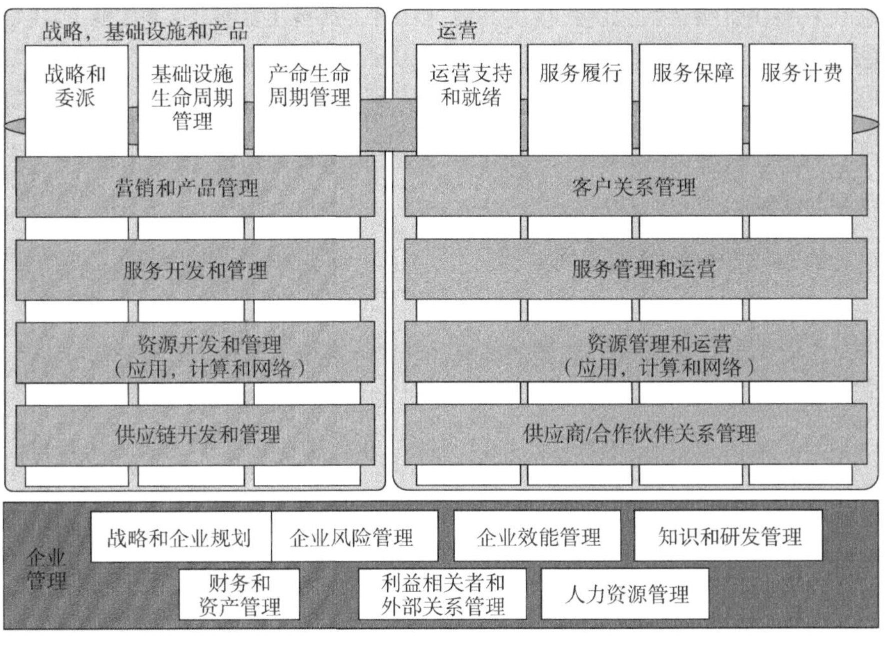

图 2－8　ETOM 流程架构总图

ETOM 强调业务驱动和以客户为中心。为了反映出这些，ETOM 支持两种不同的视图来细化和分组业务流程：

（1）**垂直的流程分组**：该分组描述了端到端的流程，如整个的服务计费所涉及的流程。

（2）**水平的流程分组**：描述了面向功能的流程，如管理供应链所涉及的流程。

根据这两个视图，Level0 视图可进一步被细化为 Level1 视图，由于这些流程的性能直接决定企业是否成功，故也将该视图称为 CXO 视图。在 Level1 视图中运营流程（OPS）和战略、基础设施和产品流程（SIP）被分解为七个垂直的流程组和八个水平的流程组，而企业管理流程（EM）被分为八个流程组。具体流程如下：

七个垂直的流程组：战略和委派、基础设施生命周期管理、产品生命周期管理、运营支持与就绪、服务履行、服务保障、服务计费。

八个水平的流程组：营销和产品管理、客户关系管理、服务开发和管理、服务管理和运营、资源开发和管理、资源管理和运营、供应链开发和管理、供应商/合作伙伴关系管理。

企业管理八个流程组：战略和企业规划、企业风险管理、企业效能管理、知识和研发管理、财务和资产管理、利益相关者和外部关系管理、人力资源管理。

3. ETOM 流程架构使用说明

（1）客户导向的流程架构设计，首先面向客户需求设计了七条端到端垂直业务流程组；然后围绕如何让这七条端到端业务流程有效运行，设计了八条使能流程组；最后设计了八条企业共享的管理和支持流程组。

（2）端到端流程设计理念：七条端到端垂直业务流程组都是从客户需求开始到客户满意结束。

（3）使能流程设计理念：八条面向功能的流程组设计是为七条端到端流程有效运行提供能力保障。

借鉴 ETOM 规划流程架构示例如图 2－9 所示。

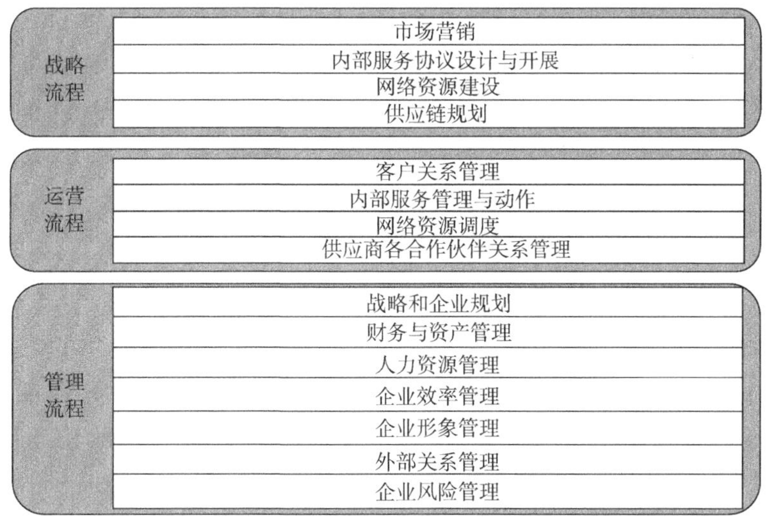

图 2-9　G 公司流程架构总图

（三）标杆企业流程总架构分析

1. 某 500 强家电制造企业流程架构

某 500 强家电制造企业流程架构如图 2-10 所示。

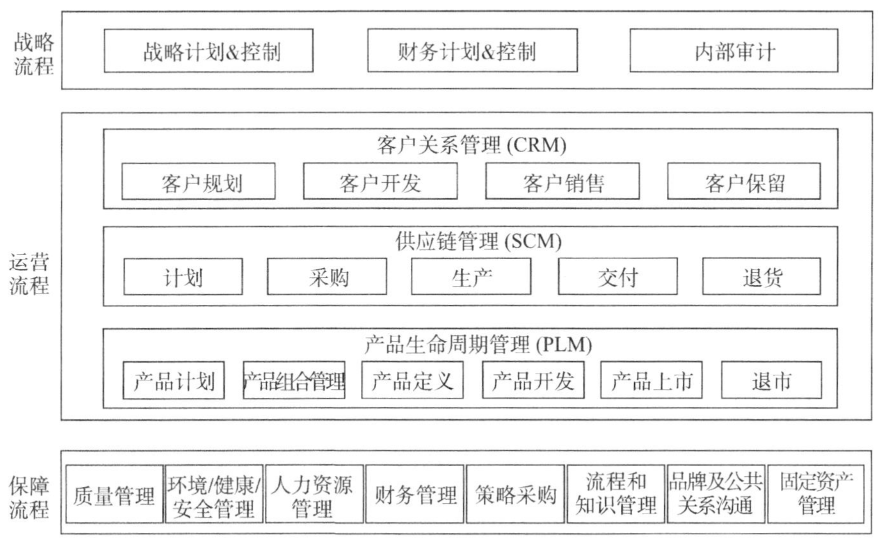

图 2-10　某公司流程架构总图

2. 架构解读

图2－10所示公司采用了战略——运营——保障三层次规划逻辑，将公司流程分成战略流程、运营流程及保障流程三大类。

（1）**战略流程：**包括了战略闭环管理、年度经营计划及预算闭环管理，同时还将内部审计作为战略流程的一部分，来强化战略执行保障。

（2）**运营流程：**充分体现了系统管理中的集成理念。

首先，围绕客户进行集成，形成客户关系管理一级流程，涵盖了从客户规划、客户开发、客户销售及客户保留全过程。相对应的将APQC流程架构中的营销、销售、管理服务三大流程包括在内，但突出了客户生命周期管理这条主线，在客户规划、客户开发及客户保留方面做得更系统、更强。

其次，在供应链领域，参与SCOR（供应链运作参考模型）建立了集成的供应链管理流程体系，包括了计划、采购、生产、交付及退货5个二级流程。

最后，在研发领域，围绕产品生命周期管理主线构建了：产品计划、产品组合管理、产品定义、产品开发、产品上市、退市6个二级流程。体现了产品经营的理念，超越了传统的研发，甚至是集成产品开发（IPD）的模式。

（3）**保障流程：**设计体现了集团管控模式及对公司竞争战略的支撑。

其中质量管理作为一级流程，体现了该公司的质量竞争策略。

将流程管理与知识管理作为一级流程，体现了该公司所选择的流程与知识管理模式，流程成为公司管理的主线、知识管理成为公司的核心能力。

策略采购作为一级流程，体现了该公司战略采购模式，将战略采购与操作采购相分离。将品牌与公共关系沟通作为一级流程设计，体现了该集团公司管控模式，在全集团共享品牌与公共关系能力，并构建相对标准的流程体系。

由于该企业总部在欧洲，将环境、健康、安全管理作为一级流程设计体现了欧洲企业经营的理念与价值观，这种架构设计在国内企业很少能见到。

将固定资产管理作为一级流程设计，体现了该公司对于固定资产集中管控的模式及对于固定资产效率的关注。

（四）一级流程标杆架构分析

从某种意义上来说，公司级流程架构其实差异不大，相对来讲比较通用，各企业之间的差异不会太大。在一级流程架构设计上则会体现巨大的水平差异，因为其背后是管理模式与业务模式先进落后之分。同时越到操作层级，企业之间的个性化也表现得越明显。

为此，企业应高度重视一级流程标杆架构的借鉴，通过对标先进的一级流程架构，将先进的管理理念与模式借鉴进来，从结构上、模式上提升公司经营与管理水平。

在一级流程架构上同样存在通用架构与企业架构两类。通用架构一般由行业协会或标准化组织来制订，除了 APQC 与 ETOM 之外，常见的一级流程通用架构有 SCOR 中的供应链流程架，ITTL 中的 IT 运维流程架构，ISO9000 中的质量管理流程架构；ISO14000 中的环境管理流程架构，呼叫中心管理流程架构，CMMI 软件开发流程架构和 IPD 集成产品研发流程架构等。

下面以 SCOR 集中供应链为例进行说明。

1. SCOR 集成供应链流程架构

（1）SCOR 简介

供应链运作参考模型（Supply - Chain Operations Reference model）简称 SCOR 模型，它是由国际供应链协会开发，适合于不同工业领域的供应链运作参考模型。

1996 年春，两个位于美国波士顿的咨询公司 PRTM 和 AMR 为了帮助企业更好地实施有效的供应链管理，实现从基于职能管理到基于流程管理的转变，牵头成立了供应链协会（SCC），并于当年年底发布了供应链运作参考模型。

SCOR 是第一个标准的供应链流程参考模型，是供应链的诊断工具，它涵盖了所有行业。SCOR 使企业间能够准确地交流供应链问题，客观地评测其性能，确定性能改进的目标，并影响今后供应链管理软件的开发。流程参考模型通常包括一整套流程定义、测量指标和比较基准，以帮助企业开发流程改进的策略。

SCOR 模型主要由四个部分组成：供应链管理流程的一般定义、对应于流程性能的指标基准，供应链“最佳实践”（best practices）的描述以及选择供应链软件产品的信息，如图 2－11 所示。

业务流程重组	标杆设定	最佳业务分析	动作参考模型
找出业务流程的现状，推导出预期的未来状况	对相似公司的运营绩效加以量化，并根据得出的业内最优数据在内部设定的绩效目标	分析出产生业内最优绩效的管理方式和软件解决方法的特点	找出业务流程的现状，推导出预期的未来状况 对相似公司的运营绩效加以量化，并根据得出的业内最优数据在内部设定的绩效目标 分析出产生业内最优绩效的管理方式和软件解决方法的特点

图 2－11　SCOR 模型的四个组成部分

SCOR（供应链运作参考）模型把业务流程重组、标杆比较和流程评测等著名的概念集成到一个跨功能的框架之中。SCOR 是一个为供应链伙伴之间有效沟通而设计的流程参考模型，是一个帮助管理者聚焦管理问题的标准语言。作为行业标准，SCOR 帮助管理者关注企业内部供应链。SCOR 用于描述、度量、评价供应链配置：规范的 SCOR 流程定义实际上允许任何供应链配置；度量：规范的 SCOR 尺度能使供应链绩效被衡量并和标杆进行比较；供应链配置可以被评估，以支持连续的改进和战略计划编制。

SCOR 模型建立在 5 个不同的管理流程上，分别是计划流程、采购流程、生产流程、配送流程，退货流程，如图 2－12 所示。

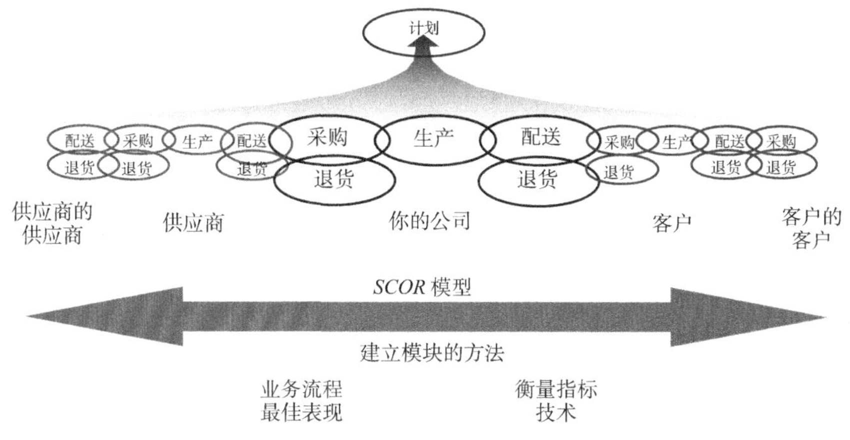

图 2-12　SCOR 模型示意图

（2）SCOR **流程总体架构**

SCOR 流程总体架构如图 2-13 所示。

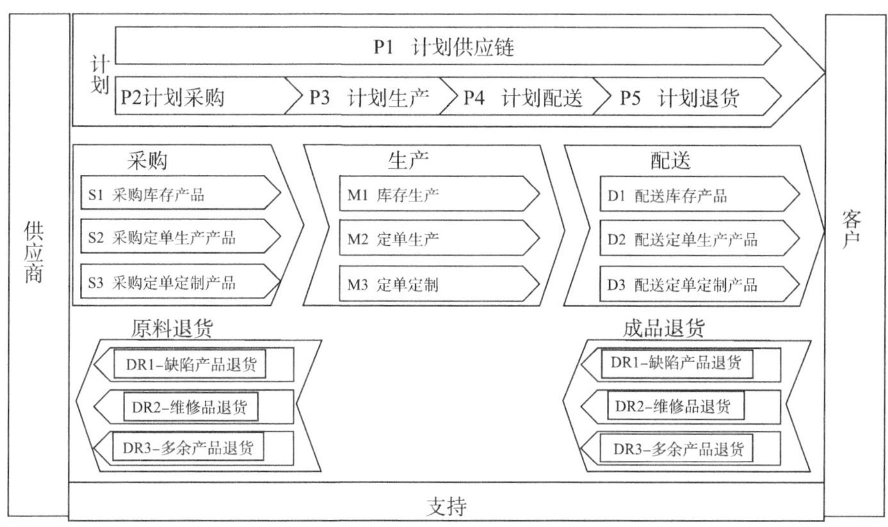

图 2-13　SCOR 模型流程架构总图

（3）SCOR **流程绩效指标**

从可靠性、反应度、灵活性、成本、资产管理五个维度给出了第一层绩效测量指标，如表 2-8 所示。

表 2－8　SCOR 流程绩效指标（第一层）

	绩效属性	第一层指标
面向客户	可靠性	完好订单履行率
	反应度	订单履行周期
	灵活性	上调供应链灵活性
		上调供应链适应性
		下调供应链适应性
内部	成本	供应链管理总成本
		主营业务成本
	资产管理	现金周转周期
		供应链固定资产收益率
		营运资金收益率

对每一个一级流程绩效指标沿着流程架构进行分解，形成了三层级流程绩效指标体系，以订单履行周期为例展示如表 2－9 所示。

表 2－9　SCOR 流程绩效指标“供应链反应速度”的三层体系

供应链反应速度		
订单履行时间	采购周期	确认货源时间
		选择供应商与议价时间
		计划产品交付时间周期
		校验产品时间
		运输产品时间
		供应商账期
	生产周期	计划排程周期
		发料时间
		生产和测试周期
		包装时间
		订单交付周期
		产品交付周期
		产品制造周期
	交付周期	接收配置输入和有效订单所需周期时间
		预留自愿 & 确定交付日期所需时间
		合并订单时间

续表

		装载以及产生运输文件时间
		发运时间
		选择承运人时间
		从采购或制造获取产品时间
		安装产品时间
		接收 & 校对产品时间
		运输产品时间
		产品拣货时间
		产品包装时间
		计划安装时间
	交付给零售商时间	产生仓存计划时间
		接收产品时间
		捡货时间
		库存货架期
		安装周期
		收银台付款时间
		装入购物篮时间

完整的供应链流程绩效指标体系详见附件 2《SCOR 流程绩效指标库》

（4）最佳实践参考

以供应链二级流程“计划”为例，SCOR 给出了不同环节最佳实践参考，有利于企业参照建立或优化相应的流程，来达到业务模式的提升，如表 2－10 所示。

表 2－10　SCOR 模型二级流程“计划”各环节的最佳实践参考

流程	子流程	最佳实践
计划供应链	整体	所有职能部门懂得供需平衡
		CPFR（协同式供应链库存管理，也叫协同规划）
		S&OP（销售与运营计划）
		需求变更信号实时驱动计划变更
		在线供需资源可视化，并可 ATP 检查
		系统支持供需平衡决策确定（供应链高级计划）

续表

流程	子流程	最佳实践
		供需流程高度集成
		每日平衡全供应链供需（客户的客户到供应商的供应商）
		确定和管理对环境影响
		流程应聚焦柔性和速度，并可不断改善
		可以模拟"What if"的供需平衡
		环境管理系统
		VMI（供应商管理库存）
		衡量环境对供应链的影响
	确认排序供应链需求	考虑环境因素
		供应链成员间的数字化连接
		联合服务协议（JSA）
		变推式预测信号为拉式信号
		系统支持精确在线需求可视和优先顺序
		高级计划支持排程和供应链事件管理
		高级计划系统协同扩展到客户，包括计划、重计划、商业规则、计划变更
		运作策略团队协同，ERP 与 APS 的集成协同
	确认排序供应链资源	环境因素
		JSA
		月度提前期更新
		产品获利性分析
		供应链成员间的数字化连接
	供应链供需平衡	平衡环境要求
		CRM（通过所有渠道了解客户需求，掌握客户需求）
		需求计划，需求流领导权
		软件为供应链计划流程提供多个数据模型以及运算法则的驱动
		BI 对数据的分析（计划主数据，商业规则，业务主数据）
	建立和传达供应链计划	运作策略团队间的协同（高级计划，ERP，供应链能力计划的协同）
		供应链成员间的数字连接（协同计划系统 B2B 等系统间的协同）

续表

流程	子流程	最佳实践
		与环境需求间的通讯关系
		全流程精确的在线可视（需求　优先级　资源情况）
		与供应链伙伴间的协同（改善运作环境）
		JSA（协同计划系统）

这些最佳实践都是被众多标杆企业实践证明成功的模式或方法，其背后都有成熟的理论及方法论，企业可以通过资料查阅或外请专家指导实施。完整的最佳实践参考详见附件3《SCOR业务最佳实践参考》。

（5）某企业基于SCOR建立的流程架构参考

某企业基于SCOR建立的流程架构参考如表2－11所示。

表2－11　某企业基于SCOR建立的流程架构参考

一级流程	二级流程	二级流程	三级流程
供应链	计划	计划供应链业务流程	供应链主需求计划制订流程
			可供货能力计划制订流程
			主生产计划制订流程
			MRP计划运算流程
		SC/P2计划采购业务流程	制订MRP采购计划流程
			制订库存采购计划流程
		SC/P3计划制造业务流程	制订按订单制造计划流程
			制订按MRP制造计划流程
			制订按库存制造计划流程
			下达制造任务单流程
		SC/P4计划配送业务流程	订单商务统筹流程
		SC/P5计划退货业务流程	制订退货物料处理计划流程
	采购	供应商选择、评估与认证流程	识别公司战略性采购物料流程
			确定采购需求流程
			研发物料采购申请流程
			非生产物料采购申请流程
			特配件物料采购申请流程

续表

一级流程	二级流程	二级流程	三级流程
			确定采购规格流程
			供应商初选及资格认证流程
			物料询价、报价及谈判流程
			物料认证流程
		采购执行业务流程	下达采购订单流程
			采购预付款管理流程
			采购订单管理流程
			采购付款管理流程
			OEM 采购付款管理流程
		供应商管理流程	收集供应商考核数据流程
			评估供应商考核结果流程
			督促供应商绩效改进流程
			分等级管理供应商流程
	制造	产品自制业务流程	采购货物验收、入库业务流程
			仓储管理业务流程
			物料领料、备料、发料业务流程
			生产准备业务流程
			生产制造管理流程
			成品包装业务流程
		产品 OEM 外包制造业务流程	OEM 厂选择、评估与报价认证流程
			OEM 外包制造决策流程
			OEM 外包物料管理与控制流程
			OEM 外包质量管理与控制流程
			OEM 外包生产进程管理与控制流程
		质量管理	来料质量控制业务流程
			过程质量控制业务流程
			成品出货质量控制业务流程
	配送	配送自制产品业务流程	成品入库业务流程
			成品库存管理业务流程
			成品理货出库流程

续表

一级流程	二级流程	二级流程	三级流程
		配送 OEM 外包制造产品业务流程	OEM 外包成品库存管理与控制流程
			OEM 成品入库业务流程
			OEM 成品库存管理业务流程
			OEM 成品理货出库流程
	退货	客户退货处理业务流程	/
		原材料退货处理业务流程	/

2. IPD 集成产品研发流程架构

（1）IPD 简介

集成产品开发（Integrated Product Development，简称 IPD）是一套产品开发的模式、理念与方法。IPD 的思想来源于美国 PRTM 公司出版的《产品及生命周期优化法》。

最先将 IPD 付诸实践的是 IBM 公司，1992 年 IBM 在激烈的市场竞争中，遭遇到了严重的财政困难，公司销售收入停止增长，利润急剧下降。经过分析，IBM 发现他们在研发费用、研发损失费用和产品上市时间等几个方面远远落后于业界最佳。为了重新获得市场竞争优势，IBM 提出了将产品上市时间压缩一半，在不影响产品开发结果的情况下，将研发费用减少一半的目标。为了达到这个目标，IBM 公司率先应用了集成产品开发的方法，在综合了许多业界最佳实践要素的框架指导下，从流程重整和产品重整两个方面来达到缩短产品上市时间、提高产品利润、有效地进行产品开发、为顾客和股东提供更大价值的目标。

IBM 公司实施 IPD 的效果不管在财务指标还是质量指标上都得到了验证，最显著的改进在于：

➢ 产品研发周期显著缩短。

➢ 产品成本降低。

➢ 研发费用占总收入的比率降低，人均产出率大幅提高。

➢ 产品质量普遍提高。

➢ 花费在中途废止项目上的费用明显减少。

在 IBM 成功经验的影响下，国内外许多高科技公司采用了 IPD 模式，如美国波音公司和深圳华为公司等，都取得了较大的成功。实践证明，IPD 既是一种先进思想，也是一种卓越的产品开发模式。

IPD 作为先进的产品开发理念，其核心思想概括如下：

新产品开发是一项投资决策。IPD 强调要对产品开发进行有效的投资组合分析，并在开发过程设置检查点，通过阶段性评审来决定项目是继续、暂停、终止还是改变方向。

基于市场的开发。IPD 强调产品创新一定是基于市场需求和竞争分析的创新。为此，IPD 把正确定义产品概念、市场需求作为流程的第一步，强调在开始就把事情做正确。

跨部门、跨系统的协同。采用跨部门的产品开发团队（PDT：Product Development Team），通过有效的沟通、协调以及决策，达到尽快将产品推向市场的目的。

异步开发模式，也称并行工程。就是通过严密的计划，准确的接口设计，把原来的许多后续活动提前进行，这样可以缩短产品上市时间。

重用性。采用公用构建模块（CBB：Common Building Block）提高产品开发的效率。

结构化的流程。产品开发项目的相对不确定性，要求开发流程在非结构化与过于结构化之间找到平衡。

IPD 框架是 IPD 的精髓，它集成了代表业界最佳实践的诸多要素。具体包括异步开发与共用基础模块、跨部门团队、项目和管道管理、结构化流程、客户需求分析、优化投资组合和衡量标准共七个方面，IPD 框架如图 2 - 14 所示。

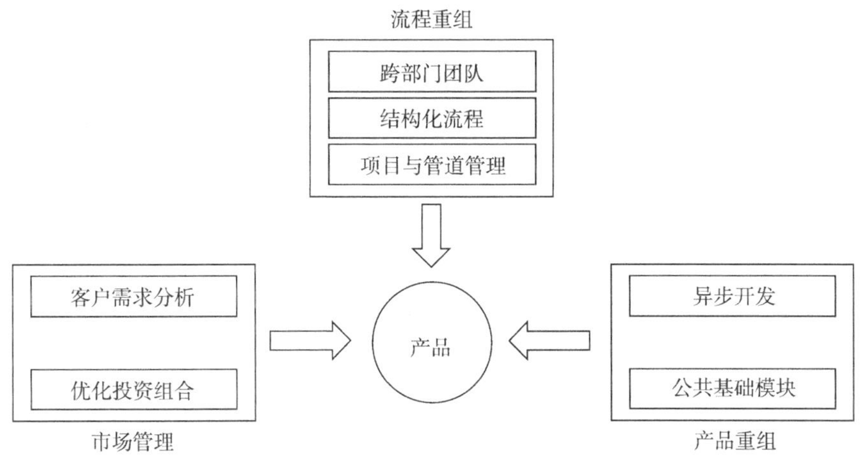

图 2-14 IPD 框架示意图

(2) IPD 流程架构

在规划层，有市场管理及产品规划流程；在运作层有集成产品开发流程（包括概念、计划、开发、验证、发布五个子流程）、生命周期管理流程、产品决策评审流程、平台及技术开发流程；在支撑层有项目管理、需求管理、技术评审、配置管理、软件开发、绩效管理等相关流程。详见图2-15。

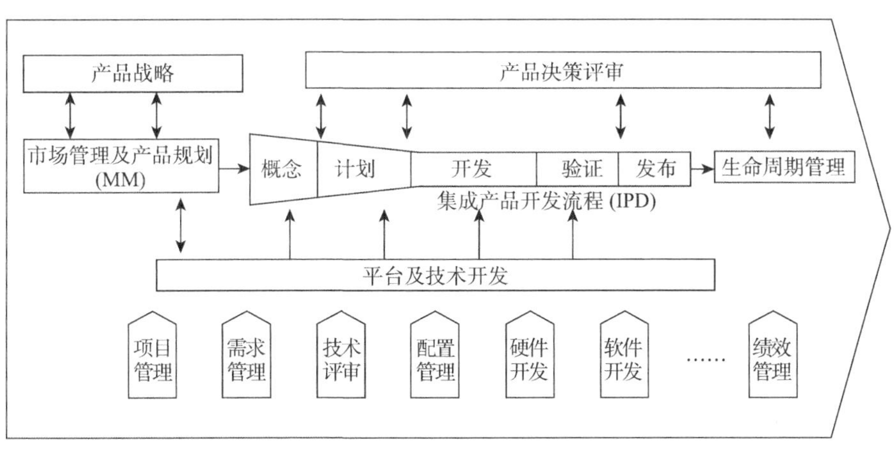

图 2-15 IPD 流程架构示意图

(3) IPD 流程绩效指标

IPD 流程绩效指标如表 2-12 所示。

表 2－12　IPD 流程绩效指标

研发体系	产品线	资源线
√ 新产品销售额 √ 老产品毛利增长率 √ 人均毛利	√ 新产品销售所占比例 √ 老产品毛利增长率 √ 人均毛利	√ 资源线投入产出比
√ 新产品开发周期 √ 研发成熟度 √ 研发投入产出比 √ 新产品面市时间与对手比较 √ 核心技术能力与业界比较	√ 规划准确度 √ 新产品开发周期 √ 计划完成率 √ 产品成熟度 √ 问题及时间解决率 √ 产品投入产出比 √ 技术重用度	√ 技术开发项目计划完成率 √ 项目开发规范度 √ 软硬件 CMMI √ 人均完成单板数 √ 投产一次成功率 √ 千行代码 BUG 率 √ 核心技术能力与业界比较 √ GBB 及技术平台被产品采用次数 √ 开发工具投资比率
√ 综合任职资格提升 √ 员工满意度	√ 系统工程师占研发比例 √ 产品经理任职资格提升 √ PDT 团队满意度	√ 综合任职资格提升率 √ 员工满意度
√ 产品综合满意度		

注：PDT：product development team 产品开发团队

CBB：通用模块

(4) IPD 流程规划案例

某硬件制造企业借鉴 IPD 流程架构完成了企业内研发一级流程架构规划，流程清单详见表 2－13。

表 2－13　H 企业 IPD 流程清单

序号	一级流程	二级流程	三级流程	四级流程	五级流程
1	集成产品研发				
1.1		产品规划			
1.1.1			产品发展规划流程		
1.1.2			制造技术规划流程		

续表

序号	一级流程	二级流程	三级流程	四级流程	五级流程
1.1.3			新产品策划流程		
1.1.3.1				新品市场信息输入	
1.1.3.2				新产品/服务的战略和概念制订	
1.1.3.3				新品项目评审流程	
1.2		产品/技术开发			
1.2.1			产品设计开发控制流程		
1.2.1.1				设计评审管理	
1.2.1.2				新产品样件及小批量试制控制流程	
1.2.1.3				项目验收管理办法	
1.2.1.4				上市推广流程	
1.2.2			制造技术研发控制流程		
1.3		生命周期管理			
1.3.1			产品绩效管理流程		
1.3.2			产品退市流程		
1.4		技术管理			
1.4.1			工程更改管理		
1.4.2			技术文件控制流程		
1.4.3			外来技术文件控制流程		
1.4.4			技术项目管理		
1.4.5			知识产权管理		
1.4.6			评审决策管理		

3. 标杆企业一级流程架构借鉴

标杆企业一级流程架构由于是企业的核心资料，比较难获取。通常来说有三种比较好的获取渠道：

第一，外请专业咨询公司，尤其是在流程架构规划项目方面有着丰富经验的流程管理专业咨询公司，他们通常提供常年的咨询服务，积累了大量的流程架构规划经验，研究过大量成熟的流程架构，为很多企业提供过流程架构咨询服务，能够将不同行业、不同企业流程架构成果进行跨行业转移与借鉴。

第二，资料查阅，包括专业书籍和文献的查阅、网络搜集等方式。根据我的咨询经验，通过互联网能够找到大量有用的材料。但与企业内的朋友交流时，他们则感到通过互联网很难找到有用的资料。原因何在？我认为主要有四个方面：

（1）要善于不断应用不同的关键词，由于流程管理标准化程度低，对于同一对象使用的语言千差万别，所以一个关键词不行，则不断地变换关键词来查找。

（2）缺乏耐心与钻研精神，借用我一位咨询同事（公司的“大牛”，尤其在标杆研究方面能力超强）的话：“如果你用百度或谷歌搜索时，没有把搜索结果的前 100 页认真地看完，不要告诉我找不到你想要的结果。”对比一下实际情况，大多数人最多有耐心看完前三页，一旦没有找到便放弃了。

（3）要学会用英语去查找，坦白说流程管理是舶来品，最先进、最前沿的理念与方法一定在国外，企业最佳实践也多发生在国外，另外国外有很多协会组织会公开发表大量的论文及研究成果，比如 APQC、ETOM、SCOR 等。

（4）查找流程架构不能够局陷在流程管理领域，企业可以重点关注 IT 规划方面的资料，通常 IT 规划都会涉及业务蓝图规划，透过业务蓝图可以反映出企业的流程架构规划；另外还可以重点关注一些业务领域的咨询与总结成果，在对业务领域系统思考的时候，通常会运用流程架构来表达整体的框架及相应的业务模式。

第三，引入标杆企业专业人才，通过这些专业人才，把标杆企业流程架构规划的先进经验带入企业。本人在企业从事流程管理工作的时候，为了通过与行业老大企业对标改进来加快追赶步伐，在人力资源管理部门的帮助下，梳理了一份来自该行业领军企业的人员清单，我们组织这些人分头开展了好几轮专题研讨会，汇总后发现，这些会议资料能够比较全面准确的研究出该企业的业务模式甚至是关键点。

七、现状流程架构问题分析

（一）跨部门流程管理问题分析

任何新的管理理念与方法的推行都是非常困难的，都有一个相对循序渐进、相对漫长的过程。流程管理是如此，流程规划更是如此。在面对新的管理理念与方法的时候，大多数员工首先一定是怀疑：这东西有用吗？适合我们公司吗？能够成功推行下去吗？能否产生实际效果，会不会好看不好用？所以在新的管理理念与方法推行的初期，非常有必要同时启动一些快速见效的项目，让大家看到这套方法的成效，增强对这套方法的信心。由于流程规划处于流程管理的高层次，很难找到短期见效的项目，为此，问题导向是一个很好的选择，找到流程体系架构层面存在的问题，把当前企业由此带来的业务痛点提示出来，然后在流程规划过程中给出架构层面的解决方案。

在此分享笔者从事咨询行业的经验，咨询顾问在做企业现状分析的时候，为了提升分析的有效性，我们绝对不会采取漫无目的的全面排查型，我们是坚持以假设为前提，简单说就是提前假设好企业可能存在的问题，然后针对这些问题逐一去核对。如果假设做得细致，基于假设就可以确定具体的访谈提纲，或问卷调查的问题，或资料阅读清单。采取以假设为前提的方法，笔者基于过往的经验，从以下几个常见假设展开分析，如图2－16所示。

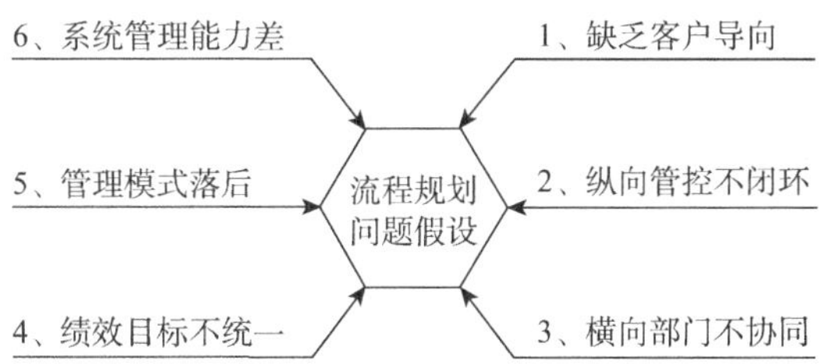

图2－16　流程规划常见问题假设示意图

1. 客户导向分析

部门导向的流程体系，或者没有进行端到端设计的流程体系，最容易出现的问题就是没有客户导向，没有将客户的需求从前到后有效地传递到价值链的各个环节。为此，我们可以通过客户满意度调查记录、客户投诉/抱怨记录、对客户的访谈，或者神秘客户扮演等方式，分析公司在面对客户需求传递、实现方面存在的问题。在客户满意度评估方面存在什么问题，是否存在客户需求传递不及时、不准确、不全面、不到位，是否存在客户需求交付价值链环节相互割裂，没有人全程跟进与负责。是否出现客户导向在价值链条的不同环节目标不一致，只有一线的业务人员关心客户需求，在企业的中台、后台更多的是内部控制导向，不了解客户需求是什么，也不关心客户需求是否能够完美交付。由于一线业务及服务人员是直接面向客户提供服务的，他们往往最了解客户的需求，最熟悉客户需求交付过程中存在哪些问题，为此对一线人员的访谈也是有效途径之一。

2. 管控闭环的分析

企业流程体系容易出现的第二个问题是纵向自上而下的管控链条容易出现断裂。主要体现在从计划到改进的流程链条不闭环，往往容易出现的问题是：

（1）缺乏有效的规划、计划，导致流程运行野蛮生长，出现很多不创造价值，没必要存在的业务过程。例如产品研发缺乏产品规划，冒出一个想法就去开发一款产品；又如，企业开展了大量的培训，往往是需求导向的，有需求且有预算就安排培训，但培训没有与企业的战略落地需求，没有与企业经营业务改善需求相联系，导致有培训、无改进。

（2）有计划，不执行。这点很容易出现在集团总部的职能部门，他们很可能想当然的出台一些政策、制度、管理要求，或下达一些指令，但计划下发之后，没有对执行过程进行管理，结果是操作层面根本不去执行，或者执行打折扣。

（3）有执行，但无效果或无价值。在企业里常见的表现是各部门关注执行力，交办的工作，下发的制度都去执行了，而且也执行到位了，但缺乏必要的评估环节，没有与当初的目标对比，不清楚执行之后最终的效果是否达到了预期，是否有价值？企业规模越大，层级越多，上述情况就会越严重。

3. 跨部门协同状况分析

企业开展流程规划最普遍的一个诉求就是解决企业内部部门墙太厚、跨部门协同难的问题，所以理论上，企业跨部门协同问题是非常严重且高频率发生的事情。如何去发现企业典型的跨部门协作问题呢？

首先，会议纪要是一个有效的信息源，通常开会都是为了解决跨部门争端或协调部门工作事项，企业可以从会议纪要中统计企业最常见、最棘手的跨部门协同问题是什么，这些问题出现在哪条流程链条中。

其次，可以从企业跨部门问题协调部门或岗位去了解跨部门协作问题，比如很多公司设置的企管部、运营部、综合管理部、调度部等，其核心的一项职能就是协调、解决跨部门问题，从这些部门的工作记录，或人员访谈中可以了解到跨部门协同存在的问题；另外，有针对性地对价值链容易发生不协同的上下游部门进行访谈，让他们分别去谈对方存在的问题，可以有效地把跨部门协同问题暴露出来，比如销售与财务、销售与生产、研发与品质等。

4. 绩效导向的分析

部门导向的流程体系，或缺乏端到端流程架构支撑的流程体系，容易出现端到端业务流程相关环节绩效指标不集成、不统一的问题。比如供应链流程中，易出现销售部、生产部、物流部、采购部、品质部等绩效目标不一致，甚至是冲突。销售通常关注订单满足水平，如订单准时交付率；生产部关注生产的均衡性，关注生产效率，关注生产计划完成率；物流部关注对运输、仓储成本的控制；采购部关注原材料价格下降；品质部关注产品合格率、市场反馈故障率或不符合质量成本等。企业可以从 LTC（从线索到回款）、PLM（从产品规划到退市）、MTL（从市场到线索）、TTR（从问题到解决）几个大的端到端流程入手，在关键部门之间展开分析。

5. 模式先进性的分析

流程架构不完整或流程架构模式落后，也是企业流程架构规划常见的问题之一。要知道企业流程架构是否有缺乏，或业务模式、管理模式是否落后的前提是要熟悉先进的流程架构，所以企业流程规划人员可以提前对标杆公司级架构及各业务域标杆一级流程架构进行研究，然后再与公司实际业务进行对比，这种做法非常考验流程规划人员的管理经验与功力。我们建议可以选择一个企业公认比较薄弱的业务领域进行深入分析，不适宜全面展开。

6. 流程体系集成性分析

由于缺乏流程架构，或者部门导向流程架构规划导致企业系统管理能力差，这是企业流程架构规划常见的问题之一。我们可以了解企业是否存在部门绩效表现很好，但公司整体绩效表现不理想的情况；企业是否存在多年跨部门问题开了许多的会，成立过许多个项目组但始终无法解决；企业是否存在面对全局性的业务变革无从下手，找不到头绪，或者采取头痛医头、脚痛医脚的方式，导致的结果就是“按下葫芦浮起瓢”，问题始终得不到彻底地解决。部门导向或缺乏系统流程规划的流程体系，容易出现同一个流程大量的重复，不同的部门、不同的区域、不同的事业部之间独立地设计流程，导致本来没有差异的流程被重复地设计，增加了管理的复杂度，导致管理效率的损失。可以从具有共享属性的相对标准化的流程视角去分析，如采购管理、财务管理、人力资源管理、信息技术管理等是否存在不同部门、不同区域、不同事业部、产品线之间的重复。

（二）跨部门流程问题分析示例

在为某企业提供流程管理咨询时，针对如何发现跨部门端到端流程存在的问题，笔者本着以假设为前提，以事实为依据的原则，综合运用人员访谈、问卷调查、资料阅读三种方式对战略闭环管理流程进行调查与分析，具体思路如下：

问题假设1：战略分析不到位，导致战略规划缺乏充分的信息支持。

访谈提纲1：企业如何监控与分析外部环境，分析的维度有哪些？各维度分析依据及信息来源是什么？企业如何开展内部环境分析，分析的维度有哪些？各维度分析的依据及信息来源是什么？内外部环境分析结果有效性如何，对于未来战略决策的支撑是否充分？是否得到高层管理者的认可？

查阅资料1：内外部环境分析报告、外部环境监测报告。

问题假设 2：战略目标没有得到有效分解，影响了战略有效落地；中长期战略目标没有分解到每年要完成什么目标；战略目标设置分解可能偏重于财务，对于客户、流程、学习与成长维度关注不足；年度战略目标分解时，没有做到自上而下，确保公司级目标有效落实到部门目标。年度战略目标分解时，没有做到左右协同，各部门目标导向不一致，甚至相互冲突；经营计划侧重于目标分解，但缺乏目标如何达成的策略，只给目标，不给方法。

访谈提纲 2：公司 3 ~5 年战略目标是什么？是否分解到战略周期的不同年度？各年度战略目标分别是多少？公司年度战略目标是如何向下分解的？公司年度战略目标分解过程中如何保证各部门上下一致、左右协同？公司是否制订了每一项战略目标相对应的战略？是如何制订的？

阅读资料 2：中长期战略规划报告、企业年度经营计划、各部门年度经营计划。

问题假设 3：战略规划宣贯不到位，战略没有达成共识或不认可，不同的人对战略的理解不一样。

访谈提纲 3：公司采取哪些方式来实现中高层、管理层对战略的共识？采取了哪些宣传措施来实现各级员工对战略的理解？抽查不同部门、不同层级人员对于战略的理解。

资料阅读 3：战略管理流程制度、战略宣贯会议纪要。

问题假设 4：战略执行不到位，无有效的战略落地保障措施（组织、流程、报表等）；对战略执行情况检查不足；对战略执行效果评估不到位。

访谈提纲 4：为确保战略有效执行，公司采取了哪些保障措施？是否对战略执行情况进行过程检查？如何进行过程检查？是否对战略执行效果进行定期评估，如何进行评估？

资料阅读 4：战略管理流程制度、战略过程检查记录，或相关检讨会议材料及纪要。

问题假设 5：战略目标考核不到位，考核指标没有体现战略导向。

访谈提纲 5：公司对管理层的考核指标分别有哪些类型？是如何制订出来的？这些指标是否是战略导向型的（即考核指标与战略目标是否方向一致）？现在存在哪些问题？

阅读资料5：各部门年度业绩合同或绩效考核方案。

问题假设6：战略调整不到位，缺乏系统的战略回顾与评估会议，缺乏对战略假设的过程检验，当内、外部环境发生变化的时候，战略不能够及时调整。

访谈提纲6：围绕战略检讨与评估，公司安排哪些会议来讨论？公司采取了怎样的机制来做战略调整？

阅读资料6：战略检讨与评估相关会议资料及决议、战略、预算调整记录。

八、基于战略识别流程架构支撑需求

（一）解读公司战略

公司战略解读信息主要来自两方面：

第一，战略规划相关文档，一般而言有3～5年企业战略规划报告、职能战略规划报告、企业年度经营计划、各部门年度经营计划、公司领导与战略相关的讲话稿等。

第二，对企业高管的访谈。这点很重要，一方面是很多企业战略在高层领导尤其一把手的脑袋里，没有系统的梳理，更谈不上正式的战略规划报告；另一方面即使企业有正式的战略规划报告材料，这些材料也很难全面准确地反映真实的战略规划意图。

对于战略解读核心关注三方面：

第一，公司的发展战略，公司未来业务增长点来自哪里？可以从产品、区域、行业、客户等维度去分析，对于产品组合战略要进行重点分析。

第二，公司的竞争战略，公司的核心竞争力是什么？公司差异化的竞争战略是什么？

第三，公司的战略举措，为了达成战略目标，公司的战略主题是什么？关键的战略举措是什么？在战略举措中要重点关注核心业务战略举措、组织架构调整战略、人才发展战略、流程变革战略等。

战略信息解读完成之后要形成正式的文本，并与公司高管进行确认，确保达成共识。

（二）分析战略落地需求

从以下几个方面分析战略落地对于流程架构的需求：

（1）分析业务组合战略对流程架构的需求；

（2）分析区域发展战略对流程架构的需求；

（3）分析客户发展战略对流程架构的需求；

（4）分析行业价值链战略对流程架构的需求；

（5）分析竞争战略对流程架构的需求；

（6）分析集团管控模式对流程架构的需求；

（7）分析战略举措对流程架构的需求。

（三）战略导向的流程规划案例

Y公司是一家创办二十多年的民营企业，经过二十多年的发展，公司已经成为细分行业的领军企业，年销售额接近10亿元，在国内市场上远远领先于第二、三名，处于一枝独秀的地位，在国际上也能够跻身进前五强。Y公司在制造价值链环节能力突出，绩效卓越，形成了公司的核心能力，凭借稳定、高性能的产品质量，企业获得了市场规模与利润的绝对领先地位。

由于公司所处的细分行业市场非常小，企业发展遇到了瓶颈，可以增长的空间不大，海外市场的拓展还有待时日。公司最高管理者有着宏伟的目标追求，不满足于当前的业务规模，期望能够通过价值链拓展及相关多元化发展战略，进入到新的业务领域，为公司再次腾飞寻找新的增长点。其未来三年战略为：通过加大海外市场开拓，实现老业务规模翻一番，同时在新业务领域实现突破，为公司发展提供新的增长点。

由于过去公司一直忙于业务发展，而无暇顾及内部管理能力提升，已经感觉到如果要进入新的业务领域，开展多元化经营，实现集团化运作，管理水平无法支撑的问题非常突出，现有团队人员的能力无法支撑。

为了破解这个难题，该公司董事长首先想到的是从人入手，于是把公司核心高管团队送到某著名商学院读EMBA，虽然管理意识与认识上有一定的提升，但离总经理的期望差距还很大。于是该公司聘请了咨询公司从流程入手，通过建立流程体系，导入流程管理方法，来全面提升公司管理水平及管理团队人员的能力。

Y公司流程架构对战略的支撑需求分析如图2-17所示。

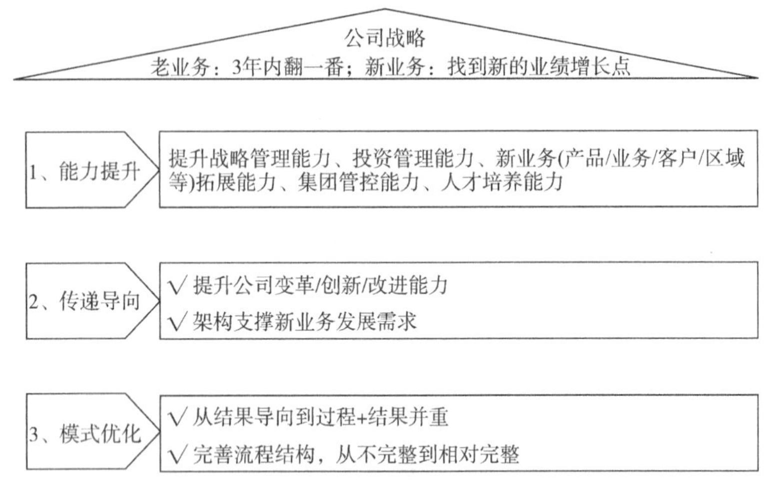

图2-17 Y公司流程架构对战略的支撑需求分析示意图

经过对该企业的了解，为了实现公司战略，笔者对企业提出了以下核心能力需求：

（1）业务拓展能力，尤其是海外市场拓展能力。从区域来看，国内市场增长空间有限，海外市场拓展成为企业主要的市场增长点，为此企业需要强化海外市场拓展能力。对流程提出的要求是：在开发、营销、销售、服务核心流程领域，需要建立面向海外市场的流程体系，企业要在充分继承和共享现有国内业务能力的基础上，建立与海外市场相匹配的业务模式及业务流程，通过流程来驱动企业海外市场拓展能力的建立与强化。

（2）集团管控能力。可以预见，随着制造基地的全球化布局及进入相关行业，该企业将完成从单业务向多业务、从单个公司向集团型多公司的转变，为此企业需要相适应的、有效的集团管控模式，并建立适应于集团企业业务需要的流程架构，明确哪些流程是共享的，哪些流程是集中的，哪些流程是差异化的。

（3）战略规划与执行能力。企业在进行多元化扩张的时候，其本质是考验企业的战略管理能力，即寻找合适的机会，匹配自身的资源，找到战略增长点，建立相匹配的商业模式。此前该企业是不太需要战略管理的，完全由公司总经理一人去解决。但要进入新的领域，对于行业分析、专项战略规划、战略规划实施能力就显得异常重要，否则要么是迟迟找不到适合的行业，要么是投错了方向，要么是方向对了，但由于执行不到位而失败。在流程上，企业需建立从战略规划到闭环执行的端到端战略管理流程。

（4）人才培养能力。企业未来高速扩张需要派出大批的管理干部，而目前企业根本无法培养出相应的人才。为此企业需要提升人才培养的能力，强化内部造血机制。从流程角度来看，人才培养流程将成为战略级流程，并且要采取精细化管理，提升人才培养的能力与效果。

从传递策略导向来看，企业当前的战略主题是超常规的增长，增长给企业提出了更高的战略目标，对于流程架构提出的要求是：

（1）业务流程架构能够有力地对新产品、新区域、新客户的发展进行支撑，必要时需要根据新产品、新区域、新客户的特点与要求进行差异化订制，不能够照搬原有的业务模式与管理模式去经营新业务。

（2）超常规发展要求企业具备更强的持续改进的能力，即流程需要精进，不断追求卓越，而不能够满足现状、不思进取、不求上进。所以流程架构需要体现对变革、创新、改进的支撑，从流程架构上构建一套流程化的、机制化的变革创新与改进的模式与能力。

对该企业的业务模式与战略匹配分析如下：

前些年，企业在咨询公司的帮助下导入了目标管理，由于方案适宜，执行有力，目标管理模式极大促进了企业的生产力，实现了业绩的快速增长。

企业当前的业务模式是典型的目标管理，结果导向，要结果，不管过程，以最终的业绩与成果来衡量，以成败论英雄。对于高管团队及部门负责人在年初定好一个绩效目标，然后进行考核。根据绩效考评情况进行相应的激励：完成目标，则加薪升职，未完成目标则减薪降职，甚至是直接淘汰出局。在目标管理及企业最高管理者领导风格的影响下，企业形成了高绩效导向、高执行力文化，成为公司核心竞争力来源之一。

然而企业发展到一定阶段之后，结果管理碰到了难题，目标压缩到一定程度之后，企业发展目标再怎么定，再怎么加大激励力度，目标还是完不成。即使经济处罚甚至是把人换掉也无济于事。

我们知道，目标管理是典型的结果管理，对于过程关注不足，管理模式相对粗放，这种粗放的管理模式已经无法满足企业当前的发展规模与阶段了，企业必须要从粗放式的管理模式向精细化管理模式转变。

这就要求流程架构的搭建要精细化，从整个流程层级上，我们鼓励企业不仅要规划到三级流程，更希望能够对三级流程细化到四级流程。另外我们通过标杆借鉴，将相对完善、相对精细的管理架构作为企业参照，通过先进成熟架构的导入来驱动企业流程体系的建设与细化。

九、公司流程总架构规划

在进行公司流程总体架构规划时，有两种常见的模式供企业选择：POS（plan，operation，support）；OES（operation，enable，support）。

（一）流程规划 POS 法

流程规划 POS 法既适用于公司流程总体架构规划，也适用于各一级流程架构规划。流程规划 POS 法将流程分成规划类、运作类及支撑类。这种架构分类方式的好处是使得架构规划的时候更完整，更有层次，使得企业的流程体系能够全面考虑规划、运作与支撑不同层面的事情，同时使得管理体系更加有层次。

规划类流程解决方向与整体部署问题；运作类流程解决业务具体如何实现的问题；支撑类流程则考虑为了保证业务有效顺利开展需要提供哪些支撑服务？尤其对于一级流程架构规划价值更大，通常企业做一级流程架构规划时，要么是没有分层次，要么是只考虑运作层的事情，不考虑整体规划及业务支撑。流程规划 POS 法如图 2-18 所示。

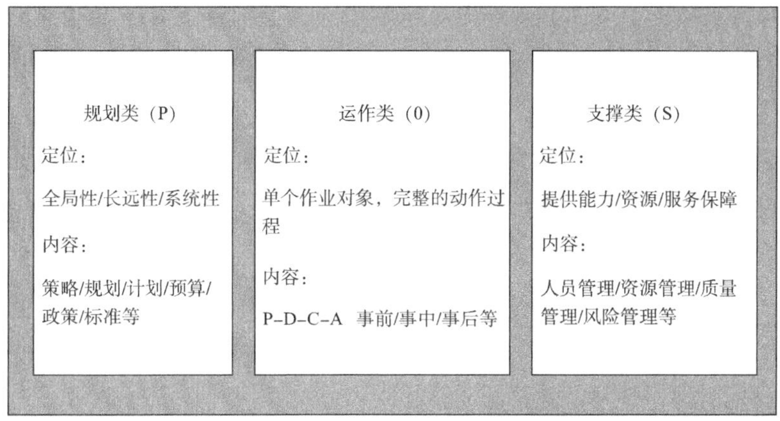

图 2-18 流程规划 POS 法示意图

（1）规划类（plan）

对于公司流程体系而言，规划类流程就是战略闭环管理流程（从制订到执行），战略管理处于统领地位，为流程体系明确方向与策略要求；在 POS 三层次结构中，整体流程体系是以战略为牵引的，非常强调目标、策略导向，战略管理流程对于整个公司的运营管理起着至关重要的作用，战略管理能力成为公司运营成败的关键。

对于单个一级流程而言，规划类流程同样为一级流程体系提供全局性、长远性、系统性规划，其表现形式有多样：比如制订一级流程策略与规划、制订整体的计划、预算或政策等。规划类流程不是针对单个作业对象，而是针对作业对象全集，为后续单个作业对象的运作加工过程提供宏观指引。

例如，会议规划流程作业对象是公司所有的会议，通过分层分级，固定不同会议的节拍，合理安排会议的顺序，形成会议地图，使得公司会议整体开得有序、高效；而会议管理流程其作业对象是单个会议，规划从会前准备、会中召开，会议跟进全过程，确保每个会议召开规范、高效、有效。

再如，在集成供应链流程中，计划流程作业对象不是针对某个订单，而是针对一定周期内所有订单需求，通过计划工作，确保整体供应链安排有序、合理、高效。而采购执行流程（从采购订单下达到付款）其作业对象则是针对具体一个个采购订单，确保每一个采购订单需求处理规范、有效及高效。

（2）运作类（operation）

运作类流程是为客户创造价值的流程。对于公司总架构而言，运作类流程也就是我们常说的价值链环节中的业务流程。如按 APQC 的分类方法，研发、营销、销售、服务、交付都属于运作类流程；而对于单个一级流程而言，每个一级流程都有明确的客户及目的，运作类流程就是一级流程领域直接创造价值的业务实现流程。如果将培训流程看成一个一级流程的话，培训实施（从需求提出到效果评估全过程）是运作类流程。

（3）支撑类（support）

支撑类流程是为运作类流程能够有效运行提供基础性支撑服务，具体有两类：第一，管控服务，为有效控制业务风险，确保经营健康服务；第二，服务类，提供资源保障、服务支持、能力支撑等。

按 APQC 的架构规划，公司流程总架构中，支撑类流程有：财务管理、人力资源管理、信息技术管理、物业管理、风险管理等。可以理解为支撑类流程就是我们常说的后台职能管理类流程。

对于一级流程架构而言，支撑类流程同样是为运作类业务流程提供支撑服务的。以培训管理流程为例，支撑类流程包括：讲师管理、课程体系管理、会议设施管理等。这些支撑类的活动不是业务运作所必需的，但有了这些支撑类的流程，业务运作会更高效，更安全。

（二）流程规划 OES 法

OES 流程架构规划法主要适用于公司流程总体架构规划，不建议用于各一级流程架构规划，在一级流程架构规划时推荐使用 POS 法。

OES 法高度体现了以客户为中心，以客户为关注焦点的管理原则，它将公司流程体系分成三层次：第一层，前台直接面向客户提供端到端产品或服务的业务类流程；第二层，中后台为响应业务流程需求，支撑业务流程价值实现的流程；第三层，后台共享基础性流程，为前台或中台高效、低风险运作提供管理支撑的流程。

OES 法与 POS 法关键差异点有两处：第一，在流程体系中处于支配与牵引地位的不是战略管理流程，而是直接为客户创造价值的端到端业务流程，其中体现了管理理念的不同，客户是第一位的而不是公司；战略为客户服务，所以战略管理流程降格为中台的使能流程。第二，对于业务流程的定义不一样，不是所有的价值链环节都是业务流程，只有直接为客户提供价值的流程才是业务流程，而且业务流程要符合端到端的设计要求，即从客户来到客户去，始于客户需求，终于客户满意。

企业管理者都知道，以客户为中心说起来容易做起来难，在企业里往往多半是口号，实际运营中还是以内部为导向与以部门为导向。然而 OES 法为“以客户为中心”理念的落地提供了坚实的流程架构基础，使得企业以客户为中心能够具体落实到每一个流程活动中去。

因为它把为客户提供产品或服务的流程端到端打通了，而且放在企业最重要的位置，通过端到端打通，可以有效地整合公司资源围绕客户需求与客户满意开展服务；而且将业务流程置于最核心的地位，通过为客户服务的流程去设计、集成与调用中、后台流程，使得中台的使能流程及后台的管理流程有了清晰的客户导向，让这些流程能够与客户建立联系，对中、后台流程提出了客户导向的要求，要能够有助于业务流程绩效达成，有助于客户满意度的提升。

流程规划 OES 法如图 2－19 所示。

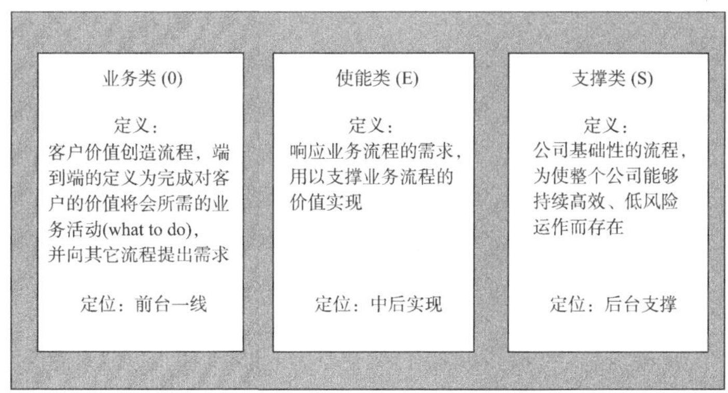

图 2－19　流程规划 OES 法示意图

（1）**业务类**（operating）

业务流程是企业前台运作的流程，是客户价值创造流程，是为完成客户价值交付所需要的端到端业务活动开展全过程，从客户需求开始到客户满意为止。业务流程在流程体系中处于统领性核心地位，它对中、后台流程提出需求，呼唤炮火。

按流程规划 OES 法设计的业务流程相对通用，通常包括以下四个流程：

从概念到市场，满足市场现有产品或服务未满足的需求，从捕捉到客户新需求开始，到新产品完成开发并成功推向市场，得到客户的认可为止。

从市场到线索，满足市场购买需求，从捕捉到客户购买需求开始，一直到成功打动客户产生销售线索为止；

从线索到回款，满足客户真实购买需求，从接收到销售线索开始到将产品或服务交付给客户，让客户满意并完成货款回收为止。

从问题到解决，满足客户产品或服务交付后的问题解决服务需求，从接到客户问题开始，一直到成功解决问题并让客户满意为止。

（2）**使能类**（enabling）

使能流程是企业中台流程，响应业务流程需求，为业务流程有效、高效运行赋能，提供支持的流程，它直接为业务流程调用，通常是企业核心竞争力来源。使能流程的绩效往往决定了业务流程的绩效，因为它为业务流程提供了必要的能力支撑。

比如客户关系管理流程，它不是直接为客户创造价值的环节，但客户关系管理流程为提升客户满意度、提高营销、销售流程的绩效提供了重要的支撑，很显然，良好的客户关系有助于拿订单，有助于企业的市场推广。所以很多企业会将客户关系管理作为重要的使能流程。

（3）**支撑类**（surpporting）

支撑流程是企业后台流程，通常是企业全领域共享的流程，是基础性的流程，为业务流程与使能流程所调用，为它们提供管控与服务支持，确保业务高效与稳健运行。

通常后台职能管理流程都是支撑流程，支撑流程相对标准化，不仅在同行业甚至是跨行业都有通用性，甚至很多支撑类流程可以采取外包的方式。

流程规划 OES 法，有助于让后台支撑流程更紧密地与业务及使能流程相对接，做到更好的业务导向，从而更好地发挥支撑流程的价值。例如，越来越多的企业强调业务要懂财务管理，财务管理人员要懂业务，提升业财一体化，让财务管理融入业务过程。如果能够做好集成将有助于企业更好地提升系统、一体化运营能力，后台管理将不再是单纯的专业管理，而是能够直接为业务创造价值，在竞争中把对手拉开。

（三）流程规划 POS 法与 OES 法对比分析

在企业具体做流程架构规划时，面对流程规划 POS 法与流程规划 OES 法如何选择呢？笔者结合自身的经验，给出以下建议：

（1）项目型运作公司，或者企业基本的业务单元是项目时，适合用 OES 法；相反，按库存生产、大规模分销的流量型公司适合 POS 法。

（2）市场环境变化快、对市场反应要求高的企业，适合用 OES 法；相反，技术成熟，产品生命周期长，市场格局相对稳定的企业适合用 POS 法。

（3）横向流程管理能力强、流程管理成熟度高的企业适合用 OES 法，相反，流程管理成熟度低，横向跨部门协同能力弱的企业适合 POS 法。

（四）公司流程总架构规划操作程序

1. 设计流程总架构

公司级流程架构规划需要综合公司流程架构问题分析、公司战略对流程架构的需求分析、标杆架构对标分析、企业现状流程架构盘点结果进行设计。如果外请了咨询公司，通常会由咨询公司来提供公司流程总架构规划建议稿。如果企业内部进行流程规划，通常由流程规划执行组组长提出公司流程总架构规划建议稿。建议稿在正式提交之前，建议先与企业高管及部门负责人进行小范围沟通，以确保流程架构规划建议稿的质量。

公司流程总架构建议稿通常包括三大部分内容：流程架构规划的总体原则说明，对公司战略的理解及架构支撑需求的阐释，以及规划出来的总体架构。

公司流程总架构建议稿编制思路如下：

（1）确定公司流程总架构逻辑结构：采取 POS（规划、运作、支撑）模式，还是 OES（业务、使能、支撑）模式。

（2）根据标杆架构原型，结合公司战略发展需求、企业现状流程清单、企业所处发展阶段等因素，完成公司流程总架构初稿设计。

（3）组织流程规划执行组成员就公司流程总架构初稿进行讨论，根据讨论提出的意见进行完善，形成公司流程总架构建议稿。

2. 评审及确定流程总架构

公司流程总架构建议稿完成后，通常会采取架构评审会的方式进行研讨与评审。在召开流程架构建议稿评审会之前，公司流程规划执行组应提前将流程架构建议稿发给评审小组成员提前阅读，必要时，可以通过会前沟通让评审人员充分理解流程架构建议稿；另外，要将流程架构规划评审的标准提前制订好并发给评审人员。

研讨会由顾问公司或公司流程规划执行组组长来主持，邀请公司高管团队或核心经营团队参加。评审会的议程如下：

（1）讲解流程架构规划建议稿规划的过程，规划理念与原则，流程架构的内容与内涵。

（2）组织经营团队讨论流程架构建议稿，提出各自的建议与意见。

（3）公司流程规划执行组组长或咨询顾问对问题进行集中解答。

（4）公司总经理对流程架构建议稿给出最终的决议。如果一次会议不充分，可以召开多轮会议。

对于企业流程总架构评审要点如下：

（1）对于战略解读是否到位，尤其是对于与核心能力直接相关的一级流程识别是否准确，流程架构建议稿对于战略支撑是否充分？

（2）流程总架构规划方法（POS 法和 OES 法）选择是否合适？

（3）一级流程边界划分是否合适？能否找到相应的人选担任各一级流

程所有者？

（4）流程总架构规划中所体现的业务模式、管理模式是否符合公司当前的需求？

（5）一级流程架构所有者人选建议是否合适？

3. 任命一级流程所有者

完成公司流程总体架构规划之后，需要确定一级流程所有者并作正式任命。这是流程架构规划中的一个非常重要的环节，因为确定了一级流程所有者之后，将会由他带领团队完成一级流程架构的具体规划。由于一级流程架构规划需要深入到二、三级流程甚至到四级流程，需要深入到业务细节，流程规划组成员已经无能为力了，只能够由业务专家来完成，流程规划组成员起着方法论专家指导及标杆经验参考的作用。

一级流程所有者是对跨部门一级流程绩效负责的人，它具体负责一级流程的管理。由于一级流程通常跨越了多个部门，管理复杂度与难度极高，为此建议由公司高管团队成员担任，如果级别太低，流程所有者不具备相应的影响力，没有办法履职。对于跨度小的一级流程，可以考虑由中层干部担任。例如有些公司将审计流程作为一级流程设计，由于该流程跨度小，且相对自成体系，管理协调难度小，可以由审计负责人担任。

最终确认通过的企业流程总架构需予以正式的发布，并在架构发文中一并完成对一级流程所有者的任命。

4. 流程总架构规划常见问题

第一个问题：在企业实际开展流程架构规划的过程中，通常最需要克服的是根深蒂固的职能惯性思维，会不自觉地将一级流程与副总分管的领域进行对应。后台支撑性流程尤其严重，所以流程规划小组成员一定要时时提醒，一旦出现偏差，要及时进行纠正，让规划回归到基于水平的流程视角维度上来。

第二个问题：架构规划出来之后，企业高管没有感觉，提不出什么意见。这表面上看起来是好事，其实隐藏了巨大的危机。如果高管没有感觉，说明流程架构即使规划出来之后，也很难推行，无法得到重视；另外由于高管没有做出智慧贡献，这个架构质量让人担忧。

出现这种情况时，笔者建议要回过头补课，说明高管对于流程规划的认识没有感觉，要通过培训、研讨或面对面沟通，把流程规划的目的、意义、内容、后续的应用与高管团队说清楚，让他们真正地理解，并能够产生共鸣，甚至吸收转换。

由于流程规划相对虚空，在与高管交流时，要多结合实际流程规划存在的问题进行讲解，多举知名企业流程规划的案例来讲解，结合企业架构规划的背景，甚至将具体的业务场景进行介绍，讲解架构规划之后给企业带来的变化等。

第三个问题：把一级流程所有者当成一种身份，每个部门或副总都希望有，而且越多越好。一旦哪个部门成为少数没有流程所有者的行列，便会失落，便会成为流程架构规划项目推进的反对者与破坏者。碰到这种情况时，对于业务流程，企业一定要坚持原则，否则很容易又回到职能导向的流程规划，根本起不到流程架构规划的根本目的：打破部门界限，通过端到端流程规划实现跨部门流程的整合、集成与协同。

比如集成供应链，一定是集成的，不能够被分割成计划流程、制造流程、交付流程、退货流程。对于后台支撑流程，由于这些流程相对独立，更多的体现了专业化管理特点，每一个专业都自成体系，可以适当地进行妥协，流程可以适当地分散。但从长远来看，要逐渐推动整合。比如有些企业将财务管理流程分成了：经营分析、财务管理、信用管理、资金管理等多个一级流程，长远来看要形成大财务流程框架。

十、一级流程架构规划

（一）流程的分级

流程分级是将一个大流程按不同层级逐渐切开，分成一群小流程，直至活动与任务的过程。其逻辑如图 2 – 20 所示。

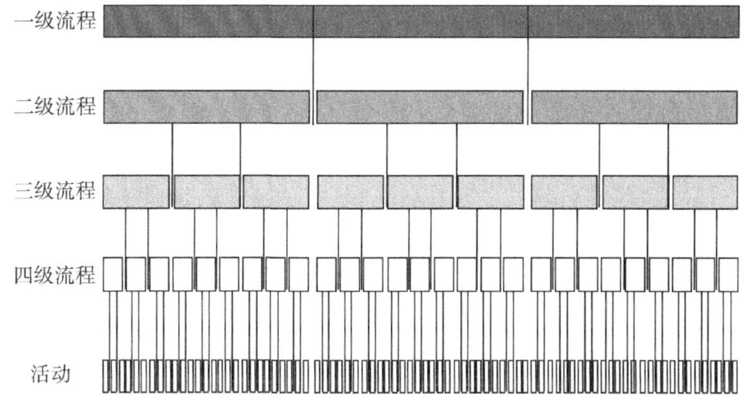

图 2－20　流程分级逻辑示意图

如图 2－20 所示，一级流程经过第一次切分，变成 3 个二级流程；经过第二次切入变成 9 个三级流程，经过第三次切分变成 27 个四级流程，经过第四次切分变成了 81 个活动。经过四次切分之后，相对较空的一级流程逐渐被细分成可以由岗位操作的活动，这样一级流程就真正落地可执行了。这个多次切分细划流程的过程，就是流程分级的过程。

流程分级的目的是将流程从高阶的概念、规划层细分到可操作、可管控层，搭建一个从战略到执行的流程分级实现的路径，另一方面也是为了实现流程体系的分层管理，为不同层级管理者提供不同的管理对象。

通常企业将流程分成 6 个层级，如图 2－21 所示。

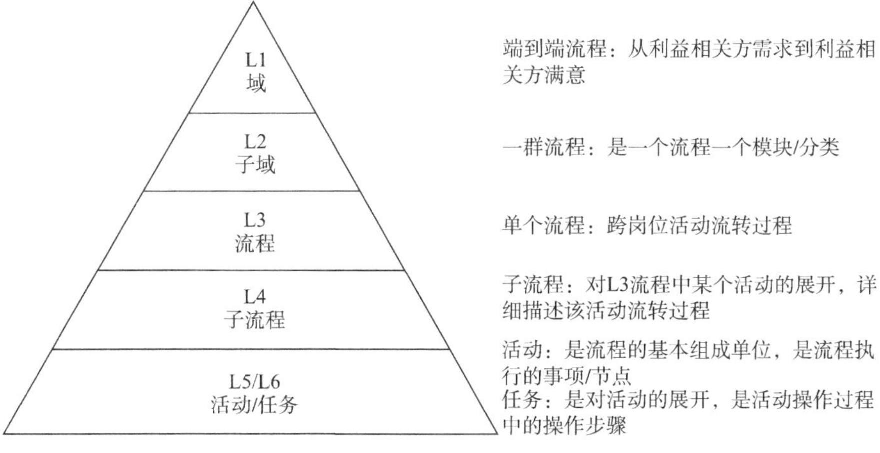

图 2－21　流程分级示意图

一级（level 1）：被称为域，也被称为一级流程。一级流程可以理解为端到端流程，什么是端到端流程？从利益相关方这一端回到利益相关方。有的企业不叫利益相关方，叫价值共同体，其本质是一样，只是叫法不同。在流程规划时，企业应重点关注四类利益相关方：外部顾客、合作伙伴（供应商等）、员工、股东。端到端流程要求能够直指这四类利益相关方，能够直接为他们创造价值，所以要求是从利益相关方的需求开始到利益相关方满意为止。如果不能够为利益相关方创造价值，那么这个流程是没有存在必要的，所以一级流程要解决价值创造的问题。正是由于一级流程具备端到端的特点，所以流程管理才能够有效的破解职能管理面向任务、面向职能、而不面向价值创造、各自为政的难题。例如战略管理、财务管理、销售、管理服务等流程是一级流程。

二级（level 2）：被称为子域，也叫被称为二级流程。二级流程是一级流程的组成单元，是一级流程中的一个模块、板块或分类，通常是由一群流程组成。例如计划、采购、制造、交付、退货是集成供应链流程中的几个二级流程。

三级（level 3）：被称为流程，也被称为三级流程。三级流程已经到了可操作、可管控层级，因为它已经细分到了活动，活动能够对应到岗位。流程管理大师哈默的定义是：业务流程是把一个或多个输入转化为对顾客有价值的输出的活动。例如，采购需求审批、采购订单下达、入库验收、结算与付款都是三级流程。

四级（level 4）：被称为子流程，也被称为四级流程。四级流程是对三级流程中某个节点的展开，相对复杂的三级流程才会有四级流程。例如项目组任命是立项流程的子流程，是对立项流程中项目组任命活动的展开，描述了从申请到批准直到正式发文的流转过程。

五级（level 5）：被称为活动，也被称为节点，是构成流程或子流程的基本单位。例如合同评审流程中的提交合同评审申请、复核、价格评审、信用评审、技术评审、交货期评审、合同审批等都是活动。

六级（level 6）：被称为任务，也被称为操作步骤，是构成活动过程的基本单位。例如在客户投诉受理活动中，询问客户诉求、记录客户投诉信息、安抚客户情绪、首站化解、转办等是受理活动的任务。

在企业流程架构规划中，有的企业流程划分层级超过 6 层，细到 7 层甚至 8 ~9 层。在架构规划初期，由于经验缺乏，流程层级多一些问题不大，但随着架构的升级与完善，建议尽量将架构层级调整至 6 级。这样做的好处是简化流程架构及管理层次，同时有利于强化横向跨部门整合，提升各部门的整体意识与系统管理能力。

（二）流程的分类

流程的分类与分级不同，分级是将流程的边界范围逐渐划小的过程，而流程分类则是根据不同的业务场景将同一个流程进行差异化设计，分成不同的流转线路的过程。流程完成分类之后，不同类别的流程具有起点与终点一致，即流程的边界范围是一样的，但流转线路（流程图）不一样。流程分类如图 2 –22 所示。

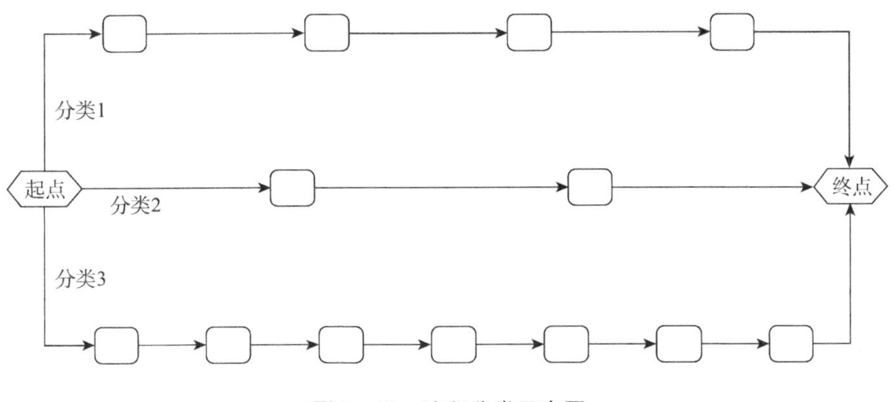

图 2 –22　流程分类示意图

流程分类的目的是：

（1）与不同业务特点相匹配，提高流程运行的效果；例如按订单生产类业务与按订单装配类业务其特点是不一样的，相对应所需要的流程设计也是不同的。

（2）根据不同业务类别匹配不同的流程，提高资源的利用率。例如企业购买几千万元甚至上亿元的资产与采购一支铅笔不应用同样的流程，前者需要精细、严格、相对复杂；后者则要简单、低成本。

流程分类要掌握一个基本原则：分类要有投资回报，流程多样化设计会增加管理成本，所以一定要考虑分类的经济性，是否值得为分类设计进行投资。鼓励企业充分共享的基础上，兼顾业务个性化需求。

流程分类是极其考验管理者智慧的，是体现企业管理精细水平的一个关键点，它直接决定了企业整体运营效率的高下。企业管理者能否抓住业务本质，做出精准的分类，从而对不同的分类进行差异化设计，使得企业有限的资源得到最优化配置，最大化发挥其使用效率。

例如在合同评审流程中，管理粗放的企业采取大一统的模式，无论怎样的合同都要走同样的评审流程，其实际运行结果可想而知，既没有效果，也没有效率。随着管理精细化程度的提升，企业开始根据合同金额大小来进行授权，对于小额的简化评审过程，随着合同金额的提升，相对应上升至不同的管理层级去评审与决策。然而我们知道合同金额并不能够代表合同分类审批的本质，合同金额大的不一定风险高，合同金额小的不一定重要度低。企业如何精准地拿出分类标准呢？取决于管理者的智慧与经验的积累。某企业从金额、信用条件、盈利能力、战略重要度、条款质量五个维度进行综合区分，使得合同分类更加精准，流程差异化设计更加合理。

流程分类是管理者尤其是高层级管理者需重点思考与规划的事情，分类结构设计合理，将会极大的解放生产力。纵向授权或分权设计就是流程分类设计的典型代表。

常见的流程分类方法如图 2－23 所示。

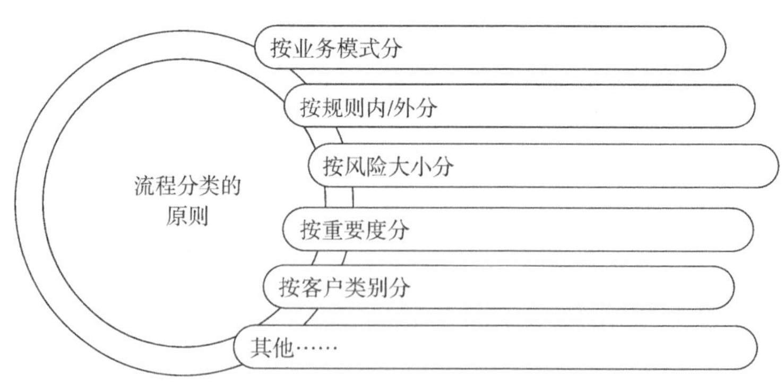

图 2－23　流程分类方法总结示意图

（1）按业务模式分

业务模式不同，决定了流程需要做差异化设计来匹配不同业务模式的特点。例如在销售领域，项目型业务与流水型业务其流程设计存在很大的差异，需要进行差异化设计；在供应链领域，存在MTO（按订单生产）、MTS（按库存生产）、ATO（按订单装配）、ETO（按订单设计）四种不同的业务模式，不同业务模式对应的供应链流程设计也是不一样的，它无法套用同一套标准。

（2）按规则内、外来分

规则有多种表现形式，例如计划、预算、政策、标准、编制等。原则上来说在规则内，要简化处理，规则外从严管控。在财务管控中有严预算、宽审批的设计原则，对于预算内的费用支出原则上审批要简化，尽量授权给直接主管，预算外则要走相对复杂的严格审批流程。

（3）按风险大小来分

由于企业资源有限，风险控制需要付出相应的管理成本，所以风险控制要聚焦，抓大放小，对于高风险业务与低风险业务所对应的流程应当是差异化的，企业应当将资源与精力重点投放在对高风险业务的控制上。高风险的业务要从严控制，流程管控节点多且严格，低风险的业务则要简化控制，降低管理成本。

（4）按重要度大小来分

重要度高的流程应当匹配更好的资源、更卓越的流程绩效，以确保重要的业务得到妥善处理，如高层管理者的资源应当被分配聚焦到重要度高的关键业务上，对于重要度低的业务类别应尽量授权，给更低层级管理者处理，相应的流程设计也简单。

（5）按客户类别来分

不同类别的客户对企业的价值贡献是不一样的，企业的优质资源应当向优质客户倾斜。而实际企业运营中往往采取一刀切、同等对待的模式，这样做产生的后果就是对优质客户投入资源不足，导致优质客户流失率高，而对低价值客户投入资源过度，不经济。

客户差异化设计是客户导向流程设计的基本要求，其实施的前提是对客户进行合理的分类。按客户类别划分的维度有多种，有的企业简单地按交易规模，有的企业综合考核客户的实力与影响力等，现在越来越多的企业按客户价值来进行划分，某企业客户价值评估模型如图 2－24 所示。

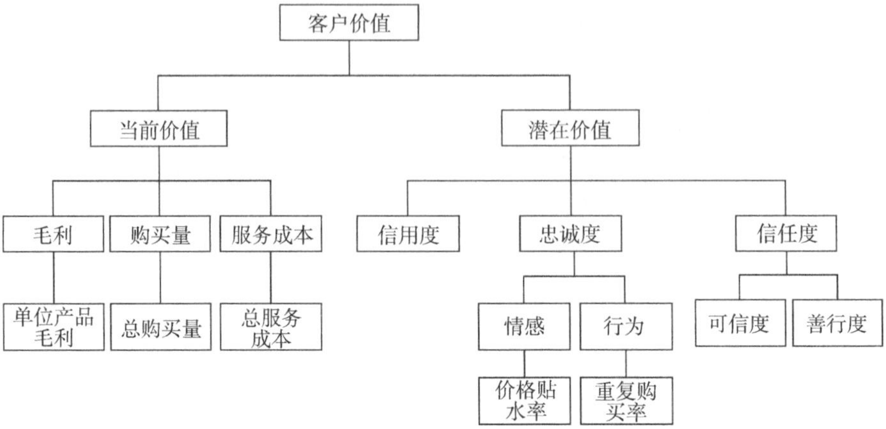

客户价值
当前价值
潜在价值
毛利
购买量
服务成本
信用度
忠诚度
信任度
单位产品毛利
总购买量
总服务成本
情感
行为
可信度
善行度
价格贴水率
重复购买率

图 2－24　某企业客户价值评估模型

完成分类之后，企业应当对不同客户群体，根据其价值贡献、行为特点设计差异化的流程。差异化的流程通常体现在：差异化的流程策略与原则，差异化的流程活动流转线路设计（如为 VIP 客户提供绿色通道），差异化的服务渠道（如网络、call center、营业厅等），差异化的服务标准（设置不同的服务绩效目标），差异化的服务人员（如职位不同或能力不同等），差异化的组织架构设计（比如针对大客户设立大客户管理部或实行客户经理制等）。

某企业客户服务差异化的流程设计如表 2－14 所示。

表 2－14　某企业客户服务差异化的流程设计

客户类别	服务策略/原则	服务人员	服务标准	服务内容	服务流程
A 类	尊享	高级客户经理/区域销售总经理	一级标准	一类套餐	绿色通道
B 类	专业	客户经理	二级标准	二类套餐	行业版流程
C 类	标准	客服代表	三级标准	标准套餐	标准流程

（三）一级流程架构规划常见方法

除上文提到的流程规划 POS 方法之外，一级流程架构规划其他方法介绍如下：

1. 流程规划 PDCA 法

PDCA 环又叫戴明环，是美国质量管理专家戴明博士提出的，它是全面质量管理所应遵循的科学程序。PDCA 是英语单词 Plan（计划）、Do（执行）、Check（检查）和 Action（处理）的第一个字母的组合，具体而言包括四段八个步骤，如图 2－25 所示：

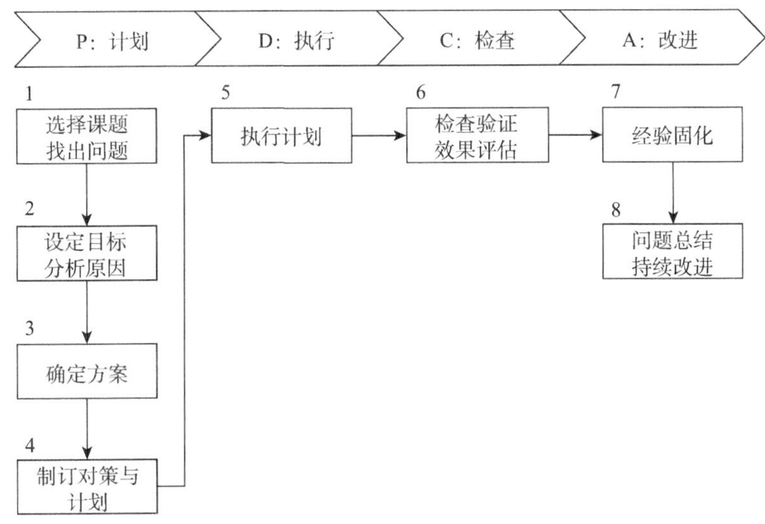

图 2－25　PDCA 的四段八个步骤

PDCA 环也被称为闭环管理，与闭环管理相反的是开环管理，即 PDCA 没有形成闭环，在企业表现为：有计划不执行，有执行无检查，有检查无改进。所以从图 2－25 可以看出管理要闭环，应当从问题分析一直到问题总结，并将遗留问题纳入下一个 PDCA 环进行改进结束。从管控的角度来看，PDCA 是一个完整的闭环，所以对于管控类流程，PDCA 是一个比较好的流程架构规划逻辑，它能够有效地保证流程结构的完整性，能够实现从计划到改进，从问题、目标设定到问题解决、目标达成的闭环。PDCA 流程架构规划法具体说明如下：

P：计划。计划是广义的概念，它的表现形式包括：开展规划、制订计划、制订策略、制订标准、政策等。

D：执行。描述从计划执行开始到计划执行结束的全过程。

C：**检查**。包括计划执行过程遵从性检查和计划执行结果有效性评估与分析。

A：**改进**。针对计划检查与评估发现问题进行改进。

案例一：运用 PDCA 规划战略管理流程，详见图 2－26。

战略管理		
战略分析	战略制定与分解	战略回顾与调整
情报收集与分析	愿景、使命规划	战略执行监控检查
外部环境评估	公司中长期战略规划	经营分析
内部资源及能力分析	年度经营计划制订	战略评估
	专项战略规划	战略调整
	年度预算编制	

图 2－26　战略闭环管理流程架构图

战略分析：包括内、外部环境分析，有的公司还将情报管理作为战略分析的前端流程。

战略制订：从时间维度来看，战略制订包括：使命远景规划、中长期战略规划、年度经营计划制订；从层级来看，战略制订包括：公司战略规划、业务战略规划、职能战略规划、公司年度经营计划编制、部门年度经营计划编制等；有的公司会将预算制订也纳入进来。

战略执行：直接调用相关的业务流程或管理支撑流程。

战略回顾：包括战略执行情况检查、战略执行效果评估，有的公司会将经营分析列入进来，作为战略执行效果评估的支撑或前端流程。

战略调整：包括中长期战略调整流程、年度经营计划调整流程、有的公司会将预算调整也纳入。

案例二：运用 PDCA 法规划营销流程，详见图 2－27。

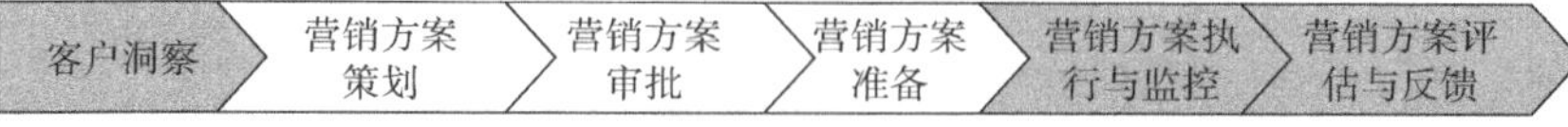

图 2－27　营销流程架构图

运用 PDCA 法规划营销流程时，企业会发现实际的营销流程是存在结构缺失的。首先可以看到企业的营销方案策划往往不是客户需求触发的，而是业绩目标触发的。所以企业往往缺少客户洞察流程，使得整个的营销流程失去了方向，从而导致营销最终效果不佳。营销方案策划、营销方案审批、营销方案执行通常是企业能够做到，也是做得相对比较好的，但营销方案准备则可能没有流程化，往往容易出现顾此失彼或多个部门之间不联动、步调不一致。再者，营销方案监控也是企业容易忽略的一个环节，导致营销方案在细节上容易执行不到位，影响了最终的效果。营销方案评估与反馈通常是企业容易缺失的环节，也是最不容易做到位、做好的环节，一个营销方案执行一轮下来，是否到达了预期的效果，如何测评效果，通过评估发现了什么问题，如何在下次的营销方案中进行改进。

我们常说管理要实现从开环管理到闭环管理的提升，管理实现了闭环，结果才可控，改进才可以持续并做到有效。然而管理不闭环在企业里是时有发生的事情。随着管理者能力的提升，在面向具体的任务或事情的时候，越来越多的管理者能够做到闭环管理，但如果站在更高的层面，如跨部门业务上，某个管理体系运行上，甚至是端到端流程价值链运作上，容易出现不闭环。其根本原则在于流程架构设计不闭环。流程架构缺乏 PDCA 闭环的企业，其业务通常会发现以下问题：

缺少规划，具体计划执行问题不大，但全局性规划往往缺失或缺乏有效的方法，尤其是没有建立与公司发展战略的联系，总感觉是想到哪，做到哪。

缺少检查与评估，尤其是效果评估，要么是没有效果评估，要么是缺失有效的评估手段。缺少检查与评估一定程度上与缺少规划密切联系，由于没有目标与标准，检查与评估没有基准或依据。

缺乏改进，对于评估结果缺乏有效的分析，也缺乏有力的改进流程来支撑。导致同样的错误重复发生，深层次经营与管理的问题得不到根本的解决。

2. 流程规划生命周期法

1966 年，美国经济学家雷蒙德·弗农在《产品生命周期中的国际投资与国际贸易》中提出产品生命周期理论。它从产品生产的技术变化出发，分析了产品的生命周期以及对贸易格局的影响。他认为，制成品和生物一样具有生命周期，会先后经历创新期、成长期、成熟期、标准化期和衰亡期五个不同的阶段。借鉴产品生命周期理论，可以推广应用到其他领域，通俗地理解为从摇篮到坟墓，从产生到退出全过程。

将生命周期应用到流程架构规划中，就将业务或管理流程围绕核心加工对象的生命周期全过程来规划流程，由于生命周期结构是完整而严密的，所以运用这种方法保证了流程架构规划的完整性。通常企业核心的管理对象有：客户、产品、供应商、员工、流程等。

案例一：运用生命周期法规划研发流程架构，详见图2－28。

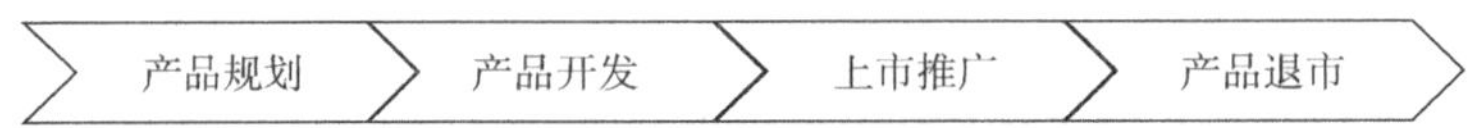

图2－28　产品生命周期管理流程架构

产品规划：包括产品规划、技术规划、工艺规划。

产品开发：包括产品企划、概念、计划、开发、验证、发布全过程。

上市推广：包括上市前准备、上市推广。

产品退市：包括产品绩效评估、产品维护、产品升级、产品退市。

案例二：运用生命周期法规划渠道管理流程架构，详见图2－29。

渠道管理

渠道开拓	渠道使用	渠道培育	渠道保留
政策制定	渠道分级	培训	挽留
伙伴选择	质量管控	定期拜访	淘汰
商务谈判	佣金结算		
协议签订	信息管理	绩效管理	合作中止

图2－29　渠道生命周期管理流程架构

案例三：运用生命周期法规划客户管理流程架构，详见图2－30。

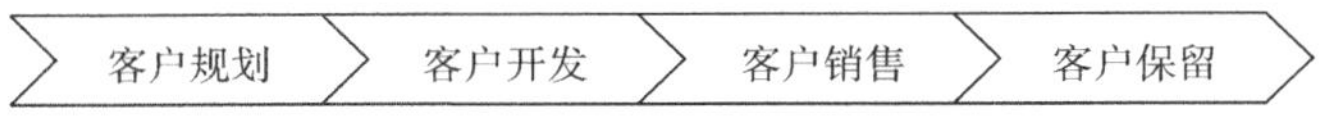

图2－30　客户生命周期管理流程架构

案例四：运用生命周期法规划人力资源管理流程架构，详见图2－31。

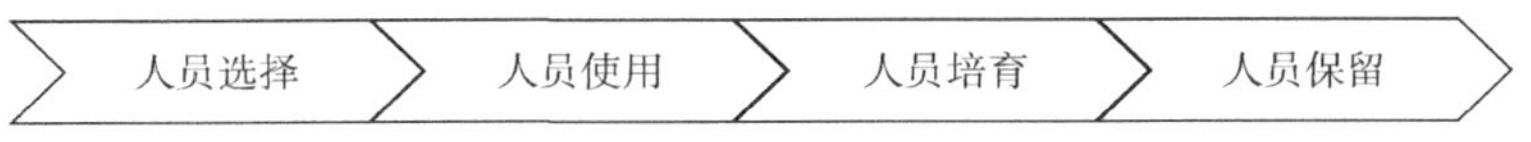

图2－31　人员生命周期管理流程架构

3. 流程规划对象转换法

对象转换法通常适合于对业务的规划，尤其适合对端到端业务流程的规划。从一个完整的业务全流程来看，如何将流程合理地进行分段，按作业对象转换法进行划分是一种比较好的办法。从端到端流程来看，输入是客户需求，输出是产品或服务完美交付，实现客户满意的全过程。在这个端到端流程中，要历经不同角色、岗位，跳跃不同部门，在此期间，流程的加工、作业对象会发生转换，可以围绕每一个对象完整加工过程视为对一级流程的第一次切分，形成一系列二级流程。在完成二级流程识别之后，再根据作业对象的状态变化进行第二次切分，形成一系列三级流程。

对象转换法具体逻辑如图2－32所示：

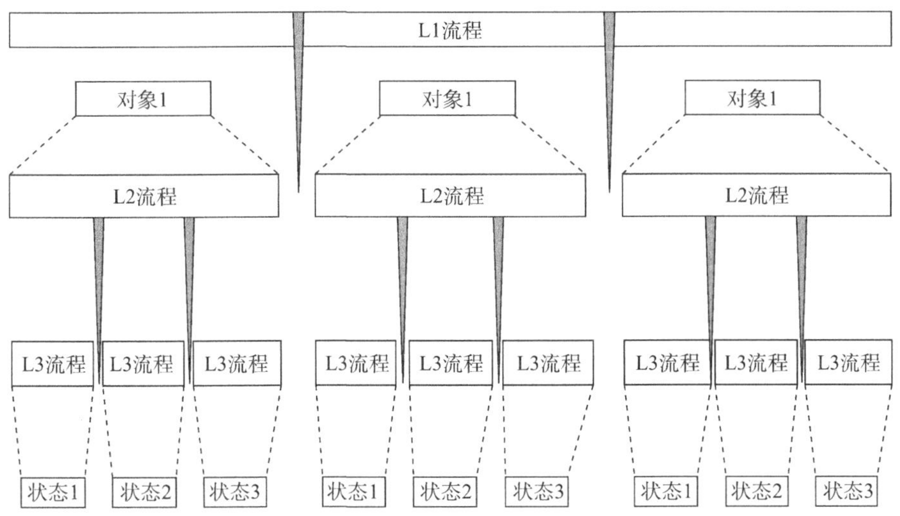

图2－32　对象转换法逻辑示意图

以 LTC（从线索到回款管理）流程为例，运用对象转化法规划如下：

流程的作业对象有三次变化：线索（lead）、商机（opportunity）、合同（contract）。销售线索俗称 Leads，在销售管理体系中销售线索处于客户产生机会的最前端，一般由举办市场活动、网络信息、电话咨询、客户拜访等多样方式获得销售的初级线索，销售人员在持续跟进和推动线索的继续延伸，到达成熟阶段后销售线索转换为销售机会。线索转化为商机的标准是确定客户有真实的购买需求，一般会通过确认客户有预算或已经有明确的采购计划来判断。而商机转化为合同则标志非常明显，即拿到公司与客户双方盖章的合同。

按这三个不同的作业对象可以将 LTC 流程分成三个二级流程：线索管理（从线索获取，到线索成功转化），包括了作业对象到线索全过程管理；商机管理（从商机产生到合同签订），包括了作业对象到商机全过程管理；管理合同执行（从合同签订到回款），包括了作业对象到合同过程管理。这样划分的好处是：流程的边界非常清晰，而且有利于端到端的管理作业对象，有利于上下段流程之间的咬合与衔接。

进一步来看，在不同的流程中会发生不同的状态转变，企业可以根据不同的状态将二级流程细分为三级流程，以作业对象"线索"为例，线索存在三种状态：线索已获取，线索已分配，线索已确认。进入商机阶段继续跟进还是无效线索，予以放弃。按这三种状态，可以将线索管理流程分成：线索获取与收集，线索分配与跟进，线索培育与验证。

对于商机管理流程来说，其作业对象到商机在商机管理全过程也存在不同的状态，以项目型业务为例：招标开始前，招标已结束，合同已签订；根据这三种状态，可以将商机管理流程分成 3 个三级流程：标前引导，投标管理，合同生成（包括合同谈判、合同评审及合同签订）。

对于管理合同执行流程来说，其作业对象到合同存在几种状态：合同已交接，合同已经更改，发票已经寄送，账款已回收。根据这四种不同状态将管理合同执行流程分成四个三级流程：合同交接流程，合同变更流程，开票流程以及回款流程。

以对象转换法开展 LTC（从线索到回款）流程架构规划逻辑如图 2-33 所示。

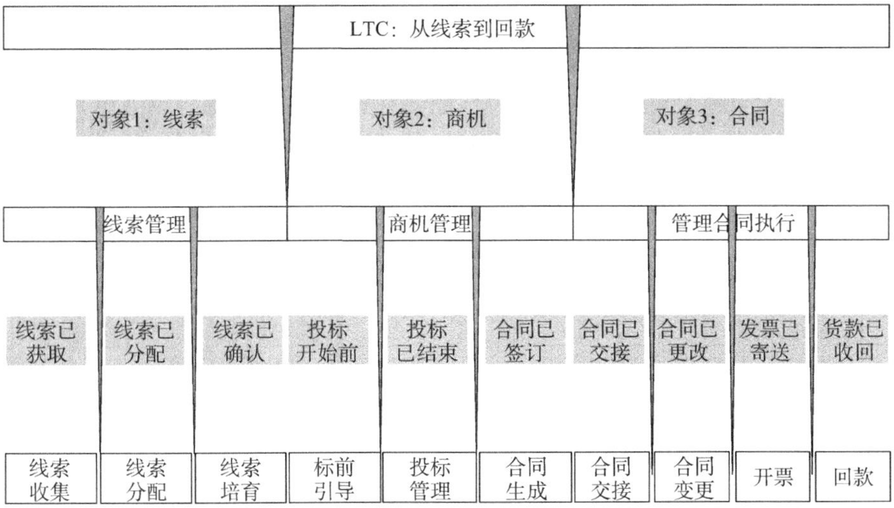

LTC：从线索到回款
对象1：线索
对象2：商机
对象3：合同
线索管理
商机管理
管理合同执行
线索已获取
线索已分配
线索已确认
投标开始前
投标已结束
合同已签订
合同已交接
合同已更改
发票已寄送
货款已收回
线索收集
线索分配
线索培育
标前引导
投标管理
合同生成
合同交接
合同变更
开票
回款

图 2－33　LTC 流程规划案例分析图

4. 流程规划分类树法

分类树法，根据一级流程包含的业务内容属性进行分类，按树形图结构一层一层展开。其逻辑如图 2－34 所示。

一级流程
二级流程
二级流程
二级流程
三级流程
三级流程
三级流程
三级流程
三级流程
三级流程
三级流程
三级流程
三级流程

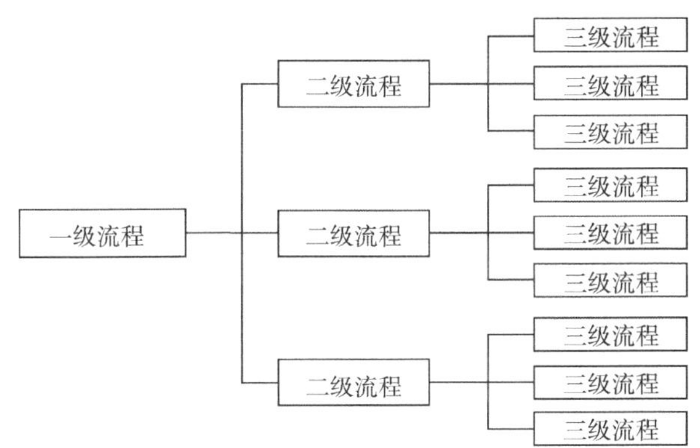

图 2－34　分类树法流程架构规划逻辑示意图

分类树法需遵循以下原则：

（1）分类标准要统一，不能够多套标准混在一起。

（2）符合 MECE 原则。

（3）同一层级流程颗粒度相当，以保证流程逻辑的顺畅。

分类树法比较适用于管理支持类流程，不太适用于业务流程，由于管理支持类流程往往自成一体系，大的体系里又有成熟的模块化细分，形成不同的子体系。例如在人力资源管理师教材中将人力资源管理流程分成六大板块：人力资源规划、招聘管理、培训管理、薪酬管理、绩效管理、劳动关系管理，可以对应地将人力资源管理流程分成这六个二级流程。

流程规划的目的不是要简单地把流程进行一个细分，而是为管理思路服务的，不同的划分方式实际体现了不同的管理理念与思路，可以理解为管理的模式，所以流程规划又被称为管理建模的过程。管理模式有先进落后之分，对于企业而言，管理模式的选择很重要，从流程规划的角度来说，就是要选择一种适应于当前及未来三年发展要求的管理模式，既要满足当前的经营需求，又要支撑未来战略发展需求。所以基于分类树法做流程规划时，分类的逻辑建立要参照成熟的管理方法论或标杆企业的流程架构。

某企业人力资源管理流程架构如图 2－35 所示。

人力资源管理					
人力资源规划	人员配置	人员培训	绩效管理	薪酬福利管理	人事档案管理
人力资源发展规划	招聘管理	培训计划制定	绩效考核制定	薪酬计算	人事档案管理
人力资源年度需求计划	人才识别	培训计划审批	绩效考核执行	保险福利管理	员工档案管理
HRM战略规划	员工工作调动	培训计划执行		员工工资发放	
HRM体系管理	离职管理			组织变革方案调整	
	人事任免				
	试用员工绩效考核转正				

图 2－35　某企业人力资源管理流程架构

从图 2－35 架构可以看到企业人力资源管理停留在事务性的工作上，更多的是服务与支撑，最多能够提升到专业管理，但没有上升到战略人力资源管理高度。如果站在人力资源管理流程内部客户的角度来看，这些工作做到位了，只能为业务提供后勤保障，但对于公司战略落地支撑，对于业务运营改善没有帮助，是低增值工作甚至是不增值工作。

笔者在与某500强企业人力资源管理总监沟通时，他曾经说，在西方先进企业中，传统的事务型人事工作已经很少花时间去做了，大多数已经被外包出去，人力资源管理部人员很少，企业人力资源部工作重点关注三件事情：领导力培养，企业文化管理，知识管理。

从这个角度来看，上述公司的人力资源管理流程架构体现的是落后的人力资源管理思想与模式，注定了企业人力资源管理工作的定位在服务保障，无法为业务部门提供专业支持，更谈不上为公司战略执行的落地提供支撑。

接下来，请大家看另一家人力资源管理比较先进的公司的人力资源管理流程架构，如图 3 -36 所示。

人力资源管理

人力资源规划	领导力开发	企业文化管理	知识管理	组织变革管理	招聘与配置管理
人力资源标杆研究	任职资格管理	企业文化需求管理	知识管理体系规划	制定组织变革方案	人员配置规划
HRM需求管理	人才识别	文化推广方案制定	知识获取	实施组织变革方案	招聘实施
HRM战略规划	领导力培养	文化推广方案执行	知识归档与传递	组织变革监控评估	调配管理
HRM体系管理	继任管理	文化推广方案评估	知识推广与复用	组织变革方案调整	招聘渠道管理
	人才保留		知识固化		

薪酬福利管理	绩效管理	培训管理	员工关系管理
定薪	绩效计划	培训项目运营	劳动关系管理
调薪	绩效评估	讲师管理	员工沟通管理
福利办理	绩效分析	课程管理	第三方用工管理
福利发放	绩效改进	培训资源管理	员工纪律管理

图 2 -36　Z 公司企业资源流程架构

从这个架构里，我们可以清晰地看到企业人力资源管理体系管理思路，该企业将人力资源管理借鉴了“HR 三支柱模型”来构建。

HR 三支柱模型是由 Dave Ulrich 1996 年提出，已经被很多行业标杆借鉴并广泛应用，在 2001、2002 年左右引入中国，IIR 三支柱模型如图 2 -37 所示。

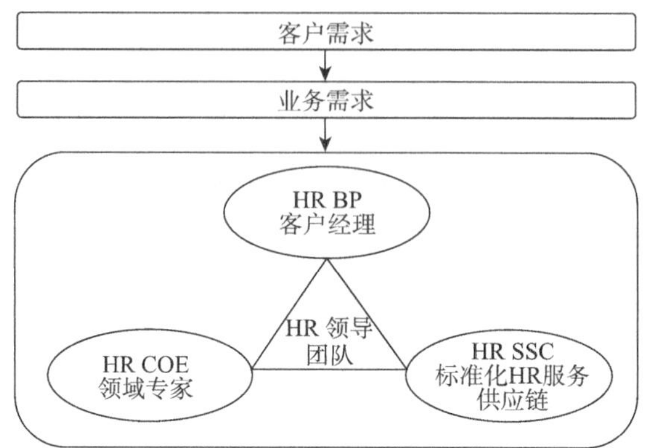

图 2-37　HR 三支柱模型图

HR 三支柱模型将人力资源管理工作分成三大部分：

BP（Business Partener）**定位为：人力资源业务合作伙伴，主要职责为：**

负责满足业务需要的部门、区域、业务单元、国家的战略合作伙伴。

通过提供咨询和支持帮助执行业务战略。

对专业领域如人才管理、人力规划、变革管理提供支持。

使用业务知识在业务单元层面推广人力资源制度、流程、方案。

COE（Centre of Excellence or Center of Expertise）**定位为：人力资源专业知识中心或人力资源领域专家，主要职责如下：**

制订和设计制度、流程、方案，提供方案标准并在恰当的时候管理全球方案。

开发新方案推广计划并与人力资源业务伙伴一起实施。

在专业领域对业务单元和地区提供咨询。

界定并监控全球、区域职能流程。

利用最佳实践。

SSC（Shared Service Centre），**定位为：共享服务中心，主要职责如下：**

提供人力资源的日常和行政服务。可从全球和跨区域角度优化和监控现有流程。

维护基础设施和流程门户。

与 HR BP 和 COE 协作推广新项目。

（1）与 HR 三支柱模型管理思路相对应，BP 职能主要体现在：

组织管理：基于公司战略识别组织变革需求，制订并实施组织变革方案，调整组织架构模式、调整部门定位/职责等，以达到战略落地支撑目的。

HRM 战略规划：基于公司发展战略，识别出人力资源管理战略，重点关注组织变革战略与人才管理战略、企业文化管理战略，为企业战略发展提供充分的组织能力、岗位能力和文化支撑。

企业文化管理：基于公司战略规划识别战略落地所需要的企业文化，并通过一系列全面的推广举措，来营造或强化战略导向的企业文化。

知识管理：基于公司核心竞争力需求识别出企业需要的核心知识资产，通过知识获取、存储、分享、复用、标准化等工作管理，不断使知识资产得到增值，并最大化发挥知识的价值。

领导力培养：基于公司战略识别公司所需要的领导力模型，通过领导力培养全套流程，来提升公司核心管理团队的领导力，从而达到对战略落地的有力支撑。

（2）HR COE 职能主要体现在：

人力资源标杆研究：掌握前沿的、先进的人力资源管理理论、方法与工具，获取业务领先人力资源管理经验，将其转化为企业内部可应用的专业方法、工具或案例参考。

人力资源战略规划：与 HR BP 一道，运用专业的人力资源管理能力，形成高质量的人力资源管理战略规划。

人力资源体系管理：人力资源管理所有的流程、政策、方法/工具都由这里产生，即 HR COE 专业人士基于运营与战略需求，设计好人力资源管理流程、政策、方法/工具，然后交由各模型去实施，来保证企业能够用科学、有效、高效的人力资源管理方法去开展工作。

HRM 需求管理：基于业务运营情况及业务部门提出的需求，识别人力资源管理需要为业务部门提供的专业支持是什么，人力资源管理策略与政策需要做哪些调整，人力资源管理体系需要做哪些优化，为业务部门提供专业的咨询服务。

（3）HR SSC 职能主要体现在：

招聘配置管理：包括人力需求规划、招聘实施（从需求到转正）、调配管理（从需求提出到调配完成）、招聘渠道管理（包括渠道开发、渠道合作、渠道维护与保留等）。

薪酬福利管理：包括定薪、调薪、员工福利办理、员工福利发放。

绩效管理：包括制订绩效管理计划、绩效评估、绩效分析、绩效改进。

培训管理：包括培训项目实施管理（需求审批、培训方案制订、培训实施、培训效果评估）、讲师管理、课程管理、培训资源管理。

员工关系管理：包括劳动关系管理、员工沟通管理、员工纪律管理、第三方用工管理。

需要说明的是：其策略与方向由 HR BP 提供，其流程设计由 HR COE 负责，HR SSC 负责执行。HR SSC 的前提是这些流程是标准化的，即有清晰的活动、规则、标准与要求。如果流程体系不健全，还是得依赖 HR COE 的专业支持。

一旦 HR SSC 流程模型成熟，大规模的企业可以考虑建立企业人事共享服务中心来降低人力资源管理作业成本，同时可以有效提升人事服务质量。对于中、小规模的企业可以考虑将这些业务进行外包，交给专业的第三方人力资源服务公司操作，以达到成本降低、提升服务水平的目的。

（四）一级流程架构规划的要求

流程架构规划本质是管理建模的过程，将管理思想、思路模型化，为流程体系建设提供一个稳定、可持续积累的架构。所以流程架构不是简单地对流程进行拆分与归类，背后要体现管理的理念与思想，一级流程架构规划重在把握规划的逻辑，将这个逻辑以流程架构的形式表达出来。

流程架构规划角色定位：一级流程所有者是一级流程架构规划的操盘手，因为他是业务专家，从管理的视野、个人经验、所掌握的信息、对流程的理解等各方面来看，最适合作为流程架构规划总牵头人，公司流程架构规划小组成员则是流程管理专家，清晰什么是一个好的架构。所以一定要将公司高层及宏观视野比较好的管理干部拉进来，一起来主导流程架构规划。

通过公司流程总架构规划，已经确定了各个一级流程架构，所以一级流程架构边界已确定，原则上不能够调整；所以在流程架构规划的时候，各一级流程架构规划组应当基于公司流程总架构规划的逻辑，对各个一级流程进行细化，而不要去论证一级流程架构规划的合理性。

由于一级流程架构规划很难一次到位，在将一级流程架构规划到二、三、四级层次的时候，对于二级流程规划要求精准，在规划完成之后二级流程原则上不允许调整，以保证架构的稳定性，对于三、四级流程在一级流程架构规划定稿之后允许进行调整，但必须在二级流程约定的架构及范围之下进行调整。

（五）一级流程架构质量评价标准

流程架构逻辑清晰，流程架构规划一定有一条清晰的逻辑主线，让阅读架构的人很容易就能够看其中的逻辑，从而容易理解与记忆，而不是一群杂乱无章的流程堆砌。

流程架构完整，没有结构性缺失。用一条简单的判断标准就是，所有的一级流程架构业务都能够在这个架构中找到对应的流程名，如果找不到说明结构有缺失。**同一层级流程之间不重叠、不交叉。**否则就会出现职责不清，重复设计，导致流程体系很难统一与集成。

流程架构规划遵循高阶共享、低层差异的原则，不做重复性设计。对于一级流程、二级流程架构来说应当共享，不同的业务类型差异化可以体现在三、四级流程上。

每一个一级流程架构规划遵循：规划、运作、支撑三层次设计原则。具体的设计见前文描述。

（六）一级流程架构规划操作程序

1. 设计一级流程架构

由于大部分企业管理者没有流程架构规划经验，很难在听完一两场流程架构规划培训之后就能够有效开展一级流程架构规划工作，往往在听培训的时候感觉没有问题，真正到了规划时却无从下手。

为了有效解决这个问题，建议先由公司流程规划执行组核心成员设计出一级流程架构规划建议稿，让各一级流程所有者或规划小组成员在这个建议稿的基础上，根据自己的理解与业务需求进行修改，而不是去新建。作一个建设者比较难，但做一个修改者相对容易一些。

但在给建议稿的时候，一定要告诉流程所有者及其规划小组成员，公司流程规划执行组成员由于对各一级流程业务理解不深入甚至是一知半解，所以无法设计出真正满足业务需求的流程架构，但在流程架构规划方面，公司流程规划执行组成员是内部专家，能够设计出规范的、符合架构规划要求的一级流程架构。所以各一级流程架构规划小组需要借鉴的是流程规划的思路与方法，在业务逻辑上可借鉴意义不大，希望各一级流程所有者及规划小组尽管修改，甚至可以推倒重来。

对于流程规划建议稿质量要求有两个方面：

各一级流程架构规划建议稿首先要保证流程架构规划逻辑的清晰，能够直观地向流程所有者展现背后的管理思路；流程规划建议稿严格遵从流程规划方法与要求；在此基础上，如果建议稿能够通过对标，或者运用流程规划方法，对现有的流程架构进行相应的优化或完善，则更能够启发流程所有者在架构层面的思考。

在流程规划业务逻辑方面，流程所有者及规划小组也需要获得借鉴与启发。所以，公司流程规划执行组需要将前期收集到的一级流程标杆架构提供给他们做参考，具体的标杆架构分析见前文所述。

2. 召开一级流程架构讲解会

由各一级流程架构规划小组负责，按一级流程架构，分别召开一级流程架构专题研讨会，由一级流程架构规划建议稿负责人（公司流程规划执行组组长或外部顾问）来讲解架构建议稿，一级流程规划小组成员必须全员参加。

流程架构讲解的关键点如下：

（1）一级流程架构建议稿设计的理念与逻辑是什么？这种架构设计的好处是什么？这种架构设计存在什么问题？尤其是公司实际业务贴合方

面；详细说明每一层级流程的含义，包含哪些内容。

（2）对于标杆一级流程架构进行介绍，重点讲标杆架构规划的内在逻辑及值得公司借鉴的点。

（3）一级流程规划小组如何在一级流程架构规划建议稿的基础上完成各一级流程架构规划，一级流程架构规划的要求是什么？

完成讲解之后，需要安排一级流程架构规划组与架构讲解人作互动交流，可以采取问答的方式，目的是确保一级流程架构规划者充分理解一级流程架构规划建议稿，并理解一级流程架构规划的要求与方法。

3. 设计一级流程规划初稿

由于架构规划对人的要求比较高，要有广阔的管理视野，有全局与战略高度，所以不能由各一级流程架构规划小组的操作层来负责，必须由企业一级流程所有者亲自操刀。否则一定没有办法保证架构的质量。

建议一级流程所有者召开一级流程架构涉及的主要部门负责人会议，一起采取会议讨论的方式展开规划，重点讨论一级流程架构如何分解到二级，采取哪种逻辑或管理思路进行二级流程的切分，各二级流程的目的、内容及边界是什么，二级流程管理责任由谁承担（即确定二级流程所有者）。

然后由二级流程所有者组织二级涉及相关部门人员进行研讨，将二级流程分解细化到三级、四级。完成之后交一级流程架构规划小组进行汇总，形成一级流程架构规划初稿。

形成初稿之后由一级流程所有者进行审核，达成共识后报公司流程规划执行组。在此过程中，不同部门肯定会出现意见分歧点，先记录好，提交到一级流程架构规划评审会议上进行决策。

4. 一级流程架构评审

（1）一级流程架构规范性评审

各一级流程架构规划完成之后，公司流程规划执行组负责组织对各一级流程架构规划结果进行评审，从流程管理专业角度评审流程架构的质量，具体参照标准如表 2－15 所示。

表 2－15　流程架构评审标准表

评审维度	评审标准
结构科学性	遵循 POS 三层次规划法，要包含规划、运作、管理支撑三个方面
	流程规划有清晰的流程分级逻辑与主线，比如 PDCA、生命周期展开等
	L1 流程规划是否符合端到端的原则，是否能够为四类关键客户提供有价值的产出
	流程架构所代表的业务模式是否先进，是否公司发展阶段及战略落地需求
	在当前的组织架构下，是否能够找到各级流程的所有者，是否有利于流程后续的跨部门协调
MECE 遵从性	不重复：同一层级流程之间不重复不交叉，边界清晰；同一流程不会出现在多个一级流程架构中
	不遗漏：下一级流程的集合能够完全覆盖上一级流程要求；流程分类的标准要统一，不能用多套标准混用，确保流程分类涵盖了全部的业务类型
方法遵从性	以流程活动视角来对流程进行分级，而不是部门职能视角流程分类维度要统一，不能够多套标准
	遵从先分级后分类的原则，高阶（一、二级）流程共享，低阶（三、四级）流程差异化
	同一层级流程之间颗粒度要保持一致

（2）一级流程架构业务评审

评审会由公司流程规划执行组组长组织，公司总经理及各一级流程所有者（公司流程规划领导组）参与。评审程序为：各一级流程所有者简要说明所负责一级流程架构规划逻辑、内容、流程架构规划稿中需要决策的点；其他一级流程所有者进行讨论，公司流程规划小组组长给出决策参考建议；总经理进行决策。

评审会之后，各一级流程规划组根据一级流程架构规划评审会决议，完善一级流程架构规划稿，报公司流程架构规划小组。最终的流程架构规划结果，一般需要以正式流程文件的形式发布，作为流程管理纲领性的文件。

十一、流程架构文件表达

（一）流程架构总图

公司流程架构规划逻辑通常有 POS 与 OES 两类，针对这两类流程规划

模式，对流程架构总图介绍如下：

1. 流程规划 POS 法—模板

流程规划 POS 法模板如图 2－38 所示。

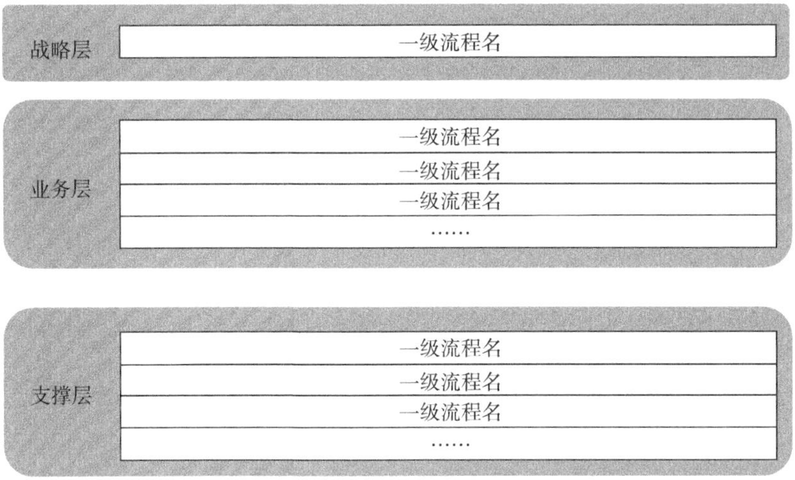

战略层	一级流程名
业务层	一级流程名
	一级流程名
	一级流程名
	……
支撑层	一级流程名
	一级流程名
	一级流程名
	……

图 2－38　流程规划 POS 法流程架构总图模版

2. 流程规划 POS 法—示例

流程规划 POS 法示例如图 2－39 所示。

战略层	战略规划与执行
业务层	客户关系管理
	产品生命周期管理
	销售
	营销
	合作伙伴管理
	客户获取
	交易处理
	催收
	客户服务
支撑层	风险管理
	合规管理
	创新及变革管理
	信息技术管理
	人力资源管理
	财务管理
	行政综合管理

图 2－39　流程规划 POS 法流程架构示例

3. 流程规划 OES 法—模板

流程规划 OES 法模板如图 2 -40 所示。

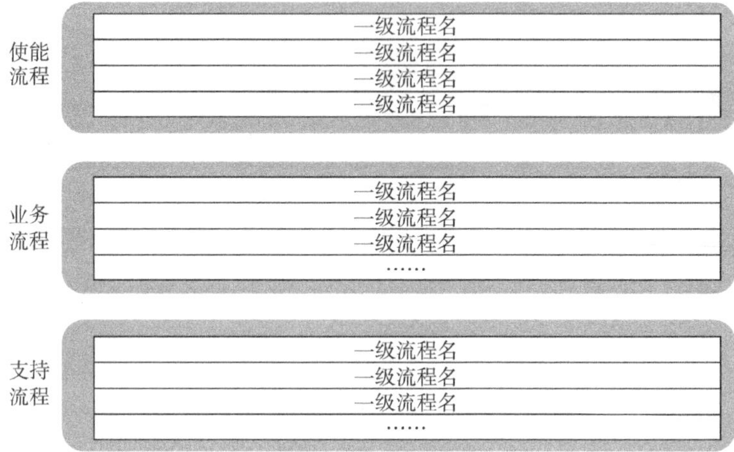

图 2 -40　流程规划 OES 法流程架构总图模版

4. 流程规划 OES 法—示例

流程规划 OES 法示例如图 2 -41 所示。

业务流程	1.0开发(从需求到上市)：产品规划、产品开发、上市推广、生命周期中后期管理
	2.0营销(从需求到线索)：市场研究、市场推广、品牌推广、渠道管理、价格管理
	3.0销售(从线索到回款)：客户开发、商机管理、交付管理、开票与回款
	4.0服务(从问题到解决)：客户技术支持、客户投诉处理、客户满意度管理
使能流程	5.0战略管理：战略规划、经营计划编制、战略回顾与评估、情报管理、内部审计
	6.0供应链管理：计划、制造、交付、物流管理、退货管理
	7.0客户关系管理：客户规划、客户关怀、客户拜访、客户保留
	8.0采购：需求管理、供应商认证与选择、采购执行、供应商绩效管理
	9.0管理质量：进货控制、制程控制、成品控制、质量体系管理、检验管理
支撑流程	10.0财务管理：预算管理、税务处理、运营分析、会计核算、资金管理、信用管理、费用管理、固定资产管理
	11.0人力资源管理：人力资源规划、组织管理、招聘与配置、人才培养、绩效管理、薪资管理、员工关系管理、文化管理
	12.0IT管理：IT规划、系统建设、基础设施管理、IT运维、数据与辅助决策分析
	13.0变革管理：变革规划、变革项目管理、流程管理、知识管理
	14.0行政管理：会议管理、公文档案管理、接待管理、公关管理、车辆管理、后勤管理

图 2 -41　流程规划 OES 法流程架构示例

（二）一级流程架构图表达方式

1. 一级流程架构图模板

一级流程架构图模板如图 2－42 所示。

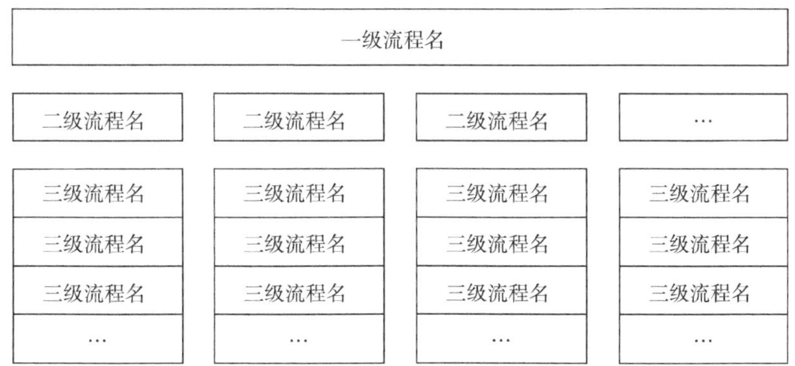

图 2－42　一级流程架构图模版

2. 一级流程架构图示例

一级流程架构图示例如图 2－43 所示。

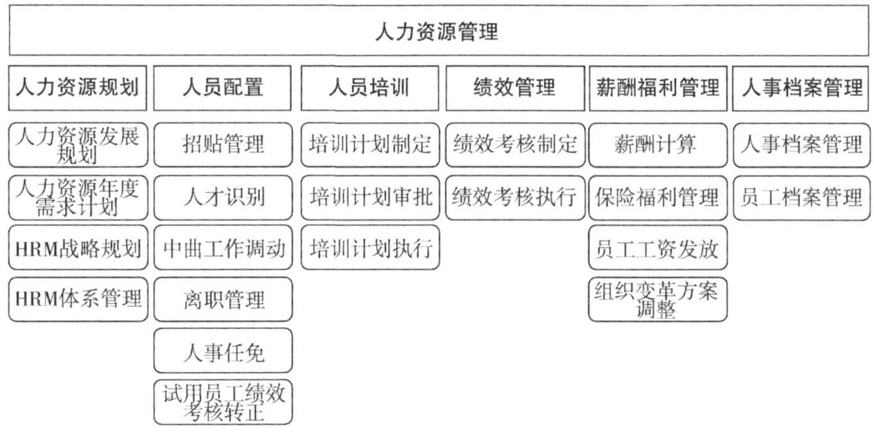

图 2－43　一级流程架构图示例

（三）流程视图

由于流程架构图没有完全表达出三级流程之间的逻辑关联，对于不熟悉一级流程全过程业务的人员来说，很难理解一级流程的内在逻辑。为此，为便于企业开展后续的流程梳理与优化，进一步理顺三级流程之间的接口关系，在流程架构图的基础上需要绘制流程视图。有了流程视图，就相当于为企业中高层管理者提供了一份一级流程全景图，类似于作战地图，有利于全局分析与系统方案设计，为一级端到端流程管理奠定基础。一级流程视图绘制逻辑图如图 2 -44 所示。

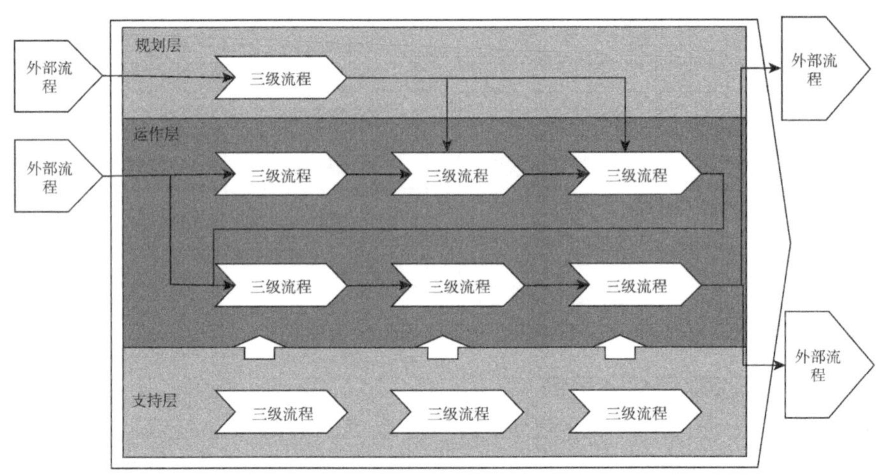

图 2 -44　一级流程视图绘制逻辑图

绘制方法如下：

将一级流程分成规划层、运作层及支持层三部分。

将外部流程放在一级流程框之外，前段流程置于左侧，后段流程置于右侧。

一级流程以三级流程为绘制视图的基本单位，外部流程以一级流程作为基本单元。

根据流程输入、输出关系，用活动线进行连接，来表达流程之间的接口关系。

流程视图绘制时，采取先由主导者画出初稿，然后组织一级流程相关的人员进行讨论与完善。

一级流程使用▭〉符号表示，三级流程用∑〉符号表示，以区分不同的流程层级。

一级流程视图示例如图 2 -45 所示。

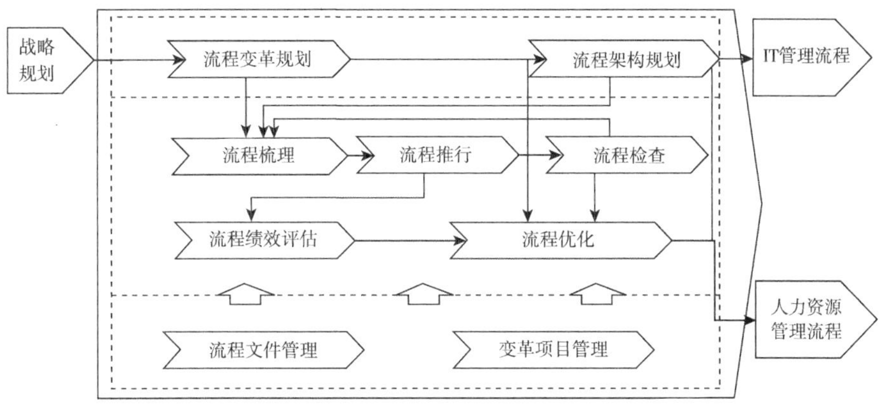

图 2 -45　流程管理流程视图

（四）流程清单

1. 流程清单梳理要求

流程规划结果输出三个关键物：流程架构图、流程视图、流程清单。有人会问：有了流程架构图和流程视图，为何还要流程清单。原因有两个方面：第一，流程架构图与流程视图通常只到三级，并不能够展现三级以下的流程状况；第二，流程架构图与流程视图能够展现流程的结构，但流程管理更多的要素不便于展现，如果展现过多，则影响了图形的可读性，相反流程清单则在这方面有显著的优势。

流程清单梳理的关键点：

（1）严格遵从流程架构图的逻辑，即一、二、三级流程必须保持与流程架构图一致。

（2）根据不同业务场景，将三级流程进行分类，形成差异化的三级流程以匹配不同业务类型或模式。

（3）复杂的三级流程进一步细化，形成四级流程清单。四级流程应当成为流程规划最细的层级，不建议再形成五级、六级，四级以下就是活动与任务了。

（4）完成流程管理要素的定义，流程管理要素包括：

完善流程的要素：流程的边界，流程起点，即流程从哪里开始；流程终点，即流程到哪里结束。

定义流程所有者：一级流程所有者、二级流程所有者、三级流程所有者、四级流程所有者。

定义流程差异化管理策略，通常分为：精细化管理、标准化管理、无须流程文件三类。

2. 流程清单模板与示例

（1）公司流程总清单模板

公司流程总清单模板如表2－16所示。

表2－16　公司流程清单模版

序号	一级流程	二级流程	三级流程	四级流程	流程边界		职责分配	分类管理		
					起点	终点	流程所有者	流程重要度	流程使用率（＝频率＊人数）	管理策略
1	来自流程架构图	来自流程架构图	来自流程架构图，并在此基础上对流程进行分类展示	为三级流程的子流程	对于三、四级流程需要明确，一、二级管理支持流程不需要	对于三、四级流程需要明确，一、二级管理支撑流程不需要	按流程层级分别指定一、二、三、四级流程所有者	分为：高、中、低三个级别	分为：高、中、低三个级别	分为：无须流程、关键点管理、精细化管理
2										

（2）公司流程总清单示例

公司流程总清单示例如表2－17所示。

表 2－17　A 公司流程清单示例

序号	一级流程	二级流程	三级流程	四级流程	流程边界		职责分配	分类管理		
					起点	终点	流程所有者	流程重要度	流程使用率（＝频率＊人数）	管理策略
1	采购				提出采购需求	完成货款支付	分管采购副总	/	/	/
1.1		需求管理			提出采购需求	完成采购需求审批	采购部部长	/	/	
1.1.1			采购需求审批		提出采购需求	完成采购需求审批	采购部部长	高	中	精细化管理
1.1.2			物料编码创建							
1.2		供应商认证			提出供应商开发需求	做出供应商认证结论	采购部部长			
1.2.1			供应商问卷调查							
1.2.2			供应商现场考察							
1.2.3			供应商体系认证							
1.2.4			样件试制试用							
1.2.5			综合评估							
1.3		供应商选择			提出采购需求	完成合同签订	采购部部长			
1.3.1			制订供应商选择方案							
1.3.2			执行供应商选择							
1.3.3			合同签订							
1.4		采购执行			制作采购订单	完成付款	制造部部长			

续表

序号	一级流程	二级流程	三级流程	四级流程	流程边界		职责分配	分类管理		
					起点	终点	流程所有者	流程重要度	流程使用率（=频率*人数）	管理策略
1.4.1			订单下达							
1.4.2			订单更改							
1.4.3			入库验收							
1.4.4			结算付款							
1.5		供应商绩效管理			制订绩效计划	完成绩效改进	采购部部长			
			制订供应商绩效计划							
1.5.1			供应商绩效评估							
1.5.2			供应商绩效改进							
1.5.3			绩效申诉							
2	制造				制订生产计划	完成货物交付	分管制造副总			

3. 流程管理策略评估

流程管理应根据流程性质的不同，采取差异化的管理策略，而不是采取一刀切的模式。通过图2－46，可以将全部的流程分为三种不同的类别：关键流程、一般流程、次要流程，相对应的采取精细化管理、标准化管理以及简化管理或无须文件化流程三种策略。

从流程的重要度与使用频率两个方面对流程进行评估与排序。重要度评估则从流程目标关联度、资源消耗数量、战略相关度等方面进行考量：影响流程目标达成的关键成功因素的则重要度高；资源消耗量大的，比如大量占用人力、财务或物力的流程通常重要度高；战略落地支撑关联度大

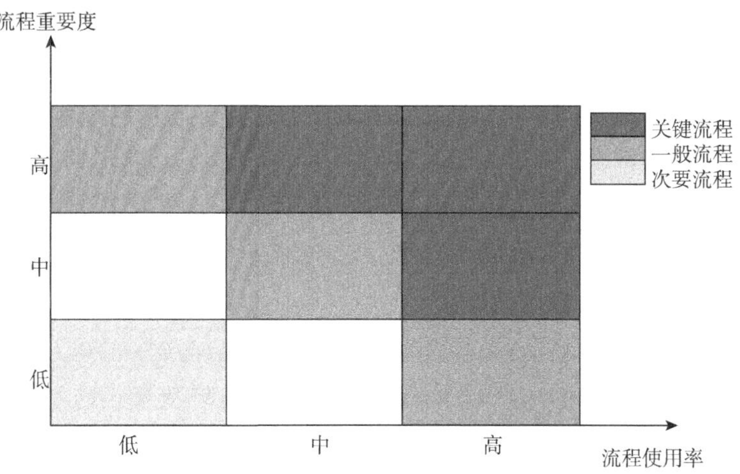

图 2－46　流程管理策略评估九宫格

的流程通常重要度高。

各一级流程规划组可以采取集体打分法的方式完成流程重要度与使用频率的评分，区分出高、中、低三档，并将流程放置在如下的九宫格矩阵中。

（1）**关键流程，**重要度非常高，是一级流程业务域关键流程，其表现直接影响了一级流程的绩效，需采取精细化管理的策略。需要精细化管理的流程，通常会体现在流程梳理、流程审计、流程绩效评估及流程优化全过程中，主要会表现在流程设计的精细化（如对关键节点进行展开，形成详细的操作程序，制订每一个任务与动作的管理标准等）、知识管理的精细化、审计频率、绩效评估的精细化等。

（2）**一般流程，重要度一般，**流程管理采取标准化管理策略，更强调关键节点的管控，管好流程绩效及关键节点即可，给操作人员更多的发挥空间。

（3）**次流程，**由于流程成熟度低，或专业性高，没有办法形成固定的程度或规则；或者由于流程的重要度低或发生频率太低，不值得去建立流程进行管理。对次要流程可以采取简化管理，例如只需要制订一个简明的流程操作示意图或管住关键的表格或模板；甚至可以不需要进行流程梳理，不需要建立相应的流程文件，可以通过定义职责、明确输出要求，管理操作人员能力等方式去管理。

值得注意的是，流程管理策略九宫图工具输出的结果不能简单僵化的套用，在完成九宫格绘制之后，流程规划人员要回归到分类目的与本质去思考，本质是对流程要分类管理，将有限的管理资源投放到关键流程上，同时对于不具备流程管理特性的流程，则无须采取流程管理模式。所以流程规划组要去判断九宫格的套用结果是否准确，区分出来的策略类别是否符合业务流程的本质，如果有问题，一定要根据管理者经验去调整。

4. 流程清单梳理注意事项

从三级流程规划到四级流程的过程中，大家会碰到一个容易困惑的问题，流程切分的颗粒度如何拿捏？在此笔者给出以下经验供读者参考：

不管流程处于哪个层级，对于特定流程的客户而言，必须要有一个完整的产出，尤其是对于加工处理对象要有完整的加工，不能够中断，不能够将一个完整的过程分开。

从流程图绘制来看，如果流程图绘制太复杂，影响了阅读，此时建议考虑对流程进行分类或分段，以便于流程操作的业务管理。只要不影响阅读，尽量使流程能够端到端（从加工对象来说），比如对于中小规模企业而言，合同从谈判到签订可以是一个流程，对于大规模组织，可以考虑分成：合同谈判、合同评审、合同签订三个流程。如果流程中某些活动相对独立，且会被其他流程所共享调用，则建议将这部分做模块化设计，以便于共享，减少重复设计的工作量。

流程清单梳理另一个注意事项是，根据业务需求识别出三级流程差异化设计需求，根据不同业务场景将三级流程进行合理分类设计，形成相应的四级流程。

由于流程架构规划采取了“顶层共享、底层差异”的原则。在流程架构图及流程视图编制阶段，忽略了不同业务单元、不同区域、不同业务模式的差异性，而流程清单梳理是底层差异化的过程。所以，流程清单梳理过程中，一级流程所有者要邀请内部不同的业务单元（如事业部、产品线）、区域、业务模式代表都参与进来。对基于常见业务场景下梳理的流程清单，去分析是否能够满足自己所在业务场景的需求。比如国内的市场推广流程是否适用于海外？按库存生产的采购流程是否适用于按订单设计的业务？

如不能够满足则提出个性化设计要求，个性化设计要求有多种表现形式：

√ 由于流程本质不一样，表现在流程活动流转过程不一样。

√ 流程活动流转过程是一样的，但在角色岗位匹配不同，即由不同的人员去执行，个性化设计往往是基于人员分工或人员能力要求不同考虑。

√ 流程活动流转过程是一样的，操作人员也相同，但流程绩效水平及流程各节点作业标准与要求不同，个性化设计以满足不同业务的需求。

√ 流程活动流转过程是一样的，操作人员也相同，但流程运作的策略不一样。

√ 流程活动流转过程是一样的，操作人员也相同，但流程使用的工具、设施或 IT 系统不一样。

十二、流程架构的动态管理

流程架构从导入到真正贴合企业实际，被有效应用起来，需要 3 年左右的时间，这个过程中，流程架构图、流程清单会被不断地修改，这是一个从上到下，从下到上的反复过程。从上到下解决的是从战略——业务/管理模式——操作级流程——活动——任务的过程，确保流程架构能够将战略导向及总体架构设计理念落地；从下到上解决的是操作级流程与流程架构一致性的问题，确保流程架构设计理念是符合实际操作需求的，是可落地的。

所以流程架构图与流程清单必须不断地进行调整，如果一家企业流程规划完成之后，流程架构图与流程清单没有进行过任何调整，基本可以断定，流程规划是不增值的，没有起到任何实际的作用。

流程架构动态调整包括二种：结构性调整、非结构性调整，如图 2－47 所示。

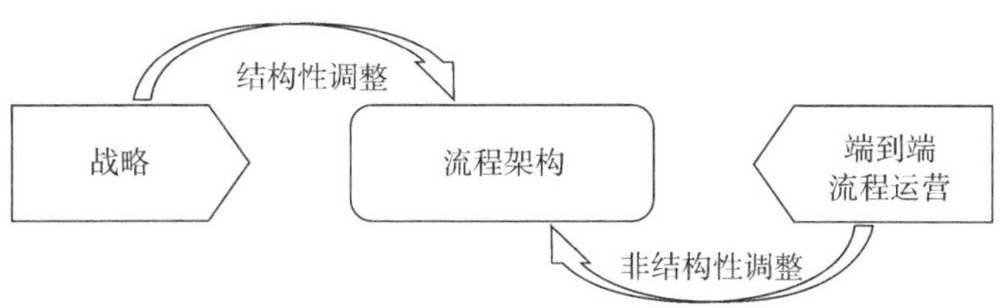

图 2－47　流程架构动态调整示意图

（一）结构性调整

结构性调整是对流程架构图的调整，调整流程架构的高阶流程，主要体现在对一、二级流程架构的调整，对企业的流程体系会产生结构性的影响，存在一定的变革风险，所以结构性调整不能频繁的进行，要评估其必要性，以保证流程架构的稳定性。

通常每个中长期战略周期，一般企业以 3 年为限，企业都会根据内外部环境做出相应的战略调整，当企业战略发展变化时，必然会对企业的流程架构提出相应的要求。此时调整需求是结构性的，企业需要重新做一些系统的流程架构梳理。

例如，H 公司在 2010 年成立了运营商网络业务、企业业务、终端业务和其他业务四大业务运营中心，分别设置各自的经营管理团队（EMT），各自按照其对应客户需求的规律来确定相应的目标、考核与管理运作机制，在统一的公司平台上进行差异化的运作和经营管理。

面向企业业务，尤其是面向终端消费者业务时，原有的流程架构无法支撑战略发展要求，在此战略指引之后，H 公司流程架构进行了大版本升级。在原有客户导向流程架构升级的基础上，在整体流程架构上考虑了基于三类不同业务的设计，同时在整体架构设计上强化了对于消费业务的支持。最直接的体现是新增了一个一级流程“管理合作伙伴关系”，在组织运作上也分别任命了副总裁级别的人员担任该流程的所有者，来强化面向消费业务的渠道分销能力培育。对于传统的消费业务企业，管理合作伙伴关系是市场营销流程之下的一个二级流程，有的公司甚至将其作为三级流程，可见 H 公司对其的战略关注度。从另一个角度也反映了 H 公司流程管理的成熟度，对于全新的业务，流程建设不是等业务成熟后再固化，业务运作不是“摸着石头过河”，而是通过流程架构规划及后续的流程建设来驱动业务快速发展，在流程规划过程中，将业务领先实践进行转移、复制，站在巨人肩膀上前行。

（二）非结构性调整

非结构性调整是指对流程架构低阶流程进行调整，通常是三、四级流程。对流程整体结构不产生影响。在流程架构导入初期，这种调整会比较频繁，由于刚开始做规划在三、四级流程规划上考虑得不成熟，随着流程体系建设的深入，会慢慢发现原有架构存在的问题，然后会不断地对三、四级流程进行调整，常见的情况有：原有的流程规划太理论化，不具备可操作性，对流程名进行更换，对流程规划逻辑进行调整；原有的流程规划得过细，对原有的架构进行整合；原有的流程规划得太粗，需要被分拆成几个更细的流程；原有的架构对不同业务场景差异化分类设计不足，需要设置不同的流程分类。

另外在流程优化的过程中，尤其是端到端流程优化项目时，会基于流程优化需求与目标，对流程架构进行重新地审视：是否需要对架构进行调整与优化，如需要，则会输出新的流程架构图。

第三章
流程规划结果应用

一、流程规划结果应用目的

笔者在进行咨询与培训的过程中，了解到很多企业流程管理部组织各部门人员花了半年到一年的时间完成了企业流程架构规划，把各部门人员好好地折腾了一把。做的过程中，不论是高管还是各部门负责人都觉得挺有意义，但流程架构规划完成之后，才发现花了大量时间规划出来的流程架构无法发挥作用，不能够产生价值，导致被业务部门投诉或取笑。

经常遇到流程规划失败的企业管理者问我们，流程架构为什么没有价值？是没有做对还是架构本身就价值不大。笔者通常会反问他们，流程架构规划完成之后，是否有应用到具体的工作中去？流程架构规划完成之后，企业相应发生了什么改变？流程架构对管理体系、企业机制带来了哪些变化？他们的回答基本都是：架构规划完成之后，就正式发布，发布完之后，除了偶尔拿出来培训一下，就放一边了。

于是笔者追问他们，一个放在文件管理 IT 系统上的流程架构图与流程清单如何能够产生价值？流程架构如果不能够落实到流程体系的操作层，在企业实际业务运作过程中，丝毫没有体现流程架构的要求，企业内部机制也没有因流程架构而发生任何变化，流程架构怎么可能会产生价值？

流程架构不但有价值，而且价值非常大。它和企业的组织架构一样，承接了公司的战略，决定了企业人力资源投放的重点及总体规模，决定了核心能力，决定了企业的整体效率，它的作用远大于任何一个部门或岗位的设计。

同样的道理，因为流程架构是企业流程体系的顶层设计，是流程体系质量与效率的决定因素，流程架构质量对企业而言是战略级的，管控级流程质量对企业而言则是战术级的，流程架构对于企业的作用远大于管控级流程的价值。

二、流程规划结果怎么用

在流程架构规划完成之后，多数企业没有将流程架构落地，导致架构没有被执行。主要原因在于，企业不懂得如何有效应用流程架构，有效地将流程架构工作分解到相关操作层工作要求中。如何将流程架构应用到流程体系建设中呢？根据我们的经验，流程架构应用总结为以下六大方面，如图3－1所示：

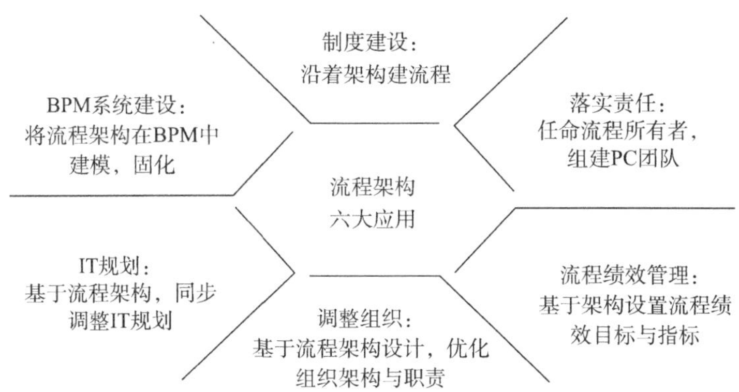

图3－1　流程架构的六大应用示意图

三、沿着架构建制度

（一）为什么要沿着架构建制度

对于没有开展流程规划的企业，企业的流程制度建设往往是部门导向的，容易出现一方面是企业流程制度满天飞，另一方面企业需要的流程制度找不到，面对快速多变的市场与业务，流程制度还是不够用。

笔者曾经与一家卷烟企业中层管理者沟通，他提到在卷烟生产过程中发现员工严重违规，给公司带来不小的损失，被公司发现之后，公司要求对该员工严肃处理，但可气的是，居然找不到处罚的制度依据，令该公司管理层非常的恼火，企业制订了如此之多的流程制度，居然对重大风险点没有管控要求与标准。

从流程架构的维度来看，这个问题产生的原因很简单，流程制度建设缺乏系统性，没有基于全面的流程架构来构建，没有基于流程为主线来设计。企业是从部门角度来思考制度建设的，考虑的问题是专业功能的发挥与管控，没有关注全流程价值实现，自然会出现三不管的空白地带。

笔者刚入职一家曾服务过的公司时，原本打算花几周时间把公司现行的业务流程制度学习一下，以便快速熟悉业务，快速在新公司新岗位上手。当看完几份流程文件之后，我决定放弃了。原因是每一份流程文件内容都很多，而且很杂乱，缺乏条理，实在很难看懂。我感觉不看还有点清楚，看完之后就晕了，甚至对自己都没有信心了，开始怀疑自己的能力。过了一段时间之后，我开始坦然了，我发现在公司这不是个案，而是普遍的现象，大多数员工由于看不懂文件，所以选择不看，到了要走流程的时候，要么找专业人员问，要么采取试错的方式。

该公司供应链系统内有一位老员工，深受领导与广大员工的喜爱，大家一致认为他很专业，最熟悉业务。深入了解后发现，他的威信不是建立在专业能力上，而是由于他最熟悉流程，几乎可以解答员工任何流程方面的问题，应当走哪个流程，具体环节操作的要求是什么，最新的管理标准是什么。由于公司流程非常复杂，大家都看不懂，只好来找他指导。

一个复杂、难懂的制度体系必然会导致管理成本增加，执行难度加大，整体效率低下。为什么这家企业制度体系如此难读、难以理解呢？原因主要有四个方面：

一是流程制度建设缺乏流程架构，而是由各部门各自编写的，相互割裂、相互独立甚至相互冲突，虽然制度写了一大堆，但端到端流程从头到尾如何操作，很难从制度体系中找到答案。

二是流程制度没有以业务流程为主线来编写，很多流程制度根本就没有主线，整体制度内在逻辑条理非常不清晰，很难被读者理解。大都以管理要素展开为主线，描述了很多管理要求，但用户看完之后，仍然不知道如何操作。

三是流程制度编写不够结构化、标准化，要么是要素缺失，要么是描述得不够详细。流程制度编写人根据自己的理解与喜好去确定哪些是重点，对于自己熟悉的就多写一些，不熟悉的就一笔带过。

四是流程制度之间的接口不清晰，尤其是很多的流程制度没有与具体活动及岗位进行接口，导致用户阅读制度时，不知道在什么时候、哪个业务场景下要使用它。

为了让读者更好的理解，流程制度体系建设为何要以流程文件为主体，管理规定为辅导，请阅读以下内容：

流程文件VS管理规定

国内的企业喜欢写管理规定，写制度，不喜欢写流程文件，所以企业里各项管理的规定有不少，规定员工什么能做、什么不能做，但这些管理规定并没有告诉员工应该怎样做。怎样做是流程说明文件的范畴，管理规定代替不了流程说明文件。流程说明文件与制度、管理规定不同，它是面向完成一项完整的任务，告诉你从开始到结束全过程如何操作，操作过程中职责如何分配，需要用到什么规则、表单等，解决如何做的问题。

由于传统的管理习惯，国内企业是政策驱动的，管理层的注意力放在“道”的层面做文章，制订了成套的规章制度；至于怎么做，那是细枝末节的“术”，入不了管理层的法眼，干活儿的人自己去琢磨吧。结果是政策、规定一套接一套，但就落不了地、生不了根，上面领导三令五申，下面还是我行我素。

原因何在？就是因为流程的欠缺。一位美国将军说得好，变革的核心是流程改变：如果你不改变做事的方式（即流程），你能指望有什么不同的结果呢？相比之下，北美企业更注重流程，它们规章制度不多，但流程非常详细，尤其是跨涉多个部门的产品开发、供应商管理流程等，都有成套的流程图、表单，一步步告诉你做什么、怎么做、达到什么效果，而且清楚地界定每个职能、职位的任务。员工刚到公司，不熟悉业务，没关系，跟着流程做，质量基本可以保障。而对本土企业而言，很多知识、经验没有固化到流程里，员工的学习曲线就很长，只能靠时间来积累经验，业务质量也就很难保证。

在管理规定满天飞，流程文件缺失的企业，怎么做就成了资深员工的专长，要完整地把一件事情办下来，每次都要请教权威的老员工，更可怕的是不同的老员工口述的流程还不一样。一堆管理规定却被人打败，成了一堆食之无味、弃之可惜的鸡肋。

（二）架构导向的制度体系

打个形象的比喻，流程架构是树干，流程文件是树叶，所有的流程文件（树叶）要长在流程架构（树干）之上。基于流程架构建设的流程文件体系结构如图 3－2 所示：

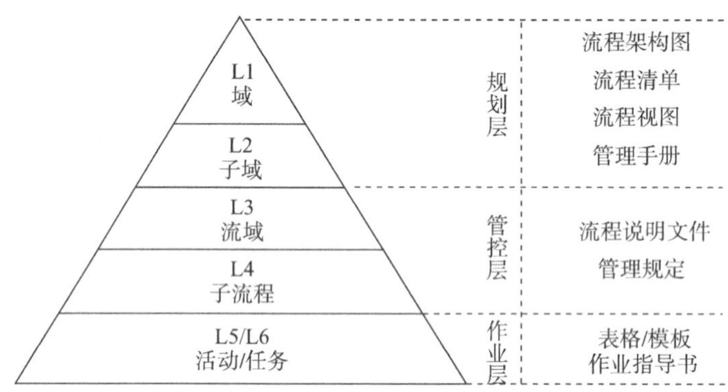

图 3－2　基于流程架构建设的流程文件体系结构图

（1）规划层

规划层定位为流程文件体系的纲领性文件，规划层与流程架构中一、二级流程相对应。要保证流程体系方向正确、策略或原则合理、结构适宜，主要包括各类管理手册及流程架构文件（包括流程架构图、流程视图、流程清单）。

管理手册：定位为一级流程系统性描述，包括基础的定义、管理体系架构（流程架构）、管理的目标、总体策略与原则、整体的管理要求、管理思路/方法论等；管理手册描述对象通常对应一级流程，必要时也可以针对二级流程制订相应的管理手册。常见的管理手册有：质量管理手册、供应链管理手册、IPD 管理手册、流程管理手册等。

流程架构图：包括流程架构总图及各一级流程架构图，以树形图的方式直观的呈现企业流程体系的分层分级关系。流程架构总图由企业各一级流程组成，根据这些一级流程的属性，分成了不同的类别；一级流程架构图则将一级流程分拆成若干二级流程，再将二级流程分拆为若干三级流程，三级以下的流程通常不在一级流程架构图中体现。

流程视图：是根据业务流程内在的逻辑关系，清晰地展现业务域内各三级流程之间的关联关系，便于读者理解业务领域运作的全过程。流程视图绘制不受流程架构边界限制，根据业务对象需求，集成相关一级流程涉及的业务过程。通常流程视图是流程管理的作战地图，给使用者一图在手，总揽全局，并能提升各类解决方案设计的系统性，常用到端到端流程梳理、优化、内控建设中等。

流程清单：是以表格清单的形式将流程架构进行相对完整的展现，相比流程架构图，更细致，将流程架构图中的三级流程根据业务场景进行分类，或进一步细分，形成相应的四级流程；另外流程清单包含的内容更全面，在流程架构图的基础上可以增加管理责任、管理策略等要素。为公司流程管理提供一种清单管理方式，非常适用于对流程体系进行批量或系统调整，比如组织架构调整时，可以基于流程清单，快速地识别出组织架构调整影响到的流程清单，然后可以进行批量的处理，不至于由于考虑不周导致遗漏。

（2）管控层

规划层的流程文件是不可执行、不可管控的，为此流程文件需要进一步细化到管控层，管控层流程文件与三、四级流程相对应。管控层定位在实现业务管控，业务管控的目的在于有效控制各类业务风险，保证流程绩效目标的达成。管控层流程文件形式主要为：流程说明文件、管理规定。管控层的流程文件是公司的法律法规，是刚性的，是必须被执行的，不论执行人员职位、资历及能力高低。

流程说明文件：是以业务流程图为主线，描述业务开展过程，包括职责分配、活动操作说明、关键控制点管控措施等，是流程文件的主体部分。

高质量流程说明文件的六要素包括：目的明确、职责明晰、管控到位、接口顺畅、线路精简，管理配套。具体说明如下：

目的明确指的是流程的价值导向与绩效目标体现了一级流程的策略导向及绩效目标的要求，体现了流程客户的价**值诉求，保证了流程运作方向**

的正确。

职责明晰指的是参与流程的相关角色之间职责界定清晰，保证每一项工作职责都有具体的角色承担，不存在重叠、不明确、空白的地带。

管控到位指的是在流程中识别流程的关键控制点，并在流程关键控制点中建立关键风险防范的管控措施。风险包括但不限于内控风险、质量风险、数据风险、信息安全风险等。

接口顺畅指的是理顺流程与外部流程之间的接口，确保流程之间能够无缝衔接，同时理顺流程内部各活动之间的接口，保证顺畅与闭环。

线路精简指的是从效率管控的角度，确保流程跨岗位流转活动线路是精简高效的，不增值环节得到了最大化去除或压缩，为流程高效运作奠定基础。

管理配套指的是流程设计过程中考虑了流程与其他管理要素相匹配，保证流程设计之后能够被有效执行并达成设计目标。例如流程与 IT 的匹配，流程与人员能力的匹配等。

管理规定：约束组织成员的行为规范与要求，包括原则、规则、标准与管理要求等。管理规定核心解决管控到位的问题，通过制订相应的管理原则、管理规则、管理要求与标准，来防止流程出现非预期的风险。

（3）作业层

如果说管控层流程解决了流程中跨岗位协同作战能力问题，那么作业层解决的是流程每一个节点的单兵作战能力，保证流程中每一个节点的能力，能够确保流程被执行到位，流程绩效水平达到目标要求。对于企业核心业务流程而言，企业流程管理不能停留在管控层，而应当精细化到作业层，作业层流程文件的丰富程度直接体现企业核心能力的高低。作业层流程文件表现为：表格、模板、作业指导书、管理细则等。

作业层的流程文件更多体现的是知识层面的，其管控严格度不如管控层流程文件，有些企业对于作业层的流程文件不作强制执行要求，定位在为操作人员提供操作指引，用来参考，而不是必须要遵照执行。如果你的能力强，在能够确保达成管控层流程文件要求前提下，可以不用遵从作业层流程文件的要求；如果你的能力弱，参考作业层流程文件操作，可以保证你能够达成管控层流程文件的要求。

不同成熟度的业务，对应的作业层流程文件表现形式及其管控要求是不一样的。对于成熟度较高且发生频率较高的业务，通常会固化为作业指导书，表格与模板、管理细则等，这些业务由于成熟，根据管控层流程文件的要求部分是必须要执行的，有些则是用于参照，可以不强制执行。

例如《合同评审申请表》，由于是合同评审流程的关键表单，而且成熟度高，通常是必须强制执行的；但流程梳理流程中的《流程问题分析表》则无须强制执行，只是用于参照借鉴，对于新手可以套用该表格，但对于熟手则不必要，但不论是否使用，最终，对于流程梳理流程而言要能够解决流程梳理立项时提出的目标。

对于成熟度低且发生频率低的业务而言，作业层流程文件则表现为培训教程、操作手册、FAQ，甚至是 AAR（行动后反思）、案例总结等，这些文件则完全不具备可操作性，但具有指导与借鉴意义，也适用于能力培养用。

（三）如何沿着流程架构建制度

1. 总体要求

（1）纲领性文件编写要求

公司应建立流程架构总图、流程清单各 1 份，并对每一个一级流程建立一份一级流程架构图。

每一个一级流程可以建立相对应的一份流程视图。其他的流程视图根据管理需求建立，不作强制要求。

每一个一级流程根据管理需要可以建立相应的管理手册，如流程管理手册、质量管理手册、供应链管理手册等。

对于复杂的二级流程也可以根据管理需要建立相应的管理手册，如变革与 IT 流程下的二级流程——IT 运维流程可以建立相对应的 IT 运维管理手册。

（2）管控层流程文件编写要求

严格按流程清单编写相应的流程说明文件，原则上一个三或、四级流程（如果没有四级流程，则按三级流程）对应编写一份流程说明文件，不允许将多个三、四级流程合并编写在一份流程说明文件中，也不允许将一个三、四级流程分拆成多份流程说明文件。如果编写的流程说明文件不在流程清单范围之内，则要求先对流程架构进行调整，在流程清单中增加相应的三、四级流程之后，才能够开始流程说明文件的编写。

流程说明文件编写必须严格遵从流程架构确定的流程边界，并按流程视图要求，体现与外部流程之间的接口关系，确保流程说明文件之间相互集成。

严格按流程清单中规定的流程管理策略执行流程说明文件的编写：对于关键流程采取精细化管理策略，流程文件建设不仅要做好流程说明文件及管理规定的编写，同时要做好作业层流程文件（操作指引、表格/模板与细则标准等）的编写；对于一般流程采取抓关键的策略，管住流程的绩效指标、活动之间的衔接及关键控制点管控措施等，对作业层面流程文件不作强制要求；对于无须流程文件的流程，可以不编写相应的流程文件，但必须将相关的职责及业务结果要求体现在相关的制度中。

流程说明文件应当成为管控层流程文件的主体，管理规定作为流程说明文件的补充，并且要以流程说明文件将相关的管理规定进行集成，将管理规定的相关内容与具体操作活动及岗位进行关联，以利于管理规定的落地执行。

流程文件编写的责任要遵从流程架构要求，由流程所有者来负责编写流程文件，而不是部门负责人。部门负责人没有权利编写相关管控层流程文件，他们只能基于管控层流程文件要求，丰富与本部门活动相关的作业层流程文件，如操作指导书、表格、模板等，为三、四级流程高效运行提供充分的能力支撑。采取这种方式可有效保证流程文件之间的一致性，杜绝各部门文件之间相互冲突及不一致的现象。流程关键控制点的识别与对应管控措施建设须遵循流程架构要求，应从一级端到端流程全局视角，全面识别流程存在的风险点，评估出其中的高风险点，进而识别出需要重点管控的关键控制点。不能直接针对三、四级流程去识别关键控制点以及建立相应的管控措施，以避免陷入细节，偏离了端到端流程整体管控目标。

流程绩效目标指标设置须遵循流程架构要求：根据公司战略目标确定各一级端到端流程绩效目标与指标，再将一级流程绩效目标分解到相应的二级流程，确定相应的二级流程绩效目标，然后进一步分解到三、四级流程上，最后将三、四级流程绩效目标要求分解落实到关键活动的管控要求上。不能脱离一级流程大目标，直接定义三、四级流程绩效目标。

流程问题分析需遵循流程架构要求，须先对一级流程整体进行端到端问题分析，识别出全流程设计及运行过程中存在的问题，将这些问题分解转化为具体的三、四级流程优化目标，然后对三、四级流程进行展开分析，找到深层次的问题及相应的解决方案。不能脱离一级流程层面问题直接针对三、四级流程进行问题分析，否则虽然解决了很多三、四级流程的问题，但由于偏离了一级流程绩效目标与策略导向，无法为一级流程客户带来价值改善的回报，使得整体的流程问题分析工作无效。

（3）作业层流程文件编写要求

作业层流程文件编写必须遵从管控层流程文件要求，通常是对三、四级流程中某个活动的展开。各部门编写的操作层流程文件需要经过流程所有者审批方能发布，保证了操作层流程文件编写符合一级流程的管控导向与建设要求。

2. 沿着架构建制度 step by step

（1）梳理流程架构

如果企业还没有开展流程规划，没有完成流程架构的搭建，则需要先完成流程规划工作。如果企业已经完成了流程规划，已经输出了一份公司流程架构文件，在真正开展沿着架构建流程文件时，仍然要对已有的流程架构进行梳理。

流程规划项目组输出的企业流程架构图及全流程清单不能满足流程文件建设的需求。因为流程规划往往是从上而下的，没有接受操作层业务逻辑的检验，相对而言，一、二级流程设计是比较到位的，但三、四级流程是基于推理，对标借鉴而来，更多处于概念阶段，并没有转化为操作层一步一步地活动。三、四流程划分是否合适还没有经过实践的检验，真正到了根据架构建设流程文件时，你也许会发现这些三、四级流程规划的不合理，没有可落地性，需要重新设计。

流程架构梳理关键点如下：

第一，原则上一、二级流程不允许调整，只能够调整三、四级流程。

第二，对每一个二级之下的三、四级进行分析，是否符合流程规划的原则：不重不漏、相互独立、内在逻辑清晰、集成共享等；如果发现问题，及时进行调整二级架构规划逻辑。

第三，由三、四级流程所有者分析三、四级流程是否具备可操作性，可结合实际在用的流程文件进行比对分析，对于偏理论、偏概念的三、四级流程，根据实际业务操作进行相应的转化。

第四，对三、四级流程边界合理性进行分析，每一个流程是否有相对完整的产出，通常分析结果有两种，一种是流程边界太长，则进行适当拆分；另一种情况是边界太窄，即流程切分得太碎，则进行相应的合并。

第五，对三、四级流程分类合理性进行分析，是否能够满足不同业务场景的需求。通常分析结果有两种，一是分类太多，则根据业务本质对其进行合并；另一种情况是分类不足，则根据业务实际需求进行相应的细分。

第六，完成流程架构梳理之后，同步调整三、四级流程所有者名单，更新三、四级流程所有者任命文件。

（2）绘制流程视图

绘制流程视图目的是理顺一级流程与其他相关一级流程之间，以及一级流程内三、四级流程之间的接口关系，为三、四级流程梳理并理顺上、下游流程及外部流程之间接口关系提供清晰的指引。

（3）确定流程梳理范围

不是所有的流程都需要建立流程文件，都适合用流程管理方式。根据经验通常有两类流程可以不需要建立流程文件：

第一，流程成熟度低，必须依靠从业者的专业能力来保障，无法梳理出一套固化的操作流程，比如决策过程。

第二，流程重要度低且流程使用频率低，这些流程可管理的价值不高，也没有必要建立相应流程文件，通常可以采取管理结果或管理人员能力的方式，而不是管理过程的方式。

（4）确定流程梳理计划

如果要保证流程梳理的质量，企业通常很难在一年内完成全部流程梳理，建议企业用2～3年的时间完成流程制度体系全面建设，根据不同流程的重要或紧急度排出先后顺序，分阶段有序开展梳理。

流程梳理计划编制关键点如下：

明确流程梳理的责任与职责。流程所有者是流程梳理的主责方，流程所有者支撑团队是流程梳理的协助者，流程管理部门是流程梳理的管控方及专业教练。一级流程所有者定位为架构层流程文件梳理责任人及管控层流程文件梳理关键点把控者，三、四级流程所有者负责管控层流程文件梳理。

明确流程梳理操作步骤及时间安排。沿着流程架构建设流程文件要求采取端到端流程梳理的方式，而不是直接去开展单个三、四级流程梳理。包括的步骤有：

◆ 流程架构梳理。

◆ 端到端流程问题分析。

◆ 端到端流程梳理方案设计。

◆ 单个流程梳理。

◆ 流程文件评审。

◆ 流程文件会签与发布。

四、沿着流程架构定职责

（一）为什么要沿着流程架构定职责

在直线职能制的组织架构里，每个人只对上级与部门职能负责，每个部门、岗位都希望将本部门职能做专、做精、做细，把本部门工作任务做到极致，但很少有人会关注整个流程运行是否顺畅，全流程绩效是否达标。当跨部门流程出了问题之后，我们经常可以听到类似的推诿：我只对流程中的一项工作负责，流程问题责任不在我这段，而是由于前段活动引起；当你去追问前段活动责任人时，他又会告诉你，流程问题其实责任在于后端，因为他没有得到后端流程的及时反馈，后端流程操作责任人没有提供清晰的标准。

似乎每个人都有责任，又似乎每个人都没有责任，到底是谁的责任，谁要负主要责任？最关键的问题在于没有明确对全流程负责的角色、岗位。

跨部门端到端流程管理责任是缺失的，由于端到端一级流程跨了很多部门，甚至跨了很多副总的职责范围，没有人关注全流程设计，也没有人有相应的权力能负得起这个责任。如果非要找一个人去负责的话，只会是公司的最高管理者。但最高管理者也不会直接关注一级流程绩效，他只关注公司的组织绩效。只有一级流程出现严重问题的时候才会被暴露出来，公司最高管理者才会出来协调解决一些难受或严重的问题，采取典型的事后救火式的应对方式。而且在解决一级流程出现的严重问题时，由于缺乏一级流程视角，往往采取职能导向的方式，直接交给某个归口管理部门去负责解决，通常很难拿出系统的解决方案，导致问题得不到根本解决，一级流程绩效得不到本质的改善。

在直线职能制的组织架构下，跨部门协同是一个老大难的问题。部门内的事，再难、再复杂、再艰苦那都不算事儿。一旦问题、任务跨越了部门，再小、再简单都是一件大事情，都没有人愿意去触碰。似乎唯一的解决之道就是把流程相关职能整合到一个部门或一个管理者职能范围之下。

为了强化跨部门协同，企业最常用的方式是采取共性考核指标双背书，比如利润，有些企业会让所有者高管承担这个指标。虽然共担了指标，但由于这些指标对于很多责任部门来说是完全不受控的，他虽然很想出力，但找不到有效的着力点与方法，最终分享共性指标的做法实际效果不佳。最关键的问题仍然在于没有人对流程绩效负责，导致组织绩效只能分解到部门，但部门绩效是割裂的，不足以支撑组织绩效目标的达成。

流程架构规划的本质就是围绕横向跨部门端到端流程去构建一套水平组织责任机制，通过职责牵引组织资源去关注各级流程的规划、设计、运营及最终的绩效。如果企业流程架构规划完成了，企业的内部职能/职责不变化了的话，流程架构就失去了它的价值。因为这个流程架构对于职能部门来说是不相关的，既不会有人对其有责任，也不会有人对其有兴趣，流程架构就成了构建在流沙之上，渐渐地就会成为摆设，产生不了任何的价值。

记得在为某客户提供流程体系建设咨询服务时，当笔者完成端到端流程管理培训后，财务负责人非常激动地对我说，你说的理念我非常认同，如果真能实现价值一定巨大，但说句实话，我担心回到工作岗位，我还是会转变不过来，仍然会去做财务控制，而不关注全流程价值。其实原因很简单，责任没有传递给他，压力也没有传递给他，光有意识与理念是不够的。

（二）如何沿着流程架构定职责

流程管理的本质是构建一个基于端到端流程驱动部门职能管理的机制，流程是价值创造中心，对业务经营负责，部门是能力建设中心，对资源、能力保障及执行负责。通过业务流程去牵引职能建设与能力提升，如果一个部门不能为端到端流程的价值创造服务，这个部门职能是没有存在必要的。一个部门能力如果不能够满足一级流程端到端价值创造要求时，这个部门运作是低效的。简言之，**部门职能管理要为一级流程端到端高效运作提供专业的能力与资源支持，确保一级端到端流程高效运行。**

责任落实是指将流程管理责任落实到相应的责任主体上，有人对流程体系闭环管理负责，有人对一级流程管理及最终绩效负责，有人对二级流程管理及最终绩效负责，有人对三、四级流程管理及最终绩效负责；有人对流程战略、重大事项决策、资源投放等负责；有人对单个流程设计负责，有人对流程执行负责，有人对流程审计负责，等等。

责任落实最重要的是落实各级流程管理责任。通过任命各级流程所有者来实现相应责任落实，包括任命一级流程所有者、二级流程所有者、三级流程所有者、四级流程所有者。因为一级流程是面向企业关键利益相关方服务的，所以一级流程所有者责任落实最重要。一级流程直接承担了组织绩效分解而来的一级流程绩效目标，要对流程最终成果负责，要带领二、三、四级流程所有者围绕一级流程绩效目标，做好相应的流程变革及流程生命周期管理工作，对策略制订、全局规划、组织推动、关键点管控等起着关键作用。

除了任命流程所有者之外，企业还需要建立流程体系组织架构，明确各流程管理部门、角色的权责利，来确保流程体系能够有效运行，具体的组织架构设计见流程治理机制章节中的责任机制建设部分。

五、沿着流程架构管绩效

（一）为什么要沿着流程架构管绩效

管理的本质是要结果，体现绩效导向、成果导向，管理过程只是手段。**流程管理的本质是同样要管住流程绩效，让流程处于高绩效运营状态，业务流程过程管理也只是确保流程绩效有力达成的手段。**如果企业能够把一级流程绩效目标及评价指标想清楚了，将其成功地分解到各级流程之上，那么可以断言，流程管理成功了一半。因为企业一旦抓准了各级流程绩效指标并进行闭环管理，就等于抓住了各业务域的关键。在正确绩效目标压力传递及指标牵引之下，各级员工很容易依此设计出精简高效的业务流程，并实现卓越运营。如此一来，流程管理变得既简单，又高效。

然而有趣的是，大多数的企业虽然发布的流程制度汗牛充栋，几库房堆不下，但很多都没有为流程制订绩效目标，没有回答“什么叫流程运作得好与坏”，换句话说价值导向不清晰。企业流程管理更多的追求是走流程，照章办事，没有回答这些流程能够带来什么价值，如何衡量业务流程的价值。这看上去似乎是一件很荒唐的事情，但这的确是企业真实的现状，每天都在发生。

笔者曾在一次企业流程管理内训中，问项目管理部门立项流程的价值是什么？他告诉笔者，价值就是不走立项流程，流程就走不下去，项目就无法实施。很显然，这不是流程真正的价值，是典型的为了走流程而走流程。试想一下如果立项流程没有价值，企业完全可以规定只要在年度规划的项目清单中，到了计划时间点就可以去实施，不需要走立项审批流程。

在平衡计划分卡工具的推动下，企业同时又制订了大量过程性绩效指标（本质就是流程绩效指标），其实企业并不缺乏流程绩效指标。在一次为企业提供流程绩效管理内训时，笔者组织学员分组梳理各部门的 KPI（关键业绩指标），然后统一进行汇总，分析结果印证了这一观点。

然而这些流程绩效指标并不能够解决跨部门协同的问题，不能够保证跨部门流程绩效达成，也不能够解决企业整体运营效率提升的问题。问题出在哪里？原因在于：

流程性绩效指标设计是部门导向的，来自于部门的工作任务，而不是流程导向的。这种做法最严重的问题就是牵引企业去关注大量的流程中的任务碎片，牵引企业去关注局部优化，而没有真正地关注跨部门流程整体绩效，没有关注整体最优。

真正跨部门的流程绩效指标是缺失的，尤其是一级流程绩效指标与二级流程绩效指标。**这些流程绩效指标之间没有逻辑关注，**是杂乱无序的，甚至是相互冲突的。缺乏有效流程绩效管理的企业，绩效管理通常存在以下问题：

更多地依赖于财务绩效管理，而财务绩效是事后的，一旦发现问题，损失已经发生。同时财务绩效只告诉结果，但管理者不清楚数字背后的原因，缺乏行动导向，面对问题时，无法制订出有效的解决方案。

虽然企业存在很多非财务绩效指标，但他们之间是散乱，缺乏清晰的逻辑关系，很难进行系统管理，对于组织绩效管理帮助很小。

虽然过程性绩效数字满天飞，只有极少数才能够真正被有效利用，不能够作用到业务的改善上，不能够为企业带来管理提升与价值回报。

部门导向的绩效测评系统，关注局部最优，缺乏对整体的关注。从单个部门去看，似乎表现都不错，但企业整体绩效不佳。

内部导向的绩效测评系统，对客户关注不足，客户导向只是一种口号，缺乏具体、清晰的流程绩效目标与指标去牵引与衡量。

（二）如何沿着流程架构管绩效

流程架构规划的基本逻辑就是构建一个业务展开路径图，有了流程架构之后，流程绩效指标的设计就变得系统且有载体了。既然企业已经有了一套统一的标准的业务展开逻辑，在构建流程绩效目标与指标体系的时候，企业一定要基于流程架构去设计，而不能够脱离这个架构。这样做的好处既有利于统一语言，统一管理思路，也有利于流程绩效目标与指标的责任落实。

1. 流程绩效目标与指标体系建立

流程绩效目标与指标体系是一个自上而下的过程：战略——组织绩效——一级流程绩效——二级流程绩效——三级流程绩效——四级流程绩效。具体过程如图 3－3 所示：

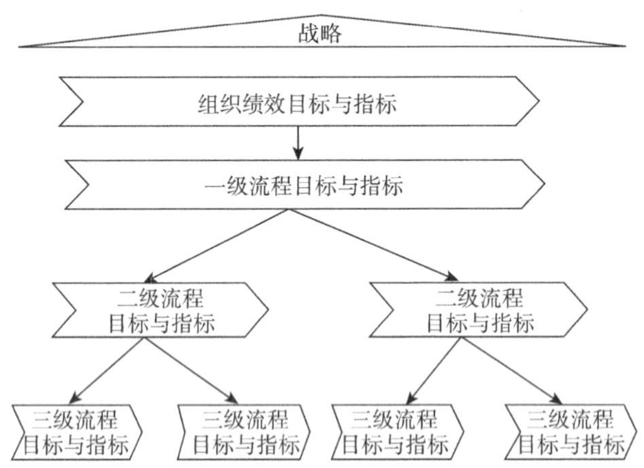

图 3－3　流程绩效目标与指标分解示意图

从图 3－3 可以看到，流程绩效目标与指标按以下方式分解：

（1）将组织绩效分解为核心的一级业务流程绩效目标与绩效指标。

（2）将一级流程绩效目标与指标分解为相应的二级流程绩效目标与指标。

（3）将二级流程绩效目标分解为相应的三级流程绩效目标与指标。

（4）将三级流程绩效目标分解为相应的四级流程绩效目标与指标。

在流程绩效目标与指标体系中，最重要的是一级流程绩效目标与指标，二、三、四级流程绩效目标与指标设计都是服务于一级流程绩效目标的达成。一级流程绩效目标与指标设置一定要体现成果导向，即为企业利益相关方创造了什么价值，为企业组织绩效目标做出了什么贡献。流程绩效目标与指标设置与分解一定要遵从自上而下的原则，如果二、三、四级流程绩效目标不能够支撑一级流程绩效目标达成，是没有价值的，是没有管理必要的。

自上而下分解过程常见的分解工具有：战略地图法、关键成功因素法两种。关键成功因素法如图 3 –4 所示。

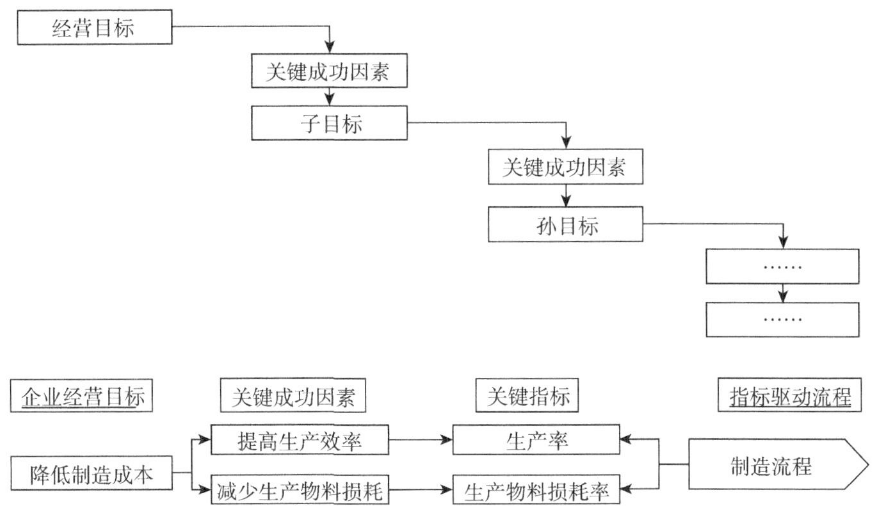

图 3 –4　流程绩效目标与指标分解的关键成功因素法示意图

不论用哪种方法都要把握以下几个关键点：

(1) 流程绩效目标与指标设置要基于流程的本质，牢牢抓住流程为客户创造价值的本质，基于客户的核心价值诉求去分解确定。

(2) 流程绩效目标与指标与流程的边界相对应。

(3) 流程绩效指标总体分成三个层面：效果、效率及适应率。

流程绩效目标与指标设置的几个维度：

质量：广义的质量定义是符合要求的程度。包括产品质量、过程质量（工作质量）与体系质量；常见的指标有：产出特性指标、产出符合性指标、合格率/不良率、产出稳定性指标、变差/过程能力、准确率、差错率、首次通过率/返工返修率等。

成本：作业成本，即衡量流程所花费的成本，这个需要建立在一定的流程与信息化管理基础之上，否则现有的财务核算体系不支持。随着流程管理水平与信息化水平提升，企业越来越具备将财务成本科目根据流程作业内容进行细分，实现流程成本的测量。

时间：用于测量流程处理速度及稳定性，通常用两个指标衡量：一是平均流程处理周期时间；二是流程承诺周期内完成准时率；以采购流程为例，这两个指标分别是采购周期、供应商准交率。

服务：服务是面向客户需求与体验的度量，通常包括客户满意度、客户体验测评、客户投诉抱怨次数等。

数量：数量指标是对流程产出数量的衡量，如是销售收入、生产台数等。

风险：风险指标是对流程运行风险的衡量，如风险敞口，风险评估水平等。

柔性/适应性：是指流程面对客户特殊需求或变化时响应的能力，如特殊订单响应速度，获取额外资金所需求时间等。

资产效率：资产效率是对流程整体效率的衡量，通常以产出或投入方式体现，如人均销售额、产值工资值率、单位面积产出率等。

由于流程绩效目标指标体系建设本身是一个比较复杂的课题，限于篇幅，无法在本文中详细阐述清楚，本文只给出大致的思路与框架。

2. 流程绩效闭环管理

流程绩效管理应当带入企业整体绩效管理中，无须另外建立一套流程绩效管理体系。流程绩效管理运作逻辑如图 3 –5 所示。

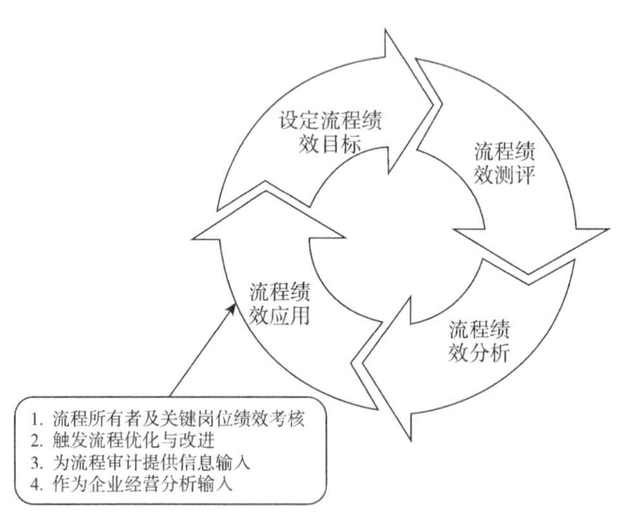

图 3 –5　流程绩效管理运作逻辑图

六、沿着流程架构调组织

完成流程规划之后，可以将其应用到组织架构调整之中，来确保纵向的组织架构与横向的流程更好的整合，从而有力地支撑流程架构的落地实施。

基于流程架构调整组织的核心是通过组织架构调整来更好地匹配与支撑流程运作，促进核心业务流程高效运作。基于流程架构调整组织架构可考虑以下方面。

（一）调整组织集中与分散方式

集中处理的好处是可以共享资源，强化管控，提升管理效率，但坏处是不能快速响应市场，不利于发挥一线人员的积极性，不能满足区域个性化需求。分散处理则相反，好处是可以根据当地客户需求进行差异化处理，快速响应市场，充分调整一线人员积极性，坏处是资源分散，无法共享，管控难度加快，管理效率不高。如何处理好集中与分散的关系，集权与分权的关系，企业可以基于流程架构作如下选择或调整：

（1）对于与客户接触度高的，或者与一级人员接触度高的，且需要面对面交流，流程标准化程度不高的业务流程适宜采取本地化，不适合集中处理，从授权设计上宜采取分权方式，将决策重点贴近一线。比如客户拜访、合同谈判、售后服务等。

（2）相反，对于与客户接触度低的，或流程标准化程度高；或不需要面对面交流的，宜采取统一集中到总部进行处理，使企业获得规模优势，比如财务共享服务中心、人事共享服务中心等模式。

（二）调整组织外包策略

对于企业核心竞争力所在的环节，核心业务流程，这些流程通常具有企业特色，不是企业所处行业通用的流程，它们宜由企业自行负责，投入优质资源，作为战略重点，力争做到行业最优，形成企业差异化竞争优势，企业应将其牢牢地掌控住，而不宜外包。

相反，对于非企业核心竞争力环节，行业通用的业务流程，宜采取外包模式来获取比较竞争优势，降低运营成本，提升质量。表现在组织架构上，就是将相应的部门剥离，与相关流程服务提供商建立合作关系。

（三）设置项目专案经理

通过设置专案经理、综合协调员，协同复杂的跨部门业务流程，或者将分散多岗位的工作合并在一个岗位进行操作。例如 IPD（集成产品研发）流程设置 PDT（产品开发经理）去带领质量代表、生产代表、采购代表等八大代表来协同完成产品开发项目。

IBM 信贷公司流程再造案例

1. 流程再造背景及现状分析：

IBM 信贷公司是蓝色巨人 IBM 的全资子公司，坐落于美国康尼狄格州老格林威治市，其主要业务是为 IBM 计算机销售提供融资服务。这是一项绝对赚钱的买卖，向顾客的此类采购活动提供融资服务，金融风险很小。但是，这种小额信贷的经济效益则主要取决于人均业务量。刚开始，该公司的经营情况并不好。其早期的生产流程是按传统的劳动分工理论进行设计的，共包括 6 步流程，具体过程如图 3－6 所示：

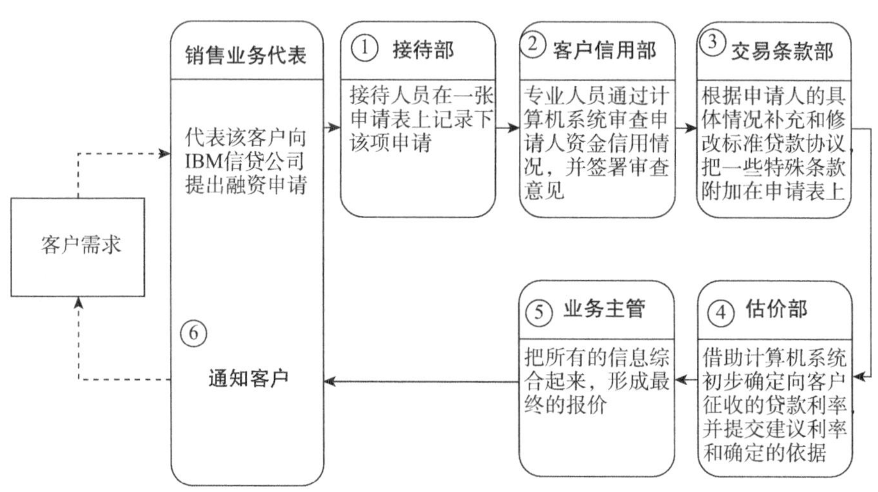

图 3－6　IBM 小额信贷早期的生产流程（优化前）

在这种分工体制下，每份贷款申请无论其业务大小、金额多少，完成整个业务流程平均需要一周的时间，特殊情况下甚至需要两周的时间。从销售业务代表的角度看，这个过程实在太长了。这等于有7天时间让客户去寻找其他融资渠道，这些顾客可能被其他计算机卖主拉走，从而终止与IBM的交易。尽管业务代表一次次电话催问："我们的交易申请在什么地方，什么时候给我结果？"但没有线索，因为申请表已消失在过程链中。

2. 流程再造思路与收益分析

公司经过仔细调查发现，每位工作人员在处理分工业务范围内每份申请时，所需的时间都不长，一份申请整体的累计实际处理时间，即使加上各个部门重复花费在计算机系统输入和查询上的时间，总共也只需要90分钟。其他的时间都消耗在部门之间的表格传递和等待传递的搁置上。可以清楚地看出：问题不在于单一的任务和执行这些任务的工作人员，而在于过程本身。原先的流程设计建立在传统的劳动分工理论之上，并假定每一次交易请求既独特而又复杂，因而需要4个训练有素的专业人员分工进行处理。实际上，这种假设是错误的，因为大多数客户的贷款申请既简单而又直截了当。这一发现，使管理层关注整个贷款过程的核心问题，并进行更深入地思考，决心改变经营过程。最后，决定用熟悉多种业务的交易员取代信用信核员、定价员等专业人员。申请表不再从一个办公室送到另一个办公室，而是由交易员从头至尾负责全部工作，取消了申请表的多层传递。

优化后的流程如图3-7所示：

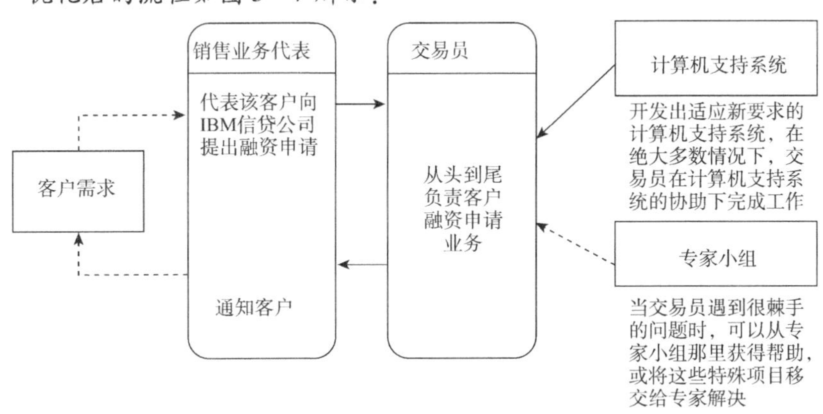

图3-7 IBM小额信贷优化后的生产流程

流程再造收益：为普通客户提供融资服务的平均周期缩短了90%（由原来的7天（168小时）压缩到4小时），特殊客户的特殊情况也得到了更为有效地处理。与此同时，由于客户“满意度”和“忠诚度”的大幅度提高，公司的业务量增加了100倍。

（四）设立专门部门

成立专业的部门去负责一个完整的业务流程，将原来分散到多个部门的流程集中放在这个部门进行处理，减少跨部门协调难度，提高流程运作效果与效率。

某设备制造企业在推行LTC（从线索到回款）业务流程变革的时候，成立了CSO（合同支持部）负责从管理合同执行流程端到端的运作。包括合同的注册、合同交接、合同变更、管理开票、管理回款等工作。

（五）调整部门职能职责

将部门设置与职责基于流程进行调整或整合，使部门职能与二、三级流程尽量一致，达到减少流程协调难度的目的。笔者个人的经验是，一级流程，尤其是一级业务域流程很难或几乎不可能由一个部门来负责，但可以尽量在副总层面统一，并不是所有的工作范围都在副总职责范围，而是尽量地将一级流程中的关键业务环节集中在一个副总管辖范围之内，一个一级流程不要出现多个势均力敌的副总现象，否则协同难度非常大，增加企业内耗成本。另外对于二、三级流程，尤其是重要的、平常协调有问题的流程，可以考虑有一个主导部门负责，同样不要出现多部门势均力敌的现象。

七、根据流程架构做IT规划

流程管理的最终目的之一就是要将卓越的业务流程实现IT化，为业务运作配备上先进的IT工具，通过高效的IT系统将流程化、规则化的业务实现自动化运营，大幅提升业务运作效率的同时，保证业务运营准确可靠。

流程架构规划完成之后，自然被应用到 IT 规划之中，实现流程架构与 IT 架构之间的紧密整合与互动，实现 IT 系统与业务之间的高效融合。流程架构是 IT 架构规划的基础，通过流程架构驱动信息架构、应用架构及技术架构的同步规划，实现四个架构的匹配与一致。这四者之间的关系如下：

企业信息架构：是将企业业务实体抽象成为信息对象，将企业的业务运作模式抽象成为信息对象的属性和方法，建立面向对象的企业信息模型。企业信息架构实现从业务模式向信息模型的转变，业务需求向信息功能的映射，企业基础数据向企业信息的抽象。

企业应用架构：是以企业信息架构为基础，建立支撑企业业务运行的各个业务系统，通过应用系统的集成运行，实现企业信息自动化流动，代替手工的信息流动方式，提高企业业务的运作效率，降低运作的成本。

企业技术架构：是实现企业应用架构的底层技术基础结构，通过软件平台技术、硬件技术、网络技术、信息安全技术间的相互作用支撑企业应用的运转。

IT 架构又是由企业的业务架构决定的。企业业务架构是描述了企业各业务之间相互作用的关系结构，它以企业的业务战略为顶点，以企业各主营业务为主线，以企业各辅助业务为支撑，以人流、物流、资金流、信息流等联络各业务线，构成贯彻企业业务战略的基本业务运作模式。而企业业务架构通常以流程架构的形式来表达，所以企业在完成流程架构规划之后，企业要同步评估 IT 架构是否需要做相应调整，如何去调整，更新企业的 IT 规划。

八、实施 BPM，固化流程架构

（一）为什么需要实施 BPM

即使企业任命了一级流程所有者，横向的跨部门流程管理难度还是非常大，因为流程的跨度太大。所以端到端流程管理需要有相应的IT系统支撑，这个系统就是BPM软件。实施BPM的具体原因有以下几点：

第一，企业要将端到端流程运行固化到IT系统中，去实现企业管理习惯的转变。否则没有系统的支持，在强大的职能管理面前，流程管理很有可能会反弹回去。笔者曾经为某大型企业提供流程管理培训时，了解该企业早在10年前就请国际知名咨询公司做过流程变革咨询项目，但由于人员的变化，时间的推移，曾经的流程管理模式荡然无存，又恢复到传统的职能管理模式。但如果有了IT系统就不一样了，推翻一套流程制度容易，但推翻一套IT系统非常不容易，尤其是一套用顺了、有一定黏性的系统。企业大量的管控流程，尤其是成熟软件包之外的管控流程，非常适合在BPM工作流平台上实现电子化。

第二，端到端流程跨越了多个软件包，需要通过BPM软件来将流程中的多个系统进行拉通与集成，实现端到端流程的透明化管理。否则端到端流程没有办法管理，数据不集成，没有办法分析与决策；活动不集成，过程没有办法监控；功能不集成，重复的操作导致使用系统之后效率不升反降。

在笔者过往的咨询服务及企业工作经验里，会发现缺乏系统支撑时，端到端流程监控是个老大难，尤其是面向客户的流程，没有系统支持很难保证流程支持的效率，企业通常会组成专门的一组人去跟进，维护一个庞大的台账，费时又不准确。有的时候流程执行过程中甚至会出现死循环，在多个部门之间被踢来踢去。

第三，将流程管理本身固化到IT系统中，实现流程管理自动化，提升流程管理的效率与方便性。BPM软件中的流程建模、梳理、监控、分析、优化等功能为企业开发流程管理提供了专业的IT工具支撑。

通常企业在完成流程架构规划之后，会紧接着实施BPM系统，通过BPM系统实现以下几个核心问题：

（1）解决端到端流程全过程打通的问题

从端到端流程来看，全流程往往会流经多个IT系统，而IT系统之间是相互独立的，没有实现集成共享，导致全流程业务信息未打通，同时会存在部分没有E化的手工操作。如此一来会给企业带来以下两个问题：

第一，流程透明度低，导致企业全流程监控的难度非常大，为了能够有效监控流程进程，企业会投入大量的人力去做跟进。跟进的方式通常采取建立手工台账，通过频繁的电话沟通确认流程进展，并在台帐上更新状态，效率低下而且容易出错。流程信息集成度低，导致企业无法准确地对流程绩效进行度量，也就直接导致了流程绩效管理困难，同时无法为企业决策提供充分的数据支撑。端到端流程上了 IT 系统之后，流程的绩效管理才真正具备了基础条件，企业精细化管理水平才有了凭借。从时间维度来看，就可以准确的统计出准时交付率与交付周期，并按流程架构逐层展开分析每段的流程周期时间与准时完成率；从成本管理来看，通过在流程相应的 IT 系统上增加一些作业类型字段或编码，就能够将原来大进大出成本分摊模式升级到按流程、活动进行细化分摊，从传统的会计科目视角提升到作业成本，找到成本背后的驱动因素；从作业质量来看，同样可以借助于 IT 系统去定义不同流程阶段的工作质量。如此一来，企业管理具备了精细化管理的基础，精细化管理水平将上一个台阶，使得企业将原来流程绩效黑箱打开，绩效管理可以从企业级绩效延伸到岗位级，从全面铺开，到抓关键与瓶颈，做到管理的精准与高效。

第二，数据重复录入，既增加了工作量，也增加了数据质量管理的难度。同样的数据重复录入，基于录入的标准不一致，导致数据之间不一致，还要花大量的时间做数据之间差异的处理。有了 BPM 系统之后，这个问题可以得到有效的解决。

BPM 有三大核心的功能：

工作流引擎，能够将流程进行 E 化。将端到端流程在相关软件包之外的流程在 BPM 系统中实现 E 化。

中间件功能，将不同软件包 IT 系统之间的数据进行打通，实现信息的集成与共享。

BPM **有强大的流程监控功能**，有了 BPM 之后，企业不再需要维护全流程手工跟进台帐，完全可以通过 BPM 自动实现，并且通过定义相关节点的时效标准，实现 BPM 系统的自动跟进（提醒、催办、时效统计与考核等）。流程管控人员只需要对异常进行管理，同时由于流程全过程透明，给作业人员形成无形的压力，有利于全流程的提速。

(2) 解决用户导向的流程文件展现

用户不关心全流程文件，它是管理者要关注的。用户关心的是我要做什么，面对任务时，我应当遵守什么制度，遇到问题时，我应当如何操作，可以请教谁。

所以对于企业操作层员工来说，不会在具体工作过程中花太多的精力去查找相应的文件，如果需要同时查看多套文件时，更加不可能。他需要非常直观的、方便地找到需要用到的文件。如果要查询，一定要很方便，最好是不用查询，就能够将需要使用的流程文件直接推送到工作现场。如果要同时参看多套文件，他是不愿意分析它们之间的逻辑的，找到一个执行方案，希望这个逻辑在制度里已经理好了，他只负责拿来执行。

在没有IT系统支撑的情况下，很多企业都会编制面向岗位的操作手册来解决这个问题。岗位操作手册与流程制度有很大的不同，它不讲流程逻辑，完全以岗位为中心，基于岗位职责来展开，可以方便地让岗位人员快速找到他做事情需要遵守的规则与要求，不需要再去看其他的文件。岗位操作手册如表3-1所示：

表3-1　E企业会计岗位操作手册示例

职责项	操作说明	管理要求
订单审核	一、非电子订单出仓审核： 1. 定义：“非电子订单”主要是指客户不在我司电子订单系统下单，而用实物形式的买卖合同书或订货单来进行的交易，此类订单需要商务助理在ERP系统录入出仓申请。目前非电子订单出货的产品线有A事业部、B事业部部、C事业部部、AUD产品线等 2. 工作输入 商务助理收到电子订单或非电子订单后，在业务流程处理系统（BPM）上提交审批申请，BPM系统将按审批流程传递给各审批人审批，最后流到OC岗位做出仓前的最终审核。需要审核的订单类型有： 非电子订单出仓，包括：渠道非电子订单、AUD出仓、大单（项目单）出仓 … 3. 操作程序 在ERP系统录入出仓单——BPS系统上提交ERP订单号——	熟悉公司的各项制度和流程，并且对各事业部各个产品线的业务模式有一定了解，…

续表

职责项	操作说明	管理要求
订单审核	BPS 系统自动进行审批传递（信用和价格并行审批）——审批通过后到风控助理——风控助理审核——审核通过，点击送件（如果订单不符合制度规定，注明原因，点击退件）——进入 ERP 系统，需根据我司与客户签约的主体来进入不同的风控助理 - USER，进行订单发放——审核结束，登记出货日记。 4. 非电子订单审核关键点： （1）订单合同审核 订单/合同审核 … 订单/合同版本审核 … 订单/合同有效性审核 印章清晰，且与订单/合同的买方名称一致… （2）BPM 系统审核 … 5. 交付物： 经 OC 在 BPM 系统或 ERP 系统上审核完毕的销售出入仓申请单 6. 相关文件 《×××流程说明文件》 …	
订单跟进	…	…
退货审核	…	…
借货审核	…	…
○○○	…	…

从流程制度管理本身来看，这种操作方式是不增值的，因为岗位操作手册所有的内容均来自于不同的流程制度，它所做的工作就是基于岗位维度做一次重新组合，这完全是重复的工作。更大的问题在于后续的维护，任何一份与岗位手册相关联的文件发生变化或更新时，都必须及时的修订岗位操作手册，否则就会误导使用，所以岗位操作手册修改的工作量相当于修改一份流程制度工作量的十倍甚至是几十倍。

上了 BPM 之后，这些问题就不再是问题了，因为这些工作可以全部交给 IT 系统来自动完成。其实逻辑很简单，通过 BPM 流程建模功能来实现。将流程架构固化到 BPM 系统中，实现了企业一群流程之间的相关关联与集成；将流程流转过程在 BPM 建模，并且匹配上角色、匹配上相应的流程制度，将流程活动、制度与岗位进行关联与集成。员工可以选择自己的角色来集中查看所有与自己相关的流程制度，也可以基于具体的流程进入与自己相关的活动中，查看活动操作需要使用的流程制度。流程手册编制与维护工作可以取消了。如果再进一步，可以将与岗位相关的流程制度推送到 IT 系统的操作界面，让员工一边操作，一边可以直接查看最新有效版的流程制度。

（3）解决流程文件查询难的问题，

通过 BPM 实施，实现按流程架构查询，只要用户知道流程名，就可以快速查找自己所需操作的活动，基于活动找到操作需要查阅的流程文件；按岗位角色查询，系统将该角色相关的流程文件进行汇总，操作者可以方便地看到本岗位需要使用的全部流程文件。

笔者在为某制造企业提供流程管理咨询服务时，诊断阶段该项企业高管告诉我们，流程制度虽然多，但他具体做流程审批时，真不知道要查看哪个流程制度，基本是靠感觉，或者看前面他信任的人的签字。一名操作层员工则抱怨，同一件事情可以参照的标准太多了，不知道看哪个，于是根据经验从中选一个，也许走对了，则是幸运，如果走错了，再选另一个试试。

（二）BPM 系统实施价值

根据对畅享网《中大型企业业务流程管理软件（BPMS）选型报告》结果显示，企业认为实施 BPM 之后对流程管理有以下提升：

（1）提升了企业一体化整合管理能力。通过 BPM 软件帮助企业建立流程型组织，紧紧围绕流程主线将各类管理要素（组织、数据、内控、质量、IT 等）进行有机整合，实现了各类管理体系（ISO、ERP、内控等）的整合，极大简化了管理体系，提升了企业一体化运营能力，管理效率得到显著提升。最直观体现在体系文件数量大幅减少，去除了大量重复、重叠、冲突的文件，体系文件通过流程进行了集成，并通过 BPM 系统实现面向用户与业务场景的展现与推送，大大增强了体系文件的易用性与查找效率。

（2）提升了企业制度化、规范化管理能力，提升了企业的执行力。通过流程建模、梳理与 E 化的紧密结合，实现了流程文件与 E 化电子流程完全一致，解决了企业写的流程与实际操作流程两张皮的问题；通过流程 E 化，尤其是与业务系统之间的集成，将流程管控要求固化到 IT 系统中，大幅降低了流程绕过、不按制度执行等内控风险；通过运用 BPM 流程监控、跟进与分析工具，增强了流程的透明度，增加了流程执行效率与效果。

（3）增加了企业端到端流程管理能力，提升了企业横向协同效率。运用 BPM 系统实现了沿着架构建流程，实现了企业业务流程的横向拉通与纵向集成，完成了企业从部门各自为阵的流程向公司统一流程的转变。并通过 BPM 实现端到端业务流程相应 IT 系统的打通与集成，提升了端到端流程运作效率与效果。

（4）提升了企业基于流程进行自我改进的能力。通过 BPM 监控、绩效分析功能，有助于企业准确识别流程的瓶颈环节、不顺畅环节，找到流程优化的机会与方向；通过 BPM 系统实现端到端流程的 E 化与 IT 系统集成，提升了企业流程绩效评估与分析能力，为企业流程优化提供了流程绩效改进的需求输入。

在流程绩效提升及业务改善方面，实施 BPMT 系统之后，被访企业集中反馈为：

效率提升了：员工的工作量下降了，操作简单了，部分工作交由系统自动执行，减少了大量的传递与等待时间，流程运行周期得到了大幅压缩。

可控性强了：由于将流程固化到 BPM 系统中，流程执行得到了保障，违反流程的情况减少了，而且流程的可追溯性强了，直接带来管理规范性增强，管理风险可控。

跟进容易了：全流程走到哪一个节点，可以一目的了然的适时跟进，一旦出现延误，流程执行人会被提醒，必要时被升级、考核，流程执行效率更有保障了，可预测性强了。

成本下降了：主要体现在：由于部分 ERP 的操作转移到 BPM 上，可以减少 ERP license 费用；实现了无纸化办公，节约了纸张等办公费用；大量减少了手工操作，节约了人工成本。

管理透明了：全流程处于可视化，将业务上的问题暴露在阳光下，一方面可以提升业务人员执行力意识，另外一方面增加了企业发现问题与分析改进问题的能力。

数据准确了：主要表现在：端到端流程之间的数据集成共享了，减少了多头录入产生的错误；通过 E 化表单字段的设计，提升了数据录入质量；一旦数据出现错误，可以很方便地追溯到问题根源，从而采取及时的改进措施。

第四章
端到端流程管理模式

很多年前，笔者去富士康面试流程管理岗位时，面试官问我过往在企业流程管理方面取得了哪些成绩。自认为自己在流程管理方面做得不错，成果丰硕，于是我侃侃而谈，如数家珍般地介绍了很多过往的成绩：培训、体系建设、流程优化、流程审计等。在我刚介绍完几项重点成就之后，面试官打断我，问道："这些工作听起来不错，请问最终你为企业创造了多少价值，注意请用人民币或美元来衡量"。当时我一听就蒙了，回答不上来。因为过往的流程管理工作都是面向业务，一个一个去解决问题，但从来没有想过要用财务指标来衡量，所以虽然做过一些流程优化项目，但都没有测算过财务收益，有很多项目可能产生了价值，但拿不出数据。面试官看着我一脸困惑的样子，说："流程管理成效如果不能够用人民币或美元来衡量，在我看来就是没有价值的"。

这件事情对笔者后来做流程管理产生了深远的影响，在当时虽然很受打击，但想通之后，我对此还是深表认同，并持续在后续的工作中去坚持这一原则：追求最终层面的财务回报。

N 年前，笔者曾在某企业担任流程管理总监，并成功推动了财务自动开票流程优化项目，通过该项目的实施，开票的时间周期压缩了 95% 以上，并且将开票的工作量也减少了 95% 以上。正当我准备拿着沉甸甸的成果向领导汇报时，我忽然想到了财务回报的问题，我发现了一个很可怕的问题，开票时间周期压缩了，可以显著地提升客户满意度，但开票工作量减少了，不一定会带来财务回报，因为岗位工作分析与调整工作没有跟上，换句话说，开票员工作量虽然大幅减少，但岗位人员没有任何变化，对此公司所付出的人力总成本不会有任何变化，体现在财务报表上，自动开票项目不会带来任何价值。所以，我的流程优化工作没有完成，还需要继续往下走，把优化的成果向前推进，直到转化为最终的财务成果。

从上述两个案例可以看出，如果一项工作既不能改善公司的财务业绩，也不能提升客户满意度，这项工作就是不增值的，这项工作所有的过程再精彩也是无奈的，也是要被否定的，因为没有价值。杜拉克说，管理的成就只来源于外部，也是这个道理。

企业不缺乏过程的成功，但对于企业而言，最重要的是结果的成功，然而结果来自于过程，所以企业又必须关注过程。所以企业需要结果与过程并重，既关注结果的有效与高效，同时关注过程的可控与保障，如何做到这一点呢？依靠的是端到端的流程管理，构建一个直指结果的端到端流程，通过端到端流程规划、分解将结果要求落实到各级流程及活动上，让每一个结果落实到关键驱动过程，让每一个过程能够直指最终结果。

一、为什么需要端到端流程管理

（一）驱动战略落地

在战略落地保障方面，企业擅长将战略目标按职能层级自上而下分解，将公司战略转化为职能部门战略，在这个分解的过程中容易出现以下三个问题：

第一，简单的分目标，但不能够给出达成目标的方法、策略，就是我们常说的只管分蛋糕，但不关注如何把蛋糕做出来。导致年初目标虽然分下去，到了年底目标还是实现不了。因为目标承担部门找不到方法、策略，只能在错误的策略之下，加倍努力与焦虑地奋斗，结果肯定是有无功而返。

第二，目标无法有效地自上而下分解，面对公司巨大有挑战性的目标，找不到合适的办法将目标分解到不同的层级，无法将压力传递下去。直接的表现就是部门、岗位指标与公司战略、经营目标没有关联，导致的后果可能是部门绩效都超额达成，但公司目标未达成，公司不赚钱，可能还要给部门高绩效付出高的绩效奖金。

第三，前、中、后台部门之间目标不协同，导致跨部门协同困难，增加了企业的内耗与管理成本。例如营销与销售的策略重点可能与中台的供应链策略重点不一致，也可能与后台人力资源管理、财务管理、IT 管理等不匹配。

为何会出现以上问题？根本原因在于企业战略分解的思路是按照职能、部门自上而下分解的，将公司战略转变为部门战略，将部门战略转化岗位工作与目标。而每个部门的职能定位存在两个致命的弱点：

第一，部门职能定位目标是专业化，即如何持续提升本部门职能专业能力，把本部门职能绩效做到极致，但很显然，部门专业化强不代表企业创造价值的能力强，因为企业不同的专业需要有效的组合与协作，而且不同时期不同部门专业能力是需要做战略调整的，不是越专业越好。

第二，部门职能定位是静态的，在设计的时候也许部门之间的职能基于战略与流程是匹配的，但企业所处的内外部环境不断变化，需要部门的职能、职责相应的进行变化，很显然，垂直的职能管理是无法做到的，因为他们只能从各自的专业领域去认识与响应变化，而这个方向就是错误的。

用流程管理之父哈默的话说，**为企业创造价值的是流程，而不是哪个部门**。笔者对这句话做进一步的注解：**为企业创造价值的是端到端的一级流程，而不是部门之下的流程碎片或任务。**

所以战略必须要落实到流程上才会有效，将战略目标分解到端到端一级流程的目标，将公司的战略转化为流程的策略，根据战略发展要求建立有效支撑战略实现的业务模式。战略导向一级端到端流程绩效目标都会由端到端一级流程所有者团队去承接，并转化为一级流程变革规划去实现，规划的核心内容就是一级端到端流程如何围绕战略落地要求进行变革，如流程架构是否需要调整，业务模式是否需要优化，流程优化需要做到哪种程度才能满足战略、竞争的需求。与流程相配套的其他管理要素，如组织职责，考核机制，人员能力，IT 系统等需要如何做配套的优化。

进一步通过端到端一级流程变革项目的实施，将公司战略最终转化为流程、活动与任务，把战略真正落地。而这些工作不是哪个部门能实现的，需要跨部门沿着业务流程共同规划才能做到，必须由一级端到端流程所有者组织跨部门团队共同来完成。

将公司战略分解为核心端到端业务流程如图 4 - 1 所示：

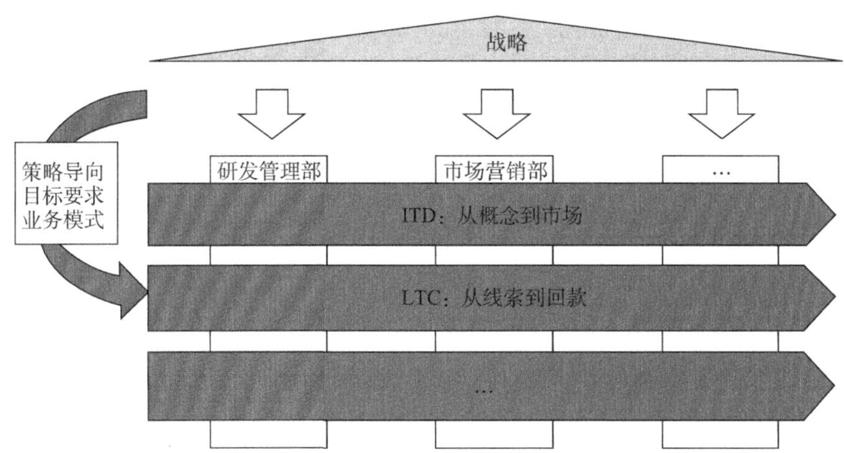

图 4-1　将战略分解到核心端到端业务流程示意图

（二）增进跨部门协同

协同效率是组织效率（运作效率，决策效率及协同效率）的三大要素之一，协同效率是具备一定规模企业决定组织效率的关键因素。

跨部门协同是所有企业面临的共同问题，只要跨部门就一定会有部门墙，正如华为谈到的雷锋只能是一种精神，而不能是一种机制一样。管理水平不同的企业在跨部门协同方面差别在于：不同企业能力不一样，所表现的效率有差异。协同效率高的企业之所以成功，不是由于他们的员工没有本位主义，或者他们的员工固有的协同意识更强，而在于其协同机制更好。

我们先来分析一下在未构建端到端流程管理模式之前，企业的业务流程运行状况，如图 4-2 所示：

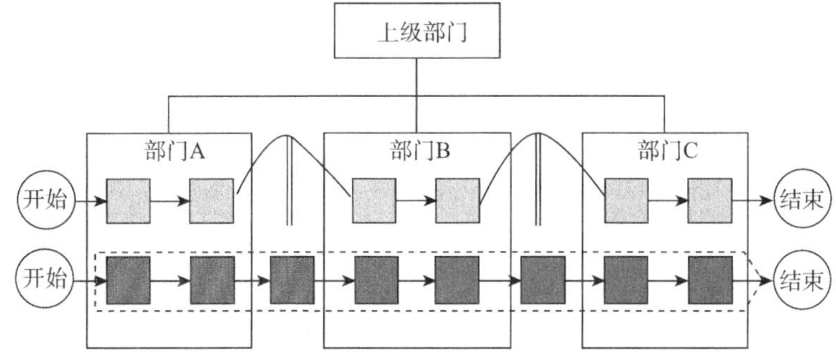

图 4-2　构建端到端流程管理模式前的企业业务流程运行状况示意图

端到端业务流程被职能部门分成了一段一段，每一段的流程目标的设置是基于职能管理需求，而不是基于端到端流程整体绩效管理需求；另外流程与流程间的设计是割裂、孤立的，往往会受部门墙的阻隔而出现三种典型情况：

第一，大量重复设计，对于同一项工作，多个部门都在管理，制订不同的流程制度，从而产生不一致导致冲突。

第二，出现空白地带，大家都不管，没有人去负责，比如部门之间的协调，跨部门问题的解决等，从而导致业务被拖延，问题被积累、放大，产生不必要的损失。

第三，衔接不顺畅，相互孤立，前段流程做完了后段流程不知道，还在等待或观望，前段流程不考虑后段流程的需求等，导致流程产生不必要的反复，极大地影响了效率。

更可怕的是没有人对流程整体负责，可能会出现各段都好，整体不佳的情况。企业除了最高管理者之外没有人会在意，而最高管理者又往往不会关注或无法关注到端到端流程绩效；当企业面临变化需要全局调整时，可能会出现需要多个分段流程协同优化的时候，没有人能集成统筹，而只能是各段的分散优化，往往无法实现对变化快速响应的能力，从而贻误战机。

导入端到端流程管理模式之后，这些问题都将迎刃而解，通过端到端流程设计，将各部门分散的流程进行集成，将部门之间的接口理顺；通过建立横向端到端一级流程所有者团队，承担跨部门流程价值链的绩效目标，对流程高效运作负责；通过端到端流程绩效管理，解决绩效管理部门导向，局部最优而非全局最优的问题。如图 4－3 所示：

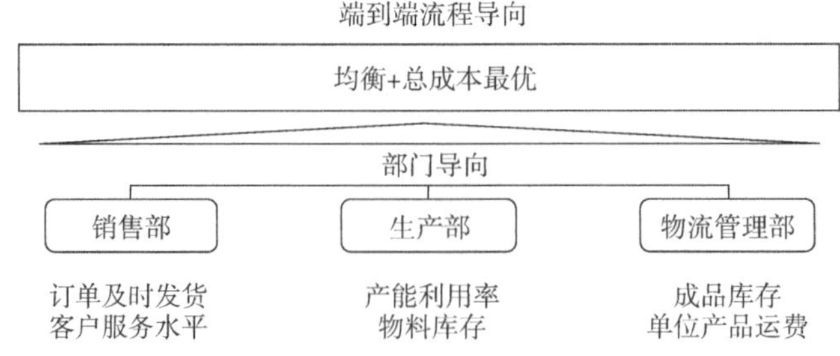

图 4－3　绩效从部门导向到全流程导向示意图

大多数企业里，销售部门对于供应链业务关注的是为客户提供高水平的订单交付，所以他们关注的绩效目标是订单及时发货率，订单交付速度，这个水平越高越好；而对于生产部门，由于职能的关系，他们关注重点不是客户需求满足情况，重点在于生产的效率与库存水平，所以他们对于供应链的绩效目标重点在产能利用率、计划按时完成率、物料库存金额或周转率等；物流管理部的重点又不一样，他们关注的是物流运作效率，追求的流程绩效目标是成品库存、产位产品运费。

从中可以看到，不同部门之间的绩效追求是不一致的，甚至是相互冲突的。如何协调这个矛盾？在职能管理模式下，几乎没有好的办法，更多地靠感觉去平衡，或看谁在公司里强势，谁就能够获取更多的考核资源，这显然是不科学的。建立端到端流程管理模式之后，解决这个问题思路发现了本质的变化，主要体现在以下三点：第一，设定供应链一级流程整体绩效，并交由供应链一级流程所有者来承担，找到了对整体绩效负责的人。

第二，基于公司战略解读，确定供应链一级流程整体目标导向，更好地在多个维度目标之间做好均衡，比如精品战略下，供应链其他要素要让位于产品质量绩效目标控制。

第三，建立供应链总成本模型与测算能力，既关注显性成本，也关注隐性成本，既关注采购环节，更关注全生命周期成本，提升企业算总账的能力，能够算出总账，企业端到端流程绩效平衡的能力就强了。举个简单的例子，比如企业开始质量成本管理，就是要通过质量成本核算告诉大家，增加质量预防或鉴定成本有利于降低不符合成本，而且更经济，或者通过质量不符合成本测算告诉企业采购价格适当提升，可以带来质量损失的大幅下降，是更经济的。

如何构建一套卓越的协同机制呢？笔者认为企业协同机制需要抓住企业协同的本质与基础去构建，企业不协同的本质是局部最优而非整体最优，远离了公司整体目标去追求部门个体目标，远离了客户，而局限于企业内部。企业经营的本质与使命是创造客户，为客户创造价值。所以协同要回归这个本质，而实现为客户创造价值的本质是业务流程运作机制的核心，所以企业协同机制应当基于业务流程为主线，从策略、运作、支撑三个层面去构建。

从策略层来说，需要跨部门业务流程具备共同的价值观与策略导向。价值观的核心是客户导向、全局最优、协同增值。策略导向则要求根据公司战略导向确定端到端业务流程，并以此统领、指导端到端全过程操作，让端到端流程涉及部门的工作都服从于这个导向。

从运作层来说，构建一套卓越的为客户创造价值的业务流程，以这个流程链条来驱动各部门运作。部门运作与能力建设必须能够有助于端到端业务流程价值实现，有助于流程绩效水平提升，否则部门没有存在的价值；企业的运作是业务流程驱动的，而不是组织职能驱动的。

从支撑层来看，核心是解决企业的激励约束机制，能够满足端到端一级流程高效运作的需求，具体包括对流程绩效实现的考核支撑。

（三）提升企业运作效率

诚如哈默所言，企业成功来自于精心设计的运作方式，即来自于卓越的流程设计与卓越的流程运营。简单说，**企业运作效率关键由业务流程效率决定。**

质量管理大师戴明也说过，企业问题85%以上由系统决定的，只有不到15%是由人决定的。而流程是企业运作系统的主线，所以业务流程是解决企业问题的关键，是企业效率提升的关键。

为何流程管理是企业运营效率的关键呢？很简单，因为流程管理决定了我们工作的效率。据研究资料显示：在流程改造或优化之前，流程中不增值活动的时间之和通常要占全流程时间的95%以上，其中必要但非增值活动约为60%，其余35%为浪费。从理论上来说，必要但非增值的活动也是可以去除或大幅压缩的。

为何端到端流程管理是企业运营效率提升的关键呢？很简单，企业的运作效率是最终层面的，体现在财务表现，高的客户满意，而不关注过程的效率。在企业中只有端到端流程能够直接输出最终层面的绩效回报，二、三、四级流程无法做到，他们输出的都是过程绩效，不必然导致最终层面效率提升。

如果把经营一个企业简化为三个层面：战略、战术、战斗，我们可以把企

业成功经营总结为三点：做正确的事情、正确地做事情以及把事情做正确。

做正确的事情主要由企业战略管理决定，并且与流程有密切的关联，即流程策略导向必须与公司战略保持一致，确保战略通过流程落实下去，不至于浮在面上，或偏离方向。

正确地做事情，即我们说的用对方法，这个方法就是业务流程设计方式。业务流程需要精心设计，设计得好就是精简、高效，不增值环节少，风险可控，不容易出错。设计得不好就会是冗余的、复杂的、低效的。流程如果设计错了，再努力，哪怕固化到 IT 系统中实现了智能化与自动化，也依然是效率低下的。很多企业不成功的 IT 系统应用已经证明了这一点，上了大量的 IT 系统，如 ERP，CRM，PLM 等，大量的业务在系统里跑，但企业没有享受到自动化的效益，相反工作效率可能还不如手工。

把事情做正确则是把流程做对，这个取决于端到端流程运营水平，即如何保证流程各环节一次将事情做对，从而提升流程绩效的稳定性，减少波动。

如果企业不具备端到端流程管理能力，不能够保证端到端流程处于高绩效水平，很难想象企业整体能够取得高的运作效率。

接下来，举两个企业实际流程案例来进行分析论证。

案例一：某设备制造企业 P2P 端到端流程优化

该企业 P2P（from procurement to payment 从采购到付款）端到端流程优化前后对比如图 4－4 所示：

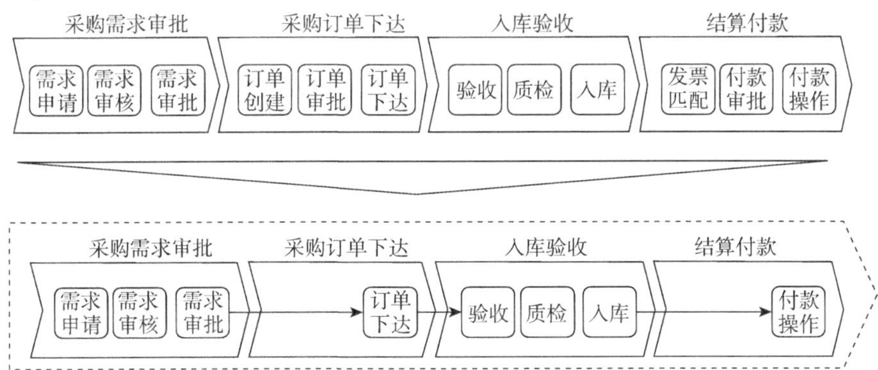

图 4－4　某设备制造企业 P2P 端到端流程优化前后对比图

在建立端到端P2P流程之前，采购需求审批、采购订单下达、入库验收、结算付款是孤立设计的。采购需求审批主要控制采购需求的合理性与必要性，采购订单下达保证下单内容的准确性与合理性，而入库验收则对供应商送来的货物与采购订单要求进行确认，包括数据与质量两方面，确保二者一致，结算付款则确认付款条件是否具备，审核付款安排是否合适并最后安排付款。如果从每一个流程孤立地来看，流程设计是合理的，没有太多改进空间。

导入端到端P2P流程设计与优化之后，将采购订单下达流程中的订单创建与审批环节予以去除，因为直接继承采购需求审批结果，直接由IT系统将审批后的采购需求按一定的规则自动转化生成采购订单，是否同意购买在需求审批阶段已经完成，在此阶段不需要再次审批。借助于供应商管理平台（如SRM），将订单下达这个动作省去，直接由供应商在系统中下载采购订单并执行。

在结算付款流程中，我们发现该企业将发票匹配（采购订单、收货单、发票之间的匹配）与付款审批环节取消了。原因是发票匹配有既定的规则，通过理清规则并借助于IT系统自动化执行，实现发票自动匹配。通过将付款计划制订流程与付款审批流程集成，将付款审批环节取消，因为需求已审批，订单下达OK，入库验收也没有问题，同时发票匹配OK，且在付款计划里，就具备付款条件，系统自动触发生成付款指令，由财务按指令安排付款。当然，该公司仍然会保留少部分特殊操作，按特事特办原则处理。

案例二：某银行企业信用卡中心OTC（从订单到回款）流程优化案例

流程优化前的OTC流程现状如图4－5所示：

案例中企业是一家银行信用卡中心，经营的是传统信用卡支付业务。在导入端到端流程管理模式之前，该公司实行的是典型的职能管理方式，是部门导向的流程管理。OTC流程被不同的部门分开，各管一段，各自对所分管那一段工作任务绩效负责，具体如下：

销售部门：对获取客户，把卡销售出去负责，对应的考核指标为发卡量，发卡量越多，业绩越好，收入越高。这一点类似于其他公司的销售收入或合同额的考核。

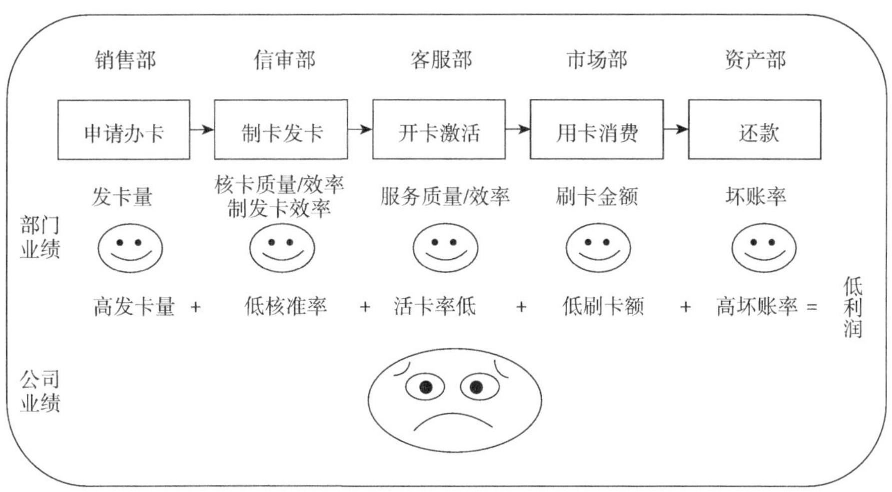

图4－5　某银行信用卡中心OTC流程现状分析图

信审部：（信用审核部）负责对客户提交的信用卡申请进行信用评估与审核，以有效控制信用风险，对应的考核指标是核准率，以控制审核的规范性与质量。

营运部：负责制卡业务，对应的考核指标是制卡速度与成本，以控制制卡的效率。

客服部：负责对客户提出的开卡需求进行处理，对应的考核指标是开卡及时率与客户评价，以确保客户满意。

市场部：负责开展一系列面向目标消费群体的促销活动，对应的考核指标是市场活动效果评估，以确保客户能够经常刷卡消费，为企业带来高的销售收入。

资产部：负责对客户回款管理，对应考核指标是坏账率及逾期应收比例，以确保能够让客户及时还款，确保经营安全。

到了年终总结时发现，当年各部门业绩都非常好：

销售部：获得了大量的客户数量，体现在客户办卡申请数量创历史新高。

信审部：严格执行信用审核标准，不论是审单效率还是质量均好于往年。

营运部：制卡、账单业务处理效率也稳步提升。

市场部：活动有声有色，市场活动评估结果反响不错。

资产部：回款管理也能够完成目标。

然而公司的利润却不理想，没有实现预期的经营目标，经过全面分析发现：销售部虽然销售获得了大量的客户办卡申请，但由于没有充分地与信审协同，导致相当一部分客户填了申请，但无法核准；虽然最终发卡量创了新高，但有相当一部分客户收到卡之后不去激活，存在一批死卡、无效卡；虽然活卡数量相对于往年有所增加，但真正能够达到一定金额刷卡消费的卡量不多，即活跃卡数量不足，比往年相比有明显下降。

大家可能会问，市场促销活动效果不是很好吗？为什么没有产生好的刷卡消费业绩。经过调查分析发现，市场流程与销售流程出现前后脱节：

第一，市场部营销促销活动的目标客户群体与销售的客户群体出现偏离，市场部花了大量的资源投放在市内，而该区销售的目标客户群体分布在郊区及周边，导致客户不能享受市场促销政策。

第二，销售部门为了追求高的发卡量与业务提成，本身就将大量与市场部提出的产品定位不符合的客户群体纳入，导致这些客户得到开卡礼品之后就不再使用。

结果可想而知，销售为了增加发卡量，付出了更多的销售成本，为了更高的发卡量公司也投入了更多的运营成本，市场部门增加了市场活动费用，却没有转化为销售收入，所有这些直接导致的结果是成本上升了，但由于活跃卡数量下降，企业的收入下降，两者共同作用下利润大幅下滑。

导入端到端流程管理模式之后，该企业将从客户获取到还款作为一个端到端业务流程，类似于制造企业的 LTC（从线索到回款）。并任命了公司高级销售副总裁作为流程所有者对全流程负责，由他来协同销售部、信审部、营运部、风控部、客服部、资产部等共同管理该项流程，承担的考核指标包括：销售收入、利润、发卡量、客户满意度、逾期率及坏账率。采取这种模式之后，企业发生了如下明显的改变：

销售的定位变了：从销售到经营，从只关注发卡量，到发卡量、利润兼顾，更多地基于公司战略去做好信用卡业务的经营，对整体经营业绩负责。

业务的运作模式变了：从原来销售部、市场部、信审部等相互抱怨、互不信任、互不关注、互不协作转变为跨部门团队协同作战。销售在制订年度规划时，会与市场部门做充分的沟通，确保大家的策略一致，资源投放方向一致；在客户选择与获取时，会主动邀请风险管理部、信审部一起讨论目标客户定位，如何有效选择好客户，并基于目标客户反向调整内部风险控制政策等。总之，前台的销售部门更关注获取的客户是否具备可盈利性，是否与后段的信审、客服、市场、资产等部门相匹配；后台的部门更关注如何制订与前台销售业务相匹配的政策、标准，如何确保后台的服务满足客户需求。大家的目标一致了，更重要的是理顺了主从关系，尤其是设置了流程所有者，使得跨部门协同变得容易且高效了。

二、什么是端到端流程管理

（一）什么是端到端流程

1. 定义

端到端流程就是企业价值链模型之下的最高阶流程，是企业的一级流程，端到端流程解决“面向最终产出如何实现”的业务逻辑。端到端流程定义：为企业利益相关者直接创造核心价值的流程，从利益相关者需求出发，到为利益相关者提供满意的产品或服务结束的一条完整的价值链。端到端流程示意图如图4－6所示：

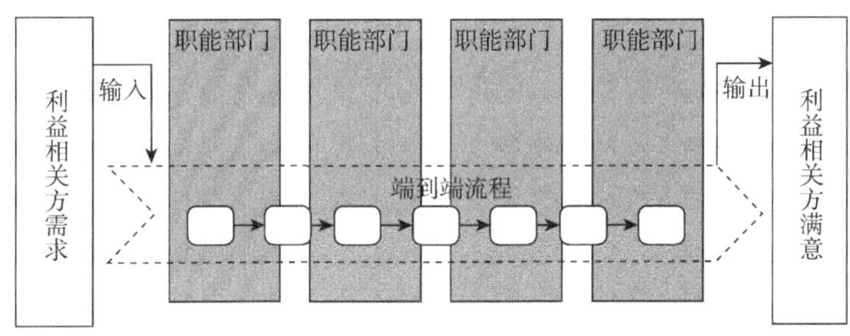

图4－6　端到端流程示意图

端到端流程具备以下两个特点：

第一，面向最终的产出，而不是面向任务。流程面向的是利益相关方的价值诉求，而不是企业内部部门的要求，流程输出要求让利益相关方满意，而不是让部门满意，否则流程没有实现价值。

第二，是从需求到满意的一个完整的闭环。这个要求看起来很简单，容易实现，但操作起来并不容易，关键在于企业能否对客户需求与价值诉求进行有效识别。

2. 案例分析

端到端流程的本质是从客户端来，到客户端去，是客户需求触发的，但实际企业的业务流程设计，往往是内部视角的，缺乏客户导向，对于客户需求的理解与把握会出现偏差。

案例一：

生产冲击钻的企业，如果将客户需求定位为获得劳动工具（冲击钻）的话，OTD（从订单到交付）流程走到客户交付签收就完成了。如果将客户需求定位为客户获得符合需求的孔，则 OTD 流程走完客户交付签收之后，还需要增加相应的服务，如现场交付的环节培训或操作示范，确保客户能够钻出需要的孔为止。

案例二：

笔者在租小区房期间，选择办理了中国电信有线电视与网络服务。由于平常上班比较忙，就委托房东代为办理，交完款之后，很快房东通知我业务办理成功，网络已开通。但当我将电脑接上网络之后发现无法登录，由于本人 IT 技能较弱，自己琢磨了半天没有解决。于是向房东反馈，让他代为报修处理。期间中国电信省分公司安排了一名服务工程师来现场处理。据房东反馈，服务工程师电脑调试网络能够正常登录，没有问题。由于我的手提电脑随身带走，无法用我的电脑测试，无法判断我的电脑程序设置方面是否存在问题。在没有确认我能否正常登录网络的情况下，服务工程师关闭了本次服务工单。对我而言这个问题依然没有解决，只能够通过不断地电话跟催，一个多月之后，终于等到服务工程师周末上门服务。经检查发现，我电脑软件设置存在问题，简单处理之后就将解决了。

从内部视角来看，中国电信的 OTD 流程从接收到客户网络开通业务需求走到开通网络信号结束了。但从客户视角来看，客户的需求没有满足，客户要的是电脑能够连上网络，能够正常使用。所以，很显然中国电信公司 OTD 流程不是一个端到端流程，要实现端到端闭环应当将流程延伸至客户上网成功确认。

不要小看这个细微的差别，其带来的影响是巨大的。如果增加了这个环节，对客户而言获得的价值是：减少 1 个月付了费但没有享受上网服务的损失；减少报修的操作，避免服务缺陷带来的不好的服务体验，甚至是客户流失。

同样对于中国电信的 TTR（from trouble to resolution 从问题到解决）流程来说，依然没有实现客户视角的端到端。虽然服务工程师上门服务了，用工程师的电脑测试上网正常，由于不是客户的电脑，客户的问题仍然没有得到解决。要实现 TTR 流程端到端，需将流程边界延续到客户确认电脑能够正常上网之后才能够结束。

3. 关键要素解析

（1）客户

端到端流程客户是企业的利益相关者，不针对流程的内部客户（如下道工序是上道工序的客户，业务部门是职能部门的客户等）。对于企业而言，利益相关者有：股东、员工、供应商、顾客、社区、政府等，从端到端流程角度，与企业关联度最大，也是最需要关注的利益相关方有：顾客、股东、员工、合作伙伴（包含供应商）。

对于企业整体而言，企业利益相关方有先后顺序与逻辑关联，首先要关注的是外部客户，其次才是合作伙伴、员工、股东，体现了以客户为关注焦点的管理原则。

（2）价值

对于外部客户而言，端到端流程价值在于创造高的客户满意度与良好的客户体验，客户的价值诉求点主要包括：产品质量、产品功能、价格、时间或速度、服务、品牌、体验、客户关系等。

对于股东而言，端到端流程的价值在于提高企业盈利能力，比如控制风险、减少损失、控制成本与费用、提高利润、控制库存、提升周转等。

对于合作伙伴而言，端到端流程的价值在于与合作伙伴建立互利的合作关系，实现共赢，比如货款、服务费用的及时支付，降低合作伙伴资金成本与风险等。

对于员工而言，端到端流程的价值在于提高员工满意度，员工的价值诉求点主要包括：个人成长、良好的薪酬回报、舒适的工作环境、对企业文化认同感等。

（3）输入

输入是利益相关方的关键需求，而不是部门职能的需求或不同内部客户的需求。对于关键需求的把握需关注：各利益相关方需求之间的平衡，比如股东与客户需求之间的平衡；基于公司战略对利益相关方需求进行取舍，找到关键需求。

（4）输出

输出是指让相关方客户满意的产品或服务。要准确把握输出的关键点：输出是完整的，能够为利益相关方提供完整的价值交付，而不能够是片断的；输出是令客户满意的，所以要对输出标准进行严格的定义，比如服务承诺标准，产品质量标准等。

4. 端到端流程与非端到端流程差别

端到端流程与非端到端流程差别如表4－1所示：

表4－1　端到端流程与非端到端流程对比表

端到端流程	非端到端流程
价值导向：关注流程最终创造的价值，流程输出有最终层面价值，得到利益相关方的认可，基于流程的价值与目的去定义流程环节与要求，而不是为了流程而流程	**任务导向**：关注如何完成业务流程操作，定义如何走流程，需要流经哪些岗位，流程输出价值不明确，是内部定义要求的，不是利益相方需求的
客户导向：以外部客户为关注焦点，是客户需求驱动的流程设计，关注客户的价值诉求，关注客户的体验与满意度	**管控导向**：更多基于职能部门专业管控要求来设计，客户导向更多体现为一种口号，没有体现在业务流程设计中
横向拉通：是从需求到满意的全程流程价值链，从流程的目的、策略、信息、职责、IT、活动六方面实现拉通，做到首尾相连，全程贯通	**分散割裂**：是部门导向的流程建设，端到端流程未被定义，出现大量缺失，割裂、重复，端到端流程整体运行不顺畅，且绩效表现不佳

续表

端到端流程	非端到端流程
全局最优：基于全局最优原则有效设置了端到端流程多维度的绩效目标，并基于端到端流程绩效目标实现去设计之下的二、三、四级流程	**局部最优**：未建立均衡一致的端到端流程绩效目标，各分段流程单独设计绩效目标，目标之间不集成、不一致，更多的是基于职能部门管控需求，或基于分段流程内部客户需求

（二）什么是端到端的流程管理

1. 定义

从字面上理解，端到端流程管理就是端到端流程的管理，管理包含了两大块关键内容：**端到端流程变革管理以及端到端流程生命周期管理**。端到端流程变革管理包含端到端流程变革规划及端到端流程变革项目管理两部分。端到端变革规划是基于公司战略目标要求，确定端到端流程变革战略、目标及变革要求，形成端到端流程变革项目；端到端变革项目管理则是通过对端到端变革项目群进行有效管理（计划管理、成本管理、风险管理、质量管理、关系管理等），确保端到端流程变革目标达成，推动公司实现战略转型。端到端流程生命周期管理，则是对端到端流程日常运营层面的管理，包括端到端流程架构规划、端到端流程制度建设、推行、检查、绩效评估及优化全过程。

相比于部门导向流程管理，端到端流程管理具有以下特点：

➢ 从以组织为核心到以端到端流程为核心。

➢ 从部门职能最优到端到端流程全局最优。

➢ 从关注员工到关注端到端流程。

➢ 从利润驱动到客户驱动。

➢ 从关注任务到关注成果与价值。

➢ 从单个流程管理到端到端完整价值链条管理。

2. 端到端流程变革规划

（1）端到端流程变革规划定义

流程管理之父—哈默认为：在以流程为中心的公司中，对于战略的考虑，并不是考虑企业的产品和服务是否能够获得市场的成功，而是考虑企业的流程是否能够获得市场的成功。基于流程的战略规划，有助于企业从流程运转的角度来对公司业务加以定义，帮助企业制订出某些战略，这些战略不但能回答“我们要做些什么”，而且能够回答“我们是否能够做好”的问题。

什么是端到端流程变革规划呢？简单地说，就是将公司战略落实到端到端流程上，即根据公司战略确定端到端流程应当如何做相应的变革来适应与支撑未来战略的要求。端到端流程管理变革规划核心是解决端到端流程策略定位的问题，将公司战略分解转化为各端到端流程上，具体表现为：端到端流程策略与管理原则、端到端流程活动设计（业务模式）、端到端流程配套设计（组织、绩效、IT 等）。

（2）端到端流程变革规划目的

首先，企业战略规划落地实施需要从端到端流程切入，并以端到端流程为主线推动企业完成全面战略变革地实施。

战略对企业提出了超常规发展的要求，需要企业围绕战略主题进行整体变革。企业变革是个系统工程，涉及战略、计划、目标、考核、组织结构、管控模式、管控授权、运作机制、业务流程、IT 系统、企业文化、人员等方方面面，牵一发而动全身。

面对复杂的系统，企业往往容易犯两类错误：一类是看不到全局，想到哪，看到哪，就抓住哪，缺乏系统性，导致出现“按下葫芦浮起瓢”，不能够从根源上解决企业系统问题。另一类是不知道从哪里下手，产生畏难情绪，而放弃变革，使得战略停留在口号、文字与目标上，企业没有实质的变化，从而错过企业变革转型的最佳时机，被竞争对手超越。

从企业实践经验来看，标杆企业在围绕战略落地开展变革时，一般都选择将端到端流程作为变革切入点。换句话说将端到端流程作为企业管理体系变革的主线，这是由企业为客户创造价值的使命决定的，而端到端流程就是企业创造价值的机制。端到端流程的本质决定了端到端流程管理一定是基于全局的，而不是局部。所以从端到端流程切入有助于企业抓住经营的本质，纵向从战略分解到业务模式、管控模式、流程、子流程、活动、任务；横向从客户需求识别与接收、到产品或服务交付，直至客户满意为止。

同时端到端流程作为企业变革主线，将端到端流程作为企业管理体系的黏结剂，围绕端到端流程将组织、授权、绩效、IT 等管理要素连接起来：基于端到端流程的高效运作，匹配、调整组织架构与职责分配；基于端到端流程绩效管理需求，配套调整企业绩效管理体系；基于端到端流程运作需求，开发、优化相应 IT 系统等。

其次，战略规划需要按职能维度将其分解到部门上，更需要分解到跨部门的端到端流程上，端到端流程变革规划与落实才是战略执行的关键。

企业通常采取职能导向的战略规划，常用的套路是从上到下分解，沿着组织架构将战略、目标分解到组织不同层级：公司目标——部门目标——岗位目标；公司战略——部门/职能战略——岗位工作。这样操作的问题是将企业看成是一个静态不变的系统，将各个部门之间的联系割裂了。认为每个部门做好了，整个公司自然就做好了，忽视了部门之间的协同效应。职能导向的战略规划能够覆盖部门内流程变革需求，但跨部门核心业务流程就成了三不管地带，没有策略与责任主体来驱动它们实现战略导向的同步调整。

而实际上，企业战略转型往往需要企业整个运营管理体系进行系统性变革，战略执行关键是由企业核心端到端业务流程的能力与绩效来决定的，是公司整体的能力，而不是某个部门的局部能力。由于端到端业务流程被分散到不同部门了，虽然不同部门分头进行局部的、独自的变革与优化，但由于其目标不统一，设计不协同，不能够满足企业整体变革、改进的需求。

笔者曾服务的某企业采取典型的职能导向战略规划，渠道部门负责公司全年的渠道战略规划，市场部门负责客户管理及市场管理战略规划，产品部门负责产品开发。这种模式产生的结果是营销 4P 不协同：产品规划与渠道规划不匹配，重点产品得不到匹配的渠道资源支撑，优势渠道缺乏给力适销的产品；产品定位与客户定位不匹配，市场部门推广的资源分配重点与新产品推广要求出现错位，往往重点新产品得不到充分的推广支持。最终体现在业绩上就是新产品上市成功率低，新产品销售带来的销售收入与利润不足。

再次，战略只有落实到端到端流程设计与运营上，战略转型变革才会真正发生，战略转型才有机会达成效果。

在笔者多年的咨询服务及企业管理经历中，笔者发现企业战略规划往往并不是难在做出正确的战略选择上，而是难在战略的有效执行上。而战略执行力不强的关键在于企业缺乏端到端流程变革规划，没有将战略落实到核心的端到端流程上。

企业做战略规划的时候，容易出现的问题是：战略调整了，企业往往会同步调整组织，调整人事任命，调整考核目标，但唯独流程没有变化，尤其是端到端流程没有变化，端到端流程设计没有变，端到端流程运营方式也没有变，就等同于在行动层面没有发生变化，由于企业做事情的方式没有转变，也就是我们常说的打法没有变，从而导致战略执行不到位。

以西南航空为例，大家都知道它实施的是低成本经营战略，然而低成本战略如何能够成功实施呢？研究发现其成功之道与流程导向的战略分解是密不可分的，西南航空充分地将低成本战略分解到核心的业务流程上，在关键流程的设计上有效体现了低成本战略导向，最终通过这些流程的低成本绩效支持了公司整体的低成本优势。

低成本导向的运营流程设计：

统一购买波音737机型，不同于其他航空公司的各种机型。

登机牌采用塑料印制，不同于其他航空公司使用铜版纸印制。

不同于其他航空公司，不提供餐食，只提供小甜点和饮料。

不同于其他航空公司以旅行订票系统为主，而采取以电话订票为主。

……

低成本导向的招聘流程设计：

招对的人，招符合企业文化的人。

邀请客户加入到机组乘务员的新人面试。

招飞行员时，将团队工作能力作为基本素质要求。

选人原则：态度比能力重要，聘用年轻人为主。

招适合的人，而不是最优秀的人。

将低成本战略落实到绩效管理流程上：

基于工龄的薪水——没有薪酬计划，开始得到的薪水低，有了工龄后工资就高了。

飞机驾驶员和机组乘务员是根据里程来获得薪水，他们也喜欢飞更多的里程。

利润分成覆盖到公司满一年的所有员工，奖金的25%投资到退休账号中的公司股票，折扣价购买股票。

（3）如何开展端到端流程变革规划

步骤一：识别端到端流程变革策略与目标

运用战略地图识别核心业务流程的变革策略与目标，操作程序如下：

a：基于公司战略目标，识别财务目标要求或财务战略举措，如销售收入增加20%，产品成本下降10%等。

b：基于公司战略目标，识别客户目标要求或客户战略举措，如提升市场品牌美誉度，提升客户忠诚度等。

c：基于财务及客户战略目标或举措，识别核心端到端业务流程战略目标或举措（相当于端到端业务流程变革需求或举措），如将新产品研发周期缩短50%，将产品质量合格率提升20%等。

d：基于端到端业务流程变革需求或举措，识别学习与成长举措。

端到端流程变革规划通常由端到端一级流程所有者组织一级流程涉及的关键部门负责人及业务骨干共同完成。流程管理专业部门往往扮演专业指导、组织者、推进者与质量把关人的角色。战略地图模板参考如图4－7所示：

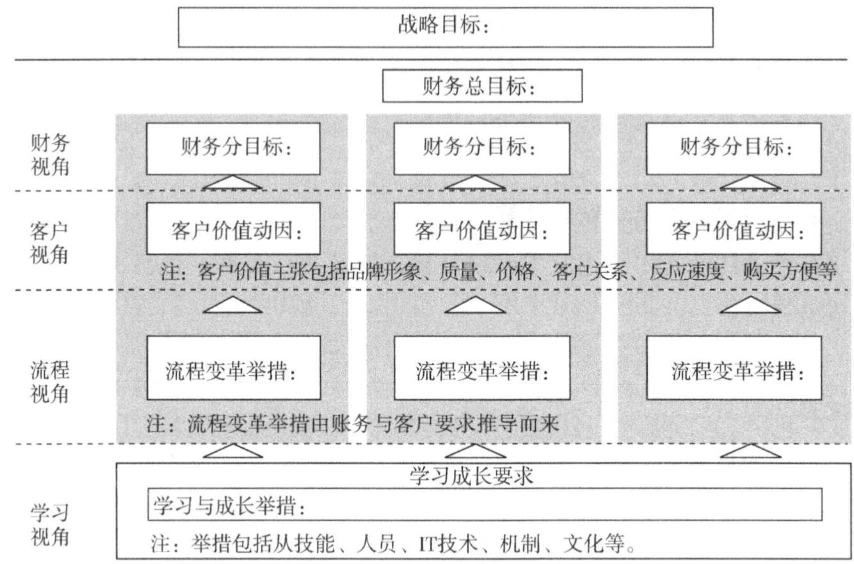

图 4－7　战略地图模版参考图

运用战略地图识别出核心端到端流程的变革策略与要求。某公司战略地图示例如图 4－8 所示：

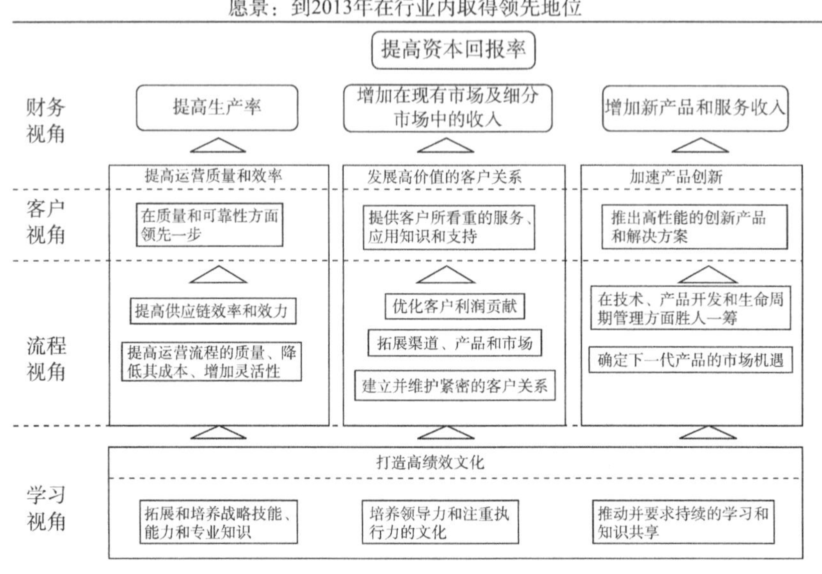

图 4－8　某公司战略地图示例

步骤二：开展端到端流程变革需求分析

运用战略地图完成端到端流程变革需求识别之后，可以运用端到端流程变革需求分析表将流程变革需求进行细化，如表4－2所示。相比于战略地图，端到端变革流程需求分析更精细、更准确，强调了变革需求要落实到具体的一级流程上，准确定义了端到端一级流程变革目标、变革的要求及完成时间。

表4－2　端到端流程变革需求分析表

序号	战略主题	成功关键因素分析	对应一级流程	流程变革目标	流程变革要求	要求完成时间

步骤三：确定端到端流程变革项目

完成端到端流程变革规划需求分析后，企业需要将全部端到端流程变革需求进行汇总，为流程变革战略匹配相应的资源，根据每一个端到端流程变革项目的紧急重要度，以及企业实际资源状况，对端到端流程变革项目进行筛选与排序，并确定最终的各端到端流程变革项目清单及实施顺序。如表4－3所示。

表 4－3　年度端到端流程变革项目清单

序号	项目名称	项目级别	流程变革目标	流程变革要求	项目经理	资源需求	项目起止时间

识别出核心端到端业务流程变革需求（如来自流程绩效提升需求、业务模式优化需求、核心能力强化需求等），规划的结果是各端到端一级业务流程变革项目，流程变革主要体现在梳理与优化，注意流程梳理与优化不是针对操作级流程的，而是针对端到端一级流程。所以流程变革项目的目标是基于端到端一级流程的，是要解决端到端一级流程运行中的问题，改善端到端一级流程的业务绩效，所以这个绩效是最终层面的，对公司来说是有价值的，而不是过程的。当然一个端到端一级流程变革需要分解落实到相应的操作级流程才能够实现，可能一级流程变革大项目之下会有操作级流程变革小项目，但这些操作级流程小项目是有关联的，是自上而下的，要承接一级流程变革目标，为一级流程变革目标实现服务，以保证操作级流程变革项目与端到端流程变革需求保证一致。

3. 端到端流程架构规划

与端到端流程规划相反的是职能导向的流程规划。职能导向的流程规划往往容易按部门去规划流程架构，一个部门对应一个一级流程，规划的结果是流程虽然盘点清楚了，但跨部门流程仍然没有打通，端到端流程被分割成多个一级流程，无法形成贯通一致的管理。

H公司1.0版的流程架构是典型的职能导向流程架构，具体如图4－9所示：

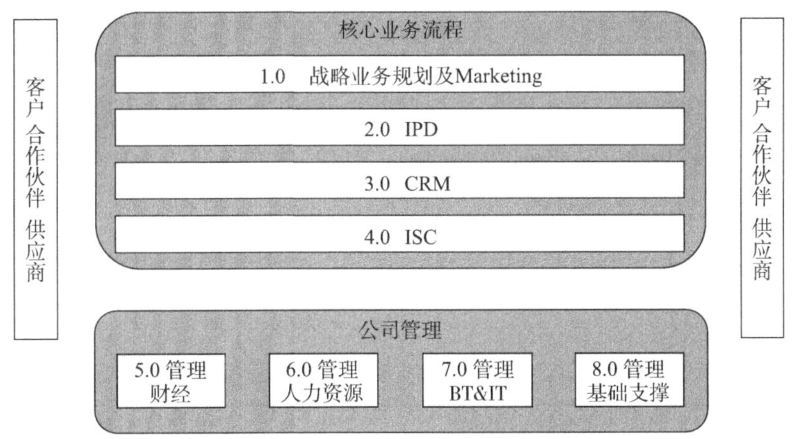

图4－9 H公司1.0版流程架构示意图

该流程架构将公司核心业务流程分成四个业务流程：战略规划及Marketing，客户关系管理（CRM），集成产品研发（IPD），集成供应链（ISC））。将公司管理分成四个管理支持流程：管理财经、管理人力资源、管理变革与IT、管理基础支撑。

这个流程架构虽然体现了管理体系集成的理念，借鉴先进的业务模式、流程架构将分散的职能管理集成起来，形成一个完整的体系。但没有体现端到端管理，没有将面向客户的端到端流程规划出来，导致面向客户的端到端流程被分散在多个一级流程中。例如LTC（从线索到回款）流程、被分散到“战略规划及Marketing、客户关系管理（CRM）、管理财经”三个一级流程中。

端到端流程规划采取OES（operation/业务，enable/使能，support/支撑）法将流程分成业务流程、使能流程及支撑流程三类，其中典型的面向客户四个端到端流程如下：

从概念到市场，满足市场现有产品或服务未满足的需求，从捕捉到客户新需求开始，一直到新产品完成开发并成功推向市场，得到客户的认可为止。

从市场到线索，满足市场购买需求，从捕捉到客户购买需求开始，一直到成功打动客户产生销售线索为止。

从线索到回款，满足客户真实购买需求，从接受到销售线索开始到将产品或服务交付给客户，让客户满意并完成货款回收为止。

从问题到解决，满足客户产品或服务交付后的问题解决服务需求，从接到客户问题开始，一直到成功解决问题并让客户满意为止。

4. 端到端流程梳理

与端到端流程梳理模式相对应的是部门导向的流程梳理，这两种模式之间的区别如表4－4所示：

表4－4　端到端流程梳理与部门导向流程梳理对比表

对比项目	端到端流程梳理	部门导向流程梳理
设计导向	客户导向、增值导向	职能导向、控制导向
责任人	三级流程所有者负责梳理，一级流程所有者对质量把关，部门负责人没有权力设计流程	部门负责人负责梳理，分管领导对质量把关
流程边界	严格遵从端到端流程架构规定	由部门负责人自行确定
接口关系	清晰界定与上、下游流程之间及外部流程之间的接口关系，能够实现横向拉通，纵向集成	不关注流程之间的接口关系，流程之间往往存在割裂、重叠或空白现象
目标设定	由端到端流程客户需求确定一级端到端流程目标，然后自上而下逐层分解为二、三级流程目标	根据部门管控要求，设定流程目标，通常情况，由于不关注流程绩效而不去设置流程目标
内控管理	基于端到端流程识别流程关键风险及关键控制点，并在相应关键控制点建立管控措施	根据部门管控要求，确定流程关键控制点，通常情况下，流程没有关键控制点设置
梳理方法	首先要完成端到端流程架构规划； 其次要完成端到端流程整体梳理：确定端到端流程存在问题与梳理需求；确定端到端流程目的与目标；确定端到端流程关键控制点与要求等； 最后将端到端流程梳理需求落实到每一个三、四级流程梳理中，完成三、四级流程梳理	直接进入三、四级流程梳理，没有一级端到端流程梳理过程

续表

对比项目	端到端流程梳理	部门导向流程梳理
跨部门协同	基于端到端流程客户需求确定流程目标，基于端到端流程目的确定流程管控需求，基于流程管控需求确定相关部门的管控需求，各相关部门严格按流程要求执行，并为流程赋能，跨部门目标统一、无缝对接、协作顺畅	各部门基于职能确定流程目标与管控要求，导致同一个流程，不同部门之间管控要求不一致，跨部门协同困难

5. 端到端流程推行

与端到端流程推行相反的是部门导向的流程推行，即不同部门各自负责各自的流程推行。在企业经常出现的情况是，掌握资源的部门流程往往执行比较到位，资源比较少的部门流程执行则不到位，甚至根本不执行。同时对于跨部门流程来说，由于它跨越了不同的部门，往往在接口部门之间执行容易出问题，如推诿、扯皮、衔接不畅等。对于跨部门流程整体执行没有哪一个部门承担，所以跨部门流程尤其是跨度大、周期长的流程，往往执行起来非常困难，容易出现效率低下，甚至出现流程走着走着就走停了，业务不了了之的情况。

端到端流程推行的关键点在于将端到端流程作为一个统一的整体进行推行管理，而不是针对三、四级流程分散独立地推行。这样做的好处是能够保证端到端流程整体被执行到位，保证端到端流程运作最终结果满足客户要求，从而使企业得到最终的成果。端到端流程推行非常关注三、四级流程之间的接口关系是否顺畅与高效，这通常也是端到端流程运行最容易出现问题的地方。

企业在实际操作过程中，往往由一级流程所有者带领其支撑团队来负责。不是由三、四级流程分头各推各的，而是由一级流程所有者牵头统筹对端到端流程做推行管理，有统一的推行计划，有统一的培训安排，统一的推行期间问题管理，统一的推行过程中的检查跟进等。

6. 端到端流程审计

端到端流程审计比传统流程审计也会发生变化，不是一个一个操作级流程或一群一群操作级流程去审计，而是一条端到端流程链条去审计。因为脱离端到端流程整体，孤立看待操作级流程是没有意义的，也很难从整体上发现系统性问题及找到根本性解决方案。

在做流程审计计划时，要针对端到端一级流程来编排，流程审计检查表也是基于端到端流程整体来设计的。最有效的办法是拿出端到端一级流程视图与清单，结合审计要求及过往发现，从中选出操作级流程审计的范围，为了提高效率，不建议将一级流程下的所有操作流程都覆盖，可以从中挑出重点，但一定是基于端到端流程分析挑出来的，而不是随机的。

7. 端到端流程绩效评估

端到端流程管理模式下，对于流程绩效管理同样是从上而下的，从一级流程到二级流程、三级流程、四级流程，到活动与任务，而不是相反。对企业来说真正有价值的绩效指标是一级流程绩效指标，这是企业应当重点关注的，所以流程绩效管理的重点与起点是想清楚一级流程绩效指标是什么？目标是什么？这是整个一级端到端流程设计与管理的目标与方向。然而由于一级流程绩效目标是由众多跨部门人员共同完成的，只能够让流程所有者承担，无法真正分解到操作层岗位，所以可管控性不好，所以要将一级流程绩效目标与指标沿着一级流程架构进行逐层分解与细化，直到转变为操作级流程目标与指标，甚至是流程活动的管理标准，此时与操作层岗位进行了对接，就可以完全实现管控了。

在导入端到端流程管理模式之前，企业喜欢直接扎到细节——流程活动中去定义管控要求，比如时效标准、作业标准，导致的结果是流程绩效指标泛滥成灾，但几乎无助于一级流程端到端流程绩效的达成。

8. 端到端流程优化

导入端到端流程管理模式之后，企业流程项目能力也相应地从单个流程优化提升到端到端一级流程价值链条的优化，也可以理解为业务模式的优化。流程优化会持续围绕端到端一级业务流程展开，流程优化的需求来自于流程变革规划。

端到端流程优化的方法较单个流程优化有了本质的变化，不再是直接陷入操作级流程甚至是活动中，而是先思考端到端流程的架构及流程架构背后的业务模式，先保证结构上的优化，能够与端到端一级流程变革需求相匹配，与公司战略目标相匹配。

从一级端到端流程整体分析（通常会以端到端一级流程视图为凭借），基于流程优化目标分析存在的问题，这样的分析是系统的，而不是局部的。并从整体上拿出流程优化方案，然后将流程优化方案落实到相应的操作级流程上。承接了优化方案的操作级流程，会由相应的流程责任人负责将方案细化、落实。可能会变成一个个小项目，但同样这些小项目都是紧密围绕端到端流程优化大项目目标的，都是基于整体优化方案出发的，是没有偏离方向的活动，都是增值的。

9. 端到端流程 E 化

在进行 IT 系统规划与建设时，缺乏端到端流程架构指导时，往往是由部门以职能管理的视角去提出流程 E 化需求，或者是采取软件包驱动的方式来建设。这种做法带来的后果是：

IT 系统架构与功能与端到端流程架构及需求不匹配。

端到端流程相关的 IT 系统是割裂的，没有被打通，无法支持端到端流程的高效运作。

端到端流程管理模式下，企业可以基于端到端全流程视图去规划 IT 系统如何建设，也就是我们常说的基于端到端流程做好 IT 系统规划，既包括公司 IT 总体规划，也包括单个 IT 系统规划，可以确保公司 IT 架构（应用架构、数据架构与技术架构）能够支撑端到端流程架构，同时能够保证单个 IT 系统建设的系统性，

端到端流程 E 化要求企业从端到端流程整体 IT 系统打通，做到全流程在 IT 系统中贯通运行，能够实现端到端流程自动化过程监控，能够支撑端到端流程绩效监控、分析与改进。

三、如何实施端到端流程管理

（一）统一理念

端到端流程管理最重要的是建立端到端流程管理理念，只有思想真正改变了，端到端管理才能真正被有效执行。端到端流程管理的核心理念包括：

1. 以客户为中心

以客户为中心或关注焦点是ISO9000质量管理体系建设的八大原则之首，以客户为中心，在说的层面几乎每个企业都做到了，但是在行为层面来看，真正把以客户为中心理念有效贯彻执行的企业凤毛麟角。

以列车乘车服务为例，通常在客户上车不久，都会广播列车服务人员组成及各自的分工与职责，比如列车长、乘警、乘务员等，内容介绍得非常详细，播音员的语言也很甜美温馨。但这种流程设计是不具备客户导向的，或者说客户体验是非常不好的。站在客户角度分析发现，这种流程设计对于客户来说是低价值的，不易于操作的，理由如下：

第一，乘客可能听不清，或者由于其他事情没有留意去听，即使客户认真听了，也记不住，当客户真正有服务需求的时候，早已经忘记找谁，如何联系。

第二，流程设计没有考虑客户需求，客户需要的是简单、方便、容易面向应用场景的，即在需要服务的时候能够容易的得到相关服务。如果遵从以客户为中心设计理念的话，对于以上列车乘车服务流程可以考虑优化如下：

将列车组服务人员姓名、职位、服务内容、联系方式制作成卡片，放在每一位客户容易看到的地方，方便旅客随时查询。

进一步将流程信息化，参照餐厅管理模式，在每一个列车座位边上设置一个应用终端，有需求时旅客只需一按相应的纽，服务人员快速来到现场提供服务。

资料阅读

笔者曾在某大型3C卖场购买了三台格力空调。由于售后安装的时候我不在家，售后服务人员按我太太的意见将空调装到了不恰当的位置。回家后我发现空调位置安装不合适，需要向外部移出40厘米。

在购机时，该3C卖场向我赠送了价值700元的服务金卡，其中就包括了免费移机服务一次。于是我拨通了该3C卖场服务热线，简要介绍了空调安装情况，并希望能够使用服务金卡来享受免费移机服务。

从客服受理电话中，我可以明显地感受到该3C卖场的处理导向：设置种种障碍，让客户知难而退，最终选择放弃免费移机服务。具体障碍如下：

第一，要求客户上店面办理金卡服务申请手续，而不能够通过热线电话的方式。

作为客户，我不理解为什么需要客户上店面办理？为什么不可以直接通过电话来申请？从流程的本质来看，只要能够有效验证或识别客户身份即可，从客户角度来看，客户往往不愿意上店面办理手续。

第二，用解释权来对免费服务项目进行解释，强调我提出的服务不在免费之列，而且在每一次沟通过程中，不同的人解释不一样。

作为客户，我不理解白纸黑字写的东西，为什么含义与服务人员解释的相去甚远？为什么不同人员解释不一？为什么在购机时，不对我进行解释？

第三，办理服务申请手续的时候，要求提供身份证原件与复印件，当我们提供原件的时候，以没有复印件为由拒绝办理服务。

作为客户，我不理解商场有复印机，为什么不能够提供复印服务，还需要客户提前准备好身份证复印件，更不理解提供复印件的价值是什么？为什么公司内部的要求要让客户来埋单？

第四，以不能专程上门为由，要等到我所在小区有人购买空调时才上门服务，而且不能告知我什么时候会来我们小区，让客户陷入无期的等待中。

作为客户，我不理解，为什么不能够快速地提供服务？为什么享受一个免费服务如此复杂，难以操作？

第五，每一次与客服电话沟通时都需要将事情重新说一遍，根本没有将我的服务内容记录在案。

作为客户，我不理解我说过的话为什么要重复说很多遍？面对如此复杂的沟通与服务申请过程，我宁愿花钱找人移机了，最终放弃了该服务申请，同时对这家3C卖场也放弃了。

在出现问题的时候，企业是否有责任感？是否能够信守承诺？是否能够站在客户角度思考？这才是最重要的。虽然过程中，该3C卖场投诉流程也很规范，服务态度也很友好，但在我的眼里，这些都是一文不值的，因为他连做企业基本的诚信都没有。

要做到诚信，对企业与个人而言都不容易，更何况在企业不需要负任何责任的时候，企业能够勇于分担则是更高的追求。如果企业能够做到让客户感觉是有责任感的企业，客户的满意度、忠诚度一定会非常高。

以客户为中心或关注焦点，是端到端流程管理最重要的原则，客户是端到端流程管理的中心，端到端流程设计要求是客户需求触发的，以客户满意为端到端流程设置的目的，端到端流程内的所有设置都要服务于客户满意这一主题。

为了将以客户为中心理念及管理原则有效落地，企业可以考虑从以下几个方面入手：

（1）理念层的宣贯

要将以客户为中心作为公司的核心文化价值观与经营理念，确立它的核心地位。

高度重视对此理念的宣贯，确保宣贯效果。

笔者曾服务过的一家公司，8 天的入职培训主要就解决一个问题："企业核心价值观宣贯"，从宣贯时长来看，几乎一条价值观花了一天的时间，从宣贯的形式上来看，有讲解、有游戏、有辩论、有视频、有榜样现身说法；从宣传效果来说，这七条核心价值观已经深入我的骨髓，让我非常容易理解公司出台的相关政策，也有效地指导了我与同事的合作。

（2）制度层的保障

选人制度，以客户为中心的理念是否体现在员工招聘流程中，体现在对入职员工的选择原则或标准上。从人员的入口就应当要招聘具有良好客户服务意识的员工，如果一个人过于自我为中心怎么可能做到以客户为中心，尤其是对于关键岗位人员的选取上。

用人制度，试想，如果我对于客户为中心大谈其道，而企业以部门为中心，可以做到像张好古一样连升三级，扶摇直上，客户为中心怎么可能成为一种共识与导向？所以在用人决策时，要优先考虑候选人的以客户为中心理念、意识，甚至将其作为必备项或一票否决项，就像华为提出的“脸对客户、屁股对着领导”。

薪酬激励制度，某银行企业在做客户导向文化反思的时候，感触良多地说道，我们嘴上谈的是客户导向，但企业真实贯彻的是部门导向与内部导向，看看我们的绩效考核指标就知道了，几乎全都是内部指标，没有一项客户关注的指标。所以企业需要精心做好相关政策的设计，通过激励机制牵引员工朝以客户为中心努力，让客户导向落实到位，表现好的员工有更好的回报。

业务决策制度，重点关注对客户服务水平或利益有影响的业务事项的决策，确保将客户利益及满意度放在第一优先级的位置。比如合同评审，不能只关注公司是否能挣钱，款能否收回，更要关注客户要求是什么，尤其是对隐含的客户需求的识别，更要关注客户要求的完美实现以及对客户满意度的管理。

（3）行为层的落实

做厚客户界面，企业经营管理系统再强大，如果面向客户提供服务时，与客户进行交互时，不能把能力发挥出来，不能保证客户服务质量与客户体验，一切都是胡扯。诚如《发现利润区》一书所言，企业规模越大，企业离客户越远，客户界面越不友好，能力越弱。所以，组织进入官僚化阶段一定要审视管理系统，一定要沿着流程去简化与优化管理系统，确保资源与能力向一线倾斜，把客户界面做大。一个典型的事实是，不论华为还是海尔都提出流程梳理与优化要反过来，从一线开始向总部机关梳理，并提出倒金字塔组织架构。

客户界面是什么呢？简单来说就是客户接触点的组合，即在每个客户接触点上，公司的流程、人员、设施、IT 系统等综合表现出来的界面与能力。做厚客户界面就是要在每一个客户接触点上，公司具备厚实的界面与强大的服务能力，例如：为客户服务的一线人员的综合素质、流程设计、IT 系统平台、管控授权、知识支撑等。

在贯彻“以客户为中心”理念时，企业不仅要关注外部客户，也应当要关注内部客户，尤其是面向外部客户服务的一线作战人员。为什么企业普遍存在流程制度执行难的问题？其中最重要的一点在于企业流程设计缺乏内部客户导向。

对此笔者有深刻的体会，尤其是当笔者从多年工作的后台岗位走向前台做销售工作时，印象更为深刻，绝大多数后台部门制度设计是不可执行的。道理很简单，作为一线作战人员，他的主业是打仗，打仗的目的是为公司赚钱，创造价值，执行后台部门规章制度与管理要求一定是辅业，所以企业可以做一个简单的分析，一线作战人员有多少时间花在了战斗中，有多少时间花在满足后台部门的管控要求？另外作为一线人员他的工作优先度一定是先作战，后满足后台部门管控要求，他不可能有太多时间去研究复杂的流程制度设计的。

客户导向的流程设计就要保证让一线人员少花时间做内部事情，让一线人员操作简单、方便、友好。如何做到为内部客户提供客户导向的流程设计呢？具体如图 4 –10 所示：

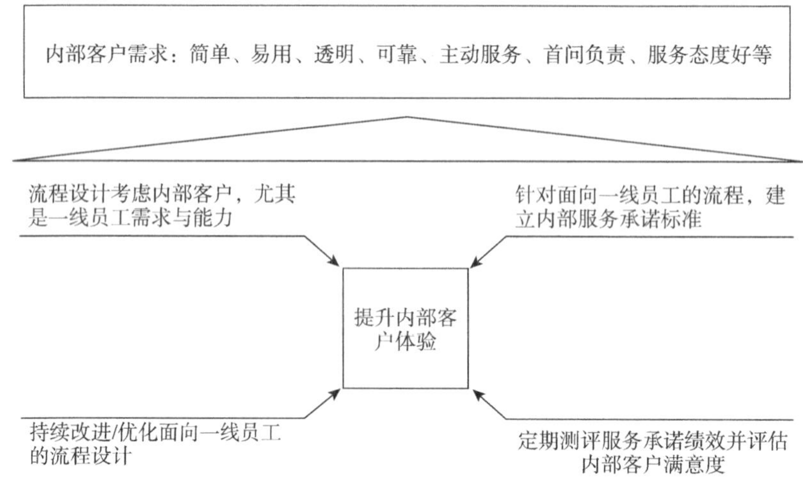

图 4 –10　客户导向的支撑类流程设计示意图

内部客户导向流程设计程序如下：

流程设计要考虑内部客户，尤其是一线员工需求与能力，满足一线员工的需求，与一线员工的能力相匹配。

针对面向一线员工的流程，建立内部服务承诺标准，确保推动后台部门提升服务意识、服务能力与服务水平，进而提供内部客户的满意度。

定期测评服务承诺绩效，并评估内部客户满意度，并将结果纳入后台部门的绩效考核。

持续改进、优化面向一线员工的流程设计及配套的管理设计（组织职责、绩效测评与考核机制、IT 系统平台等）。

2. 管理的系统方法

管理的系统方法是质量管理八项原则之一，也是端到端流程管理的核心理念与原则。在 ISO9000 质量管理标准中，要求把质量管理体系作为一个大系统，对组成质量管理体系的各个过程加以识别、理解和管理，以达到实现质量方针和质量目标。将这一原则延伸至端到端流程管理，可以定义为：要求把端到端流程作为一个大系统，对组成端到端流程体系的各个流程加以识别、理解和管理，以达到实现端到端流程的战略和流程目标。

管理的系统方法理念的核心有以下三个方面：

第一，实现端到端流程战略与目标是端到端流程管理的宗旨。端到端流程管理一切要围绕端到端流程战略及目标服务，端到端流程中的三、四级流程目标要服务于端到端流程总目标，有利于达成端到端流程目标最优的管理措施才是有价值的，对达成端到端流程目标没有贡献的管理措施是不增值的，是应当被去除的。

第二，管理的系统方法的关键在于有效的识别端到端流程之下包括哪些三、四级流程，以及这些三、四级流程之间的相互作用与接口关系。所以，端到端流程规划是管理的系统方法的前提与基础。

第三，要坚持“大处着眼，小处入手”的原则。基于端到端流程全局进行全流程策划，确定端到端流程的策略、目标、关键控制点等，然后将这些要求具体落实到每一个三、四流程设计中。

3. 横向拉通

横向拉通是端到端流程设计的核心原则，即要求从客户需求开始到客户满意终止，实现全流程拉通。打个比喻来说，如果将一个端到端流程比作 4 × 100m 接力赛，端到端的定义是从比赛的起点要能够贯通到比赛的终点，即一个优秀的 4 × 100m 比赛不在于起跑是否快速，每一个 100m 是否跑得快，而在于到达 400m 终点是否快。要实现 4 × 100m 的好成绩，就必须做到端到端，4×100m 端到端流程由 4 个 100m 子流程组成，横向拉通的关键在于每一个流程之间的衔接，即每一个 100m 之间的衔接要拉通，一个好的横向拉通就是前 100m 流程在最后几米保持快速跑动时，能够准确无误地将接力棒传递到下一个 100m 流程执行者手上，同时不影响他的启跑速度，这就是无缝对接。

对于端到端流程而言，在前一个流程结束之后，产生一个触发事件，通过这个触发事件传递到后一个流程，并触发其能够快速正确的启动，从而实现整条端到端流程运行的快速高效。要保证端到端流程能够拉通，要求做到六个方面的拉通，如图 4－11 所示。

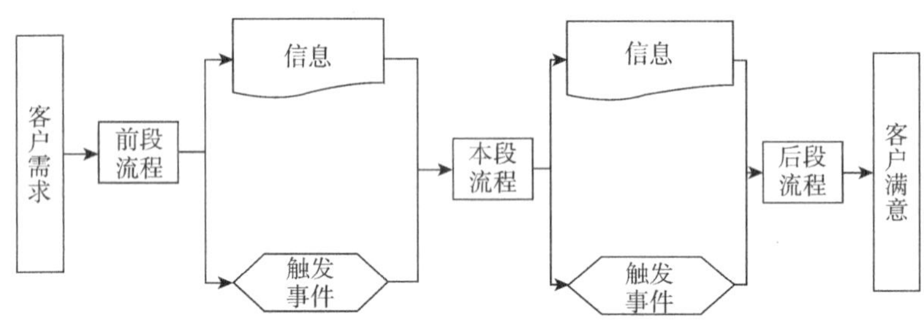

图 4－11　端到端流程示意图

4. 纵向集成

没有任何一个端到端流程可以独立地完成客户所需要的全部价值交付，它必然要调动其他的一级流程。纵向集成就是指端到端流程能够与其他相关的端到端流程进行有效集成，从而实现对其他相关一级端到端流程的调用。

以 LTC（从线索到回款）流程为例，战略管理为与 LTC 流程之间有集成关系，战略管理会向 LTC 流程提供全流程战略指引，在 LTC 流程商机管理的时候会与供应链管理流程中的计划进行集成，商机会为计划中的销售预测提供信息输入；在合同执行流程阶段，会触发集成产品研发与集成供应链流程，对于需要全新开发的，则启动集成产品研发流程，对于不需要全新开发的，则通过销售订单触发集成供应链流程，将产品进行制造并将交付。如图 4－12 所示。

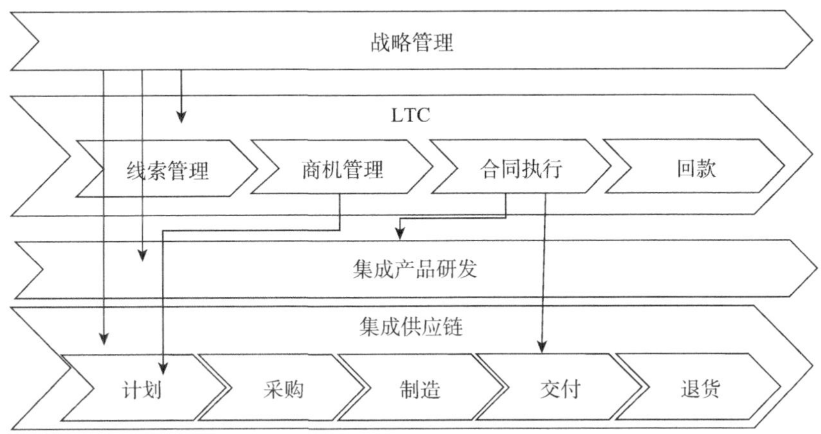

图 4－12　纵向集成示意图

（二）从操作层打通端到端流程

1. 流程打通的六个维度

端到端流程打通通常包括从目标、策略、职责、活动、信息及 IT 六个维度的打通，如图 4－13 所示：

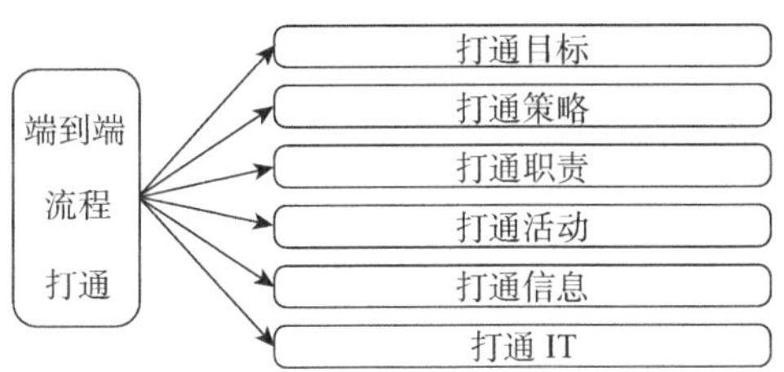

图 4－13　端到端流程打通的六个纬度

打通目标：确保端到端流程内的各三、四级流程目标及设计与端到端流程总目标保持一致，确保端到端流程总目标能够有效地分解到各三、四级流程目标。

打通策略/规则：端到端流程内各三、四级流程设计与运行策略与端到端流程总策略保持一致，而不会出现相互冲突或不一致。

打通职责：建立与端到端流程相匹配的组织架构与职责分工，确保端到端流程管理职责落实到位，并确保端到端部门之间职责界定清晰。

打通活动：端到端流程内的活动流是全程贯通，首尾相连的，包括三、四级流程之间是集成的，流程内活动之间接口是清晰与顺畅的。

打通信息：端到端流程输入信息能够从前向后顺畅无衰减地传递，流程反馈信息能够从后向前准确、快速传递。

打通 IT：端到端流程涉及相关 IT 系统之间能够打通，全流程状态透明、易于监控，全流程数据信息集成共享、易于统计。

2. 如何打通流程目标

根据公司战略目标制订一级端到端流程绩效目标与指标，这些一级流程绩效目标能够直接指向财务维度目标或客户维度目标，并体现了对组织绩效目标的分解与承接。

将一级流程绩效目标与指标分解为二、三、四级流程绩效目标与指标，形成端到端流程目标指标体系，通过一级流程绩效目标统一并集成各二、三、四级流程目标及各功能部门之间的目标，从而做到端到端流程业务域内角色目标一致，协同作战。

将端到端一级流程绩效目标与指标落实到相关责任主体的考核机制中，包括对流程各级所有者，流程涉及相关部门，对流程绩效有关键影响的相关岗位。端到端流程绩效目标与指标在相关部门/岗位考核方案中需占有一定的权重，确保相关责任主体重视。

3. 如何打通流程策略与规则

（1）基于公司的战略目标，从端到端流程视角建立全流程统一的策略导向，并将一级流程运作策略分解为相关的原则，再将原则细划成三、四级业务运作规则与标准。

例如，若企业将质量领先作为供应链端到端流程的策略导向，那么在供应链全流程中将质量领先策略贯彻到计划、采购、制造、交付、退货全过程，并转化为相应三、四级流程的管理原则或业务规则，如供应商准入标准、供应商选择策略或标准、配额分配标准等。企业实际操作过程中，往往容易出现全流程策略不一致，相互冲突，往往是质量部门关心质量，制造部门关心生产效率，销售部门关注准时交付率，物流部门关注物流费用。

（2）从端到端流程视角建立全流程统一的时效标准。时效标准制订采取自上而下分解法，首先根据流程客户需求识别全流程周期的目标要求，然后沿着流程架构将其分解到二、三、四级流程的时效要求，直至每一个活动的时效标准。

时效是端到端流程最重要的流程绩效目标之一，面向快速多变的市场环境，流程运作一定要快速、及时，而实际情况是企业端到端流程时效标准往往是缺失的，尤其是很少制订全流程贯通一致的时效标准。

（3）从端到端流程视角建立全流程业务对象统一的分类、分级规则与标准，并在全流程进行统一的应用，以确保分类、分级是站在全流程高度设计的，并且业务差异化策略是全流程拉通的，是统一的。

例如物料分类标准、供应商分类标准、客户分类标准、订单分类标准等。企业实际运行过程中，对于同一业务对象，不同部门往往会从各自的职能视角给出不同的分类分级标准，导致分类不统一不系统，同时分类标准无法在全流程应用。

（4）从端到端流程视角建立全流程统一的业务处理优先规则，以确保能够从端到端流程客户角度进行优先排序，将有限的资源得到最佳的配置，从而发挥最大化价值。企业实际运作过程中，往往缺失统一的优先排序规则，容易出现靠人去抢资源，强势的领导或部门，相应的业务处理得快速，相反则被安排在后面。

4. 如何打通流程职责

（1）根据流程清单任命每一层级流程所有者，确保每一层级跨部门流程管理责任落实到位。其中一级、二级流程所有者侧重于规划与统筹，一级流程所有者对端到端全流程绩效负责，二级流程所有者对二级流程绩效负责；三、四级流程所有者侧重于业务具体运作，将一级、二级流程规划与管控要求落实到三、四级流程中。

（2）明确端到端全流程过程监控与跟进责任人，负责从开始到结束全过程跟进流程执行状态，发现问题及时进行催办与处理，确保端到端流程能够按预定进度完成。同时建立全流程升级跟进机制，确保流程出现异常时能够被升级到相应的管理层级，从而得到及时的解决。

（3）从端到端流程视角统一识别流程需设置的决策点，并对每个决策点建立规范的决策程序与职责。一旦出现需决策的事项，能够快速地按预设的决策程序执行，保证端到端流程运作高效、快速。

（4）从端到端流程视角拉通全流程角色，并基于全流程界定相关角色的职责定位，然后在三、四级流程活动中，将相关角色职责定位、分解、细化为明晰的职责要求，确保端到端流程管理、执行、检查责任落实到位，每一个角色职责边界清晰。

（5）基于端到端全流程，审视现有组织架构是否能够支撑流程高效率运行，针对存在问题，对现有组织架构进行相应的调整、优化。

企业实际运作过程中容易出现的组织设计问题有：

- 全流程部门职责过于分散，导致全流程协同困难，找不到相应流程绩效的责任主体。在这种情况下，企业可以考虑按端到端流程之下的二级流程去指导组织设置，确保一个二级流程能够找到一个主导部门去承接，尤其不宜出现两个或以上势均力敌的部门，这样就会导致职责的落空或协同的难度巨大。

- 端到端全流程归口管理部门缺失，没有部门对端到端流程规划、设计、分析与改进负责，这样会导致即使任命了流程所有者，但由于缺乏部门的支撑，所有者很难把端到端流程真正管理起来。在这种情况下，企业可以考虑通过调整部门职责或分管领导职责，来提升某个部门或岗位对端到端全流程管控的力度，达到归口管理部门的标准。

- 端到端全流程跨部门重大问题或事项缺乏决策机构去拍板，导致跨部门重大问题升级决策困难。在这种情况下，企业可以考虑通过设置委员会的方式，来承担流程重大事项的决策职能。

5. 如何打通流程活动

（1）审视企业当前的流程架构是否符合端到端设计原则，如果不符合，则要对流程架构进行调整。然后通过流程架构，将端到端流程内的三、四级流程进行集成与串接。

（2）通过端到端流程视图绘制，将端到端流程内的三、四级流程间的接口关系梳理清晰，理顺端到端流程内三、四级流程之间的接口，以及端到端流程与外部流程之间的接口。

（3）基于端到端全流程分析，识别并去除不必要的活动或不增值的活动，确保端到端流程内的活动均直指端到端流程客户需求与流程目标要求。

例如，从单个三、四级流程来看，可能某些审核活动是必需的，但从端到端全流程视角来看，也许这些审核活动是重复或不增值的；又如从部门管控视角来看有些三、四级流程或活动是有价值的，但站在端到端全流程视角来看这些三、四级流程或活动可能是不必要的、不增值的。

（4）梳理端到端流程客户接触界面与接触点，简化客户接触界面，尽量实现单点接触客户。这个客户既包括公司的外部客户，也包括在公司一线作战单元的内部客户。

（5）基于端到端流程视角识别并评估流程风险点，识别其他重大风险点及对应的流程关键控制点（KCP），并在关键控制点（KCP）对应的三、四级流程上建立相应的控制措施。

（6）从端到端全流程视角来看，是否能够满足不同业务场景的需求？如果不能满足某些业务场景需求，则要从端到端全流程识别差异化流程设计要求。这样操作的好处是能够系统地对特殊的业务场景进行差异化设计，确保全流程能够贯通，并且能够很好的满足特殊业务场景的需求。

（7）从端到端全流程来看，审视流程是否存在活动不闭环的情况。常见有两类不闭环：第一类，没有站在客户视角实现从需求到满意的贯通，中间缺少了某些环节；第二类，没有实现管理的闭环，即计划——执行——检查——改进。企业实际场景中，往往会缺失计划、检查与改进的环节。如果发现流程存在管理不闭环，则修改流程架构，实现全流程闭环之后，完成相应三、四级流程地修改。

6. 如何打通流程信息

（1）从端到端流程视角审视全流程，前段流程是否为后段流程提供了充分、准确、及时的信息输入，并有效传递给后端需要使用信息的角色，确保后端流程运作的及时与准确。如果存在问题，则基于后端流程的信息需求，重新设计前端流程相关信息采集点的管控要求，确保客户信息能够无障碍、无衰减地传递到后端需要使用信息的角色。

（2）从端到端流程视角审视全流程，后段流程是否为前段流程提供了充分、准确、及时的前段流程执行情况、结果反馈信息，便于前段流程能够清楚流程设计或执行存在哪些问题，及时地采取相应的调整、改进措施，确保流程绩效目标达成。如果存在问题，则基于前段流程闭环管理需求，重新设计后端流程相关信息反馈点的管控要求，确保及时将后端信息传递给前段。

（3）从端到端流程视角审视全流程数据定义标准是否一致？口径是否统一，是否存在因数据质量不准确而影响端到端流程执行与绩效？如果存在问题，则规范相应的数据定义标准及数据质量控制标准。

（4）从端到端流程视角审视全流程的决策点信息是否拉通，前段决策信息被有效的继承到后端，不致于同样的问题重复决策。如果存在问题，则通过优化相应流程与 IT 系统来解决。

（5）从端到端流程视角审视全流程是否存在报表重复、冗余，导致企业付出不必要的人工操作。如果存在，则对报表体系进行系统梳理，通过对报表的整合、去除、自动化，大幅精简员工的非必要报表工作量。

7. 如何打通流程 IT

（1）从端到端流程视角审视全流程涉及 IT 系统之间是否打通？即相关的 IT 系统之间接口是否贯通，数据是否集成，信息是否共享，而不是相互割裂的信息孤岛。如果 IT 系统之间未打通，则基于端到端流程识别 IT 系统打通需求，通过开发系统之间的数据接口或借助于 BPM（工作流引擎）来实现 IT 系统之间的贯通。

（2）从端到端流程视角审视是否实现了全流程 IT 化支撑，还存在哪些手工操作？通过将手工（系统外）流程 E 化，为实现全流程在 IT 系统中运行的贯通打下基础。一旦实现了全流程 E 化，端到端流程过程管控自动化处理、智能分析等均会得到大幅度的提升。

（3）从端到端流程视角分析，全流程中是否存在信息重复录入、统计、传递等不必要的手工操作，识别出这些问题后，通过 IT 系统开发与优化，将这些不增值环节去除，大幅提升操作效率。

（4）从端到端流程视角分析，全流程中规则化的活动是否实现了 IT 系统自动化，如果没有实现，则通过 IT 系统开发、优化，提升 IT 系统自动化程度，减少人工操作量，提升效率与质量。

（5）从端到端流程视角分析，全流程中的台帐与报表是否存在不必要的手工操作？如果存在，则通过相应 IT 系统开发/优化，实现台帐与报表的自动化与智能化，提升流程决策分析能力。

（6）从端到端流程视角分析，全流程过程执行状态跟进是否在 IT 系统中实现贯通与自动化？如果没有实现，则通过 IT 系统开发/优化，形成全流程过程监控报表与自动异常提醒等实现全流程操作透明度与跟进自动化。

第五章
流程治理机制怎么建

一、为什么需要流程治理机制

随着流程管理的推广与深化运用，越来越多的企业对流程治理机制有着强烈的需求，在从事流程管理专业咨询时，笔者碰到非常多这类客户。这类客户共同特点是：经过3年左右的时间完成流程体系建设（有的企业叫制度化，有的企业叫标准化，有的企业叫流程梳理），将企业流程文件化体系建立起来了。流程体系建设的过程，流程管理团队是目标清晰的，工作非常饱和且干劲十足，工作成果得到了公司各级员工的高度认同。然而，完成体系建设之后，流程管理团队开始迷茫了，问题来了不知道下一步该如何走，主要表现在：

第一，建完流程体系之后，接下来要做什么？可以做什么？这些事情怎么做？

第二，建流程体系容易，推行流程体系难。如何巩固流程体系建设成果，通过成功地推行确保流程体系产生价值，让企业尝到流程管理的甜头，让不同级别的员工感受到价值？

第三，如果真要把流程管理好，似乎需要业务部门积极参与，但如何有效地调动业务部门及流程所有者的积极性，让他们真正重视流程管理，并把流程管理好，保证企业流程高效运行？

我们知道，一个管理体系设计得再好，如果不去运作，或执行不到位，也不会有多大价值。相反，一个不太先进的管理体系，如果能够被企业充分应用好，也能产生巨大的价值。一个管理体系设计得再好，也只能适用一段时间，当企业面临的环境发生变化时，曾经卓越的管理体系可能已经落后于业务需求，甚至成为业务发展的阻碍。

可见让流程体系产生价值需要解决两个核心问题：执行力与持续改进。

执行力是摆在中国企业面前的一道坎，跨过去就能够成为优秀的企业，跨不过去，企业仍然停留在人治阶段，无法达到优秀。执行力也是优秀管理体系或管理方法能否成功推行面前的一道坎，跨过去，则能够切实提升企业管理水平，并带来经营业绩的改善，跨不过去，则会成为“食之无味、弃之可惜的鸡肋”，甚至直接被摒弃。从质量管理领域来看，早期的全面质量管理模式推行，中期的ISO9000质量管理体系认证，现在的六西格玛质量改进模式，真正成功推行的非常少见。

同样，对于流程管理，如果企业不能迈过执行力这道坎，企业流程管理的命运与归宿就将是价值极低的流程文件管理，与ISO9000体系一样，被束之高阁。

持续改进是中国企业面前的另一道坎。中国企业由于制度化管理水平不高，喜欢人治模式，人治最大的特点就是因人而异，管理体系的建设就象时装秀，随着管理者的变化而不断的变化，管理体系很难得到继承，持续改进更是一种奢望。

反观华为在学习西方先进管理方面的方针是先僵化、后优化、再固化。僵化用任总的话说就是削足适履，穿好美国鞋，体现了华为强大的执行力；华为公司在与HAY公司合作人力资源管理项目时，任总说：“当我们的人力资源管理系统规范了，公司成熟稳定之后，我们就会打破HAY公司的体系，进行创新”。可见管理体系引进之后的消化吸收与持续改进非常重要。

从事管理咨询时，一位同事曾说过，一个企业如果能够拥有一个世界级的核心能力，能够将一个管理方法或工具应用到极致，就能够成为世界级企业。

其实企业并不缺乏管理理念、方法与工具，真正缺乏的是如何让这些先进的管理方法有效实施。以流程管理方法来说，缺乏的是如何有效的推动流程体系实现PDCA闭环管理。如何实现流程体系PDCA闭环管理呢?依靠的是流程治理机制。为此企业流程管理专业人员必须掌握流程治理机制设计与实施的能力。

二、什么是流程治理机制

在企业任职流程管理总监时，笔者曾经组织企业中高级管理层会议，讨论什么是治理机制，我们最终得出的结论是：让管理体系能够动起来，能够有效运行并持续改进的内在机理与制度安排。简单而言就是如何保证管理体系能够有效的动起来，实现 PDCA 闭环管理的东西。

流程治理机制是保证建立的流程体系能够长治久安，能够触发企业流程体系实现自我发现问题、分析问题并解决问题，从而实现自我完善，能够促使流程体系有效执行并持续改进的保障机制。是企业流程管理从自由王国走向必然王国，从人治向法治成功转变的决定性因素，为此，对于企业流程管理至关重要。

流程治理机制包括：流程体系责任机制，即保证流程体系运行与改进有责任保证；流程体系运作机制，即保证流程体系运行有科学规范的方法保证；流程体系决策机制，即保证流程体系运行有决策及领导重视保障；流程体系激励机制，即流程体系运行有动力与压力机制，也可以简单称之为四有：有责任、有方法、有决策、有动力。流程治理机制如图 5 －1 所示：

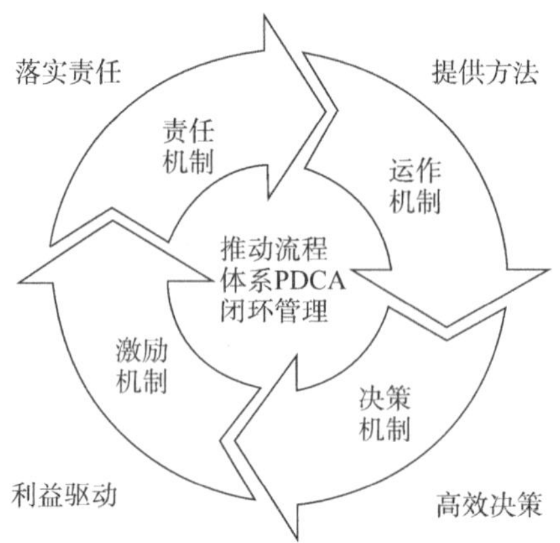

图 5 －1　流程治理机制示意图

三、流程责任机制怎么建

流程是横向的，强调跨职能的整合与协同，职能是纵向的，强调的是领域内的精细化与专业化。流程的要求通常与职能的要求是冲突的，从端到端流程运作来看，流程是由内外部客户需求去触发的，要求面向客户与一线。但直线职能制管理模式下，企业的资源（人、财、物、政策等）却掌握在远离一线的职能部门或管理者手上，他们不了解业务，他们的思路是管控，从专业管理角度设置控制点与关卡。很显然，二者起冲突是不可避免的。所以，流程体系运作自然会被职能部门所抗拒，如果不在责任机制上调整，流程体系是无法被执行的。

流程体系建设完成之后，如果在公司的组织架构与职能职责上不做任何调整，几乎可以断言，流程体系无法有效执行。因为只有流程管理部门会关注，由于责任未变，组织还是沿袭了原有的职能管理模式，业务运作方式肯定不会发生变化。

流程体系责任机制核心在于解决流程体系闭环管理责任落实与权力分配的问题，具体包括：流程管理组织架构设置，流程管理相关组织权责分配。

（一）流程管理组织

1. 流程管理三类关键角色

在考虑如何构建流程管理组织架构之后，先需弄清楚**流程体系闭环管理的三个角色：流程所有者、功能部门、流程管理专业部门**。流程所有者是对流程最终结果负责的人，类似于项目经理角色，负责带兵打仗，对最终的成果负责；功能部门负责执行流程，为流程高效运行提供资源与专业能力，负责练兵与能力建设，对流程任务执行负责；流程管理专业部门则是流程体系闭环管理者，负责流程体系的建设、推行与完善，保证流程所有者在这个体系下能够有效并高效的开展工作。

不同企业由于所处的发展阶段不同，所处的行业不同，企业管理基础不同，企业文化不同等等，所需要的流程管理组织架构也各不相同，无法套用统一的组织架构模式，但这三个角色是不可缺少，不论是采取专职方式还是兼职方式。

在弄清楚以上三个角色之后，要考虑如何保证所有者能够有效的发挥作用，需要为流程所有者提供必要的支持。一般而言，流程所有者需要以下两类支持需求：

(1) 领导层支持

领导支持主要包括三方面：决策支持，能力支持，资源支持。

企业管理者都有深刻的体会，搞定部门内部的事情通常比较容易，但面对跨部门的事情时，大多数人没有信心，感觉会陷入无能为力的内耗之中。采取传统职能式管理企业的做法是从组织架构调整上入手，将难协调的职能放在一个部门或一个领导下。这种模式无法从根本上解决问题，因为不可能将端到端流程相应的职能完全划归到同一个部门之下。端到端流程管理模式下，通过任命各层流程所有者，尤其是通过端到端一级流程所有者负责端到端流程跨部门协同。

流程所有者任命文件发布之后，流程所有者并不会自然地发挥跨部门协同作用，相反，他会遭遇到传统的职能惯性的阻力，甚至强大职能部门的反对。在流程管理组织架构设计的时候，需要考虑有人为流程所有者撑腰，提供有力的支撑，组织规模越大，越复杂时，这种需求越强烈，越必要。当流程所有者面临棘手的跨部门协同问题、面临跨部门分歧僵持不下的时候，流程治理机制必须保证有相应的决策力量（升级决策机制）提供支持。这种决策机制首先要保证能够有效决策跨部门问题或决策事项，其次要保证决策的过程与结果符合端到端流程管理理念。

在推行端到端流程管理模式之前，除总经理之外的大多数职能管理中高层领导，都只是对某一块职能领域负责，从来没有端到端一级流程的管理经验。而推行端到端流程管理模式的初期，端到端一级流程所有者只能从职能管理模式下的中高层领导中任命，所以端到端一级流程所有者并不完全具备与端到端一级流程所有者角色相对应的能力、任职资格要求。

所以在端到端一级流程所有者推动一级流程变革与生命周期管理的过程中，需要更高的组织层级为其提供能力支撑。这种情况主要出现在端到端流程高阶管理需求中，主要包括：端到端一级流程战略的制订，端到端一级流程目标与管理原则的制订，端到端一级流程架构（业务模式）规划、选择，端到端一级流程变革重大里程碑点的决策（立项决策、流程优化方案决策等）。

端到端一级流程所有者需要的第三个领导支持是资源配置。在推行端到端流程管理模式之前，企业配置资源是按职能部门维度进行的，即按部门分配资金预算、人员编制、项目资源等。导入端到端流程管理之后的前几年，也不太可能实现按端到端一级流程维度去分配资源，所以必然会导致一级端到端流程管理与运作存在资源不足的情况。在流程治理机制设计上，需要考虑为端到端一级流程所有者提供更高的管理层级，为其提供必要的资源保障。

端到端一级流程运行需要的资源主要包括：

端到端一级流程变革项目保障资源，如人力资源投入需求，外购资金需求（包括 IT 软件采购费、相应设备外购费、第三方服务费用等）。

端到端一级流程管理所需的人力资源编制保障，导入端到端流程管理模式后，很多企业需要采取不增加人员投入的方式，由现有的人员来承担，这种做法往往不理想。参照国内外优秀企业的做法，可以发现企业会增加一定数量的专职流程管理人员，来确保端到端流程管理模式的持续推行、深化应用与改进。

端到端一级流程管理所需要的激励资金需求，集中需求体现在流程变革项目激励，如果没有激励资金保障，所有者很难充分调动相关人员的积极性。

端到端一级流程能力提升涉及的费用，即如何为端到端一级流程关键岗位人员的能力提升提供资源保障，主要是人才培养资金支持。

（2）执行层支撑

从纵向维度来看，流程管理需要上接战略，下连 IT。领导层支撑为流程所有者提供了向上对接战略的支持，但在下连 IT（可以广义的理解为作业层面的工具、方法与能力）时，流程所有者显然无法面对细节的海洋，没有精力与能力深入到作业层面的流程细节中去，为此流程所有者需要执行层支撑，即从流程治理机制设计上，有组织去支撑他，把执行层的端到端流程管理工作承接起来。

执行层端到端流程管理的支撑需求主要包括：

端到端一级流程年度变革规划组织、推进、过程控制、协调与指导等，包括在准确解读公司战略方向、目标与举措的基础上，将公司战略目标进行分解，将其转变为端到端流程的绩效目标，再转为化端到端流程目标达成的举措，并进一步分解为端到端流程变革思路与要求等工作。

端到端一级流程架构规划组织、推进、过程控制、协调与指导等，包括端到端一级流程领域内流程清单的盘点，端到端一级流程领域流程架构运行问题的调查与分析，端到端一级流程标杆架构研究与分析等。

端到端一级流程生命周期管理组织、推进、过程控制、协调与指导等，包括流程梳理、流程推行、流程执行过程遵从性测试、流程绩效评估与分析、流程优化等。

2. 流程管理组织设计模型

进入到具体的流程管理组织架构设置上，很难给出统一的架构，必须综合考虑企业管理基础、所处行业特点、组织发展阶段、组织规模、企业文化等因素来决定。但不论采取哪种模式，流程所有者、流程管理部门、职能部门这三类角色是必须存在的，同时流程所有者的两类支撑也是必备的，否则，流程管理体系就无法保证有效运转起来。为了便于指导企业设置流程体系组织架构，笔者给出流程管理组织架构设计参考模型，如图 5－2 所示：

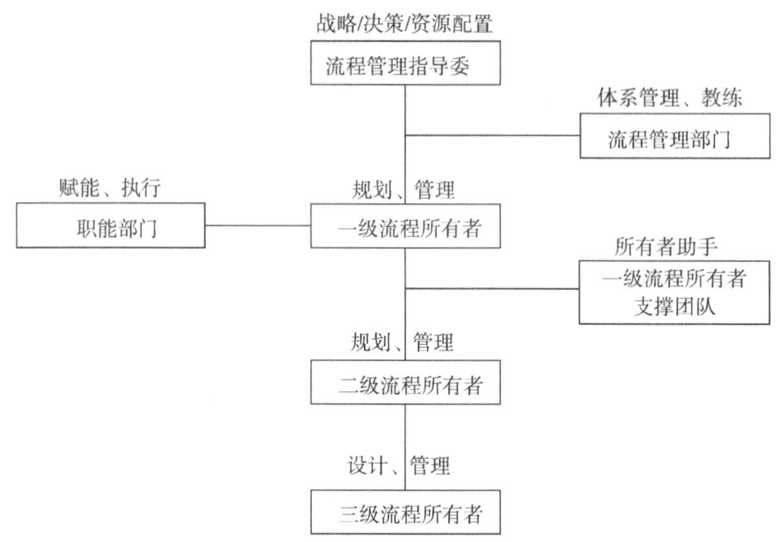

图 5－2　流程管理组织架构设计参考模型

对于流程管理组织架构设计参考模型关键点说明如下：

(1) 流程管理指导委设置说明

首先要考虑组织规模，对于小型组织，这个角色可以由总经理兼任，无须设置一个专门的委员会。对于大中型组织，可以考虑公司总体设置一个由公司分管副总组成的流程管理指导委员会。对于超大型组织，可以考虑在公司流程管理指导委员会的基础上，按端到端流程一级流程分级再设置相应的流程管理决策委员会，如 LTC 流程管理决策委员会、供应链流程管理决策委员会等。

其次要考虑与现有组织架构相匹配，最好能够充分地继承或利用现有组织架构，不建议另起炉灶，重新设置。因为企业委员会一旦多了，往往就会运作无效、形同虚设。可以考虑与企业现有的办公会议、经营管理委员会等进行整合。

一定要明确流程管理委员会的运作机制、决策事项与范围，否则也很难保证机构设置之后的运作及效用的发挥。M 企业总裁对公司核心价值链主流程管理非常重视，成立了由公司高管团队及核心业务部门负责人组成的价值链管理委员会，并要求每个月召开一次会议，集中推动研、产、销流程的协同与绩效提升，但运作不到一年就不了了之了。原因何在？很简单，运作机制、决策事项与范围没有明确，导致该升级决策的问题不提交，不该升级的问题却跑到会议上来。当制造领域人员不断将诸如员工工资发放不及时、劳保用品数量不足等问题提交决策时，总裁断然决定核心价值管理委员会停止运作。

（2）流程所有者设置说明

第一，任命流程所有者是必需的，不论企业规模有多大，因为流程所有者是流程体系闭环管理的核心责任主体，端到端流程能否高效运作关键取决于流程所有者。

第二，流程所有者任命是分层级的，通常有一级流程所有者、二级流程所有者、三级流程所有者。不同层级流程所有者定位不同，一级流程所有者是对端到端流程最终结果负责的，主要定位为端到端一级流程规划与管理。规划主要包括流程变革规划及流程架构规划，管理主要包括流程变革项目实施管理及流程生命周期管理。一级流程所有者负责管理二、三级流程所有者。二级流程所有者同样定位为规划与管理，与一级所有者不同点在于，所管理的范围不同，在一级流程所有者整体规划与管理要求下，负责对一级流程中的某个二级流程进行规划与管理。三级流程定位为设计与管理，设计是负责对管控级单个流程的设计（梳理），管理是对管控级单个流程进行生命周期管理。

第三，对于业务复杂及超大型组织，一、二级流程所有者要考虑根据不同的业务场景设置多个所有者，常见的有 BU（bunsiness uit），如事业部、制造单元、产品线、区域（片区、大区）等。举例来说，从公司整体来看，ISC（集成供应链）流程可能会按不同 BU 设置 ABU 供应链流程所有者、BBU 供应链流程所有者等。

最后，流程所有者设置过程中，一定要明确流程所有者与功能部门之间的区别，界定二者之间的定位与职责边界，以利于后续所有者机制的正常运行。

（3）流程管理部门设置说明

第一，需要考虑的是规模问题。对于规模小的企业，无须设置专门的流程管理部门，但专职的岗位是必需的，而且尽量保证能够全职负责流程管理工作。对于大中型规模企业，可以考虑设置专业的流程管理团队，为了提升其重要度，可以成立专门的流程管理部门。从国内企业实践经历来看，流程管理做得相对较好的企业一般都有专业流程管理部门或团队设置，往往不是一个人在战斗。对于规模超大型企业，专业的流程管理部门是必需的，而且要保证充足的人力资源配置。

第二，要考虑流程管理部门或人员与其他职能合并的问题，即流程管理人员或部门放在哪个大的部门之下。从企业实践来看，有以下几种常见做法：

方式一：与 IT 部门合并，并将原 IT 管理部更名为流程 IT 部。国内流程管理推行较早且成熟度高的公司大都采取这种模式，如华为、联想、海尔等。这种模式的好处是本着先流程后 IT 的原则，基于卓越的流程去建设 IT 系统，提升 IT 系统的能力，同时通过 IT 系统将优化后的流程进行固化，提升流程体系运行的有效性，从而达到业务与 IT 的深度融合。如果 IT 部门在公司地位较低时，不适合采取这种方式，否则流程管理后续很难推动。

方式二：与多项职能管理进行合并，形成一个复合型管理部，比如某企业曾经将战略、流程、绩效、IT 全融合在一块。某台资企业成立系统规划部，将流程、绩效管理、IT 管理整合在一起，强调管理模式的创新与复制。这种模式下需要找到能力优秀的部门负责人，否则很难实现整合预期效果。

方式三：与综合管理部门合并，综合管理部名称多样，有的叫企管部，有的叫运营管理部，有的叫综合管理部等。这种方式好处在于能够保证流程管理的高度，将流程管理聚集于经营与管理的关键问题，与战略方向保持一致。

具体采取哪种模式，要因企业实际情况不同而异。越来越多的企业采取第一种模式，将流程与 IT 管理结合在一起，共同对变革与 IT 管理流程负责。

(4) 一级流程所有者支撑团队设置说明

一级流程所有者支撑团队设置同样主要取决于企业的规模。对于规模小的企业，无须设置支撑团队，直接由二、三级流程所有者承担相应的工作；对于规模中等的企业，可以考虑在各一级部门设置流程管理接口人的方式，协助一级流程所有者负责本部门涉及相关流程的管理工作；对于规模超大型企业，可以考虑成立专门的 PC（process contoller 流程控制员）团队，可以按流程架构来设置，简单的办法是一个二级流程设置一个 PC，复杂一些可以按一个三级流程设置一个 PC。

与流程指导委员会设置一样，要充分考虑各部门现有的组织设置，与现有相关管理接口人进行充分的融合，否则会出现管理接口人一大堆，增加不必要的管理复杂度与成本。例如可以将部门 IT 管理接口人、固定资产管理接口人等与流程管理接口人进行合并。

（二）流程管理职责

基于流程管理组织架构设置模型，介绍流程管理相关角色的职责分工。各流程管理角色职责分工很难制订统一的标准，为了便于读者理解，给出各流程管理机构职责参考说明如下：

1. 流程管理指导委

负责审批公司流程总架构及各一级端到端流程架构。

负责任命公司一级端到端流程所有者。

负责对一级流程所有者流程管理工作进行评估与考核。

负责审批公司年度流程变革规划及相关预算。

负责公司流程变革项目里程碑决策点的决策，具体包括：流程变革项目立项决策、流程优化方案评审决策、流程变革项目试点结果评审决策、流程变革项目验收决策等。

为公司流程变革项目实施提供资源保障。

负责解决跨一级流程域问题的决策及一级流程域升级决策。

2. 一级流程所有者

负责组织所辖一级流程年度变革规划工作。

负责组织所辖一级流程年度变革项目实施工作。

负责组织所辖一级流程架构设计与持续优化。

负责组织开展所辖一级流程生命周期管理工作，包括：流程梳理、流程推行、全流程执行监控与跟进、流程遵从性测试、流程绩效评估与分析、流程优化。

负责所辖一级流程跨部门问题协调解决。

负责所辖一级流程个性化设计申请的审核。

负责对所辖一级流程涉及部门及二级流程所有者的流程管理工作进行绩效考核。

3. 二级流程所有者

参与所属一级流程年度变革规划工作。

参与所属一级流程架构设计与优化。

负责所辖二级流程内跨部门问题的协调解决。

负责所辖二级流程生命周期管理，包括：流程梳理、流程推行、全流程执行监控与跟进、流程遵从性测试、流程绩效评估与分析、流程优化。

负责对所辖二级流程涉及部门、岗位及三级流程所有者的流程管理工作进行绩效考核。

完成一级流程所有者交办的流程管理工作。

4. 三、四级流程所有者

负责所辖三、四级流程的梳理，负责制订相关的流程文件，确保流程设计质量。

负责所辖三、四级流程的推行，包括培训宣贯、上线期间问题跟进与解决等。

负责所辖三、四级流程的过程监控与问题解决，确保流程运行顺畅。

负责所辖三、四级流程的优化，包括立项、现状分析、方案设计与开发、上线推行、项目验收与关闭全过程。

负责对所辖三、四级流程涉及部门、岗位的流程管理工作的评估与考核。

完成上级流程所有者交办的工作。

参与所属一级流程变革项目实施。

5. 流程管理部门

负责公司流程架构管理工作，包括流程架构规划工作组织、流程规划结果审核、流程规划过程指导、标杆流程架构研究与分析等。

负责公司流程变革管理工作，包括组织流程变革规划、流程优化需求管理、流程变革项目管理等。

负责公司流程绩效管理，包括组织流程绩效目标设定与分解、组织开展流程绩效评估与分析、实施流程绩效改进等。

负责流程体系管理，包括组织流程体系建设、流程治理机制建设、流程体系实施、流程审计、流程体系持续改进等。

负责公司 BPM（business process management）系统管理。

负责公司流程文件管理，包括流程文件规范性审核、跟进流程文件审批过程，流程文件发布等。

负责提供流程管理专业支持，包括流程管理方法与工具开发、流程管理培训、流程变革与生命周期管理专业指导。

6. 各职能部门

严格按流程所有者制订的流程文件执行，确保流程遵从性与有效性。

按照流程文件要求，建立并完善所负责的流程节点作业层文件，包括岗位操作手册、模板、工具等。

为流程高效运行提供充分的资源与能力保障。

完成一级所有者交办的流程管理工作。

7. 流程管理支撑团队

协助一级流程所有者做好所属一级流程架构规划工作，具体包括流程清单盘点与整理、流程规划文件制作、流程规划评审会议组织、流程规划过程控制等。

协助一级流程所有者做好所属一级流程变革规划工作，具体包括一级流程现状分析、一级变革规划文档制作、一级流程变革规划相关会议组织、变革规划基础资料整理与分析等。

协助一级流程所有者做好所属一级流程生命周期管理工作，包括流程遵从性测试、问题整改、一级流程梳理、优化工作过程管理、流程培训组织等；协助一级流程所有者做好所属一级流程绩效管理工作。

（三）一级流程所有者任职资格

一级流程所有者任职资格应当从专业能力、管理能力、个人影响力三个方面进行综合评估，具体要求如下：

1. 专业能力

流程管理属于科学管理的范畴，其本质是对事情的管理，为此一级流程所有者必须懂流程，而流程的本质是业务，所以必须熟悉业务，并能够把握业务的本质。

首先，要求他具备良好的流程战略思维能力，通俗地说就是对端到端流程理解有一定高度。能够深入理解公司整体战略，并能够基于公司战略要求确定所辖一级端到端流程的战略导向及总体管理原则，具备良好的所辖一级流程全局变革规划能力；具备良好的端到端流程架构力，能够进行业务模式与管理模式的分析、设计与优化。

其次，要求他具备较为宽广的知识面，通俗地说就是对端到端流程的理解有广度。熟悉所辖流程全过程涉及的业务环节及知识，能够熟悉并理解全流程业务过程，虽然做不到对全流程每一个环节都精通，但从端到端全流程上来说，一级流程所有者是最精通的。通常要求一级流程所有者熟悉多个职能专业领域，是个一专多能的复合型人才。

最后，要求他具备把握业务流程本质的能力，通俗地说就是对端到端流程的理解有深度。能够透过业务流程现象去看清业务流程的本质，业务流程的本质就是对端到端流程客户需求与流程目的的深入理解与把握，对流程关键节点业务细节的熟悉，对流程关键领域核心专业知识与技术的精通。

从企业现实情况来看，往往有两类人员比较适合做一级流程所有者，一是公司高层分管领导；二是有过跨部门轮岗经历的中层管理者，或者有过丰富的跨部门、职能项目工作经验的中层管理者。而往往企业在导入端到端流程管理初期很难找到合适的一级流程所有者人选，没有关系，可以先找到相比较最合适的人选，也许这个人选与要求还有很大的差距，企业可以通过后续的培养措施朝这个要求去提升。

2. 管理能力

管理能力涉及的内容比较多，挑选其中最重要的三项说明如下：

首先，端到端流程所有者要具备良好的系统管理能力，简单来说要求能够基于端到端全流程设计整体解决方案，达到整体优化。而系统管理能力的背后是结构化思维能力。结构化思维有三个关键点：第一，将对象逐层、分块解构的能力，将大系统拆解成子系统，将子系统拆成孙系统，直到可管控层为止；第二，寻找关键问题及根因的能力，包括对问题进行归并、排序，通过结构化分析识别关键问题或因素，并深挖问题背后的驱动因素，从根源上彻底解决问题。第三，结构提炼，快速复制的能力，通过学习及实践经验总结，将成熟的业务结构进行提炼、固化、形成快速推广、重复使用的能力。

其次，端到端流程所有者要求具备良好的团队领导能力。相比于职能管理者，端到端流程需要具备更强的团队管理能力，因为其管理难度更大，但组织赋予的权力相对小，配备的资源相对缺乏，这就要求端到端流程所有者具备更好的领导力，更强的个人魅力。

最后，端到端流程所有者要求具备良好的流程管理能力。流程管理水平高的企业，往往有一个共同的特点，那就是业务领域的领导都是流程管理高手，是真正的流程管理大师，相反流程管理水平低的企业，往往流程管理高手在流程管理部门，而不是业务部门。从流程管理知识来看，端到端一级流程所有者应当重点掌握的知识有：流程管理理念、流程规划、端到端流程管理、变革管理、流程绩效管理、流程内控管理等。

3. 职位要求

端到端流程管理导入初期，流程所有者在组织里相比于职能管理者处于绝对的弱势地位，所以一定要保证流程所有者处在一定的职位高度，从而保证流程所有者的影响力。从企业实际运行情况来看，一级流程所有者一般要求是最高管理层，总经理或分管副总；二级流程所有者一般是企业一级部门负责人，三级流程所有者则是二级部门负责人。

（四）流程管理岗位能力要求

一名优秀的流程管理专业人员需要的能力很多，是一名复合型人才，本文仅列出最重要的四项进行阐述。

（1）业务理解能力

我们一直强调流程管理的本质是做业务。在真实的企业里，并不是业务人员最熟悉业务，在业务人员管理能力没有提升的基础下，往往是业务专家与流程专家一起设计卓越流程。所以业务理解能力是流程管理专业人员应具备的核心能力。

不要求流程管理专业人员的业务理解能力达到业务专家的程度，也不可能达到，只要能够与业务部门进行对话，能够快速抓住业务部门沟通的要点，并提炼形成结论即可，让业务部门愿意与你沟通。

业务理解能力首先要对所负责领域的业务相对熟悉，有一定的认识，否则很难理解业务。所以流程管理专业人员选择优先考虑业务部门，应该熟悉业务，具有多年业务实操经验的人员。

光熟悉业务还不够。因为一旦转入流程管理部门从事流程管理工作一段时间之后，就会慢慢对业务生疏，就变得不再熟悉业务。业务理解能力第二个关键素质是良好的逻辑思考能力，擅长做逻辑推理，能够从纷繁复杂的业务细节中，抽丝剥茧，理出一条清晰的脉络，实现从无序到有序，从散乱到结构化。

（2）流程管理能力

排在第二的是流程管理能力，流程管理专业人员首先应当是内部流程管理专家，必须在企业内树立足够的权威，能够把流程管理理念、方法吃透，能够活学活用。

如何衡量是否具备充足的流程管理能力？我们认为可以从两方面考察。

第一是，请他讲流程管理课程，能否把流程管理课程讲得深入浅出，能否让公司流程管理门外汉信服？能否让流程管理专业人士认可？有了良好的流程管理授课能力，就可以通过不断的流程管理培训与会议，树立自己的专业权威，同时有助于影响受训人员的意识，提升他们对流程管理的认知。

第二是，看他过往是否有成功的流程管理实战经验，通过询问，了解过往流程管理做了哪些事情，取得了哪些成果，具体是如何开展的。实践是检验真理的唯一标准，有成功流程管理实战经验的人一般流程管理能力不会有问题。

（3）系统思考能力

流程管理专业人员面对的管理对象是流程管理体系，是一级端到端流程，而不仅是某一个三、四级流程或者是某个具体的工作任务。流程管理专业人员面对的主要客户是一级流程所有者，一级流程所有者往往是公司高管。为此流程管理专业人员需要有良好的系统思考能力。

系统思考能力第一个考量标准是员工过往的工作经历。通常从事体系管理的人员系统思考能力相对较好，如质量管理体系、安全管理体系、环境管理体系等；从事战略管理、总经理助理等类似岗位工作人员系统思考能力相对较好。另外过往在不同业务领域有过工作经验的人员，系统思考能力相对较强。

系统思考能力第二个考量标准是员工的知识体系。受过系统理论教育或培训的员工，由于系统掌握了企业经营管理相关的理论知识，对于每一个专业领域，掌握了总体的知识框架与方法论，他的系统思考能力往往相对较强。

除上述两个标准之外，管理者可以通过面对面沟通提问，来评估相关人员系统思考能力的高低。系统思考能力强的人，表达很有逻辑，很有层次，主次分明，重点突出；相对系统思考能力不强的人，往往比较发散，在细节里钻得比较深，但缺乏全局观。

（4）项目管理能力

流程管理专业人员面对的大部分工作都不是自己一个人能够完成的，几乎都要去推动相关业务部门人员去完成。由于流程管理方法还不成熟、不完善，流程管理在大多数企业，仍处于探索阶段，缺乏成熟的范式去套用。流程管理专业人员面对的工作主体是项目型工作，需要设计方案并组织推动实施。项目管理能力同样是流程管理专业人员的核心能力之一。

项目管理能力高低可以从以下三方面判断：

愿景构建能力，能否在项目立项之初把结项后项目的成果描绘出来，越清晰越好，能够让项目组成员理解就成功了一半。项目的愿景包括项目价值、未来的业务蓝图、项目主要交付物与验收标准等。

项目计划能力，包括项目总体计划编制、项目具体实施计划制订，项目计划执行管控，能够有效地控制住项目风险，及时解决项目存在的问题。

项目推进能力，项目推进能力强的员工具备良好的沟通能力，良好的人际关系能力，良好的效率意识，以及面对突发事件的应急处理能力等。

（五）责任机制案例分析

1. E 公司简介

E 公司是一家从事商品分销的企业，分销行业及市场对 E 公司运营效率提出了非常苛刻的要求，这就要求业务流程必须精简高效，且能够及时调整，快速响应市场需求。为此相比于其他行业，流程管理在该公司具有更好地推行条件。

经过十多年的快速发展，E 公司规模已经成为行业前三。随着公司规模的急速扩张，企业管理层发现管理跟不上业务发展的脚步，如果再不夯实管理基础，公司无法实现持续的增长。主要原因有两方面：第一，核心骨干员工陆续离职，导致原本运行顺畅的业务，在新人交接之后，不仅无法维持，甚至开展不下去；第二，新业务导入之后，不像以往那样发展快速，相反迟迟不见起色，甚至在内部都无法走通。

在这种背景下，管理层决定强化流程管理，运用流程管理方法来提升企业流程化、制度化管理能力，将多年的业务经营与管理经验沉淀下来，减少人员波动对业务的影响；同时运用流程管理工作破解跨部门、跨系统协同能力，更好的支撑企业的新业务发展。

E 公司用了一年的时间，成功的完成了核心业务流程梳理，实现了业务流程化、流程制度化，确保每一个关键业务均有流程制度作规范与指引。流程梳理完成之后，管理的混乱得到了解决。

E 公司用了 3 年的时间持续对核心业务流程开展流程优化，并与 IT 系统紧密配合，通过流程优化不仅解决了经营面临的核心问题（如厂商提出的客户服务水平的问题，对商品条码管理问题等），同时显著地提升了内部运作效率，在时效及人效方面有显著的改善，为公司竞争及财务利润做出了较大的贡献。

从企业实际运作表现来看，E 公司流程管理推行无疑是成功的，接下来我们将重点剖析，E 公司在流程责任机制上是如何建设的？如何从流程管理责任上解决流程体系有效推行的问题。

2. E 公司流程管理组织架构图

E 公司流程组织架构设置如图 5－3 所示：

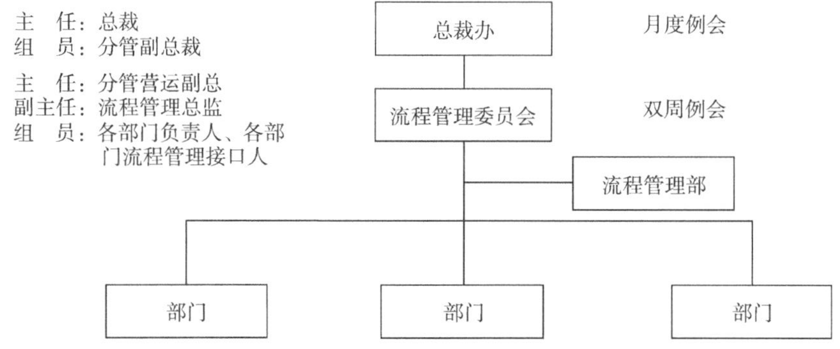

图 5－3　E 公司流程管理组织架构图

E公司流程组织架构设置关键点说明如下：

（1）将流程管理最高决策责权放在总裁办承接，正常情况下，将流程管理相关决策议程纳入总裁办月度例会中，如遇紧急议题，召开临时总裁办会议。

（2）成立以分管营运副总为主任，以各部门负责人为组员的流程管理委员会。通过这个委员会将流程管理运行过程中大部分问题予以解决，该委员会采取双周例会机制，帮助流程管理部推动全年公司流程管理工作计划。实际上承担了两部分职能：决策职能与流程体系推进职能。实践证明这种设置方式对于企业在导入流程管理前几年效果非常明显。

（3）由于该公司流程架构规划采取职能导向，强调的是专业管理的整合，没有将跨部门流程真正实现端到端拉通，所以该公司没有正式任命流程所有者，而是将流程直接分给了各部门负责人。从某种意义上来说，部门负责人承担了流程所有者职责。对于跨部门协调难度大的流程，则直接交给了流程管理部，或者临时通过项目组的方式去解决。

（4）每个部门设置了流程管理接口人，作为部门负责人流程管理的助手，包括工作计划制订、内部培训辅导、工作任务跟进、工作交付物质量把关等。

3. E公司流程管理责任机制分析

从正反两面来分析E公司流程管理责任机制如下：

（1）优势

流程管理决策职能比较强，有力地推动了跨部门流程问题的解决。由于分管营运的副总裁担任流程管理委员会主任，并采取双周例会机制，保证了大部分流程管理问题能够得到及时的解决。对于不同副总裁之间的分歧，可以顺畅地提交到总裁办去裁决。所以流程管理从下至上的升级决策及从上到下的指令下达通道是通畅的。

流程体系管理专业职能比较强，流程管理整体工作计划推进有力、成效显著。为了强化流程管理部门的权威，E公司成立了由跨部门第一负责人组成的流程管理项目组去推动公司流程管理重点工作，虽然名义上是公司副总裁担任项目组长，但流程管理部门是该项流程项目组的实际控制人，使得流程管理重点工作推行力度非常大，保证了流程管理推进的速度、广度与深度。

以虚拟项目组为主，实际投入到流程管理工作的新增加的人员编制不多，实现了投入少、效益大的效果，投资回报比较好。

（2）劣势

跨部门流程设计与问题协调，更多地依赖流程管理部及流程管理委员会，端到端流程所有者缺位，导致业务部门没有真正的主导端到端业务流程设计，影响了流程设计质量。换句话说，业务部门是被高压政策推着走，而不是积极主动、自动自发地去做管理工作。

流程管理专业人员集中在流程管理部，流程管理能力集中在少数流程管理专业人员身上，业务部门缺乏流程管理专业能力，导致一旦流程管理部人员流失，流程管理能力迅速下降，流程体系运作水平无法维持甚至是倒退。

四、流程运作机制怎么建

流程运作机制通俗地说就是企业流程管理的流程，告诉企业流程管理体系管理怎么做？并尽量地将方法流程化、制度化、标准化。

从企业实践来看，在流程运作机制建设方面，企业主要面临两个头痛的问题：

一是：流程运作机制缺失，尤其是不成体系化，实际操作是零散的；实际的表现就是流程管理运动式，一阵风过后，就归于平淡甚至是销声匿迹。笔者曾遇到一家企业花了3年时间推进流程标准化工作，工作成绩非常明显，将企业隐性流程进行了系统全面的梳理，形成数量与质量都非常可观的流程文件，得到了公司各级员工的高度认可。然而在完成流程梳理之后，流程管理部门发现不知道接下来应该怎么做了？只有大的方向与理论指导，但找不到切实可行的办法。更为可怕的是，如果没有后续的管理动作，过去3年标准化工作成果无法得到落实，流程管理部门好不容易树立的威信也可能会被推倒，今后的流程管理工作推行将异常艰难。

二是：流程运作机制未标准化，不同的领导，流程管理推行的方法不同，流程管理工作缺乏继承性与延续性。为此，企业流程管理体系成功推行必须要建立一套科学的、规范化、标准化的流程管理流程，任何工作如果不能够被流程化运作，一定无法打开局面，其价值自然是有限的，流程管理工作实现流程运作，有以下几点明显的好处：

（1）由于流程是跨部门、跨岗位的工作流转，实现流程化运作意味着流程管理工作不再是流程管理部门闭门造车、自娱自乐，而是能够把全公司相关部门都调动、卷入进来，有了全公司相关人员的参与，流程管理才具备落地的条件。

（2）由于流程是有固定触发机制的，实现流程化运作就意味着流程管理工作不再是运动式的项目型工作，而是有固定的节拍，被例行化，是一项持续不断的日常工作，通过持续推行，保证流程管理能够不断地强化、优化与提升。

（3）由于流程包括了对业务操作方法与规则的固化，实现流程化运作就意味着，先进的流程管理理念与方法不再是抽象与概念，而是被转化为具体可操作的方法与工具，能够被公司广大员工所使用。

我们知道，企业管理需要理论联系实际，针对具体问题采取相应的对策，所以不存在适用于各类企业的一套统一的、通用的流程管理流程，但其背后的核心理念、原则是一致的。本书无法解决流程运作机制全部细节问题，将从体系架构及方法论上进行阐述，以便于读者建立完整统一的流程管理运作机制框架及关键点，在此基础之上，结合其他相关书籍的阅读及企业实际去构建具体的运作机制。

（一）流程管理流程

流程管理流程如图 5－4 所示：

流程运作机制模型图要点说明如下：

（1）从纵向来看，将流程管理体系分成三个层面：规划层、运作层、管理支撑层。

规划层解决的是面向战略落地，流程体系需要做哪些变革去支撑？其输出是流程变革项目清单及流程架构规划结果，具体内容包括：流程变革规划、流程架构规划。

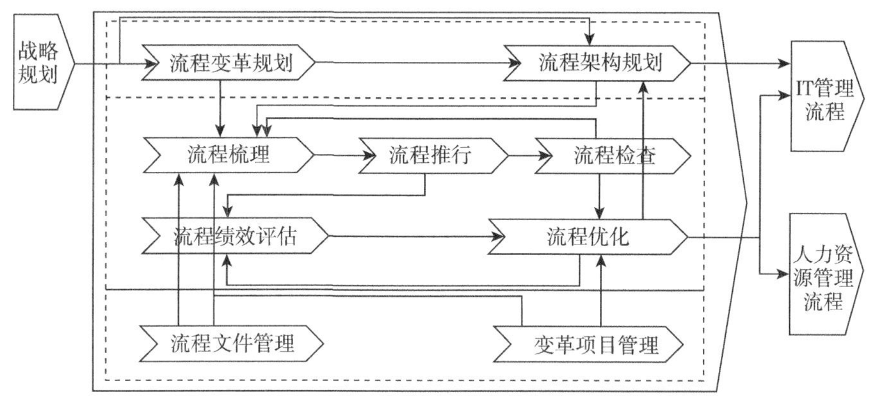

图5－4　流程管理流程视图

运作层解决的是流程体系如何有效运营，实现 PDCA 闭环管理，也被称之为流程生命周期管理，具体内容包括：流程梳理、流程推行、流程检查（也叫遵从性测试）、流程绩效评估、流程优化。

支撑层解决的是为了保证流程生命周期管理高效运行，提供相应的管理支持，具体内容包括：流程文件管理、流程变革项目管理。

（2）从与其他流程间接口来看，首先，流程体系管理流程要与战略规划流程进行对接，即以公司战略规划结果作为输入，将战略目标与举措分解落实到流程体系变革项目中。这样做的好处有二：一是保证了流程管理体系的战略导向；二是战略导向反过来，强化了流程管理体系的重要性，有利于流程管理工作的推行。很多公司将流程变革项目写入部门的年度经营计划，并纳入该部门业绩考核中。其次，流程体系管理流程要与人力资源管理流程及 IT 管理流程进行密切配合，将流程优化方案作为人力资源管理流程及 IT 管理流程的输入，触发人力资源管理（组织职责设计、绩效考核设计、人员能力提升等）与 IT 管理流程进行同步调整与优化，达到流程、人力、IT 的三线合一，保证流程管理体系设计的系统性与一致性，有利于发挥出管理的合力，强化流程优化的效果。

（3）从流程管理流程内部接口来看，流程变革规划的结果最终体现为流程变革项目，通常流程变革项目有两类：流程梳理项目与流程优化项目，对应的落实到流程梳理与流程优化流程上。可见，基于流程变革规划驱动的流程梳理与优化就可以实现战略导向的流程梳理与优化，而不是问题导向的，有助于提高流程梳理与优化的高度与效果。

流程架构规划的结果是流程架构图及流程清单，它会直接影响流程梳理工作开展，所以流程架构规划完成之后会驱动流程梳理流程，通过流程梳理将架构落到实处，这样做的好处是，保证流程梳理遵从流程架构，保证了流程相互之间的集成与一致性。

流程检查之后会触发流程梳理与优化流程，即将流程检查发现的问题，通过流程梳理与优化来解决，或将解决措施固化到流程中。流程上线推行之后会触发流程检查与流程绩效评估流程，通过上线期间的流程检查来保证流程执行到位，通过上线进入平稳期的流程绩效评估来验证流程绩效是否达成目标，确保流程最终执行效果。

（二）流程管理十大子流程

1. 流程变革规划流程

（1）流程变革规划流程示意图

流程变革规划流程示意图如图 5－5 所示：

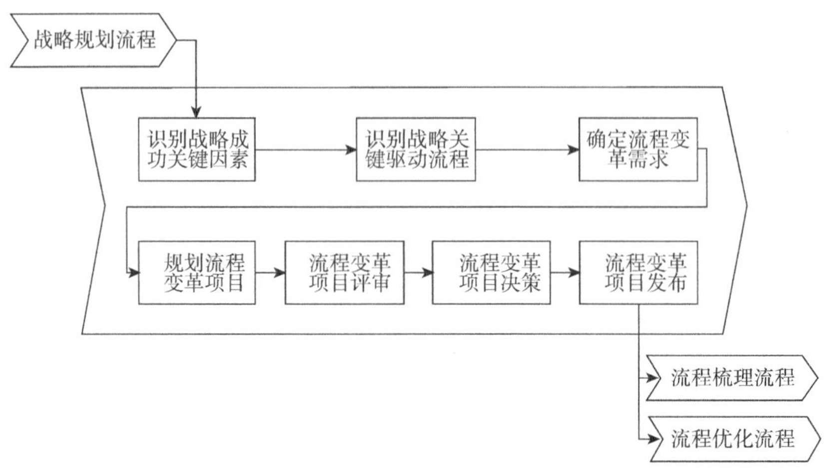

图 5－5　流程变革规划流程示意图

（2）流程变革规划流程要点说明

流程变革规划的目的是将公司战略分解到核心流程上，通过业务流程变革项目来实现公司战略转型目标，同时根据业务变革项目需求，匹配相应资源预算。

通常由流程管理部门负责组织公司流程变革规划工作，并负责公司变革项目管理，推动流程变革项目有效实施。由一级流程所有者负责所辖端到端一级流程变革规划工作，并负责端到端一级流程变革项目的实施。如此一来，企业战略落地就多了一个方式，在原有将战略分解落实到部门的基础上，将战略分解落实到端到端一级流程上。由流程管理指导委员对公司流程变革规划报告进行评审决策。

将流程变革与 IT 系统建设、升级、优化紧密结合起来，本着先业务流程后 IT 系统的原则，以业务目标为导向，以业务流程梳理与优化为依据，进行 IT 建设与优化。

采取端到端流程变革模式而不是单个管控级流程变革模式，这样做的好处是确保最终变革的成果是有价值的，能够实现端到端一级流程绩效、能力的提升，获得最终层面的价值，而不是过程的改善。所以在流程变革规划时，一定要从端到端一级流程视角做整体规划，要从一级端到端流程绩效提升的角度去设置流程变革项目目标，同时要关注一级端到端流程业务模式优化及核心能力的提升。

将年度变革计划统一纳入公司各部门负责人年度重点工作考核中，并赋予合理的权重，以确保相关人员高度重视与积极参与变革项目实施过程。

2. 流程架构规划流程

（1）流程架构规划流程示意图

流程架构规划流程如图 5－6 所示：

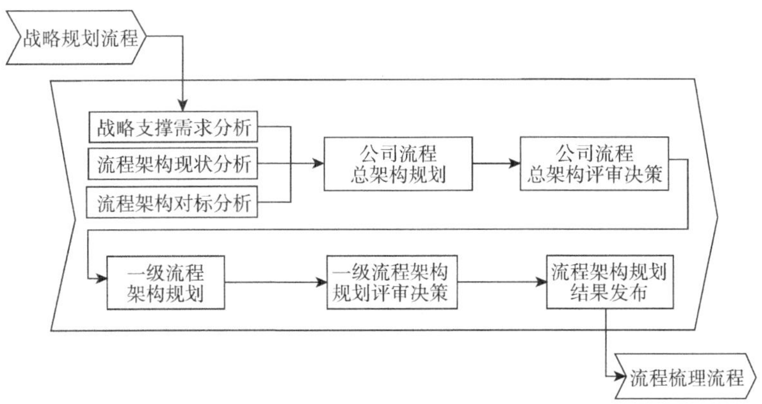

图 5－6　流程架构规划流程示意图

(2) 流程架构规划流程要点说明

流程管理部门负责组织公司流程总架构规划，并为各一级流程架构规划提供专业指导与标杆参考；各一级流程所有者负责带领流程涉及的相关部门人员开展所辖一级流程架构规划；流程管理指导委负责公司流程总架构及一级流程架构的审批。

流程架构规划原则：战略导向，端到端打通，共享集成，基于水平的流程视角、而非职能视角，不重不漏，逻辑清晰，层次分明。

流程架构规划是一次流程体系结构性优化的机会，流程管理部门应做好标杆架构研究与分析，通过借鉴标杆流程架构，帮助企业提升流程架构规划质量，促进业务模式与管理模式的提升。

原则上，公司战略发生变化时，流程架构须做相应的结构性调整，以确保流程体系符合公司战略导向；根据日常运营过程中发现的问题，对流程架构进行微调（三、四级流程），以确保流程架构更好地与操作要求对接。

流程架构作为组织架构调整的重要输入，确保组织调整更好的匹配流程体系运作要求，确保流程运行顺畅与高效。

流程架构作为IT规划的重要输入，确保IT系统建设充分地与业务进行融合。

3. 流程梳理流程

(1) 流程梳理流程示意图

流程梳理流程如图5－7所示：

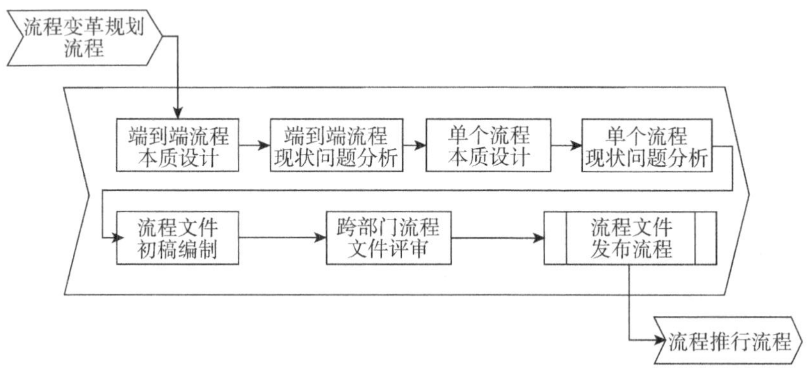

图5－7 流程梳理流程示意图

（2）流程梳理流程要点说明

三级流程所有者负责所辖三、四流程梳理，并制订相应流程文件；流程管理部门提供流程梳理专业方法与指导；流程管理委员会负责流程文件的评审决策。

不是所有业务都要求制订文件化流程，根据重要度与使用度将流程区分为四类流程梳理策略：精细化管理、一般化管理、简单化管理、无须流程。

流程梳理要坚持问题导向，通过流程梳理解决业务实际运行中的问题，提高流程设计能力，而不是追求简单的显性化与文件化。

流程梳理要坚持价值导向，根据客户需求确定流程的目的与目标，基于流程目的与目标来展开流程具体设计，减少不增值环节，确保流程设计精简、高效。

在流程梳理过程中，必须将内控管理要求融合进流程文件，通过流程关键控制点（KCP）识别与设计、职责分离（SOD）、遵从性测试程序（CT）设计完成承接内控管理的要求。

流程梳理本质是固化业务最佳实践，应由业务专家主导，而不能是流程管理专家主导；应发动流程执行团队共同设计，而不能是个人闭门造车的方式。

为确保流程梳理高质量，应遵循以下 6 个标准：价值导向明确，流程线路精简，职责界定清晰，管控措施到位，关键知识固化，配套支撑有力。

通过流程梳理，对流程文件做大版本更新时，应当召开跨部门流程文件评审，对流程文件的关键点、变化点、分歧点达成共识后才能走流程文件审批与发布程序。

4. 流程推行流程

（1）流程推行流程示意图

流程推行流程如图 5－8 所示：

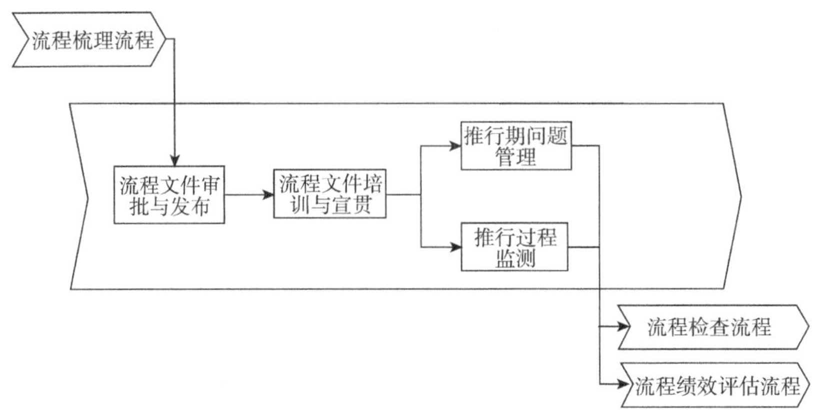

图 5-8　流程推行流程示意图

（2）流程推行流程要点说明

流程正式上线推行之前，应完成流程文件的审批与发布，以流程文件作为推行的依据；如果涉及 IT 系统的调整，应同步将 IT 系统调整到位。

原则上，流程新建或大版本修订时，流程文件发布之后，流程所有者须组织流程执行人员开展流程文件、配套支撑 IT 系统及相关操作技能培训，确保流程操作人员理解流程文件要求，并掌握流程执行知识与技能。

对于重大的变革项目，流程所有者应成立专门的流程推行小组，负责流程文件上线推行工作。

新入职员工或新转岗位员工上岗位操作之前，应组织做好关键业务流程文件培训，确保其熟知流程文件要求，并具备执行流程要求相应的技能。

流程文件上线期间，流程所有者应做好问题管理：对上线期间问题建立反馈、传递、汇总机制；安排专人及时解决流程执行过程中出现的问题；对共性问题进行分析，并从流程设计上予以解决。

流程文件上线期间，流程所有者应做好上线期流程监测工作，重点检查流程变化点及关键节点管理与作业要求是否被执行到位，通过通报考核机制，确保员工能够改变原有的操作习惯，养成按新上线流程要求操作的习惯。

为确保流程执行效果，流程所有者应通过制订流程操作指南、流程操作看板、IT 系统推送等多种方式简化流程文件学习难度，提升流程文件的可读性。

5. 流程审计流程

（1）流程审计流程示意图

流程审计流程如图5－9所示：

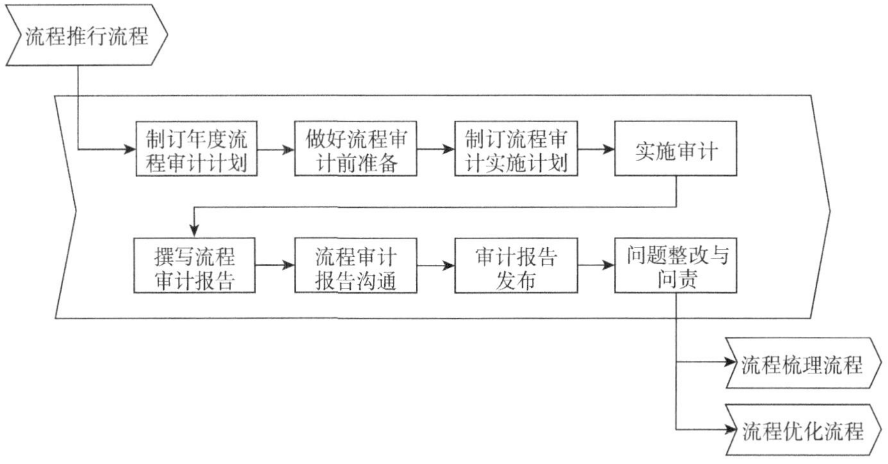

图5－9 流程审计流程示意图

（2）流程审计流程要点说明

企业流程审计分成两类：一是由独立第三方（如审计部、流程管理部等）开展的流程审计，相当于专检；另一类是由流程所有者自行组织的流程审计，建议由流程所有者支撑团队（如PC小组）负责定期对所属一级流程进行遵从性审计，相当于自查。

原则上，对于每个一级流程，至少完成一次抽样进行全面系统的流程审计，流程审计结果（流程遵从度）作为流程所有者考核关键指标之一，以此将流程推行责任落实到一级流程所有者身上。

流程审计要遵守“独立性”原则，流程审计人员一定要与被审计流程及相关责任人无直接利益关联，以确保流程审计结果的客观性。

流程审计要根据流程不同的重要度、成熟度来确定审计的重点，应将审计重点投放在高风险流程、高风险节点以及问题高发流程上。

为了提升流程审计深度与质量，建议由流程审计专业管理部门从各部门抽查掌握流程审计技能的业务专家组成联合审计小组来实施审计。

流程审计应与流程内控管理紧密结合：将流程关键控制点及相应管控措施作为审计重要内容；审计抽样与流程风险程度相匹配，审计重点应关注高风险流程。

建立审计问责制度来提升各级员工流程遵从意识，强化流程审计问题整改，从而提升流程执行力。

6. 流程绩效评估流程

（1）流程绩效评估流程示意图

流程绩效评估流程如图 5 – 10 所示：

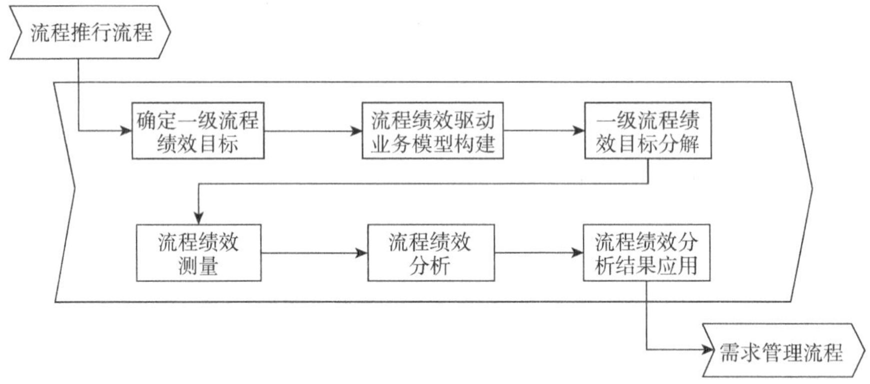

图 5 – 10　流程绩效评估流程示意图

（2）流程绩效评估流程要点说明

结合公司战略目标要求，根据各一级流程目的及运行情况，建立流程绩效目标指标体系，流程绩效目标指标应体现公司财务目标、客户目标的关键驱动因素。

流程绩效目标指标体系建设应遵从至上而下的原则：基于公司战略目标要求确定各一级业务流程绩效目标，然后再分解到二、三、四级流程上。

流程绩效指标设置应体现投资回报原则，抓住关键，避免全面铺开、面面俱到，控制好流程绩效评估与管理的成本。

流程绩效指标设置要体现均衡性原则，防止出现流程绩效管理的失衡，如以牺牲其他指标为代价，以提升某一项指标，但从总体上公司并未获得收益。

为确保流程绩效评估的准确性与降低评估成本，充分将流程绩效评估操作固化到IT系统中，完成系统自动生成相关报表。

公司应做好流程绩效评估结果的定期分析与改进，确保流程绩效能够满足公司战略与经营的需求。

为确保流程绩效管理责任落实到位，对于关键流程绩效指标，应纳入到相应责任主体的考核方案中。

流程绩效是组织绩效实现的重要保障，流程绩效分析应当与组织绩效分析进行关联，重点关注影响组织绩效达成的关键流程绩效。

7. 流程优化流程

(1) 流程优化流程示意图

流程优化流程如图5－11所示：

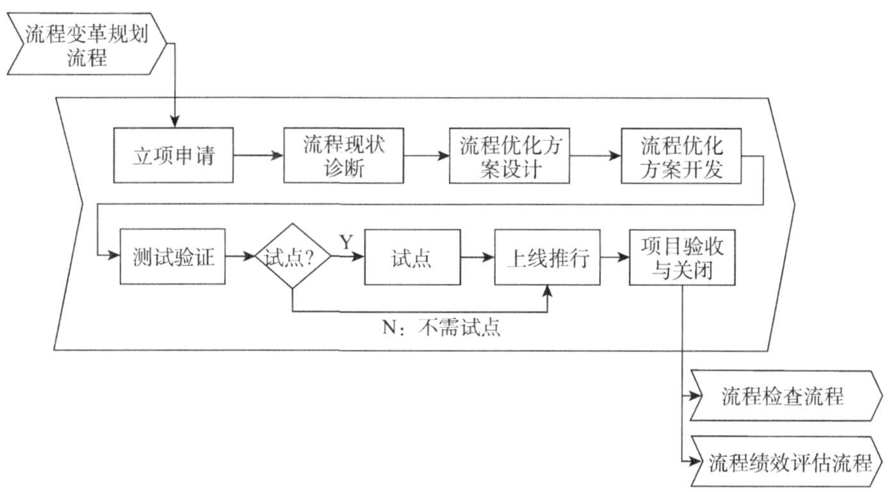

图5－11 流程优化流程示意图

(2) 流程优化流程要点说明

建立并实施流程优化需求管理制度，流程优化需求来源包括：战略落地需求、流程审计问题改进需求、流程绩效分析改进需求、各部门提出的优化需求等。

标杆对比分析方法是流程优化需求产生的有效方法，流程管理部门及各一级流程所有者应通过同行、甚至是跨行业标杆，对比分析来识别公司流程存在的差距及优化需求。

对流程优化项目进行分类分级管理，可以从项目投入资源多少、项目战略关联度、项目价值等方面进行划分。流程管理专业部门应重点做好高级别流程优化项目管理，对于低级别流程优化项目可交由各部门自行主导完成。

流程优化通常分成战略变革类与运营改善类两种，战略变革类项目主要来自于公司年度流程变革规划，运营改善类项目主要来自于流程审计、流程绩效评估及各级员工提交的流程优化建议等。

流程优化应以终为始，设定明确的流程优化目标，要对流程综合绩效改善结果负责，而不仅仅是过程改善，或者是没有整体改善的局部优化。

流程优化项目应由具备丰富实践经验的业务专家来主导，流程管理专家为辅助。

为促进业务与 IT 的融合，企业可以将 IT 开发项目整合到流程优化项目中进行统一管理，坚持先理顺业务流程，后进入系统开发的原则，以确保 IT 系统建设的效果。

具备一定管理基础的企业，流程优化应遵从端到端优化的原则，着眼于端到端一级流程整体优化及整体绩效提升，而不是针对其中的某段三、四级流程进行局部优化。

8. 流程文件管理流程

（1）流程文件管理流程示意图

流程文件管理流程如图 5－12 所示：

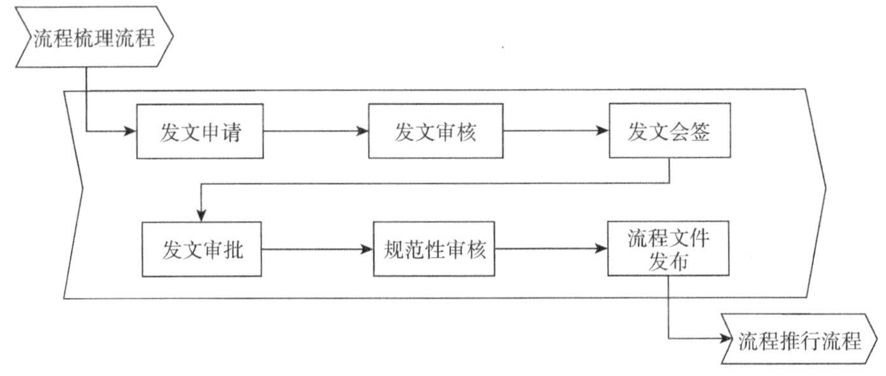

图 5－12　流程文件管理流程示意图

（2）流程文件管理流程要点说明

建议将企业文件体系分成两类：流程文件，通常时效性长，适用于规范可重复发生、相对成熟的例行业务；）行政公文，通常时效性短，适用于规范发生频率低、成熟认低的例外业务。

对于成熟的业务，要及时将行政公文进行固化，转化为相应的流程文件；同时运用行政公文的效力来强化流程文件的推行。

建议企业要建立三层体系文件结构：纲领性文件（管理手册、流程架构文件等）；流程说明文件或管理规定；操作指导书、表格、模板，并在此基础上制订分层审批制度。

流程文件规范性审核应严格把关流程文件架构遵从性，确保流程文件之间接口顺畅、边界清晰、内容一致。

以流程说明文件作为体系文件的主体、管理规定为辅助，以流程为主线来构建体系文件，确保流程梳理与流程优化成果能够充分的固化到体系文件中。

流程所有者作为体系文件编写的责任主体，涉及部门参与体系文件编写，确保体系文件编写的跨部门导向一致。

原则上，每年至少要对现行体系文件进行一次全面的评审，及时发现体系文件不适用的地方并及时组织修订。

9. 变革项目管理流程

（1）变革项目管理目的

确保变革项目实施过程规范、变革过程得到有效管控，进而保证流程变革项目目标有效达成。

（2）变革项目管理流程要点说明

流程变革项目应制订总体推进计划及双周滚动实施计划，并严格按项目进度实施、监控与考核。

流程变革项目应严格遵从里程碑点评审决策机制，建立详细的评审决策标准，通过评审会严格把控变革项目实施质量。

流程变革项目应做好项目风险管理，及时识别风险并制订有效的风险管理措施。

流程变革项目应实施预算管理机制，对项目实施过程中的资源进行有效控制，确保成本受控。

企业应建立流程变革项目关联关系管理机制，有效识别变革项目之间的关系，并进行统一协调，确保变革项目之间目标一致、节奏统一、相互协同。

企业应做好流程变革项目绩效管理，包括项目绩效管理及项目成员绩效管理，并有效地将变革项目绩效评估结果进行应用，以传导流程变革压力，激励组织流程变革活力。

10. 流程优化需求管理流程

（1）流程优化需求管理流程目的

有效的收集各类流程优化需求，并对流程优化需求进行汇总、整理、分析、传递，系统地将流程优化需求转化为流程优化项目，实现流程优化需求闭环管理，促进流程体系持续优化。

（2）流程优化需求管理流程要点说明

流程优化需求的来源通常包括以下几个途径：企业员工提交流程优化建议，流程遵从性测试及审计发现，流程绩效分析报，流程对标分析等。

企业应建立流程优化需求库管理，有助于流程优化需求分析的系统性，并提升流程优化需求管理效率。

针对各类流程优化需求应及时响应，对于不能立即解决的需求，要给出明确的需求处理计划或处理意见。

企业应建立流程优化需求收集、汇总分析、受理、处理、验收与评估流程，确保流程优化需求实现从需求到解决的闭环。

五、流程激励机制怎么建

（一）什么是流程激励机制

流程激励机制就是解决流程体系推行动力的问题，回答为什么要按流程体系要求去执行流程体系，如果流程体系执行得好，能得到什么好处？

在端到端流程体系导入初期，企业的资源是掌控在职能部门手上，职能部门关注的是职能做精、做细、做强，关注的是部门利益最大化，部门影响力越来越强，没有人会真正从利益的角度关心流程管理。要实现跨部门流程建设、流程执行、流程绩效管理，企业就必须通过激励机制来进行牵引。

简言之流程激励机制，就是保证横向跨部门流程能够实现卓越设计、卓越运营、卓越绩效表现的激励机制保障。

笔者在咨询服务过程中与企业高管交流时，有不少人强调流程管理考核不重要，关键在于公司企业文化价值观的引导，公司员工协同意识与责任保证。对此笔者非常不认同，笔者不否认文化、理念、意识、责任心、职业道德的重要性，但管理必须符合人性，管理的基本假设就是人性恶，所以要回归到规则制度管理的逻辑上来，而不是靠人的意识与觉悟。

从人性的角度，如何发挥企业各级员工的积极性，笔者认为最根本的在于两点：一是收入回报，即薪酬激励制度，流程管理能为员工带来哪些收入或如何影响收入。而是职位晋升，流程管理能够为员工晋升带来帮助吗？或者与员工晋升有关联吗？如何没有流程激励机制的保障，流程激励机制不解决上述两个关键问题，流程体系闭环推行是不可能成功的。

（二）流程激励机制案例分析

笔者曾经服务过的三家企业（用 A，B，C 来代替），A 公司与 B 公司流程管理推行得非常成功，而 C 公司流程管理停留在流程文件管理与跨部门问题协同解决的层面。接下来将从激励机制来剖析这三家公司流程管理推行表现不同的内在原因。

A 公司对公司部门负责人的激励措施为：将部门负责人年度流程管理工作推进绩效纳入半年度岗位绩效评估中，并占据了总体权重的 5%，直接用于年底个人绩效奖金的分配。虽然权重不大，但如果工作没做到位，流程管理工作绩效完全可以影响并决定最终的排名，直接影响到年底绩效奖金少则几万元，多则十几万元。所以该公司部门负责人对于流程管理工作的意识与配合度一点问题都没有，相反能够主动地参与并积极的表现。

A 公司对于基于员工的激励体现在两个方面：一是将流程梳理与优化具体工作分解到个人的重点工作中，纳入月度绩效考核，影响季度绩效奖金的发放。二是对于流程优化项目评估表现良好及优秀的项目组，从管理基金中拨款进行奖励。表现优秀的项目经理，一年能拿到1—3万元的奖励。从实际运作来看，员工的积极性也得到了充分的调动。

另外更重要的一点是，A公司高层多次公开透露，希望通过流程优化项目，锻炼出一批潜力优秀的管理人才，从中选拔出部分为公司的中层管理干部。

B公司为了保证流程变革项目得到各级员工的高度重视与大力支持，采取以下几项关键举措：

对于一级流程所有者考核流程遵从度，并占权重的5%，一级流程所有者又将其分解到二、三级流程所有者岗位考核中。

对于参与流程变革项目的人员，要求其平均收入要高于没有参加变革项目的同事，同时要求在岗位调配方面，确保参加变革项目的同事岗位晋升平均速度要快于没有参加变革项目的同事。

如果员工流程变革项目工作成了该岗位最重要的工作，要求员工的考核权主要由项目经理决定，部门负责人只拥有考核调整权。

C公司在流程体系激励方面只有一招，问责机制。即一旦出现流程重大问题，尤其是造成财务损失时，会被管理部门立案调查，根据调查结果对相应责任人进行处罚。这一招非常有效，一定程度上保证了大家对于制度的敬畏，保证了企业的执行力。

但过于严厉的问责机制也带来了很多的问题：

增加了协同的难度，因为问责机制产生的管理导向是不要出错，所以员工在协作时首先想到的是会不会被处罚，如果有被处罚的风险，则找一万种理由，套上美丽的包装与借口去拒绝。

单纯的问责导致大家都将注意力集中在冰山之上看得见的部分，但不太关注冰山之下的看不见的部分。例如行政管理，对于厕所清扫整洁会非常关注，但对于行政管理体系建设与流程优化则不关注。这种模式产生的结果就是管理只是在维持，没有改进，没有提升。

单纯的问责机制引导员工关注“我”不要出错，而不是流程不要出错，导致系统性的流程设计问题没有关注，更没有关注如何让流程更加增值、更加高效。

（三）流程激励的关键内容

1. 流程绩效

流程绩效是流程管理最终的追求，也是最重要的关注点。如果企业能够基于战略与业务本质，为流程设置好适宜的各级流程绩效目标指标，然后再将这些目标落实到相应责任人的考核中，流程管理就成功了一大半。

从企业实际运行现状来看，企业绩效考核指标中并不缺乏对于流程维度绩效指标的考核，但这些流程维度绩效目标与指标大都是职能导向的，更多的是从职能角度去对相关的工作定义绩效指标，而不是基于跨部门流程，尤其是端到端一级流程。

这种做法带来两个致命的问题：

导向错误，关注职能最优，而不是流程最优与公司最优，在以往咨询工作中，我就遇到过很多类似的情况。

某部门经理和我沟通说，虽然你做流程项目，但坦白说，对我而言只关心部门利益与我个人的利益，至于公司是否赚钱，赚了多少钱我不太关注。另一位财务经理听我对于端到端流程管理培训之后，对我说，陈老师，您讲的端到端管理模式我非常认同，但我担心回到工作岗位，我无法按端到端流程管理模式去执行，还是会回归财务管控导向。

关注碎片化流程绩效，而不关注端到端流程绩效，所以大多数流程绩效目标与指标是没有最终价值的。

某企业高管与我沟通说，每年公司都会启动降成本项目，有质量降成本，有技术降成本，有采购降成本，有费用降成本等，从账面测算来看，每年公司都获得了大量的成本节余，但为什么从最终的损益表来看，成本费用率并没有下降，公司的利润率并没有增加。我给他的答复是，这些降成本很多是此消彼长的，都是局部成本的下降，以牺牲其他成本上升为代价，并没有上升到供应链总成本降低的高度。

所以流程绩效考核要建立在流程绩效目标指标体系建立的基础之上，所以流程绩效考核的难点不在于考核方案的设计，而在于流程绩效目标指标体系的建设。

流程绩效考核要优先关注对一级端到端流程绩效目标的考核，将其落实到对一级流程所有者的考核中。由一级流程所有者负责将一级端到端流程绩效目标进行分解，将流程绩效目标压力传递到二、三级流程所有者及相关的职能部门。

2. 流程遵从度

流程遵从度反应的是流程执行的效果，就是流程被操作人员严格遵从执行的程度，一般通过流程打分审计来进行评估。通常根据发现问题的严重程度及问题的性质（批量性问题还是偶发性问题，重复性问题还是非重复性问题等）将流程遵从度分成 1、2、3、4、5 五个等级。流程打分审计应当由中立的第三方来负责执行，在企业一般由流程管理部门或审计部来负责。

相比于流程绩效，流程审计操作的难度要小很多。为此建议企业完成端到端流程体系建设之后，一定要开展第三方流程审计工作，如果由于人手不足，至少对于公司核心业务流程要保证一年不少于一次的审计。对于非核心流程的审计周期可以适当放长，比如两年覆盖一次。

流程遵从度是各级流程的共性指标，可以用于一、二、三级流程所有者考核，也可以用于相关职能部门的考核。

3. 流程变革项目

虽然流程变革项目本身存在一定的内在激励作用，有助于变革项目参与人员快速提升个人的能力，但是对于流程变革项目的外在激励仍然非常重要，尤其是处于激烈市场竞争中的企业。企业只有保持良好的变革创新能力，才能够面对市场，面对竞争，面对快速地变化进行战略调整，基于战略快速地创新、变革业务流程模式及详细设计，才能够在激烈的竞争中获得胜利。

我们认为企业应当构建一套有效的激励机制，让优秀的人员积极地投身到流程变革项目中，让参加流程变革项目的人得到实实在在的好处，比没有参加流程变革项目的人员获得更多、更好的回报。

前文介绍 B 公司的做法值得企业去借鉴：从薪酬与绩效奖金分配上，向变革项目进行倾斜，确保参加变革项目人员平均收入要高于同级别没有参加变革项目的人员；从人事政策上免去参与流程变革项目的后顾之忧（担心做完项目之后，部门没有岗位或者回到部门后岗位不升反降，好位置被别人抢走了），保证这些人员得到妥善的安排，保证这些人员获得更快、更好的晋升回报。对于流程变革项目的主力成员，将岗位绩效考核权交由项目经理，由项目经理主导相关岗位人员的绩效评估结果。

另外，还有以下两种方式供企业参考：

第一，开通流程管理专业通道，让流程变革中表现优秀的人能够在流程管理专业通道中获得晋升，从而获得职级与收入的提升，同时也满足了员工的成就欲与荣誉感。

第二，从人员培养上，有意识从流程变革项目参与人员中选拔、培养公司各级管理岗位后备人才。

4. 流程管理成熟度

流程管理之父哈默从流程的设计、执行、责任人、基础设施和指标 5 个方面 13 个因素，对企业流程管理现状进行评估，将企业流程成熟度分为 1 –4 四个级别，以衡量企业在流程管理方面的水平，通过比较分析和标杆企业或者目标状态之间的差距，据此通过分析和规划提出改进的策略。具体测评表见附件 5《流程成熟度评估问卷》。

企业实际操作时，可以结合企业流程管理推行情况，设计适用的流程管理成熟度评估方法，核心围绕评估各一级流程管理水平的高低。常见的评估维度有：

流程管理文化认同度。

流程所有者流程管理能力与发挥的作用。

流程管理理念、方法与工具的掌握程度。

流程文件体系水平，包括流程文件覆盖率、流程文件规范性、流程文件设计质量等。

流程推行与检查水平。

流程信息化支持水平。

（四）流程激励的关键角色

流程激励的关键角色包括：一级流程所有者、二级流程所有者、三、四级流程所有者、流程变革项目团队、流程所有者支撑团队、对流程绩效有关键影响的岗位。其中，对流程绩效有关键影响的岗位由流程所有者负责识别。

（五）流程激励方案设计

1. 责任岗位绩效考核

通常采取 KPI（关键业绩指标）、重点工作完成情况、关键事项三种方式进行考核。

KPI 一般根据当年的战略重点，直接从相对应的一级流程绩效指标库中选取，并控制好对应 KPI 的考核权重；通常，流程遵从度也纳入各级流程所有者 KPI 中。流程遵从度由流程审计责任部门通过定期的流程打分审计来完成评估。对于流程管理具备一定基础的企业，可以考虑将流程管理成熟度纳入相关责任人的绩效考核 KPI 中。

从公司层面来看，通常公司只会定义一级流程所有者的考核 KPI，不会直接定义二、三、四级流程所有者及相关岗位考核 KPI，而是由一级流程所有者负责分解、确定以下各级流程所有者及对流程绩效有影响的关键岗位考核 KPI 及权重。企业会赋予一级流程所有者相应的考评权。

为了有力地推动流程管理工作，通常会将流程管理工作写进各部门的重点工作计划，具体的工作内容由流程管理部门根据流程管理策略来确定。年度流程管理重点工作完成情况由流程管理部门进行评估；如果企业已经开展了流程变革规划工作，则直接将流程变革项目作为相关责任人的考核指标。年度流程变革项目由流程管理部项目管理进行评估。常用的评估指标为重点工作完成及时率及重点工作完成质量。

关键事件作为加减分项纳入考核成绩。关键事件考核相对灵活，操作也比较简单。关键事件考核通常从促进流程体系推行角度去设置，一般由流程管理部门提前制订好相应的标准。

2. 流程管理项目绩效考核

设计流程管理项目绩效考核方案需遵从以下几大原则：

（1）从事流程管理项目人员平均绩效收入要高于同职级未参加流程管理项目且从事岗位日常工作的人员，确保项目成员积极性。

（2）当流程管理项目工作成为项目成员主要工作时，项目经理在考核中要占有绝对的主导权，以确保项目成员重视项目工作。

（3）流程管理项目总体以正激励为主，少用或慎用负激励，以充分激发员工参与流程管理项目的热情。

（4）建立项目收益分享机制，允许项目成员从项目收益中分享一部分成果作为回报。

流程管理项目绩效考核包括流程管理项目本身的考核，同时也包括对流程管理项目成员的考核。流程管理项目绩效考核指标分为过程性指标与结果性指标两类，流程项目绩效管理要坚持绩效导向，结果性指标应占项目绩效考核的绝对主导地位，过程性指标作为补充。结果性指标来自于流程管理项目的目标，可以统计指标完成的绝对值，也可以统计相对于项目目标达成情况的相对值，即项目目标达成率。过程性指标主要包括：项目按期完成率，项目过程交付物质量等。

对于流程管理项目成员的考核分为项目业绩考核及能力考核两方面，项目业绩考核直接取流程管理项目绩效考核结果。项目经理能力考核由流程管理部门或项目管理办公室进行评估，项目成员能力由项目经理进行评估。

3. 流程管理人员晋升机制

在流程管理人员晋升机制方面，企业通常有以下三种做法：

（1）将流程管理职位纳入专业职级体系，建立流程管理岗位专业发展通道。H 公司将流程管理职位分为初级流程管理工程师、中级流程工程师、高级流程工程师、主任流程工程师、首席流程管理工程师五个级别；D 公司将流程管理职位分成流程管理助理、流程管理经理、流程管理总监三个级别。

（2）将流程管理能力纳入管理干部岗位任职资格中。如果你想得到晋级，你必须具备一定的流程管理能力，必须经过相关流程管理项目的历练；如果能够在流程管理工作方面取得优异成绩，你就可以获得更快的晋升机会。

（3）建立流程管理与业务部门双向流动的岗位通道。对于流程管理部门的流程管理专业人员，如果专注某一个业务流程并在该领域表现优异，允许该流程管理专业人员转岗到对应业务部门工作，最好有职位或职级的晋升。同样，对于业务部门从事流程管理工作表现优异者，允许该业务部门同事转岗进入流程管理专业部门工作，同样在职级上有所晋升。

六、流程决策机制怎么建

（一）三级流程决策机制

公司流程体系通常设置三级决策机制：流程管理指导委决策机制、流程管理委员会决策机制、流程所有者决策机制，如图 5－13 所示：

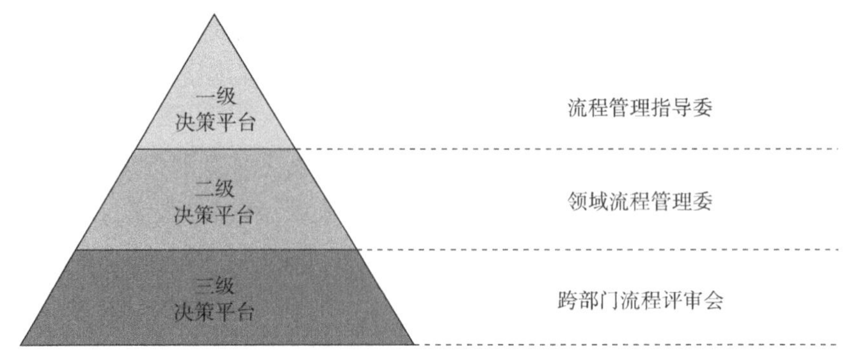

图 5－13　二级流程决策机制

（二）流程管理指导委

流程管理指导委是公司一级决策平台，是公司流程管理体系中最高决策机构，负责公司重大事项的决策以及领域流程管理委提交上来的升级决策。

（1）人员组成

流程管理指导委，可以考虑和现有最高决策机构进行合并。流程管理指导委主任通常由总经理或总经理授权全面负责流程管理的副总担任。流程指导委员会成员包括：一级流程所有者、分管流程的部门负责人、分管IT的部门负责人、分管人力的部门负责人、委员会秘书（通常来自分管流程的部门）、待决策事项涉及相关人员。

（2）决策事项

公司流程管理纲领性文件的审批，主要包括公司流程管理手册、公司流程架构总图、各一级流程架构图等。

跨一级流程变革项目里程碑点决策，包括流程变革项目立项决策、流程优化方案评审决策、流程变革项目试点总结评审、流程变革项目验收批准。

公司年度流程变革规划报告评审。

领域流程管理委提交的升级决策事项。

（3）决策程序

可以采取定期例会制，比如一个月一次，或一个月两次。在会前由流程指导委秘书负责收集决策议题。紧急情况下，可以申请召开流程指导委临时会议。

由议题提出方提前准备好会议材料，流程指导委秘书审核通过后，随流程指导委例会通知发出。

议题提出方简要陈述决策材料，重点阐述决策事项的关键点、跨部门间的分歧点及待决策点。

流程指导委成员对决策材料进行质询，议题提出方负责解答。

流程指导委成员就决策事项进行讨论，给出各自的决策建议，流程指导委主任综合与会人员意见，做最终决策。

流程指导委秘书出具会议纪要，并负责跟进决议落实到位。

特殊情况无法召开评审会时，可以采取邮件评审的方式，但必须在邮件评审前一周将决策材料发给相关人员。

（三）领域流程管理委

领域流程管理委是公司二级决策平台，是公司各一级流程业务域内的最高决策机构，一个一级流程对应有一个一级流程管理委。领域流程管理委负责一级流程业务域内重大决策事项的决策，以及各管控级流程所有者提交上来的升级决策。通常企业只需要针对核心业务流程成立领域流程管理委，管理支撑类流程通常不需要成立，可以根据人员情况进行适当合并，即一个领域流程管理委可以负责几个一级流程的决策。

（1）人员组成

一级流程管理委员会主任一般由该领域分管副总担任。领域流程管理委成员有：一级流程所有者、二级流程所有者、流程控制人员（PC）、流程管理部门代表、IT 部门代表、人力资源管理部门代表，待决策事项涉及相关人员。流程管理委建议设置秘书角色，通常从一级流程控制团队（PC 小组）组长中选择合适的人选来担任。

（2）决策事项

所辖业务域一级流程架构评审决策；

所辖业务域一级流程变革规划报告的评审；

所辖业务域一级流程变革项目里程碑决策。通常包括：流程变革项目立项决策、流程优化方案评审决策、流程变革项目试点总结评审、流程变革项目验收批准；

由跨部门评审会提交上来的升级决策事项。

（3）决策程序

可以采取定期例会制，比如一个月一次，或一个月两次。在会前由领域流程管理委秘书负责收集决策议题。紧急情况下，可以申请召开领域流程管理委临时会议。

由议题提出方提前准备好会议材料，领域流程管理委秘书审核通过后，随流程指导委例会通知发出。

议题提出方简要陈述决策材料，重点阐述决策事项的关键点、跨部门间的分歧点及待决策点。

流程管理委成员对决策材料进行质询，议题提出方负责解答。

流程管理委成员就决策事项进行讨论，给出各自的决策建议，流程管理委主任综合与会人员意见，做最终决策。

流程管理委秘书出具会议纪要，并负责跟进决议落实到位。

特殊情况无法召开评审会时，可以采取邮件评审的方式，但必须在邮件评审前一周将决策材料发给相关人员。

（四）跨部门流程评审会

跨部门流程评审会是公司三级决策平台，也被称为平级决策机制，用于解决管控级（三级、四级）流程跨部门之间的日常问题。跨部门流程评审会的有效运作，有利于实现跨部门管控级流程问题的快速决策与解决，提升公司跨部门协作能力与效率。

（1）人员组成

管控级流程所有者，流程控制人员（PC）、问题涉及相关部门代表，必要时可邀请流程管理专业人员、流程客户代表参加。

（2）决策事项

管控级流程跨部门问题，以及管控级流程文件发布前评审。

（3）决策程序

跨部门流程评审会由问题提出方发起，采取临时召开会议方式。

问题提出方式负责准备好会议材料，需明确决策事项并做好充分的决策前论证分析。由流程控制人员（PC）负责安排会议，发出会议通知。

问题提出方阐述待决策事项，要求把问题描述、建议解决方案、跨部门之间分歧点说清楚；

管控级流程所有者引导与会人员讨论，从流程价值与目标视角来评估问题解决方案。

决策方式可以采取集体决策制，如与会人员2/3以上同意视为决策通过，否则不通过；也可以采取由管控级流程所有者负责决策，如果与会人员有不同意见时，允许其向领域流程管理委提效升级决策。

流程控制人员（PC）负责出具正式决策并跟进执行。

变散钱为串钱

某电子加工企业委托咨询公司为其设计了一套客户满意度管理体系，在咨询顾问离厂后，内部成立了承接项目组负责后续的推行工作。在一次内部客户满意管理体系宣贯中，一位资深的质量管理经理深有感触地说："其实顾问给我们提供的这套方案，大部分内容对我而言没有亮点，我自己也知道怎么做，真正对我有启发的就是一个点，对客户期望的闭环管理"。

了解到这个案例的时候，笔者不禁在想，果真如这位质量管理经理所言，咨询顾问的方案没有太多价值吗？那为何咨询公司还会有生存的市场，为何近十年来，咨询行业还呈现出高速的发展，企业对引入咨询顾问热情高涨并乐在其中？

这位质量经理的感受是真实的也是准确的。但我们不妨换一个角度去思考几个问题：

（1）如果不请咨询顾问，该电子企业是否也能够设计出如此高质量的解决方案？

（2）能够看懂一个解决方案并认为没有有创新点，是否代表你也能够设计出这样一个方案？

（3）解决方案的价值是在于理论的先进性或创新性，还是在于它的实用性？

笔者相信大家会与我们有同样的答案，咨询顾问的价值还是该企业无法替代的。那为什么该质量经理具备了客户满意度管理的基本知识与能力，却设计不出如咨询公司做出的一样的方案呢？企业内部管理者与专业咨询顾问的差距在哪里？

打一个形象的比喻来说明：企业内部管理者与专业咨询顾问掌握的知识与经验是相当的，在数量级上没有差异。差异不在数量上而是在结构上。把知识与经验比成铜钱的话，企业内部管理者拥有的是一堆散钱，这些散钱不是放在一起，有的在抽屉里，有的在口袋里，有的在背包中等，而专业咨询顾问拥有的是一串钱，它们是有序的排列，比内部人员多了一条主线。

抽象地说就是企业内部管理者往往缺乏知识体系与方法论，虽然掌握了很多的点，但却无法组成一个面；咨询顾问则通常有系统的知识体系与方法论，他们有钱串子，他们的知识表现为一个面，收获了新知识经验点之后就快速地被串联到面上。

如何像咨询顾问一样去获得那个钱串子呢？

第一，要有自己的知识体系与方法论。

知识体系与方法论通常不用你自己去重新设计，可以直接借鉴。比如职业经理人需要掌握哪些知识，其实 MBA 教育就已经给了我们清楚的答案：经济、管理（战略、市场营销、HR、财务、运营、IT 等）、法律、税务、沟通、运筹等。方法论也是一样的，例如对于流程管理，AMT 有他们的一套方法论，杰成咨询也有一套方法论。

第二，从众多的知识体系与方法论中选取一套适合自己的。

如果从形式上看，不论哪个领域都会有不同的知识体系与方法论，但万法归宗，从本质上来看是大同小异的，当然会有优劣之分。你不可能也不需要掌握全部的派系，掌握一个就好，你需要选择一个适合你的。何谓适合，与你的背景知识经验最匹配的，你感觉最亲切，最容易理解与掌握的。

第三，持续地优化自己的知识体系与方法论，而不是推倒重来。

知识体系与方法论还是会有优劣之分的，你当初的选择虽然是最适合的，但不一定是最优秀的，可能存在缺陷与不足。没有关系，你在今后的经历中可以不断地根据你获得新的知识与经验去修正它。从另外一个角度去看，当你的能力提升的时候，你可以掌握驾驭更先进的知识与方法论。在此要特别强调不要推倒重来，实践证明这是不经济的，也是没有必要的。

第四，在实践中不断地应用你所掌握的知识体系与方法论。

假如你掌握了波特的 SWOT 分析或者是五力分析，那你千万不要仅挂在嘴上，而要拿在手上，碰到需要使用的场景就拿出来用，千万不要用的时候就不记得这方法论了。

只有与实践相结合，你才能检验知识体系与方法论的先进性与实用性，才有机会去修正与完善它。

一旦你掌握了先进、实用的知识体系与方法论，你的能力会有一个全面的提升：你可以像孙悟空拔毫毛可以变化出无数个同样孙悟空；你也可以做到以不变应万变，得心应手的应对各种不同的环境。因为你的知识是一个面，是可以复制的，是系统的，是没有明显漏洞的。

也许这样说还是比较抽象，在此举一个具体案例来说明如下：

前年，李经理带领团队要去尝试开展流程绩效评估，他主动将这项工作列为部门年度重点工作，并接受公司的考核，但这项工作对于我们是“大姑娘上轿头一回“。如何是好？虽然心里没底，但他并不担心，因为他有一套解决问题的项目管理的方法论。

（1）明确项目的目的（把项目的价值想清楚）；

（2）确定项目的目标（把交付物与验收标准想清楚）；

（3）确定项目的策略与原则；

（4）确定项目的关键点；

（5）确定项目实施的线路图与计划。

对于（1）——（3）李经理和他的团队经过讨论基本有了思路，但对于（4）和（5）李经理没有一点概念，于是李经理又调用了管理最朴素的方法论 PDCA，将流程绩效评估工作分解成以下五个部分：

（1）完成流程绩效评估思路、方法及方案的计划；

（2）以某流程为试点执行流程绩效评估方案；

（3）对流程绩效评估结果进行反思；

（4）完善流程绩效评估方案并推广评估范围；

（5）相对成熟后将流程绩效评估方法进行固化。

对于如何制订流程绩效评估方案李经理最最没有底的，但他还是采取了最朴素的解决问题方法论（发现问题、分析问题与解决问题），将计划拆分成如下：

（1）为学习“流程绩效评估”知识，借鉴学习五角星的模型，分别从客户、从外部顾问、从竞争对手、对供应商及内部员工去发现学习的机会。他们主要采取了向书本、同行、外部顾问及内部员工学习，在内部员工学习方面主，要是向财务学习管理成本评估的方法。

（2）将学来的知识与方法与企业做匹配，重点关注外来方法的可行性与可接受度。

（3）评估方案可行性，让今后需要参与到流程绩效评估的部门加入进来。

（4）确定最终的方案。

经过一年的努力，流程绩效评估尝试基本达到了预期，尤其在流程周期与客户满意度评估方面取得了较好的成效，促进了流程持续优化。

大前研一有个习惯，做过项目都会总结成可以复制的经验（操作指导书），再遇到类似的项目就交给其他的同事去做，他则是不断挑战新的项目。我相信如果我们日常善于管理好自己的知识面，而不是知识点，我们也可以向大前研一接近。

对于流程体系来说，结构化思维，结构的搭建同样至关重关，这项工作用专业术语来说就是“流程规划”。

2014 新书预告

实体店销量下滑、线上线下冲突不断，互联网、大数据、OTO……市场一线的压力让企业痛苦，扑面而来的新名词、新玩法又让企业焦虑甚至恐惧。

谁都不想成为恐龙，怎么办？希望 2014 年陆续推出的"变局""互联网转型"系列丛书，能帮助企业看清方向，心中有数！

"变局"系列丛书

- 《变局下的**营销模式**升级》程绍珊　叶宁著

营销模式怎么变，无外乎三种方式：客户驱动模式、技术驱动模式、资源驱动模式！

- 《变局下的**白酒**企业重构》杨永华著

白酒行业从扩容式增长——"你增长，我也增长"，变成竞争式增长——"你死我活"，产业整合大势中，谁能活下来？需要哪些条件？怎样才能做到？

- 《变局下的**快消品**营销实战策略》杨永华著

通胀了，成本增加，涨价也不是长久办法，如何从一招一式的被迫应战变成心中有数的"系统战"？

- 《变局下的**工业品**企业 7 大机遇》叶敦明著

产业链条的整合机会、盈利模式的复制机会、营销红利的机会、工业服务商转型机会、渠道的合纵连横机会、借船出海的资本机会、电商机会……

- 《变局下的**农牧**企业 9 大成长策略》彭志雄著

食品安全、纵向延伸、横向联合、品牌建设……是挑战，又都是机遇！

- 《变局下的……》敬请关注

"互联网转型"系列丛书

- 《重生战略：移动互联网和大数据时代的转型法则》沈拓著

传统企业在移动互联网时代的 4 种转型重生战略：价值重塑、深度支持、组织解放、生态基石。

- 《企业互联网转型模式突破 》贺新杰著

企业要从转变思维开始，用平台化模式突破资源制约，O2O 模式突破市场限制，组织创新突破传统组织的滞后……

- 《互联网思维下的企业战略转型》李蓓著

本书阐述了传统企业在互联网思维下的战略转型之路：重新定义产品——重新寻找客户——重新发现价值。

BRACE 北京博瑞森图书 图书导读

为了帮助读者更快、更方便地找到自己需要的书，让书发挥最大价值，我们精心制作了这份导读，希望对大家有所帮助！

博瑞森的书，最适合谁来读?

经营者(老板、总经理、董事长、企业家、合伙人、厂长等)和**管理者**(企业高层、中层和部分基层管理者)以及企业的**骨干员工**(思考如何为企业创造更大的价值)，你就是我们的读者，共同的战友！

因为我们相信，你就是影响企业发展大局的关键人物，影响你，帮助你，和你共同学习成长，就是和中国企业一起成长！

博瑞森的书，最大特点?

我们坚持"企业视角，本土实践"的出版理念，要对企业实践产生实实在在的作用。

"本土"——理论和思想可以来自古今中外，但一定要适应本土；

"实战"——作者都是从企业、市场中摸爬滚打出来的，实战性是渗到骨子里的；

博瑞森的书，怎样"读"，作用好?

免费电子版，手机随时"读"

我们**90%**的书都提供**免费**的**全文电子版**，下载到手机(或 Pad、电脑)里，让惜时如金的你，获得最大程度的阅读自由！

操作方法：回复图书编号(封底下部或内文第 1 页底部的 4 位数字)和你的邮箱地址。例如回复"1205 + zhang***@126.com"到手机 13611149991，2 个工作日内即可在邮箱收到图书的全文电子版。

QQ 群，读者间讨论着"读"

加入"**博瑞森读者群(202230847、190415943)**"的 QQ 讨论群，你的困惑、感受和读者、作者随时深入讨论！

操作方法：入群口令为"图书名称 + 手机号"。提个醒，群里有事说事，别乱发广告、搞笑段子，会被踢的。

作者见面会，带着问题"读"

"书看了，很好，但还是不知道该怎么做！"——正常，实践没有那么容易。参加作者见面会，带着自己的问题，现场指点很重要！

操作方法：加入我们的微信公号(bookgood2005)，查看详情。

微信、书摘邮件，天天点滴“读”

“书太厚，不容易读”——通过我们的微信公号（bookgood2005）或者你的个人邮箱，你每周都会收到 2 次博瑞森书的精品书摘，三五百字，便于精华快速地吸收。

操作方法：加入我们的微信公号，或回复你的邮箱地址到手机 13611149991 即可。

更多方式的“读”

我们知道，以上这些还远远不够，你的感受、不满随时告诉我们（13611149991，bookgood@126.com），我们一起创造更多、更精彩的“读”……

分类导读图+书目

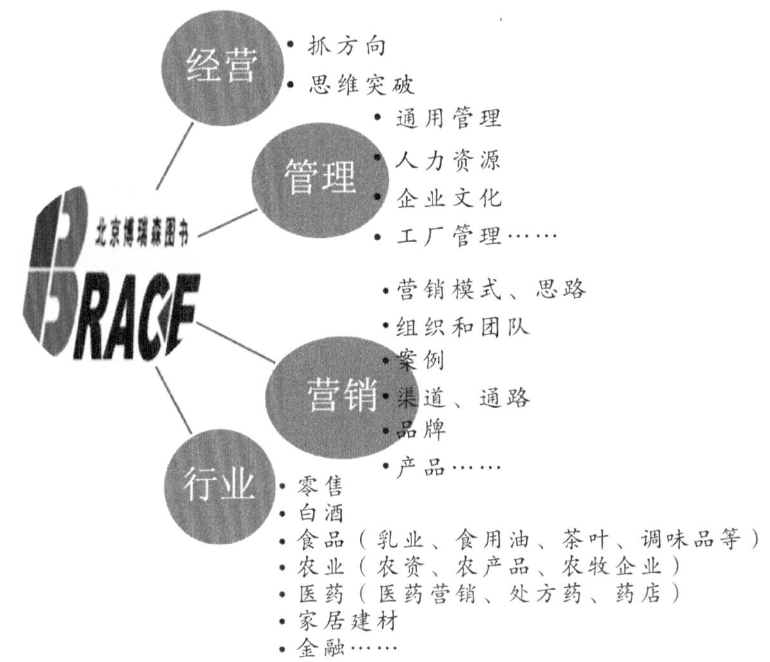

更多实战好书，请关注**“博瑞森图书直营店—淘宝网”**

淘 http://qiyeshudian.taobao.com/

行业类：零售、白酒、食品/快消品、农业、医药、建材家居

	书名．作者	内容/特色	读者价值
零售	涨价也能卖到翻 村松达夫 【日】	提升客单价的 15 种实用、有效的方法	日本企业在这方面非常值得学习和借鉴
零售	1. 总部有多强大,门店就能走多远 2. 超市卖场定价策略与品类管理 3. 连锁零售企业招聘与培训破解之道 4. 中国首家未来超市:解密安徽乐城 IBMG 国际商业管理集团 著	国内外标杆企业的经验 + 本土实践量化数据 + 操作步骤、方法	通俗易懂,行业经验丰富,宝贵的行业量化数据,关键思路和步骤
零售	零售:把客流变成购买力 丁 昀 著	如何通过不断升级产品和体验式服务来经营客流	如何进行体验营销,国外的好经营,这方面有启发
白酒	变局下的白酒企业重构 杨永华 郭 旭 著	帮助白酒企业从产业视角看清趋势,找准位置,实现弯道超车的书	行业内企业要减少 90%,自己在什么位置,怎么做,都清楚了
白酒	1. 白酒营销的第一本书 2. 白酒经销商的第一本书 唐江华 著	华泽集团湖南开口笑公司品牌部长,擅长酒类新品推广、新市场拓展	扎根一线,实战
食品	乳业营销第一书 侯军伟 著	对区域乳品企业生存发展关键性问题的梳理	唯一的区域乳业营销书,区域乳品企业一定要看
食品	食用油营销第一书 余 盛 著	10 多年油脂企业工作经验,从行业到具体实操	食用油行业第一书,当之无愧
食品	中国茶叶营销第一书 柏 龑 著	如何跳出茶行业"大文化小产业"的困境,作者给出了自己的观察和思考	不是传统做茶的思路,而是现在商业做茶的思路
食品	变局下的快消品营销实战策略 杨永华 著	通胀了,成本增加,如何从被动应战变成主动的"系统战"	作者对快消品行业非常熟悉、非常实战
食品	调味品营销第一书 陈小龙 著	国内唯一一本调味品营销的书	唯一的调味品营销的书,调味品的从业者一定要看
食品	快消品营销:一位销售经理的工作心得 2 蒋 军 著	快消品、食品饮料营销的经验之谈,重点突出	来源于实战的精华总结
农业	农资营销实战全指导 张 博 著	农资如何向"深度营销"转型,从理论到实践进行系统剖析,经验资深	朴实、使用！不可多得的农资营销实战指导
农业	农产品营销第一书 胡浪球 著	从农业企业战略到市场开拓、营销、品牌、模式等	来源于实践中的思考,有启发
农业	变局下的农牧企业 9 大成长策略 彭志雄 著	食品安全、纵向延伸、横向联合、品牌建设……	唯一的农牧企业经营实操的书,农牧企业一定要看
医药	新医改下医药营销与团队管理 史立臣 著	探讨新医改对医药行业的系列影响和医药团队管理	帮助理清思路,有一个框架
医药	医药营销与处方药学术推广 马宝琳 著	如何用医学策划把"平民产品"变成"明星产品"	有真货、讲真话的作者,堪称处方药营销的经典！
医药	新医改了,药店就要这样开 尚 锋 著	药店经营、管理、营销全攻略	有很强的实战性和可操作性
建材家居	建材家居营销实务 程绍珊 杨鸿贵 主编	价值营销运用到建材家居,每一步都让客户增值	有自己的系统、实战
建材家居	建材家居门店销量提升 贾同领 著	店面选址、广告投放、推广助销、空间布局、生动展示、店面运营等	门店销量提升是一个系统工程,非常系统、实战
工业品	解决方案营销实战案例 刘祖轲 著	用 10 个真案例讲明白什么是工业品的解决方案式营销,实战、实用	有干货、真正操作过的才能写得出来
工业品	变局下的工业品企业 7 大机遇 叶敦明 著	产业链条的整合机会、盈利模式的复制机会、营销红利的机会、工业服务商转型机会……	工业品企业还可以这样做,思维大突破
金融	精品银行管理之道 崔海鹏 何屹 主编	中小银行转型的实战经验总结	中小银行的教材很多,实战类的书很少,可以看看
金融	支付战争 Eric M. Jackson 著 徐 彬 王 晓 译	paypal 创业期营销官根据自己的亲身经历,讲述 paypal 从诞生到壮大到成功出售的整个历史过程	激烈、有趣的内幕商战故事！了解美国支付市场的风云巨变

续表

经营类：企业如何赚钱，如何抓机会，如何突破，如何“开源”			
	书名．作者	内容/特色	读者价值
抓方向	**让经营回归简单．升级版** 宋新宇　著	化繁为简抓住经营本质：战略、客户、产品、员工、成长	经典，做企业就这几个关键点！
	公司由小到大要过哪些坎 卢　强　著	老板手里的一张“企业成长路线图”	现在我在哪儿，未来还要走哪些路，都清楚了
	企业二次创业成功路线图 夏惊鸣　著	企业曾经抓住机会成功了，但下一步该怎么办？	企业怎样获得第二次成功，心里有个大框架了
	老板经理人双赢之道 陈　明　著	经理人怎养选平台、怎么开局，老板怎样选/育/用/留	老板生闷气，经理人牢骚大，这次知道该怎么办了
	企业文化的逻辑 王祥伍　黄健江　著	为什么企业绩效如此不同，解开绩效背后的文化密码	少有的深刻，有品质，读起来很流畅
	使命驱动企业成长 高可为　著	钱能让一个人今天努力，使命能让一群人长期努力	对于想做事业的人，‘使命’是绕不过去的
思维突破	**跳出同质思维，从跟随到领先** 郭　剑　著	66个精彩案例剖析，帮助老板突破行业长期思维惯性	做企业竟然有这么多玩法，开眼界
	7个转变，让公司3年胜出 李　蓓　著	消费者主权时代，企业该怎么办	这就是互联网思维，老板有能这样想，肯定倒不了
	麻烦就是需求　难题就是商机 卢根鑫　著	如何借助客户的眼睛发现商机	什么是真商机，怎么判断、怎么抓，有借鉴
	重生战略：移动互联网和大数据时代的转型法则 沈　拓　著	在移动互联网和大数据时代，传统企业转型如同生命体打碎与再造，称之为“重生战略”	帮助企业认清移动互联网环境下的变化和应对之道
	企业互联网转型模式突破 贺新杰　著	企业要从转变思维开始，用平台化模式突破资源制约，O2O模式突破市场限制，组织创新突破传统组织的滞后……	认识互联网，学会让互联网为我所用
	互联网思维下的企业战略转型 李　蓓　著	本书阐述了传统企业在互联网思维下的战略转型之路：重新定义产品——重新寻找客户——重新发现价值	利用互联网思维结合自己已有的竞争优势，你也可以创建一个有着无限成长空间的新企业

管理类：效率如何提升，如何实现经营目标，如何“节流”			
	书名．作者	内容/特色	读者价值
通用管理	**1. 让管理回归简单．升级版** **2. 让用人回归简单** **3. 让经营回归简单．升级版** 宋新宇　著	宋博士的“简单”三部曲，影响20万读者，非常经典	被读者热情地称作“中小企业的管理圣经”
	边干边学做老板 黄中强　著	创业20多年的老板，有经验、能写、又愿意分享，这样的书很少	处处共鸣，帮助中小企业老板少走弯路
	阿米巴经营的中国模式 李志华　著	让员工从“要我干”到“我要干”，价值量化出来	阿米巴在企业如何落地，明白思路了
	欧博心法：好管理靠修行 曾　伟　著	用佛家的智慧，深刻剖析管理问题，见解独到	如果真的有‘中国式管理’，曾老师是其中标志性人物
	1. 用流程解放管理者 **2. 用流程解放管理者2** 张国祥　著	中小企业阅读的流程管理、企业规范化的书	通俗易懂，理论和实践的结合恰到好
	跟我们学建流程体系 陈立云　著	畅销书《跟我们学做流程管理》系列，更实操，更细致，更深入	更多地分享实践，分享感悟，分享从实践总结出来的方法论

续表

人力资源	**走出薪酬管理误区** 全怀周　著	剖析薪酬管理的 8 大误区，真正发挥好枢纽作用	值得企业深读的实用教案
	回归本源看绩效 孙　波　著	让绩效回顾“改进工具”的本源，真正为企业所用	确实是来源于实践的思考，有共鸣
	集团化人力资源管理实践 李小勇　著	对搭建集团化的企业很有帮助，务实，实用	最大的亮点不是理论，而是结合实际的深入剖析
	人才评价中心．超级漫画版 邢　雷　著	专业的主题，漫画的形式，只此一本	没想到一本专业的书，能写成这效果
	我的人力资源咨询笔记 张　伟　著	管理咨询师的视角，思考企业的 HR 管理	通过咨询师的眼睛对比很多企业，有启发
	本土化人力资源管理 8 大思维 周　剑　著	成熟 HR 理论，在本土中小企业实践中的探索和思考	对企业的现实困境有真切体会，有启发
	把招聘做到极致 远　鸣　著	作为世界 500 强高级招聘经理，作者数十年招聘经验的总结分享	带来职场思考境界的提升和具体招聘方法的学习
企业文化	**华夏基石方法：企业文化落地本土实践** 王祥伍　谭俊峰　著	十年积累、原创方法、一线资料，和盘托出	在文化落地方面真正有洞察，有实操价值的书
	企业文化的逻辑 王祥伍　著	为什么企业之间如此不同，解开绩效背后的文化密码	少有的深刻，有品质，读起来很流畅
	企业文化激活沟通 宋杼宸　安琪　著	透过新任 HR 总经理的眼睛，揭示出沟通与企业文化的关系	有实际指导作用的文化落地读本
生产管理	**高员工流失率下的精益生产** 余伟辉　著	中国的精益生产必须面对和解决高员工流失率问题	确实来源于本土的工厂车间，很务实
	车间人员管理那些事儿 岑立聪　著	车间人员管理中处理各种“疑难杂症”的经验和方法	基层车间管理者最闹心、头疼的事，‘打包’解决
	1. **欧博心法：好管理靠修行** 2. **欧博心法：好工厂这样管** 曾　伟　著	他是本土最大的制造业管理咨询机构创始人，他从 400 多个项目、上万家企业实践中锤炼出的欧博心法	中小制造型企业，一定会有很强的共鸣
	欧博工厂案例 1：生产计划管控对话录 **欧博工厂案例 2：品质技术改善对话录** **欧博工厂案例 3：员工执行力提升对话录** 曾　伟　著	最典型的问题、最详尽的解析，工厂管理 9 大问题 27 个经典案例	没想到说得这么细，超出想象，案例很典型，照搬都可以了

营销类：把客户需求融入企业各环节，提供“客户认为”有价值的东西

	书名．作者	内容/特色	读者价值
营销模式	**变局下的营销模式升级** 程绍珊　叶宁　著	客户驱动模式、技术驱动模式、资源驱动模式	很多行业的营销模式被颠覆，调整的思路有了！
	卖轮子 科克斯　【美】	小说版的营销学！营销核心理念巧妙贯穿其中，贵在既有趣，又有深度	经典、有趣！一个故事读懂营销精髓
	弱势品牌如何做营销 李政权　著	中小企业虽有品牌但没名气，营销照样能做的有声有色	没有丰富的实操经验，写不出这么具体、详实的案例和步骤，很有启发
	老板如何管营销 史贤龙　著	不要认为营销就是 4 个 P、C、R 的概念游戏，揭开营销智慧助力企业成功的内在奥秘	高段位营销 16 招，好学好用，老板能看，营销人也能看
组织和团队	**升级你的营销组织** 程绍珊　吴越舟　著	用“有机性”的营销组织力替代“营销能人”，把营销团队变成“铁营盘”	营销队伍最难管，程老师不愧是营销第 1 操盘手，步骤、方法都很成熟
	用数字解放营销人 黄润霖　著	通过量化帮助营销人员提高工作效率	作者很用心，很好的常备工具书
	成为优秀的快消品区域经理 伯建新　著	37 个“怎么办”分析区域经理的工作关键点	可以作为区域经理的‘速成催化器’
	一位销售经理的工作心得 蒋　军　著	一线营销管理人员想提升业绩却无从下手时，可以看看这本书	一线的真实感悟
	快消品营销：一位销售经理的工作心得 2 蒋　军　著	快消品、食品饮料营销的经验之谈，重点突出	来源于实战的精华总结

续表

案例	**我们的营销真案例** 联纵智达研究院　著	五芳斋粽子从区域到全国/诺贝尔瓷砖门店销量提升/利豪家具出口转内销/汤臣倍健的营销模式/娃哈哈联销体	选择的案例都很有代表性，实在、实操！
	招招见销量的营销常识 刘文新　著	如何让每一个营销动作都直指销量	适合中小企业，看了就能用
	解决方案营销实战案例 刘祖轲　著	用10个真案例讲明白什么是工业品的解决方案式营销，实战、实用	有干货、真正操作过的才能写得出来
	中国首家未来超市：解密安徽乐城 IBMG国际商业管理集团　著	零售企业的未来在哪里？本书深入挖掘了安徽乐城超市的试验案例，为零售企业未来的发展提供了一条可借鉴之路	通俗易懂，行业经验丰富，宝贵的行业量化数据，关键思路和步骤
产品	**产品炼金术** 史贤龙　著	帮助企业对打造畅销产品有一个全局性、框架性的认识	必须具备的思维和方法，避免在产品上再犯大的错
品牌	**中小企业如何建品牌** 梁小平　著	中小企业建品牌的入门读本，通俗、易懂	对建品牌有了一个整体框架
	采纳方法：破解本土营销8大难题 朱玉童　编著	全面、系统、案例丰富、图文并茂	希望在品牌营销方面有所突破的人，应该看看
渠道通路	**传统行业如何用网络拿订单** 张　进　著	给老板看的第一本网络营销书	适合不懂网络技术的经营决策者看
	采纳方法：化解渠道冲突 朱玉童　编著	系统剖析渠道冲突，21个最新的渠道冲突案例、情景式讲解，37篇专题讲义	系统、全面
	快消品营销与渠道管理 谭长春　著	将快消品标杆企业渠道管理的经验和方法分享出来	可口可乐、华润的一些具体的渠道管理经验，实战

国家社会科学基金项目资助（项目编号：12XKS028）

学者文库

媒介融合背景下的红色文化大众化研究

张文 等◎著

中国社会出版社
国家一级出版社·全国百佳图书出版单位

图书在版编目（CIP）数据

媒介融合背景下的红色文化大众化研究 / 张文等著
. --北京：中国社会出版社，2019. 8
ISBN 978 - 7 - 5087 - 6213 - 5

Ⅰ. ①媒… Ⅱ. ①张… Ⅲ. ①革命传统教育—研究—中国 Ⅳ. ①D642

中国版本图书馆 CIP 数据核字（2019）第 181498 号

书　　名：媒介融合背景下的红色文化大众化研究
著　　者：张文　等

出 版 人：浦善新
终 审 人：尤永弘
责任编辑：陈贵红

出版发行：中国社会出版社　　邮政编码：100032
通联方式：北京市西城区二龙路甲 33 号
电　　话：编辑部：（010）58124828
　　　　　邮购部：（010）58124848
　　　　　销售部：（010）58124845
　　　　　传　真：（010）58124856
网　　址：www. shcbs. com. cm
　　　　　shcbs. mca. gov. cn
经　　销：各地新华书店

中国社会出版社天猫旗舰店

印刷装订：三河市华东印刷有限公司
开　　本：170mm × 240mm　1/16
印　　张：17
字　　数：219 千字
版　　次：2020 年 1 月第 1 版
印　　次：2020 年 1 月第 1 次印刷
定　　价：85. 00 元

中国社会出版社微信公众号

序

“文化是一个国家、一个民族的灵魂。文化兴国运兴，文化强民族强。没有高度的文化自信，没有文化的繁荣兴盛，就没有中华民族伟大复兴。”① 毫无疑问，这已经或正在成为人们的共识。在新时代的中国，发展文化，最根本的就是要发展中国特色社会主义文化；坚定文化自信，最重要的就是要自觉增强中国特色社会主义文化自信。“中国特色社会主义文化，源自于中华民族五千多年文明历史所孕育的中华优秀传统文化，熔铸于党领导人民在革命、建设、改革中创造的革命文化和社会主义先进文化，植根于中国特色社会主义伟大实践。”② 显而易见，革命文化是中国特色社会主义文化题中应有之义，是中国特色社会主义文化的重要组成部分。发展中国特色社会主义文化，不能不发展革命文化，增强中国特色社会主义文化自信不能不增强革命文化自信。在我看来，这里的“革命文化”，就

---

① 习近平：《决胜全面建成小康社会，夺取新时代中国特色社会主义伟大胜利——在中国共产党第十九次全国代表大会上的报告》，人民出版社，2017年版，第40－41页。

② 习近平：《决胜全面建成小康社会，夺取新时代中国特色社会主义伟大胜利——在中国共产党第十九次全国代表大会上的报告》，人民出版社，2017年版，第41页。

是“红色文化”。发展红色文化，增强红色文化自信，对于繁荣发展中国特色社会主义文化化具有极为重要的意义。诚然，发展红色文化、增强红色文化自信，是一个复杂的问题，需要从多方面做出积极努力，然而，红色文化的传播特别是大众传播问题却总是一个绕不过去的问题。这个问题，在媒介融合背景下，尤显必要和重要。由此观之，由张文教授等研究撰写并即将由中国社会出版社出版的《媒介融合背景下的红色文化大众化传播研究》一书是很有现实意义的。

本书是在张文教授主持完成的国家社科基金规划项目同一主题的结题成果基础上修改、加工完成的。从书名便可看出，本书的研究主题是红色文化的传播问题，这个问题的研究，是被置于媒介融合的特殊背景之下，并且聚焦于大众传播问题。与此相联系，我认为，概括起来说，本书的主要建树突出表现在以下四个方面。

第一，创造性地探讨了红色文化传播新场域——媒介融合的基本问题。本书探讨红色文化的传播问题，是在媒介融合的特殊背景和视域下进行的，自然要对媒体融合本身相关问题及其与红色文化的关系作出必要的说明。本书从两方面完成了这一任务。一是对什么是媒介融合做出多维度的概说，从概念上说，认为媒介融合是一个笼统且富有张力的概念，不同语境、不同维度下媒介融合的内涵和外延也不尽相同。综合学术界现有的主要观点，可以从狭义和广义两方面来概括：狭义的媒介融合是指将不同的媒介形态相融合形成新的媒介形态，如电子杂志、手机报纸、网络广播、博客新闻等；广义的媒介融合外延则大得多，是一种大范围的聚合，不仅包括一切媒介及其有关要素的结合、会聚和融合，还包括媒介形态的融合，以及媒介功能、传播手段、所有权、组织结构等要素的融合。从类别上说，认为学界从不同角度作出划分。比如：有的从其形成过程将其分四个阶段，即组织融合阶段，资本融合阶段，传播手段融合阶段和媒介形态融合阶段。有的根据媒介融合的形式将其分为技术融合、经济融合、社会或组织融合、文化融合和全球融合。有的将媒介融合划分为交互推广、克隆、合竞、内容分享和融合五种类型；有的认为媒介融合可分为三个层次：物质层面（工具层面）的融合、操作层面（传播业务和经营业务）层面的融合以及理念层面（意识层面）的融合；有的依据媒介融合的涵义提出了四分法，分别是传播介质、传播媒体、媒体组织和媒体产业的融合。还有的提出“五种融合”说，即所有权融合，策略性融合，结构性融合，信息采集融合。这些分类在其特定的意义上，都有一定的道理。从形态上说，认为媒介融合形态主要表现在内容融合、渠道融合、终端融合、产业融合和管理融合等方面。从功能和影响上说，媒介融合的功能表现为正反两方面的双重效应，而每一方面，又都有多种具体表现；其影响主要表现在经济影响、政治影响、文化影响和社会影响等方面。二是对媒介融合背景下红色文化大众化传播的要素作出说明，认为“媒介传播系统在红色文化的传播机制中处于核心和枢纽地位，对红色文化的形成、发展以及红色文化影响力的扩大等方面有重要作用。根据拉斯韦尔的‘五 W’模式，即构成传播过程的五要素：传播者、讯息、媒介、受传者和传播效果，媒介融合背景下在红色文化的传播大众化传播中，传播主体、受众、传播内容、传播环境和反馈是重要影响要素。”（见本书第 41 页）以上两个方面的说明，有助于人们全面理解和把握何为媒介融合及其对红色文化大众传播

的影响要素，为进一步了解媒介融合视域下红色文化的传播问题奠定了前提性基础

第二，系统深入地阐述了科学的红色文化观。研究媒介融合背景下的红色文化大众化传播问题，必须搞清楚何为红色文化。看起来，这是一个众所周知的问题，然而，熟知并非真知。人们对这个问题的认识，并不完全都是科学的，因此有进一步探讨之必要。也许正是基于这样的认识，本书着力对红色文化观作出全面系统的阐述。一是坚持综合创新，对红色文化的内涵做出解说。作者在概述学界关于红色文化界说研究取得的基本观点的基础上，坚持认为，红色文化是在马克思主义中国化进程中，中国人民在中国共产党的领导和影响下在民族文化基础上创造的崭新文化形态，它代表着二十世纪以来中华文化发展的主流和前进方向，是物态文化、制度文化、行为文化和心态文化的统一体。这一解说，就使人们对红色文化内涵的认识有所拓展和深化。二是运用历史思维，考察了红色文化演进的历史过程，认为从新民主主义革命时期、社会主义革命和社会主义建设时期到改革开放以来的时期，红色文化分别依次经历了从精英文化到大众文化、从区域文化到主流文化、从特色文化到红色资源的演进过程。这一考察，不仅有助于增强人们对红色文化认识的历史感，而且有利于人们理解把握红色文化发展的阶段性特征。三是着眼其特点，具体分析了红色文化的重要特征，认为红色文化凸显的主要特征是：先进性、时代性、革命性、包容性、价值性等等。这些特征“体现了红色文化所具备的民族精神和时代精神，是社会主义现代化建设时期文化建设的排头兵，更是推动社会主义文化强国建设和社会主义核心价值体系建设的重要精神力量。”（见

本书第 61 页）这样的分析，有利于人们从特征论的角度进一步深入具体地理解和把握红色文化。四是从功能和价值论的角度，具体阐述了红色文化的功能和价值，认为红色文化具有文化传承、驱动文化创新和文化引领等等功能，具有政治价值、文化保护价值、教育价值、经济价值等等多重价值。这一阐述，有利于人们对红色文化功能的全面认识和对于红色文化价值的自觉认同。以上对红色文化多维度的阐述，有利于帮助人们确立并坚持科学的红色文化观。

第三，辩证地分析了媒介融合对红色文化大众传播的双重影响。研究媒介融合背景下的红色文化大众化传播问题，一个不能回避的问题，是如何看待媒介融合对红色文化大众传播的影响。对此，本书运用矛盾观点，一分为二地分析了问题。一是指出了媒介融合背景下红色文化大众化传播面临的“四大困境”（这就是：传播异化的困境、受众异化的困境、精神诉求的困境和话语转换的困境）和“四大挑战”（这就是：传播主体面临的新挑战、传播信息面临的新挑战、传播环境面临的新挑战、传播模式面临的新挑战），二是指出了媒介融合对红色文化大众化传播带来的机遇，即提升传播者的主体性、信息资源的丰富性、传播载体的多样性。这样一来，在媒介融合背景下加强红色文化大众传播的过程中，使人们既能够保持清醒的头脑，又能够增强做好工作的信心。

第四，坚持实践观点，提出了媒介融合背景下做好红色文化大众传播的思路和举措。实践观点是马克思主义的基本观点。按照这个观点，不仅要说明世界，更要改造世界。研究问题，不仅要提出问题，分析问题，更要解决问题。本书坚持实践观点，在以上说明媒体融合背景下红色文化大众传播的有关问题的基础上，接下来，着力提出了如何做好媒体融合背景下的红色文化大众传播工作的思路和举措。一是总结红色文化大众传播传统模式及经验启示，力求做到在总结经验中前行。认为红色文化大众传播传统模式给我们提供了多方面的经验。比如，传播主体“打铁还需自身硬”，始终坚持以党建工程引领社会大众，始终坚持以大众认同为传播取向，始终坚持以控制话语权赢得大众，始终坚持传播内容通俗大众化，等等。历史是不能隔断的，现代与传统是不可分割的。这些经验，对于推进媒介融合背景下的红色文化大众传播具有重要的启迪作用。二是强调优化媒介融合视域下红色文化传播的环境。认为媒介融合视域下红色文化传播离不开环境建设，而环境建设又涉及到诸多方面，如网络硬件环境建设、网络法制环境建设、网络技术环境建设和网络管理环境建设等等。优化环境，既要要坚持正确的原则，如方向性原则、系统性原则和整体性原则等等，又要采取切实可行的路径，如依法治网，依规管理，净化网络环境；创新媒体，媒介融合，加强技术建设；舆情引导，媒体自律，优化管理体制；数字校园，政务优化，夯实宣传阵地，等等。三是重点强调了如何解决红色文化的动漫传播问题。认为深化红色文化动漫传播不仅具有极强的理论价值，也具有深层次的实践意义。做好红色文化的动漫传播，要把握红色文化动漫传播的基本要素；要明确红色文化动漫传播模式、原则及着力点；要优化红色文化动漫传播的路径，等等。其中的每一方面都有一些具体的内容和要求。这些思路和举措，为进一步解决媒体融合背景下红色文化大众传播的“怎样做”和“不怎样做”的问题具体指明了努力方向。

总的看来，本书具有以下几个鲜明特点：一是站在学术制高点上，具有学术性。书中对许多问题的分析，都是采用“他说我见”的方式，即在概括总结学界已有研究成果的基础上提出自己的见解。二是强烈的问题导向，具有实践性。书中的许多内容，都是不仅提出问题，分析问题，而且落脚于解决问题。三是分析问题“照辩证法办事”，具有辩证性。书中对问题的阐述，自觉坚持客观性、全面性、深刻性，力求避免主观性、片面性和表面性。四是坚持用事实说话，具有实证性。本书不仅长于从理论上论述问题，而且善于运用大量实证材料加以佐证，这一点，从第九章的案例分析中便可略见一斑。五是提出独到见解，具有创新性。实事求是地说，本书充分利用了国内外已有的许多观点、材料和方法，不能说是原创的，但是，在综合已有研究成果的基础上，总是善于提出作者独到见解。就此而言，说本书是综合性创新的成果并不为过。

当然，事物都是一分为二的。在充分肯定本书成绩的同时，也要看到存在的不足。正如作者自己已经认识到的，由于本课题研究涉及多个学科和各个领域，难度较大，因此，对相关理论的运用和理解还不够深入，相关观点的阐述还不够专业，理论分析能力还有待加强。对于这些不足，相信作者会在今后的研究中予以弥补。总的说来，瑕不掩瑜，本书是探讨媒介融合背景下红色文化大众化传播研究的一部不可多得的成功之作。

本书的第一作者张文教授长期从事文化问题特别是红色文化问题研究。文化问题也是我本人学术研究长期关注的热点之一。张文教授的博士学位论文《桂林抗战文化及其当代价值研究》是在我的指导下完成的。在本书即将出版之际，张文教授邀我为本书写个序，是对我的信任，同时，也给本人提供了一个难得的学习机会。盛情难却。研读书稿之后，就写了以上的文字，谈了自己“先睹为快”的几点感受，不一定对，仅供读者朋友参考，不妥之处，恳请大家批评指正。

最后，衷心祝愿张文教授及其学术团队在新时代红色文化研究领域取得更多更好的成果！

是为序。

周向军

2019.8.31 于泉城

（周向军，山东大学马克思主义理论研究中心主任，教授，博士生导师，国家马克思主义理论研究与建设工程专家。）

目 录

CONTENTS

第一章

导　论

习近平总书记在中国共产党第十九次全国代表大会的报告中，在阐释关于“坚定文化自信，推动社会主义文化繁荣兴盛”时提出，要“推动中华优秀传统文化创造性转化、创新性发展，继承革命文化，发展社会主义先进文化”①。在十九大刚刚胜利闭幕后，习近平总书记带领新一届中共中央政治局常委第一时间专程赶赴上海瞻仰中共一大会址，重温入党誓词，赴浙江嘉兴瞻仰南湖红船，“探寻共产党人的精神密码，翻开风云激荡的红色篇章，在历史中汲取力量，为的是不忘初心、牢记使命、永远奋斗”。②

自党的十七大以来，提高国家文化软实力，建设文化强国的发展战略在全国全力推进，并已深入人心。被誉为中国共产党人“红色基因”的红色文化，作为近代以来中国人民在民族文化基础上创造的具有鲜明的民族特色和时代革命印记的新型文化，它在中国共产党领导人民进行革命、建设和改革的不同历史时期，都发挥过极其重要的历史作用。而今，在世界文化多元化和经济全球化发展的新时代，在媒介日趋融合的

① 习近平：《决胜全面建成小康社会夺取新时代中国特色社会主义伟大胜利——在中国共产党第十九次全国代表大会上的报告》，新华网.2017－10－27。

② 《梦想，从这里启航——记习近平总书记带领中共中央政治局常委赴上海瞻仰中共一大会址、赴浙江嘉兴瞻仰南湖红船》，新华网.2017－11－01。

背景下，如何应对信息时代和科技革命带来的机遇与挑战，充分利用媒介融合的信息传播优势，实现红色文化的有效传播，继续传承“红色基因”，为更好地构筑人们的精神家园，坚守国家文化安全，增强文化软实力，助推中华民族伟大复兴中国梦的早日实现，无疑是一个现实而新颖的重要时代课题。

第一节　新时代红色文化大众化研究的意义

一、媒介融合发展的新趋势

2011年7月12日，《中国新媒体发展报告（2011）》发布。报告指出，在发展形态方面，中国三网融合有了突破性进展，在宽带、移动互联网以及3G网络的蔓延下，新媒体终端极为多样化，新媒体形态推陈出新、日益丰富。传播历经语言、文字、印刷、广播、电视的媒介发展，从单一人际传播到大众传播，从网络新媒体传播一直走到今天的媒介融合传播。2017年媒介融合已经呈现出创新性的、不可逆的发展态势。分别呈现出以下几个趋势：

首先，媒介融合呈现由渠道融合到要素融合的趋势。媒介融合从最初的传播方式、内容的融合递变成技术的、所有权的、组织结构的、政府制度等的新型要素的融合，每个要素的融合都承载着一定的社会功能，这些功能在满足人们最基本的信息诉求基础上，更多是将融合应用到信息承载的社会关系中。以所有权要素融合为例，所有权要素代表的是以技术进步、业务融合、企业竞争带来的战略性并购，其目的是实现从单一的“物理融合”到“化学融合”的过渡。根据人的需求不断融合衍生新的信息产品。

其次，媒介融合成为新兴产业发展的重要一环。媒介融合不再是单一信息传播渠道，它的发展已经引领了一个新兴产业链条，并引领了“共享经济”发展的开端。信息技术发展不断给予媒介所需的技术力量，不断对受众诉求进行挖掘，创造新的发展机会。《中国新媒体发展报告（2017）》中称，以中国媒体借助互联网平台已经实现产业链式发展。从单一的信息传递到现在的以信息传递为技术支撑为目的的“网络直播、网络电视、网红经济”等并衍生出新的“共享经济”发展理念，实现经济绿色发展，信息产业已经成为新一代经济支柱性产业。此外，在“共享经济”理念下，出现了“下一代网络”① 的定义。“下一代网络”是目前媒介融合的最新表现形式。是通过“光纤高速传播技术为依托，采用多元化宽带接入技术，突破网络宽带瓶颈，增大网络容量”的新媒介融合成果。从技术手段强烈满足人们参与网络接收信息、传播信息的愿望。

最后，媒介融合时代成为信息“补给”时代。媒介融合是现状，更是未来发展的趋势，我们已经进入“三网（电信网、互联网、广播电视网）融合，三电（电信、电脑、电视）共生”的时代。报纸、电视、广播、网络、手机等不同媒介相互融合，以多种方式、多种层次的传播，最大化地满足受众的个性化需求。媒介融合时代的到来，让红色文化的传播载体更新换代，传播主体、传播客体与传播载体之间各自的个性研究以及三者之间的分工模式都对红色文化的传播有直接决定性的影响。在媒介融合时代，红色文化的有效传播的基础是在传播过程中实现了对传播主体的有效“补给”，受众乐于接受，传播载体有效切换，并最终实现由受众接受并主动参与到传播过程中来。在信息爆炸、信息多元的当下，社会热点、焦点问题借助媒介传播的优势更能引起群众的

① 刘颖悟，汪丽：《媒介融合的国际经验及发展趋势探析》[J]. 传媒，2012（11）。

关注和热烈讨论。这说明我们在传播红色文化的过程中，可以利用媒介传播的力量不断“补给”人民群众，让群众了解红色文化的“过去”，加强红色文化在社会群众中的影响，引导群众关注红色文化、了解红色文化、学习红色文化，不断增强人民群众对红色文化的认知与认同。

（一）红色文化传播的整体环境发生了新变化

1. 国际环境的影响

在改革开放的时代背景下，经济全球化席卷全球，簇拥着社会主义市场经济的不断深入。我国的经济成分、就业方式、资源配置、人民收入等都发生深刻变革。经济基础决定上层建筑，社会经济环境的变化必然会反映到人们的日常生活中。“人们的市场、民主、法治、质量、效益、时间、环保、生态等观念普遍增强，同时封建残余思想、资产阶级腐朽思想、传统计划经济观念等仍然长期存在”①，这些负面思想对社会主义核心价值的传递产生阻碍。社会主义、爱国主义意识淡薄，增强民族认同感的任务变得异常艰巨。我们不断接受新事物带来的生活变化，用挑剔的眼光审视本国的物质生产，这种文化认知在开始就是存在偏见的。此外，西方发达资本主义国家借助经济和军事实力对社会主义国家进行意识形态渗透，极力推行西方的价值观和政治观，企图对社会主义国家进行和平演变。在复杂的国际环境下，我们能做的就是加强自身的意识形态工作建设，充分利用本国的优秀文化，唤醒人们的民族认知和民族自信。红色文化首当其冲地应担负着传递民族精神、增强民族自信和自豪感的光荣而艰巨的任务，将丰富的红色文化资源转化成强大的文化软实力。

2. 多元文化的冲击

当今时代，科技进步和社会发展加剧了文化发展变化的速度，信息

① 肖灵：《当代大学生红色文化教育研究》［D］. 南京师范大学，2014。

流通日益便利，各种文化的交流、碰撞、融合日益加剧，文化的更新转型日益加速，文化的发展随人们的需求变化多样，各类文化的产生服务于社会发展的需要，例如“直播+”① 经济，生产决定消费，消费影响着生产的壮大。由消费者引导的消费文化也在影响着红色文化的传播，例如网络电视剧、微电影，但也存在恶搞英雄人物的网络段子、抗日神剧。人们的猎奇心理簇拥着人们越来越热衷于满足个人喜好的消费文化，使得优秀红色文化内涵的发掘备受冲击，消解了人们的爱国情感和对历史的尊重。信息技术不断发展的今天，网络是文化传播的主阵地，我们在借助网络的同时务必注意文化宣传的度，把控好文化传播的“总开关”。

3. 主流文化弱化

“文化自信来自文化自觉。所谓文化自觉，就是要对文化的本质及其普遍联系有一个清醒的科学的认识”②。中国的主流文化是以马克思主义为指导的中国特色社会主义文化，而人们对中国特色社会主义文化的“文化自觉”一度被快节奏的文化传播所冲淡。主流文化被冲淡、弱化，主流意识形态的建设面临着严峻的挑战。习近平总书记反复强调：“意识形态工作是党的一项极端重要的工作。”③ 加强意识形态工作也是为了更好地巩固中国特色社会主义根基。但人们对我国主流文化的认知大多处于表层阶段，对于红色文化等先进文化所包含的内涵和精神无暇深究，这种现象导致非主流文化充斥人们的生活，并为大家津津乐道。因此，我们应加大主流文化的建设力度，积极开展红色文化传播，借助信息技术，提高主流文化认知度和影响力，促进中国特色社会主义

① 时晓莉：《中国新媒体发展报告（2017）》在京发布，中国社会科学网，2017 年 6 月 28 日。

② 刘润为：《红色文化与中国梦》，人民日报，2013 年 11 月 14 日。

③ 《习近平谈治国理政》［M］. 外文出版社 2014 年 10 月版，第 153 页。

文化的社会认同。

（二）信息化建设带来的挑战与机遇

信息技术的不断发展带动了一系列文化产业的兴起。人们根据喜好对信息内容和信息接收方式提出了更高的要求。以满足大众需求为基点的新兴媒体相继出现，各种喜闻乐见的信息传播方式更新换代，从报纸、广播、电视等的传统媒体向互联网、各种移动终端等的自媒体转换。红色文化的传播在这种大形势下也趋向多元化传播，现代战争题材的影视剧代替单一的纪录片，重现曾经战争的壮烈。甚至利用当前的明星效应增强热度，提高抗日战争的辨识度。信息时代给文化传播带来了技术支持，以信息技术为依托的媒介时代在影响着红色文化的传承和发展。媒介融合时代的到来，让传统红色文化的传播载体更新换代，借助新途径的同时，媒介自身也给红色文化的传播带来了新的不确定因素。媒介传播时对传播方式的选择、传播内容的管控和审核以及对传播受众分析等都是难以有效把握的因素，以媒介为载体的传播增加了文化的深度、厚度和速度，但是媒介融合是不断发展的趋势，如何利用媒介融合的优势实现信息目的性传播还是一个难点。

（三）国家文化安全的内在要求

在全球化快速发展时期，文化软实力是衡量一个国家综合国力的一个重要指标。在当前激烈的国际竞争格局中，文化领域的较量尤为突出，西方发达国家一直占据着舆论高地，长期对我国进行意识形态的渗透，攻击我国的社会主义制度和社会主义核心价值观。他们的媒体极力制造负面“新闻”和热点问题，唱衰中国共产党和社会主义制度，导致大量社会不良言论甚嚣尘上。他们极力为西方资本主义唱赞歌，鼓吹西方资本主义国家制度优越。除此之外，国内也有少数人对我国倡导的社会主义核心价值观不感兴趣，对马克思主义产生怀疑，主流意识形态观念淡薄，迷信西方资本主义，喜好西方文化，这无疑给红色文化的传播增加了难度。“宣传思想工作就是要巩固马克思主义在意识形态领域的指导地位，巩固全党全国人民团结奋斗的共同思想基础”①。而红色文化作为社会主义先进文化的重要组成部分，对人们的价值观培育扮演着至关重要的角色。红色文化是经过实践检验的优秀文化，进一步弘扬民族精神和时代精神，传承红色基因，传播红色文化，坚持马克思主义在意识形态领域的指导地位，是维护国家文化安全的内在要求。

二、红色文化大众化研究的现实意义

红色文化的传播是为了让更多的人特别是青年一代感受到红色革命精神带来的精神和信念的力量。正如习近平总书记在党的十九大报告中所说：“青年兴则国家兴，青年强则国家强。青年一代有理想，有本领、有担当，国家就有前途，民族就有希望。”② 21 世纪是信息科学的时代，它给红色文化的传播带来了新的机遇和挑战，文化只有借助信息科技才能实现繁荣发展。“要加大对中华民族文化的正面宣传力度，通过学校教育、理论研究、历史研究、影视作品、文学作品等多种方式，加强爱国主义、集体主义、社会主义教育，引导人民树立正确的历史观、民族观、国家观、文化观，增强做中国人的骨气和底气”。③ 红色文化包含着共产主义的理想、信念、道德追求、奉献精神等，我们利用媒介融合技术，跨越时空界限，实现红色文化精神的多维度传播。它对于激励、鼓舞中华儿女树立崇高理想、坚定目标、不畏艰难，砥砺前

---

① 《习近平谈治国理政》[M]. 外文出版社 2014 年 10 月版，第 153 页。

② 习近平：《决胜全面建成小康社会夺取新时代中国特色社会主义伟大胜利——在中国共产党第十九次全国代表大会上的报告》。新华网，2017-10-27。

③ 习近平在中共中央政治局第十二次集体学习时的讲话。人民网，2013 年 12 月 30 日。

行，为建设中国特色社会主义文化强国，实现中华民族伟大复兴的中国梦，意义重大。

三、红色文化大众化研究的理论意义

媒介融合下红色文化的传播是在借鉴传播学理论的基础上，展开红色文化的传播问题研究，这在学术层面是对传播学领域结合的深入研究，这为以后思想政治教育领域与传播学领域的结合能够提供较好的借鉴。以往学术界更关注红色文化价值和资源的开发，对红色文化的传播没有更加深入的探索，而媒介融合视域下的红色文化传播突破了以往红色文化传播的研究方向，不是从传统媒体或新媒体单一角度分析红色文化的传播。媒介融合是一场信息革命，它包含了传统媒体和新媒体融合后创造的新的信息处理方式，这涉及更专业的学科知识，交叉研究需要更加深入，可为以后红色文化传播的相关研究提供理论借鉴。

四、红色文化大众化研究的实践意义

党的十七大把“提高国家文化软实力”作为重要的文化发展战略。红色文化作为中国特色社会主义文化的重要组成部分，是社会主义核心价值体系教育的天然载体，也是国家文化软实力的强大支撑。

红色文化继承了以爱国主义为核心的民族精神和以改革创新为目标的时代精神。红色文化的内涵因时而变，外延因势而广。而今，动漫、影视、新媒体等产业飞速发展，促进了优秀文化的传播，推动文化的大发展大繁荣，而构建理论自信、道路自信、制度自信、文化自信，将有利于促进社会主义文化强国的实现，为提高国家的文化软实力增添原动力。

在媒介融合的背景下，人人都是信息传播的驱动力，传播的主客体之分野已模糊且不再重要。媒介融合产生的综合平台比内容平台所承载的产品丰富得多。故经营好传播平台显得十分重要。此须把营造网民之间、公民与传播媒介的关系作为基础，探讨媒介融合的传播分野与汇聚，构建传播链条，探寻红色文化在媒介融合背景下的传播方式及路径，具有重要的实践意义。

第二节 国内外相关研究综述

迄今为止，在所有中文和外文数据库中（如知网、维普），把红色文化传播置于当前极为热门的媒介融合语境中，探讨媒介融合与红色文化传播问题的研究文章尚少。而对红色文化的相关研究则较多，众多学者积极探讨了红色文化的内涵、外延、承载的主体精神、实践价值等诸多问题。我国学者对媒介融合的研究晚于国外，近些年来，越来越明显的媒介融合实践引起了学界和业界的关注，如蔡雯教授根据美国新闻传播业的实践提出“融合新闻”的类型及模式等，王菲的《媒介大融合——数字媒体时代下的媒介融合论》也许是国内第一部关于媒介融合研究的专门论著。

一、国内相关研究综述

（一）目前国内对于红色文化的研究，大体可分为三类：

第一，对红色文化或“红色资源”的开发与传播方面的研究。成果颇多，前期较为有代表性的有：盛正发：《红色旅游的可持续发展研究》①；毛日清：《老区建设与“红色旅游”事业的发展》②。这类研究

① 盛正发：《红色旅游的可持续发展研究》［J］．广西社会科学，2006（01）。

② 毛日清：《老区建设与“红色旅游”事业的发展》［J］．求实，2002（12）。

多倾向于发掘红色文化各类资源的经济功能而对红色文化的传播研究没更多地涉足。但自2010年以后，有关红色文化的传播方面的研究可谓与日俱增，其中邱枫：《红色文化传播研究》中对红色文化传播现状做了分析，提出了红色文化要走“仪式观”传播路径，“‘仪式观’强调的是经验和意义在时间上的传承，不是单向的信息告知的行为，而是一种共同信仰的表现，能够使经验和意义的传承更趋于稳定。与传统拉斯韦尔提出的关于传播的‘5W 模式’不同”①。他从传播学、心理学角度深入探讨了信息最有效的传递方式，这对未来红色文化传播以及对受众心理的把握提供了丰富的理论经验。

第二，对区域红色文化所承载的主体精神进行的研究。成果亦多，主要是以中国共产党在某一特定时期的红色历史为依托，对局部的主体精神的内涵及其时代价值进行宏观分析。如专著：《井冈山精神》《长征精神》《延安精神》等。在知网搜索库中关于区域红色文化的期刊论文成果也较多，例如有关“井冈山”“大别山”“沂蒙山”等根据地红色文化价值资源的研究成果也很丰富，例如，江峰、汪颖子《中国红色文化生成的系统要素透析——以大别山红色文化为例》提出，“中国红色文化有其生成的特定内在成因和系统要素。就自然生态而言，特殊的地理环境构成了大别山红色文化所以生成的良好生态条件”②，红色文化的生成要素除了最基本的社会经济、历史传统等因素，生态环境因素也是红色文化绵延发展的重要组成部分，这对区域环境因素对红色文化传播研究有很好的借鉴意义。朱伟：《红色文化传播现状、问题与对策研究——基于济青枣三地的调查与思考》通过对地方实地调查，根据调查地域的合理性和调查对象的广泛性两个维度上设计了地区和性

① 邱枫：《红色文化传播研究》[D]. 中南大学，2012.

② 江峰，汪颖子：《中国红色文化生成的系统要素透析——以大别山红色文化为例》[J]. 北京师范大学学报（社会科学版），2010（06）。

别、年龄、民族、身份、政治面貌、宗教信仰七个背景变量，把有关红色认知的问题作为因变量，实地调查研究地方红色文化传播发展的现状，得出不同群体对红色文化的认知差异过大。受教育水平、年龄阶层、教育方式等都成为红色文化有效传播的影响因素①，红色文化的传播无论从理论还是实际操作研究都是一个值得研究的社会课题。

第三，对红色文化或“红色资源”的现实价值及其具体运用的研究。主要特点是通过挖掘红色文化或红色资源所蕴含的优良革命传统和伟大革命精神的具体内涵。如李康平、李正兴：《红色资源开发与社会主义核心价值体系教育》② 等文章。近些年以来，学者已经从对红色文化资源价值的探究转移到对特殊群体的价值观培育探究，以对大学生培育最为突出。如肖灵：《当代大学生红色文化传播研究》③，通过对全国部分高校作为调查样本，对在校大学生进行大规模采集信息，收集数据，掌握大学生对红色文化的认识状态，根据大学生的实际情况，有针对地研究红色文化的传播和价值培育。关于从研究红色文化本体内涵挖掘红色文化价值也比较多，例如：孙晓飞：《红色文化的当代社会价值及其实现》从“本体论”和发生学角度阐释了红色文化为什么为“红色”，“中华民族自古就是一个尚红的民族，早在六七千年前，中华民族的先民就将麻布染成红色以求吉祥和祛魔避邪。汉语文化中颜色词很早就比较发达。在古代，红色又称作‘赤、朱、丹’等，其意义多表示‘尊贵’”。④ 通过对红色文化本体论的阐释对红色文化的发生、主要特征以及历史价值做了深入研究，并对红色文化对当代的经济建设、

---

① 朱伟：《红色文化传播现状、问题与对策研究——基于济青枣三地的调查与思考》[D]．山东大学，2014.

② 李康平，李正兴：《红色资源开发与社会主义核心价值体系教育》[J]．道德与文明，2008（01）。

③ 肖灵：《当代大学生红色文化传播研究》[D]．南京师范大学，2014.

④ 孙晓飞：《红色文化的当代社会价值及其实现》[D]．山东大学，2008.

政治建设、文化建设和社会建设的主要功能表现作为研究重点，探究红色文化当代社会价值的科学实现问题。王以第：《红色文化的价值及其实现》也围绕红色文化的价值探索展开研究，研究涉及红色文化的发生机制、红色文化的形态、内容和特征，价值内涵和价值实现，“红色文化的形态是指红色文化的外在表现形式，即物质形态，是指那些历经风雨、饱受沧桑的战场等纪念地，革命会议遗址、领袖的故居、旧居等纪念馆，革命前辈用过或穿过的遗物等纪念物，以及革命理论、革命精神、革命传统等精神遗产的物质载体”①，以上研究探讨了红色文化物质形式的存在对红色文化的传承的社会存在意义和教育意义。

（二）关于媒介融合的相关研究

目前通过知网搜索“媒介融合”相关文章，发表时间多集中于近几年，一共搜索到23000余篇文章，仅2017年发表的关于媒介融合的文章近千篇，文章多为传播学、广播电视学、新闻学等学科领域探讨媒介融合。其中分为两类，一类是对媒介融合概念做解析探究，一类是媒介融合对传媒业相关学科的经验探究比较多。例如：丁柏铨：《媒介融合：概念、动因及利弊》对媒介融合内涵利用哲学基本概念进行了重新定义，“媒介融合的内涵主要包括：物质即工具层面的融合、操作即业务（包括新闻业务和经营业务）层面的融合、理念即意识层面的融合，有赖于制度（规制）创新提供保障”②。他将媒介融合概括为三个方面，即媒介融合是实现“工具”“业务”“意识”层面的融合，并陈述中国的媒介融合正处于“现在进行时态”阶段。中国信息技术不断发展，簇拥着媒介要素的整合，充分利用时间、空间资源，实现资源利

① 王以第：《红色文化的价值及其实现》［D］．山东大学，2006.

② 丁柏铨：《媒介融合：概念、动因及利弊》［J］．南京社会科学，2011，（11）：92－99.

用的最大化，增强信息的传达效果。刘颖悟、汪丽：《媒介融合的国际经验及发展趋势探析》①、陈映：《媒介融合概念的解析与层次》② 等同丁柏铨一样，都是从媒介融合要素方面探究媒介融合的发展规律。不过，就当前检索的数据来看，学者研究多集中于媒介融合在报纸、广播电视、新闻栏目等传媒业的影响和途径探究，对于媒介融合带来的教育价值类的相关学科探究还尚少。在2012年以前有关媒介融合的文章还寥寥无几，直接形成强烈对比，这也预示着媒介融合的发展已经成为当代社会发展重头戏。

（三）关于红色文化传播与媒介融合的相关研究

通过中国知网搜索到在2010年以前关于“红色文化传播”的文章仅有几篇，如李海波：《论红色文化传播的价值和策略》③ 等。这类文章探讨了红色文化传播的价值以及要素，部分章节阐述了通过分析媒体传播要素探索红色文化传播的特点和方式方法。但文章的整体框架多围绕红色文化价值的探究，对于红色文化传播特点探究还不够深入。搜索2010年之后有关红色文化传播的文章有近200篇，其中邱枫：《红色文化传播研究》通过对红色文化内涵和发展现状的分析，利用媒介要素的特点对红色文化的传播路径进行分析，利用微电影、公益广告、电视等载体优势实现红色文化的传播，这已经是实现红色文化与媒介的比较完美的结合。李红星：《红色文化的网络传播研究》探究了网络传播对红色文化传播的作用，他指出网络传播具有“‘时效性、开放性、虚拟性和生态性’特点，红色文化的网络传播需要在网络传播特点的基础上实现真理性和价值性、时代性和开放性、继承性和创新性、引领性和

---

① 刘颖悟，汪丽：《媒介融合的国际经验及发展趋势探析》［J］. 传媒，2012（11）。

② 陈映：《媒介融合概念的解析与层次》［J］. 2014（01）。

③ 李海波：《论红色文化传播的价值和策略》［D］. 江西师范大学，2009。

大众性的统一”①，为红色文化的传播提供经验对策。大多数的红色文化传播研究都能利用媒介传播的特点和优势分析红色文化传播的路径。但就目前研究现状来看，学者对红色文化传播的研究多集中于红色文化自身价值的挖掘，对从媒介自身特点给予红色文化传播借鉴的文章尚少，从传播学角度分析红色文化传播研究还不够透彻，结合尚不明显。

红色文化传播与媒介融合的相关性研究甚少，而这却是我们时代面临的重要课题。央视等国家级媒体和重庆市地方政府较早进行了相关方面的实践探索。可见，该课题研究极具理论和实践价值。

二、国外相关研究综述

媒介融合下红色文化传播是红色文化借助媒介融合的媒介便利探究红色文化传播机制。国外对“媒介融合”的研究起步较早，业已深入，且比较成熟。“媒介融合”概念最早原型可追溯到传播学者伊契尔·索勒·普尔年在其著作《自由的科技》中提出的“传播形态聚合”（the Convergence of modes）概念，一般研究者认为是他提出了“媒介融合”的概念，其本意是指各种媒介呈现出多功能一体化趋势。美国新闻学会媒介研究中心主任将“融合媒介”定义为“印刷的、音频的、视频的、互动性数字媒体组织之间的战略的、操作的、文化的联盟”，他强调的“媒介融合”更多是指各个媒介之间的合作和联盟。② 国外针对媒介融合的研究已经从各个角度分析媒介融合发展的趋势，主要从媒介融合要素的研究为主，从传播学、新闻学角度研究媒体变革。

红色文化的传播需要借助媒介的力量才能实现更广、更深层次传播。文化不仅是记载历史的活化石，文化也需要传播，只有被大家广为

---

① 李红星：《红色文化的网络传播研究》［D］．河北师范大学，2014。

② 邢仔芹：《媒介融合的现状及对传媒业的影响》［D］．山东大学，2009。

理解与认同才能为人民所用。意识形态工作一直是我国的根本性政治工作，红色文化的有效传播对我国的意识形态工作顺利进行有着至关重要的作用。但国外对我国红色文化的研究成果凤毛麟角，这与国家之间政治制度和意识形态冲突有关。中国开展的红色文化传播活动一方面是让中国的优秀文化为大家所认同，另一方面也是中国对外的意识形态对抗“工具”。不过，国内开展的红色文化传播活动与国外相似。在西方国家，各种资本主义革命史迹、反侵略战争遗址，特别是两次世界大战遗址等文化资源的开发，促进了爱国主义旅游资源的开发。只要财政允许，政府都会大力投资历史纪念馆，加强公共财政投资力度，例如：德国的勃兰登堡门、柏林纪念碑林、法国诺曼底登陆纪念馆、美国林肯公园、夏威夷珍珠港等与我国的中国抗日战争纪念馆、南京大屠杀纪念馆、卢沟桥抗日战争遗址等一致，利用公共服务建设促进社会思想政治教育。此外，也有少数国外新闻工作者对中国的红色文化印象深刻，例如斯诺的《西行漫记》，对中国红军长征做了最真实的记录和报道。

第三节　红色文化大众化研究的思路和主要内容

红色文化在全社会的广泛传播不仅要强调“内容为王”，也要注重“渠道为王”，打造传播平台，它不仅包括技术上的通道，更包含人与人之间的关系，而媒介融合下的媒体，不仅是基于传统媒体，也是基于社会关系的一种网络传播。因此在探索对红色文化有效传播同时，实现社会心理的把握也是极为重要的。媒介融合下红色文化传播的研究不仅是信息时代带来的技术便利，同样在实现便利应用的同时注意社会舆论的把控，这无疑给红色文化的传播增加了难度。

一、研究思路

首先，从思想政治教育、传播学和社会学理论出发，对传播以及相关领域的机理和脉络进行梳理、归纳，在此基础上，重点分析时代背景和技术背景对于传播和思想政治教育的动态影响。

其次，在探讨红色文化传统模式及其经验启示等问题的基础上，研究媒介融合对红色文化传播带来的新场域，媒介融合对红色文化传播带来的机遇和挑战。

再次，研究和分析媒介融合背景下红色文化传播的特征，重点研究和探索红色文化的传播主体和受体的细分和融合；红色文化传播的渠道延伸；红色文化的碎片化传播；红色文化的移动化和社会化传播等问题。

从次，研究媒介融合背景下公民参与传播过程中对自身发生的观念和行为演变。从而重点研究媒介融合下红色文化传播的社会网络的构建和环境优化问题。

最后，通过理论扩容，从视觉展现的角度对红色文化动漫传播进行分析探讨。然后，通过典型案例分析，从实践操作层面探讨媒介融合背景下的红色文化传播问题。

二、研究的主要内容

全书包括导论、正文和案例三大部分，正文共分七章，各章的主要内容如下：

第一章，为导论部分，主要介绍了项目选题的缘起和意义，其中包括媒介融合发展的新趋势，当前红色文化传播的整体环境变化，信息化建设的挑战与机遇以及国家文化安全的内在要求。最后，对媒介融合下红色文化传播的理论意义、现实意义和实践意义做了详细表述。

第二章，媒介融合——红色文化传播新场域。分为两个部分，第一部分对媒介融合概念做详细的分析，主要包括媒介的定义和媒介传播要素，媒介融合的概念、基本特征、基本形态和媒介的功能和影响以及新媒体在媒介融合的相互作用。第二部分，重点探讨了媒介融合背景下红色文化大众化传播中的传播主体、受众、传播内容、传播环境和反馈等五个重要影响要素。

第三章，着重对文化和红色文化概念和内涵的界定，以及对红色文化的历史演进、主要特征、主要功能和当代价值做了比较详细的研究和阐释。红色文化是推动中华民族伟大复兴的精神动力。红色文化自身的价值与功能对社会主义新时代价值培育有着重要现实意义。

第四章，主要对信息传播方式的递进式变化做了阐释归纳，分析探讨了传播内涵和类型，将红色文化的传播融入传播的各要素之中，并从文化哲学视域下探讨了红色文化的传播。

第五章，媒介融合对红色文化传播的影响。媒介融合背景下红色文化大众化传播面临着传播异化、受众异化、精神诉求异化、话语转换异化等困境，媒介融合对红色文化传播带来的挑战主要在于：传播主体、传播信息、传播环境、传播模式都面临着新的挑战。同时，机遇与挑战并存，媒介融合在提升传播者的主体性、丰富信息资源、拓展传播渠道、更新传播载体等方面都是机遇。

第六章，红色文化大众化传播传统模式及经验启示。红色文化大众化传播经验还是依靠传播主体自身的能动性表达，坚持以党建工程引领社会大众；始终以大众认同为传播取向；始终坚持以“二为”方针赢得大众；始终坚持传播内容通俗化大众化；始终坚持多元化渗透的传播方式等几点经验启示。

第七章，媒介融合视域下红色文化传播的环境优化与路径选择。这一章主要从优化红色文化大众化传播环境建设出发，加强网络硬件建设、网络法制建设、网络技术建设以及网络管理建设，为红色文化的传播环境提供优化原则和优化路径。

第八章，从媒介融合到视觉展现——红色文化传播动漫传播探析。主要研究媒介融合视觉符号环境下的红色文化动漫传播、红色文化动漫传播的基本要素，探讨了红色文化动漫传播模式、原则及着力点，红色文化动漫传播的路径优化，并通过对《航天英雄杨利伟》动画解析了红色文化动漫传播的创作。

第九章，典型案例分析，通过对广西“两学一做”新媒体系列材料解析、桂林电子科技大学党员教育学习系统以及中国共产党第十九次全国代表大会互联网报道等案例分析研究，从具体操作上对媒介融合背景下红色文化的传播理论进行实践探索。

三、研究的重点难点、主要观点与创新之处

（一）重点与难点

1. 媒介融合背景下的传播机理研究。透彻媒介融合特征是研究整个课题的一个突破口。

2. 媒介融合背景下红色文化的内容和平台建设研究；媒介融合背景下红色文化传播的细分和融合。

3. 通过媒介融合，传统媒体逐渐发展到“全媒体战略”，多元化的平台构建在媒体发展中至关重要。在这些平台中，内容是核心，各种传播介质都是“插件”，内容基本是稳定的，而插件可随时更新，各种不同的“插件”互为终端，真正走向传播途径多元化。那么，针对这种“多元化”，探讨红色文化传播如何与之呼应是一难点。

（二）主要观点

1. 媒介融合背景下的传播特征，体现了高度的覆盖性。红色文化

传播要在内容和平台上面取得突破，必须借助媒介融合。

2. 红色文化传播必须把营造网民与网民、公民与传播媒介的关系作为最核心的基础，需要从一种全新的关系思维出发，来构建传播链条。

3. 传媒创新应与红色文化受众社会关系整合。

4. 在社交网络中，红色文化传播体现了能动的方向性，如利用微博、微信、易班等对红色文化进行传播，受体在传播中，不仅传播内容，传播主体本身也受内容的反向影响。

（三）研究的创新之处

1. 提出红色文化的碎片化传播思路。三网融合的结果，不是内容更加的整体化、逻辑化，而是更为碎片化了。因为不同媒体形态，对内容的要求大相径庭，而越是碎片化的信息，越能胜任所有的形态。

2. 提出在媒体终端移动化以及媒体职能社会化的技术背景下，加强红色文化的移动化和社会化传播。

3. 探寻利用动漫传播红色文化的新路径，并通过“两学一做”等系列新媒体材料的具体操作，从实践层面上探索媒介融合背景下的红色文化传播路径和传播效应。

（四）研究的不足之处

本书研究涉及多个学科和各个领域，难度较大，对相关理论的运用和理解还不够深入，相关观点的阐述还不够专业，理论分析能力还有待加强。后续理论研究应更加注重不同学科领域之间的联系，实现更加灵活的各学科理论完成对选题的更深入的研究。

第二章

媒介融合——红色文化传播新场域

随着现代信息技术的飞速发展，以媒介融合为特征的新的传播时代应势而来。媒介融合是现状，更是发展的趋势，我们已进入“三网（电信网、互联网、广播电视网）融合，三电（电信、电脑、电视）共生”的时代。报纸、广播、电视、网络、移动终端等不同媒介相互融合，以多种方式，多种层次地传播，最大化地满足着受众的个性化需求。媒介融合时代的到来，整个社会的信息交流、人际交往、利益表达以及文化传播方式都发生了深刻的变革，也对红色文化的传播产生相应影响。在媒介融合的新时期，红色文化必须利用媒介融合带来的重要契机，传承其基因，弘扬其精神，彰显其价值。

第一节　媒介与媒介融合概说

一、媒介与新媒体

（一）媒　介

媒介是传播的重要载体。作为 medium 的复数形式，媒介（Media）

一词源于拉丁文 medius，其本意是中介、中心、中间。在我国，“媒介”一词最早可见于《旧唐书·张行成传》：“观古今用人，必因媒介。”从词源上看，“媒”最初意为“吸引”“婚姻介绍人”，后引申为中介、导致和居间的工具之意；“介”则是指“介质”“处于两者之间”。《辞海》中对“媒介”一词的解释是：①使双方发生关系的人和事；②指各种信息的传输手段；③在艺术范畴指艺术家所采取的表现手段或技法；④指绘画颜料的结合剂和溶解剂。① 英语中的“媒介”（Medium）有相同的意思，表示使事物之间发生关系的工具、介质、手段等。

19 世纪中后期，随着电报、留声机等电子媒介的发明和使用，media 一词开始与传播技术联系在一起，逐渐形成了作为传播学意义上的基本含义，即传播的载体、渠道或手段。② 19 世纪后期由于西方国家传媒市场的迅速发展，media 一词开始与经济领域紧密关联并由此产生了三个相互联系的次概念：作为商品的媒介（产品）、作为产业的媒介和作为生产和消费统一体的媒介（市场）。在物质形态和经济概念之间，“媒介”还有作为新闻生产和传播的机构或系统的重要含义。M. 麦克卢汉（Marshall Mcluhan）更是提出了“泛媒介”的观点，“媒介即讯息”“媒介即人体的延伸”，他认为人类的任何进步和发展都可以看作媒介和人体器官的延伸，媒介对人本身有改造作用，人的生存因媒介而发生了改变。③ 1943 年美国图书馆协会将媒介列为传播学术语，第一次定义了媒介的官方术语。

实际上，目前对媒介的概念并没有统一、公认的定义。一般而言，广义的理解认为，媒介是一种使人、事、物之间产生一定的关系的介

---

① 辞海编辑委员会编：《辞海》彩图本，上海辞书出版社 1999 年版，第 4955 页。

② Guillory J：Genesis of the media concept ［J］. Critical Inquiry，2010，321－362.

③ 胡正荣：《传播学总论》［M］. 清华大学出版社 2008 年版，第 197 页。

质。“媒介产出各种形式的象征性符号牵动了社会的构成，包括日常生活的规律与惯例、社会关系的再现、政治的运作模式，也确立（或挑战）了更广泛的社会价值、传统与认同。”① 媒介在我们的生活中无处不在，它既可指生物学上的载体，也可指物理学当中的介质，还可指某种文化现象甚至社会、文化与政治生产机制。媒介作为社会诸要素的联系者，将社会的各因素、各部分和各环节整合为有机动态整体。

从狭义上说，媒介是作为传播学的基本概念定义的，主要指具有承载信息传播功能的物质以及从事信息采集、加工、制作和传播的社会组织。媒介是“信息传递的载体、渠道、中介物、工具或技术手段”，也指“传媒机构”②。施拉姆将媒介定义为“媒介就是插入传播过程之中，用以扩大并延伸信息传送的工具”③。戴维·桑德曼认为：“严格地讲，媒介就是渠道，即口语单词、印刷单词等。但是，这一术语沉淀用来指渠道和信源两者，有时甚至包括讯息；当我们说到‘大众媒介’的时候，我们往往不仅指大众传播渠道，而且指这些渠道的内容，甚至还指那些为之工作的人们的行为。”④ 上文中的媒介主要指狭义范围的，即传播媒介。

（二）新媒体

“媒体”是媒介载体的简称，与媒介概念基本等同，主要指报纸、杂志、图书、广播、电视等载体及发行组织机构，是媒介在传播学领域的具体解释。21 世纪，随着科技的飞速发展，人类社会迈入了一个以

① Cottles 主编：《媒介组织与产制》［M］．陈筠臻译，韦伯文化国际出版有限公司 2009 年版，第 4 页。

② 郭庆光：《传播学教程》［M］．中国人民大学出版社 2011 年版，第 147 页。

③ （美）威尔伯·施拉姆，威廉·波特：《传播学概论》［M］．陈良等译，新华出版社 1984 年版，第 144 页。

④ 张有录：《媒体教学论》［M］．国防工业出版社 2008 年版，第 4 页。

网络技术、信息技术和数字技术为支撑的新媒体时代。

新媒体是一个相对的概念，在不同的发展阶段彰显出不同的内涵。最早的概念是美国 CBS 广播电视网技术研究所所长戈尔德马克 1967 提出的，是相对于传统媒体而言的。与传统的印刷媒介不同，当时在美国社会广播、电影、电视等电子媒介开始流行，这便是最早的新媒体。20 世纪 70 年代末，Lievrouw 认为新媒体是不同于传统大众媒介的、用于研究社会学、心理学、经济学、政治学和文化学的信息传播工具。① 随着 20 世纪 90 年代互联网和电子信息技术日新月异的发展，新媒体的定义也发生了变化。美国《online》杂志从传播主客体的角度将“新媒体”界定为“由所有人对所有人的传播”；联合国教科文组织对新媒体的定义是：以数字技术为基础，以网络为载体进行信息传播的媒介；我国学者毕晓梅认为，新媒体只有在与历史中出现过的媒体的比较中才能获得稳定的内涵和延伸；② 学者匡文波认为新媒体是应用数字技术，利用电脑、手机、数字电视机等终端设备，通过计算机网络、无线通信网、卫星等传播渠道，向受众提供信息和服务的传播形态。③

综合以上观点，新媒体主要是以网络技术、数字技术和信息技术为基础，运用电脑、数字电视、手机等移动终端，通过互联网、无线通信网、卫星等渠道，向用户提供信息和服务的传播形态，如门户网站、数字电视、移动多媒体等。

作为新的信息传播形态，新媒体以其开放性、互动性、即时性和无限性等特点，在信息传播上发挥着重要作用：

第一，开放性。互联网的普及带来了信息传播的低门槛，网络使用

---

① Lievrouw L A，Livingstone S：《Handbook of new media：Social shaping and consequences of ICTs》［M］. Sage，2002.

② 毕晓梅：《国外新媒体研究溯源》［J］. 国外社会科学 2011 年版，第 114－118 页。

③ 匡文波：《“新媒体”概念辨析》［J］. 国际新闻界，2008（06）。

者无论地域、年龄和职业，只要遵循一定的规则就具有话语权，可以自由发声。传播者信息生产和发布的开放性，突破了传统媒介环境下的体制限制，信息来源呈现多元化趋势。

第二，互动性。与传统媒体相比，新媒体的突出特点是由单一线性传播模式变为双向互动传播模式，传播状态由一点对多点变为多点对多点。新媒体时代信息的传播者和受众地位不断地交替变化，信息接收者与传播者在信息交流平台上的距离是零，传播过程体现出双向性、多向性和互动性。

第三，即时性。基于新媒体技术的信息发送和信息接收的时间几乎同步，这一特性随着移动新媒体的发展更加凸显。突破了时间和空间的限制，无须信息制作和发布的增加环节，只要一个终端，任何用户都能随时随地发布和接收信息，大大增强了时效性。

第四，无限性。传统媒介时代，由于信息的生产和加工遵循严格的制作过程，生产成本较高，信息是稀缺资源。新媒体时代人人都是"发射塔"，信息可以无障碍地共享，信息资源变得丰富和海量化，而且数字技术的发展使得传播内容能够进行有效的重复和保留，信息得以最大限度地增值扩张。

二、媒介融合的概念与分类

（一）"媒介融合"的概念肇始

"融合"（Convergence）一词源于科学领域，如光线的集聚或发散（convergences and divergences of the rays），后逐渐在数学、经济学、政治学、气象学、进化生物学等学科得以应用。Convergence 与传播领域的结合源于20世纪70年代中期计算机和网络的发展。法悖（Farber）和巴冉（Baran）1977年发表的《计算和通讯系统的聚合》（*The conver-*

gence of computing and telecommunication systems），首次提出了两大系统走向融合的概念。①

美国麻省理工学院多媒体实验室的创始人尼古拉斯·尼葛洛庞蒂（Nicolas Negroponte）是描绘媒介融合蓝图的第一人。1978 年，他提出"传播与资讯通讯科技终将汇聚合一"的思想，并用三个重叠的圆圈来描述计算机、印刷和广播三者的技术边界，认为三个圆圈的交叉处将成为成长最快、创新最多的领域。② 其后越来越多的学者和传媒界人士意识到科技发展对于新闻媒体的影响。1980 年哥伦比亚广播公司的董事长和奠基人威廉·佩利（William Paley）在广播界年会上发表讲演，重点论述了新闻信息传播机制的融合给业界带来的新挑战。③ 1983 年，美国马萨诸塞州理工大学的伊契尔·索勒·普尔（Ithiel de Sola Pool）在《自由的科技》一书中提出"传播形态融合"，这是最早的"媒介融合"（Media Convergence）的概念，他认为数码电子科技导致泾渭分明的传播形态聚合致使各种媒介呈现出多功能一体化的趋势，这是"模糊媒介间界线"的过程。④

20 世纪 90 年代，媒介融合作为一个明确的概念被提出来，尤其是随着互联网技术的发展，受到了包括新闻传播领域在内的多个领域的关注，在不同的语境中媒介融合的指称对象日趋多样化，其含义也相应地被泛化了。

---

① 宋昭勋：《新闻传播学中 Convergence 一词溯源及内涵》［J］. 现代传播双月刊，2006（01）。

② 陈映：《规制变革：媒介融合研究的新定向——基于文献回顾与探讨》［J］. 新闻界，2009（03）。

③ 宋昭勋：《新闻传播学中 Convergence 一词溯源及内涵》［J］. 现代传播双月刊，2006（01）。

④ Graham Meikle，Sherman Young：《Media Convergence：Networked Digital Media in Everyday Life》. Palgrave Macmillan January 17，2012，p6.

（二）国内外学者关于媒介融合的理解

目前，国内外学者关于媒介融合的研究呈现多样化视角，提出了许多有道理而又不尽相同的见解，学者们的诠释日趋深邃、全面，给人以启迪。

美国新闻学会媒介研究中心主任安德鲁·纳齐森（Andrew Nachison）认为，媒介融合是“印刷的、音频的、视频的、互动性数字媒体组织之间的战略的、操作的、文化的联盟”①，并将媒介融合界定为“由于技术的进步，出版、传播、消费者电子和计算机产业之间的界限趋于模糊的现象”②；密苏里大学新闻学院副院长布莱恩·布鲁克斯认为媒介融合即媒体融合，是一个新闻学上的假设；葛林斯丁（Greensteir）和迦拿（K hanna）认为媒介融合意味着媒介“为了适应产业增长而发生的产业边界的收缩或消失”③；约翰·帕夫利克则提出“融合是指所有的媒介都向电子化和数字化这一种形式靠拢，这个趋势是由计算机技术驱动的，并在网络技术的推动下变得可能”④。

我国学界在20世纪90年代开始关注媒介融合的现象，如1998年的《媒体融合——未来传播的大趋势》、1999年的《发挥优势取长补短——谈新闻媒介的融合倾向》和《谈新闻媒介间的融合趋向》等文章就新闻界媒介融合的趋势做了描述。2003年，李春雨曾提出了“媒介融合”的概念，他认为：“网络媒体的出现，打破了传统媒介固有的边界，媒体形态日益模糊，而且这种态势已成为现代传播发展的主流，

① 蔡雯：《新闻传播的变化融合了什么》［J］．中国记者，2005（09）。

② 蔡雯，王学文：《角度·视野·轨迹——试析有关“媒介融合”的研究》［J］．国际新闻界，2009（11）。

③ 熊澄宇：《文化产业研究：战略与对策》［M］．清华大学出版社2006年版，第22页。

④（美）约翰·帕夫利克：《新媒体技术——文化和商业前景》［M］．周勇译，清华大学出版社2005年版，第126页。

媒介的融合必将带来传播观念、传播方式、信息消费方式、媒介组织结构、管理运营方式、盈利模式的变化。”① 目前，学界一般认为将“媒介融合”作为一个研究概念和理论引入到国内的“第一人”是中国人民大学的蔡雯教授，她于 2005 年发表的《新闻传播的变化融合了什么——从美国新闻传播的变化谈起》重点介绍了西方学者提出的“融合媒介”（convergence media）和“融合新闻”（convergence journalism）两个新概念②，并将媒介融合定义为“在以数字技术、网络技术和电子通信技术为核心的科学技术的推动下，组成大媒体业的各产业组织在经济利益和社会需求的驱动下，通过合作、并购和整合等手段，实现不同媒介形态的内容融合、传播渠道融合和媒介终端融合的过程”。③ 自此，媒介融合逐渐成为新闻传播研究领域的热门话题，国内出现了媒介融合的研究热潮，学者们从不同角度对其进行了界定和研究。如南京大学新闻研究所所长丁柏铨认为：“媒介融合是由新媒体及其他相关因素所促成的媒介间在诸多方面的相交融的状态。”④王菲认为：“媒介融合是在数字技术和网络技术的背景下，以信息消费终端的需求为指向，由内容融合、网络融合和终端融合所构成的媒介形态的演化过程。”⑤

（三）媒介融合的概念界定

如前所述，关于媒介融合至今尚未形成共识性的理论，从以上学者们的定义可知，媒介融合是一个笼统且富有张力的概念，不同语境、不

---

① 李春雨：《地方台在媒介融合时代的生存策略选择》［J］. 新闻传播，2003（02）。
② 蔡雯，王学文：《角度·视野·轨迹——试析有关“媒介融合”的研究》［J］. 国际新闻界，2009（11）。
③ 郑保卫，樊亚平，彭艳萍：《我国媒介融合研究的回顾与前瞻》［J］. 新闻传播，2008（02）。
④ 丁柏铨：《媒介融合：概念、动因及利弊》［J］. 南京社会科学，2011（11）。
⑤ 王菲：《媒介大融合：数字新媒体时代下的媒介融合论》［M］. 南方日报出版社 2007 年版，第 32 期。

同维度下媒介融合的内涵和外延也不尽相同。综合学术界现有的主要观点，可以从狭义和广义两方面来概括：

狭义的媒介融合是指将不同的媒介形态相融合形成新的媒介形态，如电子杂志、手机报纸、网络广播、博客新闻等；广义的媒介融合外延则大得多，是一种大范围的聚合，不仅包括一切媒介及其有关要素的结合、汇聚和融合，还包括媒介形态的融合，以及媒介功能、传播手段、所有权、组织结构等要素的融合。媒介融合是各种媒介谋求长久发展的必经之路，不仅包括传统媒介与新媒介的融合，还包括传统媒介之间以及新媒介之间的融合，它不是一种静态的目标，而是一种动态的进程，媒介融合不只是现在时，更是将来时，这一进程有着阶段性和连续性。

（四）媒介融合的分类

媒介融合现象在形成的过程中被划分不同的类别。如尼古拉斯·尼葛洛庞蒂将媒介融合分为四个阶段：第一阶段是组织融合，这一阶段融合的个体依靠外部力量结合成共同体，是一种各自为政、十分松散的组合；第二阶段是资本融合，即媒体间的收购和并购；第三阶段是传播手段融合，既包括用新技术改造传统媒体，也指不同媒介的传播手段在同一技术平台上的整合；第四阶段是媒介形态融合，这是整个产业链的融合方式，也是媒介融合的最高阶段①。

除了以媒介融合的发展过程为标准，学者们依据对媒介融合的不同理解，存在着不同的分类方法。如詹金斯（Jenkins）根据媒介融合的形式将其分为技术融合、经济融合、社会或组织融合、文化融合和全球融合；戴默等人依照所提出的“融合连续统一体”的概念将媒介融合划分为交互推广、克隆、合竞、内容分享和融合五种类型；丁柏铨从产

① （美）尼古拉斯·尼葛洛庞帝：《数字化生存》［M］. 胡泳译，海南出版社 1997 年版，第 21 页。

业发展的角度认为媒介融合可分为三个层次：物质层面（工具层面）的融合、操作层面（传播业务和经营业务层面）的融合以及理念层面（意识层面）的融合；此外，还有国内学者依据媒介融合的含义提出了四分法，分别是传播介质、传播媒体、媒体组织和媒体产业的融合。在诸多不同的分类法中最具代表性的是李奇·高登（Rich Gorden）的分类模式。

2003 年，美国西北大学教授高登在《融合一词的意义与内涵》一文中提出五种类型的媒介融合现象，即“五种融合”说：（1）所有权融合。大型传媒集团通过对所拥有的不同类型媒介间的统一、融合，实现新闻资源共享与内容的相互推销。（2）策略性融合。指分属不同所有权的媒介之间的合作，共享信息内容和新闻资源。（3）结构性融合。这是与新闻采集、分配方式相关的媒介间的相互合作。（4）信息采集融合。主要指在新闻报道的信息来源层面上，从业者以多媒体融合的技能完成新闻信息采集。（5）新闻表达融合。这是表达方式上的融合，新闻从业人员综合运用多媒体的、与公众互动的方式对新闻事实进行阐述。

三、媒介融合的基本特征

作为信息传播领域不可逆转的潮流，媒介融合伴随着人类历史的发展不断演进和完善，构成了社会变迁宏大情境的组成部分，并在深层次上改变着整个媒介生态环境。与此同时，媒介融合也在逐步的发展进程中，表现出技术先导性、系统性、信息内容的多媒体化和选择性①等鲜明的特征。

---

① 宫承波主编：《媒介融合概论》（第二版）［M］．中国广播影视出版社 2016 年版，第 23 页。

（一）技术先导性

技术发展是媒介演变的重要推动力，人类传播媒介的发展史就是技术发展史的缩影，从造纸术、印刷术到电话、电报，再到广播、电视、互联网，这些对社会发展产生深远影响的发明同样也影响着传播媒介的演变。造纸术和印刷术的发明与改进促成了纸质平面媒体的出现和发展，电子技术造就了广播、电视等的大众媒介的兴起和繁荣。媒介发展是技术进步直接推动的结果。

媒介融合亦是建立在技术发展基础之上，媒介融合首先是技术的融合。网络技术、信息技术、数字技术的发展是媒介融合的直接推力和根本诱因。以数字技术为例，作为推动新媒体和其他媒体融合的关键技术形式，数字技术本身的融合特质能够突破不同信息内容的形态壁垒，消融媒介壁垒，为媒介融合提供基础条件和纵深动力。网络信息技术的虚拟性和建构性让不同形态媒介之间能够实现互联互通，促进云技术和大数据技术的发展，增强了信息的精准度和海量性，为网络传播提供了更完善的服务，进一步推进了既有的媒介的连接贯通。网络报纸、网络电视、手机电视以及移动支付平台等媒介融合的产物无一不是在技术进步的基础上诞生和发展的。

（二）系统性

媒介融合不是单向度的，而是一个系统化过程。媒介融合是媒介生态发展的必然结果，和其他生态系统一样，会经历诞生、成长和成熟的过程，这一过程不是静态的、一蹴而就的，而是动态的、循序渐进的。媒介融合不仅是媒介间相互交叉、媒介边界逐渐淡化的现象，更是一个由弱到强、由表及里的动态发展的历史过程。如手机最初只是普通的通信工具，随着媒介融合范围的扩大与深化，从手机报、手机视频到各类移动应用的井喷式增长，逐渐演变为集信息接收、娱乐、社交、服务等系列功能于一体的、举足轻重的“第五媒体”。随着技术的更新和发展，媒介融合正在组成不断纵深发展的生态链条。媒介融合系统性的另一表征是多维度。基于媒介技术发展而兴起的媒介融合不是简单的内容移植、复制，在技术融合的推动下，不仅信息内容在不断融合创新，内容接收终端和各类媒介形态、传播渠道也在融合出新，并由此带来了广电网、电信网、互联网的相互融合，推动了传媒产业的发展与融合。技术融合、内容融合、渠道融合、终端融合、产业融合等相互作用、相互渗透、相互激荡，构成了媒介融合的多维度系统，影响着整个媒介生态环境和社会环境系统。

（三）信息内容的多媒体化

媒介融合背景下，同一信息内容资源的制作及呈现能够适应不同媒介的传播特点和发布要求，主要表现在两方面：一是整合了文字、图片、音频、视频等多媒体信息，集文字、图片、音频、视频于一体，即同一信息内容用多媒体的方式表达；二是突破时空的限制，以超链接、内容聚合等方式整合信息交互传播的功能。传统的纸质媒体主要是以文字、图像等方式来承载信息的平面印刷媒介，广播和电视是以时间为轴线、以无线电波传送声音和图像的线性电子媒介。媒介整合过程中，以数字技术为核心的媒体技术催生出新的数字媒体平台，所有内容资源都能集纳到这一平台上进行统一整合、加工，原本独立的信息内容形态都能以数据的形态进行存储、加工、处理，媒介信息内容的多媒体化成为可能，媒介融合具备了内容资源基础。网络技术和信息技术的进步为多媒体化的信息内容提供了交互传播的渠道，各种终端设备的研发则解决了多媒体化信息内容的呈现载体问题，终端、传输网、信息编码方式等纷纷趋同，以网络媒体、手机媒体、互动电视为代表的融合媒体交相辉映，不仅增加了信息内容生产的总量，提高了信息使用的效率，也进一步扩张了信息内容的消费需求。

（四）选择性

媒介融合具有选择性，媒介融合的选择性主要表现在融合对象的选择性和融合模式的选择性两方面。媒介融合的发生和发展是在特定的媒介之间进行的，并不是任何媒介彼此都能够成功融合，这是融合对象的选择性。如报纸杂志与网络媒体和手机媒体顺利融合产生网络报纸、网络杂志和手机报纸、手机杂志；大众传播媒介广播电视与网络媒体和手机媒体相融合，借助数字技术，网络广播电视、手机广播电视、数字电视、IPTV 等广播电视新形态悄然兴起。但如果让报纸、广播媒体与户外彩屏相融合，则过程可能不会如前两者那样顺利。融合模式的选择性是指并非所有的媒介融合都是按照一个套路进行，媒介融合的模式不是千篇一律、整齐划一的，而是各有特点。媒介融合具体采用何种模式，与媒介自身的固有特征、传播特点、产业价值链等诸多因素有关。当前的媒介融合主要有两种，一种是相同或相似特性的媒介“组装”在一起，如将收音机模块嵌入手机中，这种融合主要是为了满足携带、使用上的便捷，其目的不在于拓展媒介的功能范围；另一种是具有不同特性的媒介“组合”在一起，这种融合的意义在于强化媒介的特性，实现“取长补短”“优势互补”，通过分门别类地利用不同媒介的优势，发挥媒介功能的互补作用，进而拓展新的媒介功能。

四、媒介融合的基本形态

媒介融合是在网络技术、信息技术和数字技术迅速发展基础上，同各种媒介在功能一体化目标下有机整合，其融合形态主要表现在内容融合、渠道融合、终端融合、产业融合和管理融合等方面。这些融合形态并非相互分离、各自独立的，而是紧密联系、不可分割的。

（一）内容融合

内容融合就是“分属于不同媒介形态的内容生产，依托数字技术，形成跨平台和跨媒体的使用，利用数字化终端，形成多层次、多类型内容融合产品”①。内容是媒介传播的核心。大数据、云计算、人工智能等技术的发展，改变了单一介质的传播模式，来自不同媒介的信息内容实现了共享。数字编码技术和数字压缩技术的进步，实现了文字、图片、音频和视频的数字化，各种表现形态的信息内容是相对一致的，均可转换为“0”“1”组成的比特符号进行存储和传输。媒介边界逐渐模糊甚至消解，不仅不同媒介的信息内容在同一平台上得以传输与分发，同一信息还可以被制作成各种不同的媒介形式加以使用和传播，加之传播主体身份界限的突破，原创信息内容的爆发式增长，为内容融合开辟了新的途径，使媒介内容融合的内涵进一步拓展。

（二）渠道融合

媒介传输渠道的融合是媒介融合的第二种主要表现形式。基于网络化技术的普遍应用，电信网、广播电视网和互联网逐步走向融合，三网功能趋于一致。“三网融合”状态下不同媒介类型（如报纸、杂志、电视、广播等）、不同形态信息内容（包括文本、语音、数据、图像等）的传输信道由单一化、互异性走向联合互动，逐步整合为统一的信息通信网络，形成具有兼容共通的多媒体、多渠道融合传输模式，对媒介内容进行集成和分销。渠道融合的核心是通过不同媒体业务之间的相互竞合，以及网络互联互通、资源共享的多渠道传播全媒体信息，提供综合信息服务，实现全媒体传播的业态。传播渠道的有机联结，让信息获取不再局限于特定渠道，也不再受到时间、地点的限制。多形式、多渠道

---

① 蔡雯，王学文：《角度·视野·轨迹——试析有关“媒介融合”的研究》［J］. 国际新闻界，2009（11）。

的信息产品获取方式让用户享有更加丰富多样、快捷方便的信息和文化服务。

（三）终端融合

内容融合和渠道融合的结果是终端融合，是用户获取信息产品的终端应用融合，也可视作媒介形态的融合。终端融合包含两层含义：一是数字终端设备融合，如三屏（电视屏、电脑屏和手机屏）融合的终端产品互联网电视机、个人电脑、数字电视一体机、移动多媒体终端等；二是终端设备所带来的信息平台和服务平台的融合，电脑和电视的信息渠道与服务内容整合形成的网络电视业务以及目前蓬勃发展的移动支付、团购、理财和网上银行等均属此类。在数字信息技术的推动下，接收终端设备集多种功能于一体，以一种开放的终端平台将信息和服务传递给使用者，满足了用户在任何时间、任何地点通过信息关联应用来方便自己生活的需求。终端融合集中了所有媒介的优点，通过单一设备就可以兼容所有类型媒介，最大限度地满足受众多元化、便捷化、个性化的信息需求，是广大用户感受媒介融合优越性的具体载体。

（四）产业融合

内容融合、渠道融合和终端融合最终表现为产业模式的融合。在技术发展、资本推动和政策宽松化的基础上，电信、互联网、传媒、金融、游戏等媒介相关产业加速整合，在应用上彼此交叉、逐渐融合，催生出新的媒介输出模式和盈利模式。产业融合主要包括三种情况：一是业务融合。广电产业、电信产业和互联网产业将各自的业务捆绑在一起，通过共同的传播渠道为用户提供集语音、视频和数据于一体的全方位服务，如目前人民日报社的“人民媒体方阵”，就拥有包括手机报、电子屏、网络广播、网络电视、微博、微信、客户端在内的10多种载体。二是资本融合。通过并购重组等资本运营的方式，媒介组织在融合、兼并过程中整合媒介资源，实现所有权的集中，从而增强信息传播效益，降低媒介运营成本。三是平台融合。随着网络的宽带化、数字化、交互化与智能化的推进，传播网络与内容产业和终端产业不断融合，如社交平台、网络运营平台、广电平台、电商平台、政务平台以及移动互联网客户端平台等逐步融合，成为重要的传播与经营平台。

（五）管理融合

在媒介融合的进程中，管理融合占据着重要地位，它是媒介融合的重要保障和外部环境之一。媒介融合改变了原有的媒介分立格局，对基于传统媒介格局的管理模式构成冲击和挑战。填补现有制度的盲区，建立适应传播媒介边界扩充和不同媒介相互融合之势的制度框架，改善多头管理、管理机构不统一的状况以应对媒介融合带来的挑战势在必行。管理融合主要包括宏观和微观两个层面。宏观层面的管理融合是国家媒介管理体制的融合，即国家通过法律制度融合、机构融合和管理行为融合对媒介融合进程进行规范，使其有章可循，避免多头管理的混乱和冲突，加快和保障媒介融合的发展进程。如我国成立的新闻出版广电总局就是新闻出版总署与国家广电总局的融合机构，颁布的《互联网视听节目服务管理规定》则是法律制度的融合。微观层面的管理融合是媒体内部管理机制的融合，主要是媒介相关行业通过人事管理、资产管理、运营管理和导向管理的一体化，有效整合媒介生产要素，实现媒介资源的优化配置、融通共享。

五、媒介融合的功能和影响

基于信息技术创新和社会话语重组的媒介融合是一场深刻变革，具有强大而深远的影响力，它打破了过去媒介信息传播和自身价值体现的边界，这种整合对于媒介乃至整个社会的发展都有不容忽视的功能和影响。

（一）媒介融合的正效应

1. 传播者多元化

媒介融合源于技术创新，媒介技术发展带来的一个显著的变化就是自上而下的线性传播结构被互动的、网状的传播体系取代，信源泛化和信息传播的裂变呈现，直接导致信息传播主体和信息来源的多元化。媒介融合的加速发展让原来被动的受众成为主动使用信息甚至制造信息的传播者，过去独占信息的权力中心作用减弱，传统意义上传播者与受众的角色越来越模糊，受众在传播体系中的地位和作用大大提升，被置于同传播者等量齐观的地位，成为信息环境的重要力量，扁平化、民主化、去中心化的无界信息传播成为潮流，信息表达也更加多元。

2. 传播形式多样化

单一媒体时代的信息传播往往以一种传播渠道作为基础，技术手段的运用也相对单一。媒介融合时代，信息的传播形态、传播平台、传播渠道以及接收方式都发生了极大变化，报纸、杂志、广播、电视、电子屏、互联网、移动终端等传播手段互相交融，构筑了一个纵横交错的媒介网络。媒介融合时代信息传播突破了传统媒体的界限，应用在计算机技术、网络技术和现代通信技术发展起来的多种新型传播技术，整合各种信息资源，综合运用文字、图片、图表、声音、影像、动画等要素进行综合式立体式的传播，同时通过其个性化、交互性和分众化特征让原本单向、线性以及大众化的信息内容变得互动、非线性、分众化和个性化，信息传播渠道和内容结构均呈现多样性。

3. 传播的高效性

多种媒介形式的相互融合丰富了媒介形态，为产品、内容、技术、平台、管理和人才的一体化创造了基础，信息传播者通过对传统媒体与新型媒介优势的综合运用，多角度、全方位地加工处理信息内容，有效提升媒介信息产品的档次和品位，信息发布也更加迅速快捷并具有针对性，最大限度地满足各类人群的个性化需求，增强他们的媒介体验。对信息用户而言，多媒体融合和相关特性让信息检索更便捷、清晰度更强，用户数据更加全面、直接、准确，多媒介信息分享的即时性和及时性，让用户任意时间、任意地点、任意方式方便地获取信息，扩大了用户的信息自主选择权利，最大地实现传播效果。

（二）媒介融合的负效应

1. 传播内容同质化

现阶段媒介融合尚未成熟，许多媒介融合仅停留在技术融合、渠道融合层面，尚未达到内容和产品的融合。根据卢因的“把关人”理论，“信息总是沿着含有‘门区’的某些渠道流动，在那里，或是根据公正无私的规定，或是根据‘把关人’的个人意见，对信息或商品是否被允许进入渠道或继续在渠道里流动做出决定”。① 媒介融合带来的信息爆炸性增长以及信息获取发布的便捷性，消解了“把关人”的功能，而媒介融合的共享性让同一信息内容可以同时在报纸、网络、手机等载体共享，造成了信息内容的确定性下降，信息内容的同质化甚至低俗化现象日趋严重。

2. 媒介依赖性

媒介融合时代在人类社会传媒化进程加快的同时，人们对媒介的依赖程度也在加强。媒介融合背景下传播者和受众的界限被打破，人人都置身于媒介化社会的网络中，既接收信息又输出信息。媒介使用的日益频繁，容易让人沉溺于媒介而不能自拔，沉迷于信息海洋而逐渐丧失独立思考和批判精神，个人价值和行为选择依赖于从媒介中寻找根据，不

---

① 卢因：《群体生活的渠道》［M］．中国传媒大学出版社2002年版，第87页。

知不觉中丧失自我思想和意识。媒介融合背景下强大的信息发布和接收功能让人们足不出户就可以正常生活，人们对现实社会的依赖减少，易满足于媒介中的虚拟社会人际互动而回避现实社会。对信息和技术的过度依赖，易造成人与人、人与社会之间的隔离，同时也加强了人对自然的隔离与统治。

3. 信息贫富分化

媒介融合加剧了信息获取的不平等，信息权利的分配引发了信息贫富分化问题。由于互联网的普及和渗透不平衡，不同地区、不同人群之间的信息鸿沟在拓宽，网络不能到达的偏远地区的人们不能享有媒介融合带来的丰富信息，传播权利的分配也不对等。同时，媒介融合在让信息从稀缺变得过剩的过程中，受经济条件的制约，发达地区以及经济实力良好的社会群体能更多地享有信息传播的便利，而对于原本居于传播弱势地位的人而言，媒介融合虽然也一定程度上改善了其信息地位，让他们在信息流通中拥有更多的掌控权，但相对于信息富余的人群，两者之间的差距不是在缩小，反而在扩大。①

（三）媒介融合的影响

1. 经济影响

媒介融合促进了媒介市场的激烈竞争，打破了传统模式下媒介市场供不应求的状况，改善了媒介市场的供给结构，媒介产品的有效供给增加。媒介融合背景下以新旧媒体相互融合、相互作用为主要表征的新媒介生态体系取代了旧的媒介生态，新的媒介生态中原本互不搭界的传统媒介有了竞技舞台，新媒介也在正确定位以应对激烈的市场竞争，竞争范围和强度的提高激发了媒介机构的积极性和创造性，融合媒介的生产效率和有效供给得以提升。“媒介间的整合能够提高媒体的抗风险能

① 杨溟主编:《媒介融合导论》[M]. 北京大学出版社 2014 年 10 版，第 203 页。

力，综合利用媒介资源，大幅度地降低传播成本，提高信息传播效率，充分满足受众需求，最大限度地扩大受众覆盖面，构筑形成强势媒体的基础”。① 此外，媒介融合的“双向互动”和“去中心化”特质能充分调动媒介消费者参与信息生产和传播过程的热情，激发融合媒介的市场需求，媒介消费越大，经济效益越多，消费者信息浏览量越大，经济价值也更大。

2. 政治影响

媒介融合拓宽了信息传播沟通的渠道。各类融合媒介和传播载体的综合利用带来多元化的传授趋势，打破了信息的绝对垄断，确保了公民的知情权以及对公权部门的监督权，推动了政务公开化的进程；信息反馈渠道的畅通保障了公民的表达权。与传统媒介下群众在民意表诉时的被动局面相比，由于突破了传统媒介中的单向性，媒介融合为公民提供了更为广阔的表达平台，拓宽了社情民意自下而上的反馈渠道。政府媒介与普通民众间的隔阂大幅度减少，更加充分地保障了公民的话语权与参与权，减少了信息传播中的不利因素，有利于政治民主化的进程和公平社会的构建；媒介融合搭建起双向互动的沟通平台，加强了政府、公民、媒介三者之间的相互性，民众能够高度参与其中，整个过程更加开放，民众的话语权得到更好表达，不仅有效地连接了政府与民众的平等对话，而且将民众长期压抑的情绪释放出来，缓解了社会气压。

3. 文化影响

媒介融合时代新的文化秩序与文化格局正在形成。一方面，媒介与文化密不可分，媒介本身是文化传播和传承的重要方式，媒介融合也是文化力量相互碰撞、互相交融的过程。媒介的融合让文化有了更

---

① 王漱蔚：《媒介融合：传媒业发展的必然趋势》［J］．当代传播，2009（02）。

加丰富多样的表现形态和手法，文化更富表现力和感染力。基于媒介技术的平台和终端建设，让文化有了更多的传播载体和传播渠道，为文化传播力和影响力的增强提供了强有力的支撑，增进了各国、各民族间的跨文化交流与沟通。另一方面，媒介大融合让各种文化元素在信息传播平台上有了一席之地，改变了传统媒介下主流文化与精英文化占主导地位的局面，促进了多元文化的发展。碎片化、零散化、去中心化的多元文化格局在激发文化创造活力的同时，一定程度上降低了文化信息传播的稳定性和权威性，由长期的文化积淀和理性探索所形成的共同的社会认知逐渐淡化，影响并弱化了主流文化和价值观传播的效度。

4. 社会影响

媒介融合开启了社会媒介化的新时代，媒介影响力对社会进行着全方位的渗透。首先，信息传播的双向性和嵌套性，让社会行为主体能突破时空限制进行联系和互动，加大了信息交流分享的频率和密度，提高了社会联系的效率，改变了传统媒介时代以领袖为中心的信息传播模式下社会联系的低频率，传统的一对多、点到面的扇形社会关系形态被网状结构的社会关系链条所取代；其次，网络技术主导下形成的媒介融合在真实社会之外营造出一个虚拟的媒介社会，现实社会中具有的组织、制度、角色以及人际交往等基本要素在网络社会同样具备，人们通过媒介来获得对世界的认识，构建人际关系，社会关系趋于虚拟化；最后，媒介融合推动了社会管理观念的转变与体制的创新，网络管理理念下一元主体的管理模式与格局向多元管理主体转变，垂直的多层次、立体化的管理格局逐渐转变为横向的嵌入式、扁平化管理，社会组织管理结构和体系更趋完善，公共服务意识愈加深入人心。

第二节 媒介融合背景下红色文化大众化传播的要素

媒介传播系统在红色文化的传播机制中处于核心和枢纽地位，对红色文化的形成、发展以及红色文化影响力的扩大等方面有重要作用。根据拉斯韦尔的“五 W”模式，即构成传播过程的五要素：传播者、讯息、媒介、受传者和传播效果，媒介融合背景下在红色文化大众化传播中，传播主体、受众、传播内容、传播环境和反馈是重要影响要素。

一、传播主体

传播主体即传播者，是信息内容的发出者，“是传播行为的引发者，即以发出讯息的方式作用于他人的人。在社会传播中，传播者既可以是个人，也可以是群体或组织”。① 作为传播活动的启动者或源点，传播主体是信息传播链条中的第一个环节，通过整理、生成信息，将信息输出给传播对象。在信息传播过程中，传播主体并非“原汁原味”地传递信息。由于传播主体拥有决定传播的内容与方式、传播的方向与深度的诸多主动性，因而承担着“把关人”的角色，“把关人根据一定的标准和规则，对信息是否进入渠道和是否继续在渠道内流通具有决定作用”，在传播时往往会根据自己的立场和价值判定角度来对信息进行过滤和筛选。无疑，经过传播主体加工后的信息传播对传播对象接收信息的数量、流量、质量以及后续传播活动的进行发展等都会产生直接影响。

红色文化的传播主体是将红色文化主动传递给传播对象的政府机

---

① 郭庆光：《传播学教程》[M]. 中国人民大学出版社 2011 年版，第 58 页。

构、社会团体和个人。红色文化产生后，最初主要是依靠政府和党团进行传播，随着社会的进步，传播主体由政府扩展到社会团体和个人，红色文化也不再局限于党内传播。媒介融合背景下，承担“把关人”角色的红色文化传播主体进一步发生了变化：第一，传播主体多元化。数字技术的发展和网络媒体的迅速崛起，网状的传播体系取代了线性的传播结构，开放、互动的信息传播载体让先前仅仅作为单纯的信息接收者的传播对象获得了前所未有的传播能力，无论是专业的传播机构还是“业余”的个体都能在融合媒介上发布信息或展现自己制作的内容，传统的“传-受”关系变为“传-传”关系，红色文化的传播对象从被动的“受众”转变为积极的“用户”，红色文化传播者的角色泛化，传播主体呈现多元化趋势。第二，传播主体的“把关人”权力弱化。媒介融合时代信息发布的权力不再为报刊、广播、电视等传统媒介所垄断，传播对象可以从不同渠道获得和传播信息，红色文化传播主体对传播对象的内容引导和信息把控能力受到制约。传播对象不再局限于特定媒介的信息传播，还会阅览、查找其他传播载体的信息内容，把关者也不再是唯一的信息来源和权威者，传统的红色文化传播主体的信息传播权力被弱化。第三，传播主体把关过程延时化。传统媒介下红色文化传播主体主要是事前把关，即依据自己的立场、标准和价值判断对红色文化的相关内容进行加工、筛选然后传播。媒介融合背景下网络传播具有信息检索海量性以及传播的即时性、广泛性和互动性，红色文化传播主体不仅要关注信息内容的真实性和影响力，还要及时把握传播过程中的各方反馈，重视事中把关。

二、受　众

受众即传播对象，是信息的接收者或使用者，是传播的“目的地”和归宿。“受众”（audience）一词源于广播媒介，词根 audie 的最初意思是倾听，词义具有听众、观众等含义，是“各种不同类型的传播活动中的信息接收者，是一般意义上的读者、听众、观众的统称”①。受众是构成完整传播链条的重要一环，如同传播主体，也是传播过程中不可或缺的因素。受众既是信息内容的接收者和信息产品的消费者，也是符号的解码者和反馈信息的发送者，具有多重角色。受众在红色文化传播中占据着重要的位置，决定着红色文化传播的有效性，是整个红色文化传播过程的归宿和传播效果的“显示器”。红色文化传播的受众是全体社会成员，作为一个集合概念，从年龄段来分，包括中老年、青壮年和青少年受众等；从劳动结构可分为体力劳动者和脑力劳动者受众；以地域区间划分，包括革命老区受众和经济发达地区受众；从信息传播渠道可以将红色文化传播的受众分为报纸媒体受众、广播媒体受众、电视媒体受众和新媒体受众等。

传统媒介环境下红色文化传播的受众具有被动的属性。受到时间和空间的限制，可供受众选择的媒介类型和红色文化信息内容较少，媒介内容消费方面有趋同性，红色文化传播的对象在传播活动中处于弱势，往往是沉默的、消极的、可预测的、孤立的个体。媒介融合时代，由于媒介自身功能和角色日益多元化，传统意义上的红色文化传播的受众角色出现了多元化。在红色文化传播过程中，传播者和受传者、传播载体和传播终端在普遍而广泛的媒介融合浪潮中，边界日趋模糊、渐趋融合，传统意义上红色文化传播受众的功能和角色发生了转变。媒介融合环境下媒介使用更加廉价和便捷，不必再依赖一种媒体获取内容和信息，受众获得了无限多的信息来源，在信息的海洋里，受众具有更强的自主性和创造性，他们依据自身的需要选择红色文化信息，并遵循兴趣

---

① （美）赛弗林和坦卡特：《传播学的起源、研究与应用》［M］．福建人民出版社1985年版，第67页。

传播信息，红色文化信息内容被进一步扩散，形成新的传播系统。在吸收到新信息的同时，时间也被分割并破碎化，受众的媒介接触行为是冲浪式的，信息消费高度个体化，随着个人的兴趣变化而转移。时间和空间安排的自主性使得传统的红色文化传播的受众迅速细化、分化，从大众走向分众。除了在红色文化信息获取过程中的主动权不断增强，受众参与媒介生产的程度也空前提高。通过实时反馈和互动，受众的态度、观点以前所未有的速度和威力到达传播主体并迫使传播主体实时反应，直接影响着红色文化传播内容的生产。总之，在媒介融合的时代，传统意义上的红色文化传播的受众不复存在，媒介和受众之间的联系不断加强，新的参与式的“用户”逐步取代接受式的“受众”，用户“产消者”的身份不断突显，甚至本身也构成了媒介的一部分，成为融合用户，正如丹尼斯·麦奎尔指出的：“所谓被动的收听者、消费者、接收者或目标对象，这些典型的受众角色将会终止，取而代之的将是下列各种角色中的任何一个：搜寻者（seeker）、咨询者（consultant）、浏览者（browser）、反馈者（respondent）、对话者（interlocutor）、交谈者（conversationalist）。”①

三、传播环境

红色文化的传播环境有三个层面：第一，是不以人类意志为转移的外部客观环境，它制约并影响着红色文化信息的传播，“媒介运行的社会背景中的政治、经济、文化等深深地影响了大众传播系统的结构”②；第二，是拟态环境，即媒介环境，是传播媒介在外部客观环境基础上对事件或信息进行选择和加工后的象征性环境；第三，是主观环境，是红

① （英）丹尼斯·麦奎尔：《受众分析》［M］．刘燕南、李颖、杨振荣译，中国人民大学出版社 2006 年版，第 158 页。

② 宫承波：《传播学纲要》［M］．中国广播电视出版社 2007 年版，第 102 页。

色文化传播对象根据传播媒介塑造的拟态环境对客观环境产生的认识。作为客观环境与主观环境的中介，传播对象通过拟态环境对客观环境产生认识和行为。有别于一般的信息传播，红色文化传播除了自然传播形式外，还需要通过媒介作用营造红色文化传播氛围即拟态环境，有意识、有目的、有计划地传播。

"拟态环境"的观点是美国传播学者李普曼在1922年《公众舆论》中提出的，"我们必须特别注意一个共同的要素，即人们和环境之间的插入物——拟态环境。人们的行为是在对拟态环境做出反应。……在社会生活层面上，所谓人做出适应环境的调整是以虚构为媒介来进行的。"① 李普曼提出，在大众传播极为发达的社会，人们对于客观现实的反映并非都来自本身的经验性接触，受媒体建构的象征性现实的影响，人们往往将来自大众传播机构提供的信息作为判断的依据，拟态环境传递的信息成为人们对现实世界的认知和自身行为策略的根据。"大众媒介把'不可触、不可见、不可思议'的实性世界投射给人们，为人们提供一个可知可感并且仿佛能亲身经验的虚性世界，即那个间接的、人为的、虚化的媒介环境"②。拟态环境有两个特点：第一，它并非是对现实环境的完整再现，而是"传播媒介通过对象征性事件或信息进行选择和加工、重新加以结构化以后向人们提示的环境"③，它与现实环境存在偏离，并非真实的客观环境。第二，拟态环境反映了部分现实环境，并非与现实环境完全割裂，通过拟态环境影响和改变公众心理和行为，对现实环境有反作用。红色文化传播氛围的营造正是对拟态环境理论的有效运用。

"现代媒介所构建的拟态环境日益取代由事实所构建的现实环境，

---

① 沃尔特·李普曼：《公众舆论》[M]．上海人民出版社2006年版，第4－13页。

② 李彬：《传播学引论》[M]．新华出版社2003年版，第202页。

③ 郭庆光：《传播学教程》[M]．中国人民大学出版社2011年版，第113、219页。

成为人们所感知和遭遇的主要社会环境"①。媒介融合背景下现实环境与拟态环境的融合度大幅提升，放大了拟态环境对红色文化传播的现实影响力。不同于特定机构掌握的传统媒介通过独有平台对信息的发布，媒介融合背景下多元信息平台相互融合，不仅扩大了红色文化的信息源，也让红色文化信息的发布和流向更为自由。相互融合的信息平台改变了红色文化信息的获取方式，形成了多元传播媒介独有的拟态环境。媒介融合的互动性以及"用户制作内容"让红色文化传播对象成为拟态环境建构的参与者，广泛的参与和互动使拟态环境深入地渗透到传播对象的生活中，二者相互交织、交叉。媒介融合下媒体控制作用的弱化和红色文化传播对象主体性的增强，拟态环境趋于透明和真实，呈现出双方互动、多方影响的格局。此外，与传统媒介环境下经过媒体统一筛选和加工、具有内在统一性的拟态环境不同，媒介融合时代信息渠道的多元化、公众传播的主体性和分众性的增强，媒体把关功能的减弱，由此带来了信息海量而泥沙俱下、意见多元而逻辑混乱、传授者模糊难分、认知流于浅层且同质化严重等问题，拟态环境呈现非结构化趋势，拟态环境的复杂性、多维度性和不确定性凸显。总之，媒介融合背景下各种媒介因素相互交融，共同构造出一个既反映现实世界又有别于现实世界的虚拟拟态环境，影响着红色文化的传播。

四、传播内容

传播内容是传播主体传达的信息以及信息所内含的思想内容，传播内容经由传播主体到达传播对象，贯穿整个传播过程，传播主体与传播对象之间通过传播内容达成信息共享，满足双方各自的需求。在传播过

① 杨魁，刘晓程：《危机传播研究新论》[M]．中国社会科学出版社 2011 年版，第125页。

程中，只有被传播对象清楚理解和接受的传播内容，才能达到传播主体期待的传播效果，“对象如何对他说来成为它的对象，这取决于对象的性质以及与之相适应的本质力量的性质”。① 红色文化的传播内容包括我们党在领导新民主主义革命、社会主义革命和建设以及中国特色社会主义建设等各个历史时期形成、发展、积淀、丰富、创新的相关物质类和非物质类文化资源。不同于其他信息传播，红色文化传播承载着特殊的价值意义，因而红色文化的传播内容实质是红色文化的内在构成要素和本质，即红色文化的精神形态，如党和人民在革命过程中形成的长征精神、延安精神、抗战精神等，在社会主义革命和建设过程中形成的铁人精神、两弹一星精神等以及在中国特色社会主义建设过程中形成的抗非典精神、抗震救灾精神、航天精神等。

进入媒介融合时代，无论是信息的流动与传输，还是信息内容的生产和制作都发生着革命性的变化，红色文化传播不可避免受其影响。媒介融合对红色文化传播有多方面的影响，除了上述对传播主体和传播对象的影响，还深刻地改变着红色文化传播体系中的传播内容。新媒体技术促成的媒介融合带来了多样化的红色文化传播渠道，同时也意味着海量红色文化信息内容的传播成为可能。相比于传统媒介在信息增量上的瓶颈，以网络媒介和手机媒介为代表的新媒体拥有与生俱来的开放性、聚众性和平等性，能将红色文化信息有效聚合形成庞大的信息网络，为红色文化传播开辟了前所未有的信息储存空间和无限增值空间。以用户为中心的新媒体改变了用户旁观者的地位，新媒体强大的交互功能充分激发了用户的主动性，发挥用户的原创能力。通过用户参与红色文化传播内容的生产制作，形成新的信息内容。此外，新媒体间的互动在促进红色文化信息流动的过程中，也加快了信息的增值，尤其是新一代互联

---

① 《马克思恩格斯文集》(第1卷)［M］. 人民出版社2009年版，第191页。

网和移动在线的发展，进一步增加了红色文化传播的网络容量。除了红色文化传播内容量的增加，媒介融合下传播主体结构的变化和用户地位的提升，影响了整个红色文化的信息结构体系，改变了红色文化传播的内容结构。在传统的媒介信息结构体系中，大众化的红色文化传播内容带有较强的媒介本体特征，如报纸依照不同的编辑风格和版面呈现出明显的条块分割特征，广播和电视按照时间顺序进行线性传播，具有稍纵即逝的线性传播特点。媒介融合背景下分众化、个性化、专业化、立体化、互动性的内容形态急速扩张。多样化的平台、多样化的用户，需要多样性的内容，红色文化传播内容的创新性和个性是用户选择接受的重要理由，传统媒体的内容生产被赋予新媒体个性化、分众化和交互性特点，个性化、分众化、非线性、双向互动的红色文化信息取代了原本线性、单向、大众化的传播内容，成为整个红色文化信息结构体系的重要组成部分。

五、反　馈

红色文化传播是在开放系统中发生的回旋往返的信息循环过程。在接收红色文化信息后，传播对象会产生态度、情感、观念甚至行为的变化，这些变化通过信息回流系统，反过来影响红色文化传播主体和传播环境，如此相互作用，形成一个完整的红色文化传播过程。这一过程持续有生命力地运行，并不断呈现向上发展的态势，离不开自我调适与控制，红色文化信息能否在这个循环系统中得到有效的反馈是其中的关键环节。反馈是传播控制论的一个重要概念，其基本内容是由控制系统把信息输送出去，然后通过一定的通道将作用结果返送回来，并影响信息的再输出，起到控制与调节的作用，达到预定的目的。反馈是传播过程不可或缺的要素，是传播对象对接到的信息作出的反应，是传播对象主观能动性的表现，也是传播对象对传播者的反作用。反馈表明了红色文化的传播过程是带有互动性质的双向交流，传播主体和传播对象间的关系不是“我讲你听”“我说你服”的单向关系，传播对象不是被动角色，而是能够给予信息反馈来影响传播者。在红色文化传播过程中，传播主体和传播对象相互影响、相互作用，传播对象接收到信息后会呈现积极或消极、接受或拒绝等不同程度的反馈，传播主体根据反馈信息对红色文化传播内容进行完善或调整传播方式，以达到良好的预期效果。

反馈是体现传播红色文化信息传播双向性和互动性的重要机制，传播媒介的不同，反馈的速度和质量也不一样。从传播学角度来说，红色文化传播的信息反馈主要受两方面因素的影响：一是反馈意见到达传播主体时间的长短；二是反馈渠道是否畅通。传统媒介环境下，由于技术的局限性，传播对象对红色文化传播的信息进行反馈至少有两步：第一步由某种媒介接收到信息，第二步再将反馈意见发送至媒介。在这个过程中，传播对象的信息接收与反馈行为会有较大差异，甚至可能要分别在不同的媒介实体上进行。间接的、受到时空限制的反馈行为不仅会降低红色文化传播对象反馈的积极性，传播对象的反馈信息也往往带有延时性和滞后性。此外，传统的单一媒介传播的红色文化信息反馈渠道不够畅通，传播对象往往只能被动接收信息，无法将自身的意见建议反馈给传播主体，虽然一些媒介能通过电话、信件等渠道获取反馈信息，但速度却过慢。反馈渠道的不通畅致使红色文化的传播对象无法及时发表意见，传播主体也无法通过有效地反馈意见及时调整红色文化传播的内容和方式。媒介融合情境下红色文化传播对象的信息接收与反馈呈现一体化的特点。信息传播的即时性与交互性是媒介融合时代重要的特征，即时性让信息传播突破了时间与空间的限制，交互性则意味着反馈行为的增强。在红色文化的反馈机制中，反馈意见从传播对象到“信源”的时间距离大大缩短，传播对象发布反馈信息的时间往往不超过一分钟。电脑、移动终端等信息快速传播渠道让红色文化传播对象的反馈多样化，信息发布门槛降低，反馈渠道不需任何中转站且极少受到人为阻碍，反馈的速度愈发及时，红色文化传播对象的意愿表达更加主动。

第三章

文化与红色文化概说

党的十八大报告指出：“文化是民族的血脉，是人民的精神家园。”文化是与人类相伴而生的社会现象，自人类诞生以来，文化便随之而产生。原始人懂得用贝壳或兽骨装饰自己，这便是一种审美文化。人类在漫长的历史长河中，创造了丰富多彩的文化。中华民族在五千年文明史中，创造了璀璨夺目的文化和文明成果。各民族的文化在其生长、发育中不断交流、碰撞、吸纳、融合、传承和创新，汇成中华传统文化。源远流长、博大精深的中华优秀传统文化是中华民族的精神家园。20 世纪以来，在马克思主义中国化的进程中形成的以红色文化为代表的中国革命文化，成为中国文化发展的一种新的文化形态和文化景观。本章将通过对文化和红色文化概念的界说，红色文化的历史演进，红色文化的主要特征、主要功能、当代价值等方面的研究探讨，力求对红色文化进行比较全面的概说。

第一节　文化与红色文化界说

一、文　化

关于“文化”的定义，古今中外，早已有之，可谓众说纷纭，见仁见智，尚无定论，至今已有400多种。我国古代典籍中，早就有关于“文化”的记载。在中国文化的起源中，“文化”概念的初始含义，与“天文”相对应，指社会状态；与“武力”相对应，指文治教化；与蛮荒相对应，则表征一种秩序。如在《周易》“贲”卦《彖传》中说：“刚柔交错，天文也；文明以止，人文也。观乎天文，以察时变，观乎人文，以化成天下。”“文化”作为一个词语则出现在西汉，刘向《说苑·指武》中即有“凡武之兴，为不服也，文化不改，然后加诛”等语。不过，文化作为一个内涵丰富、外延宽广的现代概念，是由近代欧洲人开始明确起来的。1871年，英国人类学家泰勒在《原始文化》一书中提出：“文化或文明，就其广泛的民族意义来说，乃是包括全部的知识、信仰、艺术、道德、法律、风俗以及作为社会成员的人所掌握和接受的任何其他的才能和习惯的复合体。”该定义对学术界所产生的影响一直延续至今。

我国学者陈序经提到“从文化的成分方面来看，文化是包括精神与物质的要素，而且两者是有了密切的关系”，“文化既不外是人类适应各种自然现象或自然环境而努力于利用这些自然现象或自然环境的结果，文化也可以说是人类适应时境以满足其生活努力的结果”①。通常而言，人们对于“文化”的理解，是指相对于政治、经济而言的人类全部精神活动及其活动产品。我国1999年版的《辞海》解释，“文化广义是指人类在社会实践过程中所获得的物质、精神的生产能力和创造的物质、精神财富的总和。狭义指精神生产能力和精神产品，包括一切社会意识形态：自然科学、技术科学、社会意识形态。有时又专指教育、科学、文学、艺术、卫生、体育等方面的知识与设施”。

文化是一个民族赖以存在和发展的内在根基和重要标志，是民族凝聚力和创造力的重要源泉。中华民族在漫长的历史长河中，创造了悠久灿烂的中华文明。源远流长的中华文明，丰富多彩的中华文化，是中华民族生生不息、薪火相传的精神纽带②。而今，在经济全球化时代，各国的文化与政治、经济各领域相互交融、相辅相成，谁占领了文化发展的制高点，谁就拥有了强大的文化软实力，才能在激烈的国际竞争中赢得主动，占得先机。我国是一个发展中国家，在全球化的背景下更要抓住机遇，增强本国文化的整体实力和竞争力，促进社会主义文化大繁荣大发展，努力建设社会主义文化强国。

二、红色文化界说

红色在中国传统文化中寓意着吉祥、喜庆、欢乐，是一种祥和美好的象征。同时，红色在《辞海》中意指共产主义的、与中国共产党有关的、新民主主义时期革命的、具有强烈信仰的等象征性意义。红色与文化相结合，是中国传统文化中的红色寓意与中国革命、社会建设、改

① 陈序经：《文化学概观》［M］．中国人民大学出版社，2009年11月版，第26，28页。

② 参见张爱芹，王以第，潘庆忠：《弘扬红色文化促进社会主义思想道德建设》［J］．中共山西省委党校学报，2009（6）。

革发展的进程中的历史、经济、思想的有机结合，是时代历史发展进程的主流文化反映，在社会发展中具有重要的推动作用。

红色文化，是伴随着马克思主义中国化而形成的一种新的文化形态，它的形成围绕着中国共产党在革命战争年代所领导的中国革命的光辉历程，它是20世纪中国民族文化诸多形态中最为强劲的文化形态之一。自从2004年中共中央办公厅和国务院办公厅“两办”印发《2004—2010年全国红色旅游发展规划纲要》以来，红色旅游在全国蔚然兴起，并取得长足发展。红色旅游的热潮以及大众化的传播进一步带动了大家对红色文化的学习和推崇。新时期，建设社会主义先进文化，必须将传统文化与现代文明相结合，将传统文化中所蕴含的历史意义和现实价值赋予其新的时代内涵。红色文化是我国革命战争时期产生，并经过各个历史时期的不断积淀、传承创新、发展而来的宝贵文化资源，是蕴含红色基因、催人奋进的宝贵精神财富。目前，学界对于红色文化概念的界定主要集中在几个方面。

第一，对红色文化的理解主要是以红色资源为依托，将红色资源理解为红色文化。如国内有些学者从红色资源的角度来定义红色文化，“红色资源”即指在中国共产党领导全国各族人民在长期的革命历史斗争及社会主义建设改革中所形成的一系列的文化载体及其所蕴含的伟大革命精神。它包含了物质和精神两方面的内容，是物质载体和精神文化的统一体。将红色资源作为一种资源加以研究、开发和利用，是目前学界的一个基本认识取向。红色资源，无论是本身所蕴含的历史文化价值，还是它与红色旅游等文化产业结合而产生的经济和社会效益价值而言，红色资源作为红色文化的内容载体具有重要的现实价值。

第二，对红色文化的理解是革命时代所创造的先进文化。“红色文化就是在新民主主义革命时期，在中国共产党领导下，由中国共产党人、一切先进分子和人民群众共同创造的、具有中国特色的先进文化”①。红色文化是在优秀传统文化的根基上融合新的革命时代所铸造的特色文化，具有革命性、时代性。红色文化是中国人民在长期的革命实践中不断地选择、融化、整合中外优秀文化思想的基础上所形成的独特文化精神和文化形态，是以“革命为思想内核和价值取向”的新时代文化。红色文化是中国共产党先进文化的象征，是中国先进文化的重要组成部分，也是中国共产党成长发展壮大的见证者、参与者。在革命年代所形成的革命精神、革命道德传统，革命理论、革命文献、革命文物、革命文化作品、革命战争遗址、革命根据地、革命领袖居住的旧址故居等都是红色文化内容的重要体现。从革命性和时代性的角度来理解红色文化着重凸显的是其所蕴含的历史性价值。

第三，从广义的范围来定义红色文化，即是指在中国共产党革命奋斗的历程中，汲取中华民族传统文化精华为根基，用马克思主义理论学说作指导，在中国革命和建设的实践中逐渐形成的富有中华民族特色的新民主主义文化和社会主义文化。在改革开放和社会主义现代化建设的新时期，红色文化所蕴含的革命精神在新时期通过多种载体得以传承，它是新时期社会主义核心价值体系建设的精神财富，也是繁荣文化产业、建设中国特色社会主义文化强国的核心要素。在新时期，红色旅游、红色影视、红色论坛等文化产业的蓬勃发展更是凸显了主流文化的宝贵价值，它并没有随着时代的发展而隐退，反而在中国革命、建设和改革的实践中凝聚了更为丰富的内容，这也显现了红色文化所具有的先进性和独特性。

本课题组认为：红色文化是在马克思主义中国化进程中，中国人民

---

① 张爱芹，王以第，潘庆忠：《弘扬红色文化促进社会主义思想道德建设》[J]. 中共山西省委党校学报，2009（6）。

在中国共产党的领导和影响下在民族文化基础上创造的崭新文化形态，它代表着20世纪以来中华文化发展的主流和前进方向，是物态文化、制度文化、行为文化和心态文化的统一体①。作为一种先进的革命文化，红色文化在不同历史时期被赋予特定的时代内涵、展现出不同的历史风貌。

第二节　红色文化的历史演进

红色文化见证了中国共产党从诞生、成长到发展壮大的历史过程，它是中国共产党人在马克思主义指导下，领导人民大众进行中国革命、建设、改革的历史进程中，创造的先进文化，是中华民族优良传统的传承和发展，是马克思主义中国化的产物。

一、从精英文化到大众文化

中国共产党是红色文化的主要创造者和传承者。1921年，在马克思主义同中国工人运动的结合中，中国共产党诞生了。20世纪初期，在新文化运动的发展下，中国的先进知识分子积极宣传“民主和科学，提倡新文学反对旧文学，提倡新道德反对旧道德”，此时，西方文化的各种社会思潮纷纷传入中国，而马克思主义逐渐成为中国先进分子认同的主要社会思想。在马克思主义的指导下，中国共产党人不仅在社会制度的变革上取得了重大胜利，而且在近代以来的中国思想文化领域取得了巨大成就，领导中国人民结合中国实际实现了马克思主义中国化，创

---

① 参见韩延明：《红色文化与社会主义核心价值体系建设研究》［M］. 人民出版社2013年版，第5页。

造了具有中国革命文化特色的红色文化，并将马克思主义作为中国革命、建设和改革的行动指南。

红色文化渊源于马克思主义的传入与传播。在党的创立初期，接受和传播马克思主义先进思想的主要是具有一定知识经验和阅读能力水平的先进知识分子，要获得广大工人阶级和劳动群众的响应还需要更强程度和长时期的宣传和教育工作，这个时期的红色文化仅限于马克思主义在先进群体之间的传播，称之为精英文化。

建党初期，共产主义知识分子和各地党组织通过工人集会、演讲、出版先进刊物，建立工会、举办各类学习班等各种方式提高工人阶级的马克思主义思想观。“从 1922 年 1 月到 1923 年 2 月期间，全国罢工达 100 多次，参加全国罢工的工人多达 30 多万，形成了中国工人运动的第一次高潮”①。工人罢工运动的斗争充分显示了工人阶级革命的坚决性和顽强的战斗力，加强了中国共产党和工人阶级之间的联系，也扩大了共产党在全国人民心目中的政治影响，同时，也让中国共产党人认识到，中国革命的胜利必须要建立广泛的统一战线。从工农运动的发展看来，马克思主义思想在中国的工人阶级运动中播种、生根、发芽并得到广泛传播，马克思主义思想也成了工人阶级提高思想觉悟、强化自身力量、指导工人阶级新生活和生产方式的有力武器，并逐渐成为工人阶级生存、斗争与革命的指导思想。在这个阶段，以马克思主义为指导的红色文化随之得到了广泛的传播和发展。

在土地革命时期，中国共产党把马克思主义同中国实际相结合，开辟了一条以农村包围城市，武装夺取政权的革命道路。中国共产党创建了工农红军和农村革命根据地，遍及江西、湖南、湖北、广东、广西、福建、安徽等地。根据地的建设对所及地区的乡村文化的变化有着重大

---

① 王桧林：《中国现代史》（上）[M]．高等教育出版社，2003 年版，第 67 页。

影响。1927 年，毛泽东发表《湖南农民运动考察报告》，可以看出国民革命时期湖南的农民运动在广大农村掀起了以农民文化教育、普及政治宣传、破除迷信神权等为主要内容的文化运动，凸显了以广大乡村底层民众为主要诉求对象的文化革命的展开。同时，为推动红军和农村根据地的发展，在 1928 年到 1930 年间毛泽东先后撰写了《中国的红色政权为什么能够存在》《井冈山的斗争》《星星之火，可以燎原》等经典著作。党深入农村开展根据地建设，放手发动人民群众开展土地革命，打土豪、分田地，激发了农民群众的革命热情。同时，中国共产党在根据地高度重视文化建设，充分利用传统文化传承革命精神，宣传革命理论和革命理想信念，引导农民参加革命根据地建设和乡村政权建设，“军爱民，民拥军，军民团结一家人”，实现了红色文化的蓬勃发展。

在抗日战争时期，中国共产党人进一步推动了马克思主义中国化的进程，提出依靠群众、武装群众、实行人民战争的全面抗战路线，开创了以陕甘宁边区为代表的众多抗日革命根据地，建立了最广泛的抗日民族统一战线，走出了中国特色的革命道路。在这个时期，中华民族万众一心、众志成城，在民族危难的紧要关头，各民族、各党派、各个阶级参与到抗日民族统一战线中，以民族主义和爱国主义为主流的抗战文化是这一时期的红色文化的主要内容。毛泽东在这一时期写的很多著作如《实践论》《矛盾论》《新民主主义论》《论持久战》等都是经典的红色文化资源。

在解放战争时期，主要的红色文化作品中更多地反映在对社会变迁过程中的主流精神文化，延安精神、西柏坡精神等为代表的红色精神广泛传播。

二、从区域文化到主流文化

新中国成立后，在社会主义革命和社会主义建设时期，中国共产党在社会主义政治、经济、文化建设等各个方面都做了艰辛的探索，虽然在这一过程中一度出现失误，遭受挫折，但社会主义建设的各个方面依然成就突出。

在这一时期，中国共产党高度重视革命文化教育的宣传和学习教育工作。1951 年 5 月，刘少奇在全国宣传工作会议上指出，“要真正做到在全国范围内和全体规模上宣传马列主义，用马列主义教育人民，提高全国人民的阶级觉悟和思想水平，为在我国建设社会主义和实现共产主义打下思想基础。”① 此阶段，红色文化倡导和践行的总体价值目标是马克思主义的社会主义、集体主义原则，突出集体利益、长远利益的价值观。从新中国成立到社会主义三大改造完成，这段时期是新民主主义文化向社会主义文化过渡的时期，一大批以革命历史为题材的优秀红色经典作品纷繁推出，这些红色经典作品主要以凸显社会主义和共产主义理想的革命现实主义和革命浪漫主义为创作方法，以诸多的文学形式丰富了文学艺术创作的繁荣，小说、自传、回忆录、诗歌、绘画等题材的文学作品得到了广泛的发展，话剧、电影、戏剧、革命赞歌等形式的艺术表演塑造了一大批生动的无产阶级革命英雄形象及人民生活新风貌，受到了广泛的赞扬，而红色文化的发展也更加的大众化。“文化大革命”十年是中国社会主义遭受挫折的一个特殊时期，以“阶级斗争为纲”的方针成为当时的政治主题，红色艺术的效果大打折扣，但在党政领导的有力推动下仍然有不少好作品出现。

社会主义革命和建设时期的红色文化，在多种文艺形式的文学作品中倡导对传统文化和革命精神的坚持和发扬，激发革命精神的热情和斗志，突显了爱国主义、集体主义、社会主义及为人民服务的精神特质。红色文化作品的传播对人们的价值观念、生活方式、理想追求等各方面

---

① 《刘少奇选集》（下卷）［M］．人民出版社，1985 年版，第 91 页。

都有着十分突出的影响。

三、从特色文化到红色资源

进入改革开放的新时期，根据新的历史发展机遇，顺应改革开放的时代潮流，党和政府进一步提出要加强社会主义精神文明建设。1982年，邓小平提出了“两手抓，两手都要硬”的重要战略思想，对如何加强社会主义精神文明建设作了一系列重要的论述。在新时期、新阶段，党中央始终紧密结合新形势、新任务，提出加强革命传统教育、加强社会主义核心价值体系建设等重要方略。在新时期，一系列以革命历史为题材的多元化形式的文艺创作不断涌现，红色文化在新的历史时期焕发了生机和活力，得到了新的发展和繁荣。

在改革开放的新时期，红色文化在政治、经济、教育各个方面的作用越来越凸显，尤其是在新时期加强文化产业繁荣发展的推动下，红色文化产业的建设越来越受到大众的关注和喜爱。红色文化在新时期通过对红色资源的开发和保护等多形式的创新传播过程，以更贴近现代生活方式、大众喜闻乐见的形式凸显着它的作用和价值，需对红色文化资源所蕴含的革命精神和丰富内涵进行提炼，再创造出更多适合现代人的认知需求的红色文化产品。新时期，一系列反映革命战争题材的红色影视剧不断涌现，《亮剑》《激情燃烧的岁月》《建国大业》等影视剧的热播受到了广泛的关注。影视公司为寻找发展空间和利润增长点，像《小兵张嘎》《林海雪原》等一些优秀的经典影视通过翻拍更是取得了很好的收视率，受到了广大观众的喜爱，红色影视剧的热播与其革命历史题材所具有的艺术魅力是分不开的。除了影视作品的发展，红色旅游、红色网站、红色论坛等以红色文化为主题的新兴产业或者文化业态也蓬勃发展，受到大众的关注和喜爱。红色资源与文化产业的融合所实现的效益价值不仅是红色文化在新时期的创新功能的突显，更是它所具有的时代性、先进性的标志。

红色资源本身所蕴含的革命精神及其历史价值在新时期更是中国特色社会主义文化建设的重要内容。在经济全球化、文化多元化、网络技术飞速发展的新时代，红色文化中的物质资源和精神资源更是加强社会主义精神文明建设，构建社会主义核心价值体系的重要源泉和支撑。红色文化中所蕴含的传统文化、民族文化精华是净化、引领社会风尚的宝贵精神资源，其内容丰富、感染力强，教育范围广泛等特性为德育的开展提供了丰富而强大的精神支撑，是育人机制的创新载体。红色文化是社会主义的先进文化，是推进社会主义文化强国建设、推动中国特色社会主义文化建设的重要内容，更是稳定社会秩序、构建社会主义和谐社会的重要保障。随着马克思主义中国化、大众化、时代化的进一步推进，红色文化也将获得更为广阔的发展空间。积极探索开发红色文化产业的新路径与模式，根据时代的发展变化，对红色文化资源的开发和利用不断创新，才能使红色文化资源更好地发挥时代价值，彰显红色精神和红色教育的时代引领力、精神感染力和震撼力。

第三节 红色文化的主要特征

红色文化作为中国特色社会主义先进文化的重要内容，影响着中国共产党在革命、建设和改革各个历史时期的发展历程。红色文化中所凸显的先进性、时代性、革命性、包容性、价值性等特征体现了红色文化所具备的民族精神和时代精神，是社会主义现代化建设时期文化建设的排头兵，更是推动社会主义文化强国建设和社会主义核心价值体系建设的重要精神力量。

一、先进性

红色文化是以马克思主义科学世界观和方法论为指导思想的，是在中国共产党领导的革命斗争中孕育形成并在社会主义建设、改革开放的实践历程中不断发展壮大的，是中国先进文化的重要组成部分。红色文化是先进的科学文化，它既不同于封建主义的腐朽文化，也不同于西方的资本主义文化，它是无产阶级意识形态的集中体现，是追求民主自由，崇尚科学，勇于实践的新文化。它在中国传统文化的基础上发展创新，它是以马克思主义理论为指导，结合中国革命和建设的具体实践而创造的具有民族特色和革命印记的新型的、并经过实践检验的科学的先进文化。如，以毛泽东为代表的中国共产党创造的“以农村包围城市的道路、武装夺取政权”的思想、统一战线的思想、密切联系群众的思想等都符合社会发展的客观规律，体现了红色文化的创新性发展。在解放思想、实事求是的思想路线的正确指导下，中国的社会革命、社会建设、社会改革所取得的成绩正是红色文化的科学性和先进性的反映。在社会主义现代化建设的新时期，红色文化是中国先进文化的典型代表，也是社会主义思想道德建设的重要推动力量，其革命精神是培育中国特色社会主义核心价值观的丰厚土壤。红色文化中所蕴含的价值使它富有更具鲜明的科学性和先进性特征。

二、时代性

文化具有时代性特征，同样，红色文化在不同的时代和时期也凸显着自身的主流价值。红色文化融合了新中国发展历程中的各个时期的核心文化，也凸显了各时期的文化主题，是近现代中国先进文化的反映，具有鲜明的时代性。中国共产党自诞生起就非常重视文化建设，带领全国各族人民与帝国主义、封建主义和官僚资本主义的腐朽文化做斗争，推进新文化建设。在新民主主义革命时期，中国共产党引导人民以推进民族的、科学的、大众的新民主主义文化为文化纲领推进文化发展。革命文化的发展，不仅提升了全党的科学文化素质，凝聚了民心，激发了无产阶级革命的动力，也揭露出帝国主义、封建主义、官僚资本主义"三座大山"的邪恶本质，最终推翻了"三座大山"，建立了新中国。在新民主主义革命战争年代，以马克思主义为指导思想的新文化中，所激发的坚定的革命理想和信念、强烈的爱国热情、民族主义情感、勇于奉献的精神是红色文化中最凸显的精神力量。在社会主义革命和建设时期，三大改造的顺利完成标志着我国社会主义基本制度的确立，而后逐步建立了独立的比较完整的工业体系和国民经济体系。在这一时期，中国共产党始终坚持坚定正确的政治方向，坚持实事求是的思想路线，号召全国人民"一不怕苦，二不怕死"，"工业学大庆，农业学大寨"，自力更生、艰苦奋斗。全国人民在中国共产党的正确领导下，在革命精神和时代精神的鼓舞下，兴起了建设社会主义的高潮，取得了社会主义改造和社会主义建设的巨大成就，使中国由一个贫穷落后的农业国逐步向一个现代化的工业化国家转变。在改革开放的新时期，红色文化更是以新的形态融入大众的文化生活中，以红色旅游、红色影视、红色论坛等新形式的红色文化产业的兴起得到了广泛的推广，红色文化所蕴含的文化价值和功能也更加突出，更加凸显新时期的特色。

三、革命性

红色文化是近代以来中华民族在抵御外侮、争取民族独立和解放的斗争中形成的中华民族特有的文化，它具有革命斗争性。在半殖民地半封建社会的旧中国，国内的主要矛盾是帝国主义和中华民族的矛盾、封建主义和人民大众的矛盾。推翻"三座大山"的压迫、维护民族尊严、实现民族独立是新民主主义革命的主要任务。在马克思主义科学的世界观、方法论指导下，我国新民主主义革命实现了最终的胜利，在革命历程中所形成的红色文化，将共产主义的远大理想和变革经济社会的革命方略相统一，主张变革旧的生产方式以解放生产力，承认人民群众是历史的真正创造者，反对帝国主义侵略和民族压迫，积极推进民族的、科学的、大众的文化建设，而具有鲜明的革命斗争性。① 在社会主义革命和社会建设时期，以红色经典为代表的革命文化更是影响、重塑了几代人的精神风貌；在改革开放的新时期，红色文化中所铸造的革命精神、民族精神、时代精神更是引领着新时期社会主义精神文明建设的发展。

四、包容性

红色文化的形成过程既不是照抄照搬相关的理论和国外的经验，也不是只坚守民族传统文化，更不是盲目地排斥外来文化，而是在汲取民族传统文化的精华、去除糟粕的基础上，吸收、借鉴、学习外来优秀文化而形成的。马克思主义的指导思想及其相关理论与本土文化的结合使外来的文化更符合、更贴切中国的实际，更容易理解和被接受，成为人们喜闻乐见的大众文化。在如今经济全球化的时代背景下，各国、各地区的文化相互融合、互相影响。红色文化在新的时代背景下，面向世界、面向未来，并没有故步自封，而是积极汲取世界各民族优秀的、先进的外来文化，更大范围地丰富其内涵，融入世界文化潮流中去，准确地把握住时代前进的步调走在时代的前沿，始终以解放思想、实事求是、开拓进取的指导思想引领人们在文化自信的道路上继续前进，时刻保持与时俱进的品质。

---

① 肖灵：《当代大学生红色文化传播研究》［M］. 中国社会科学出版社，2015 年 7 月版，第 28 页。

五、价值性

红色文化经过特定历史时代和特定生活的魔力，至今仍然影响着人们的思想和行为方式。红色文化所包含的物质文化和精神文化在中国革命、建设和改革开放各个历史时期都具有重要的价值。物质形态的红色文化即是在长期的革命战争年代所形成的革命文物、革命文献、革命纪念地、战争遗址等，它们见证了中国共产党人领导中国各族人民浴血奋战、不屈不挠进行斗争以及在建设中开拓创新的每一个历程，它们是开展红色教育的主要载体。精神形态的红色文化是它的核心和精髓，如中国共产党带领人民创造的井冈山精神、延安精神、长征精神、西柏坡精神、雷锋精神、“两弹一星”精神、女排精神、抗洪抢险精神等革命精神和理想信念，在新时期的爱国主义教育、革命传统教育以及社会主义核心价值观的引导等方面都有着重要的指引功能。同时，红色文化是与人民群众的根本利益和要求紧密相连的，它服务于广大民众，来源于广大民众，代表了广大民众的意志和愿望，红色文化也是为群众服务，代表群众立场的文化，也进一步突显了红色文化的本质。在文化产业发展的新时期，红色文化资源的开发、保护和利用更是适应国家提倡文化强国的重要内容。将红色文化资源与旅游、新媒体、新兴产业以及现代科技相结合，以新的方式和途径带动红色文化的发展和传播，无论是从教育导向、社会思潮的引领还是从红色文化产业发展所产生的经济效益上来看都凸显着它所具备的重要价值。

第四节　红色文化的主要功能

红色文化在中国历史发展的每个阶段都传递着时代的主题作用，它是先进的文化，是具有价值性的主流文化。弘扬红色文化在推动文化传承、驱动文化创新、传导文化引领方面发挥着重要的作用。

一、文化传承功能

红色文化是中国人民在长期的革命实践中不断地选择、融化、整合中外优秀文化思想的基础上所形成的独特文化精神和文化形态，它是随着马克思主义在中国的传播而成长起来的新文化。无论是对传统文化的发扬，还是对近现代文化的创新，它都具有文化传承的功能。在中国革命、社会建设和改革发展的各个历程中，传统文化中所蕴含的民族精神、爱国主义精神等宝贵文化品格都突显在历史发展的各个进程。

民族精神是一个民族赖以生存和发展的精神支柱。一个没有振奋精神和高尚品格的民族是不可能自立于世界民族之林的。在我国五千多年的历史文化发展中，中华民族的历史文化逐渐形成了以爱国主义为核心的伟大民族精神。时代精神是基于历史和时代要求的发展而逐渐形成的精神力量，它是一个时代所具有的客观本质和其历史发展趋势在社会精神领域层次的体现，也是一个时代精神文明的重要标志。在改革开放和社会主义现代化建设的新时期，加强民族精神和时代精神的培育更是推进社会主义精神文明建设的重要动力和支撑。当代思想政治教育的重要任务就是要以爱国主义教育为重点，弘扬和培育以爱国主义为核心的伟大民族精神教育，加强中国革命传统教育、中国历史特别是近现代史教育的学习。红色文化中所蕴含的精神文化和物质文化，是中华民族优良传统和中国革命传统教育的主要学习方式。通过深入红色教育的学习和实践，加深对中国近代以来中国人民所进行的英勇斗争以及光辉历史的学习和感悟，以培育人们树立顽强的民族自信心、自尊心和自豪感。加强弘扬和培养民族精神和时代精神是适应社会主义发展的潮流，这些主流的价值观教育体现着各个时代宝贵的革命优良传统文化和作风。例如，井冈山精神、苏区精神、长征精神、延安精神、沂蒙精神、西柏坡精神、铁人精神、大寨精神、雷锋精神、焦裕禄精神、女排精神、抗洪精神、抗震救灾精神等，都反映了各个时代的精神风貌，它们是中华民族在历史的进程中传承下来的宝贵品质。这些宝贵的精神品质更是新时期促进人们学习和继承中华民族优秀传统宝贵精神的强心剂。在时代的发展潮流中，红色文化中所凸显的精神文化品格始终激励着人们，凸显其主流文化的传承光辉①。

二、文化创新功能

红色文化的创新不仅表现在其具体内容在不同时期有不同的体现，而在社会主义现代化建设的今天，红色文化不仅凸显文化的价值和力量，更是推动社会、政治、经济、文化共同发展的创新途径。

红色文化在其发展演变的不同历史阶段和历史时期，其内涵也有所不同。在新民主主义革命时期，中华民族深受帝国主义、封建主义、官僚资本主义“三座大山”的压迫，在这个时期，中国革命最主要的任务就是要推翻“三座大山”，实现民族独立和解放，这个时期的文化纲领推行的是民族的、科学的、大众的文化，更加凸显革命的反帝反封建的文化主流。在社会主义革命和建设时期，在中国共产党所领导的对社会主义道路建设的探索和长期的实践中形成了以建设社会主义、争取国家富强、艰苦奋斗、自力更生、勤俭建国为基本取向，倡导共产主义、社会主义、集体主义的价值规范。② 红色文化从它的内容来看具有突出的时代性，在不同的历史阶段丰富着自身的内涵，适应着时代的需求。

① 施镱：《广西红色教育的现状及发展研究——以桂林为例》［D］．桂林电子科技大学，2011。

② 韩延明：《红色文化与社会主义核心价值体系建设研究》［M］．人民出版社，2013年6月版，第49页。

在社会主义现代化建设的新时期，红色旅游、红色影视等相关红色文化产业的发展更是新时期推动红色文化传播与创新产业经济发展的重要途径，对弘扬革命老区历史文化，带动老区经济发展有着重要的作用。革命老区是红色文化中宝贵的物质文化资源，但大多数都地处贫困偏远地区，交通条件不发达。革命老区的经济发展不仅需要国家、地方政府政策上的大力支持和规划建设，更需要当地群众在经济建设中加强自我培育的意识。它是社会各个外部环境方面与精神文化建设方面的有机结合，只有协调好并深入地做好这两方面的工作，才能更有效地推进当地经济建设的进程。加强对革命老区红色资源的保护和旅游开发是新时期红色文化产业创新发展的契机。

红色资源是宝贵的精神教育资源，是促进当地经济发展特别是老区经济社会发展的重要资源，科学开发和规划好当地的红色资源建设，深度挖掘红色资源的革命纪念价值，不仅是提高当今人们革命传统教育的重要途径，更是将这种精神财富有效地转化为社会财富的重要形式。在老区红色资源建设的过程中，可以充分利用红色资源的优势来创新当地红色旅游的发展，以建立特色的红色旅游形式作为经济建设中的重要环节，充分调动当地群众的积极性，开展一系列的与红色旅游相关的产品链，例如，在红色旅游景区建立一系列当地传统风味的餐馆、商店，以及一些具有红色特色的文化娱乐设施。除此之外，利用当地的特色绿色资源与红色资源的有机结合，开发更多形式的旅游文化景点，以让人们在精神上、视觉上和味觉上各个方面都能真切地感受到当地特色旅游的价值及意义，从旅游中体会教育性和趣味性的统一，从而吸引更多的人来当地旅游。当今时代，红色文化产业蓬勃发展，红色影视、红色网站、红色论坛等传播途径随着时代的发展不断丰富着它的精神引领价值。

三、文化引领功能

红色文化在新民主主义革命、社会主义革命和社会主义建设各个历史时期引领着人民大众的理想信念，塑造了一代代具有共产主义理想信念的先进分子和人民大众。红色文化对树立正确的价值观和思维方式有着重要的导向和引领作用。

改革开放以来，我国在物质文明方面取得了举世瞩目的巨大成就，精神文明建设方面同样成效显著。从总体上来看，人们的思想观念积极向上，精神风貌健康良好。但在这一过程中，同样也存在着一些世界观、人生观、价值观缺失的问题。例如，一些人存在崇尚拜金主义、享乐主义和极端的个人主义等思想，这些偏激的价值观念容易导致个人产生信仰缺失、精神颓废、重财轻德、道德严重滑坡的问题意识。特别是在西方资产阶级自由化思想意识影响下，一些人容易盲目地崇洋媚外，从而导致社会主义理想信念动摇。因此，在全球化多元思想文化冲击的背景下，加强社会主义精神文明建设，特别是社会主义核心价值观的建设就尤为重要。社会主义核心价值观教育的重要内容就是要以马克思主义理论作为指导思想、培养人们牢固树立具有中国特色社会主义的共同理想，以及树立以爱国主义为核心的民族精神和以改革创新为主的时代精神，加强人们的社会主义荣辱观教育的过程。这一过程的实施主要是通过加强对人们的思想政治教育来积极推进社会主义核心价值体系的构建，从而形成全民族奋发向上的精神动力和强有力的精神纽带。加强红色文化的宣传教育，即是对人们进行思想政治教育的主要内容，让人们深刻领悟和理解中国革命历史的传统文化知识，弘扬民族精神和优良传统，对人们坚定社会主义的理想信念，树立正确的“三观”有着重要的作用。各种红色资源可以激发人们的民族情感，凝聚人们的爱国精神，增强社会主义教育的目的，能更有力地推动思想政治教育和文化建设的发展。在新形势下，加强红色文化教育的学习和实践不仅是增强人们爱国主义教育的重要途径，也是弘扬民族精神和时代精神的重要学习形式，更是新时期主流价值引领的重要动力。①

第五节　红色文化的当代价值

红色文化是新时期加强社会主义精神文明建设的主流文化，加强红色文化的学习与宣传更是新时期弘扬和培育社会主义核心价值观的重要途径之一。尤其是在媒介融合的新时代，随着数字网络技术的飞速发展，通过传统和现代方式的结合让红色文化能够更广泛，更大范围地传播给大众，在实践中有着重要价值。

一、政治价值

红色文化是先进的、主流的价值形态，对社会主义和谐社会的构建、文化大繁荣、大发展有着重要的指导意义，大力加强红色文化的宣传教育，逐步将红色精神和理念融入人民大众的思想意识里，能够更强烈地激发人民的爱国情感和对社会主义、共产主义的信仰。传统的通过电视、新闻报道、报纸等媒体传播方式在快速发展的多媒体网络交互时代已不能满足大众的需求。通过数字化的传媒技术让红色文化以数字电视、图片等传播形式进行宣传，其取得的传播效果更为强烈。数字化的红色文化将红色文化中蕴含的精神价值、制度理念运用现代数字技术将历史信息、历史图库更立体、更多元化地体现出来并传播给大众，从而

① 施镱：《广西红色教育的现状及发展研究——以桂林为例》［D］．桂林电子科技大学，2011。

引导人们培育文明的政治行为、传播政治理念、培养政治人格，加强马克思主义大众化的学习，对巩固和稳定社会政治环境有着重要意义。①

二、文化保护价值

红色文化中对物质形态文化资源的保护是红色文化传播的必然途径，物质资源的有效保护和建设对红色文化传播的实效性也会更为明显。而电子技术的广泛应用和高科技的投入使得现代社会能够更好地完善历史资源保存和保护的不足。红色文化资源的保护价值主要体现在几个方面，首先，红色资源的保护可通过建立红色文化资源基础信息数据库，来实现红色文化信息的网络化。由于红色文化的物质资源及精神文化资源大多数年代久远难以保存，传统的图像复制或图像采集不能更完整地保存文化历史遗产。而通过采用高精度高逼真的数字化技术，开发基于计算机与网络环境的新型实用化辅助系统或手段，将相关的历史数据信息、文字、图像、声音、视频等提供数字化保存、组织、存储与查询检索等手段，建立更科学、更高效的数字化网络信息结构，更加完善了物质资源保护的有效性。其次，红色文化资源的保护工作规模大，且有些红色文化遗址地处偏僻落后地区，交通通信等不发达，文物保护工作人员有限、建设资金缺乏等因素，导致红色文化资源的保护难度加大。而通过数字化的红色资源保护不仅能让红色文化的物质和文化资源通过数字网络技术将文化遗产以数据信息、图片的形式加以保留，而且也让当地红色文化资源不被旅游和开发建设过程中所产生的破坏或保存不完整而得到完整的保存。红色文化通过数字化技术的处理和保护，能逐步破解红色文化保护中所遇到的难题和困境，使红色文化遗产更直

---

① 施镱，张文：《红色文化的数字化传播研究》［J］．《产业与科技论坛》2017（24）。

观、更完整地通过多媒体技术展现出来，为红色文化资源提供更为有效的保护。①

三、教育价值

红色文化是中国共产党和中国人民在不同历史时期创造的先进文化，它所蕴含的革命精神、民族精神、时代精神等是激发中国各族人民奋发向上、勇往直前的不懈动力，是各族人民坚持理想信念、积极进取的精神食粮，是社会主义现代化建设新时期的核心文化、精髓文化。在全球多元思想文化碰撞的新时代，要加大红色文化更广泛有效的传播，让人们能通过多种途径深层次了解革命历史事实、进一步推进爱国主义教育、革命理想信念的培育，深层次激发人民的爱国热情和斗志。数字化的红色文化传播从教育价值来看，能够更加促进红色文化传播的有效性。首先，红色文化的传播大多数是通过课堂、影视、旅游等途径进行教育和学习。随着现代科技的日益进步，数字电子多媒体技术的发展使得传媒技术得到了进一步的更新换代，通过数字化的技术使全国各地的红色文化资源加以搜集和整理，可以制作成以数字图片、数字信息、数字影片的形式供大众学习。而且将数字化的红色文化信息通过现代网络及大众媒体的展示和传播可以进一步提升人们对红色文化的学习和教育效果。其次，数字化的红色文化传播形式能更直观地展示各地域、各年代的革命历史纪实，通过大量的历史文献数据、信息记录、历史遗迹的数字仿真技术能够让更多的人感受红色文化中的知识和内涵，接受红色教育的学习，从而达到践行和培育社会主义核心价值观的目的。同时，数字化的红色文化传播让传统的学习途径更为便捷化，也进一步创新和

---

① 施镱，张文：《红色文化的数字化传播研究》［J］．《产业与科技论坛》2017（24）。

开拓了红色文化学习的渠道，使受众对红色文化的学习效果更好。①

四、经济价值

红色文化中所蕴含的经济价值是红色文化作为产业文化的重要组成部分，通过红色文化所具有的价值导向来实现经济效益，其主要体现在红色文化的经济产业链上。例如，红色旅游、红色影视等以红色文化为主题的传播载体。在我国社会主义革命和建设的历史进程中所遗留下来的革命历史纪念地、领袖人物事迹和革命先烈故居等物质文化载体作为发展红色文化产业的重要资源，从而形成新型的产业经济链模式，既可推动红色文化的广泛传播和发展，也可为革命老区旅游经济发展带来创收，增加了当地的劳动就业，更好地促进了当地经济效益和社会效益的发展。而红色文化数字化的运用为革命老区发展红色旅游过程中，改变单一的展馆展览模式提供了更为现代化、科学化、多方位的演示效果，让受众能够通过数字化技术的展现更清楚、更立体地感受和认知红色文化，广泛拓展人们对红色文化的兴趣，吸引更多的游客，从而提高当地红色文化产业效益。同时，现当代红色影视、红色网站论坛、红色餐厅等反映和倡导红色文化的产业犹如朝阳产业，通过数字化的红色文化保护，将网络中所存储的红色文化资源的文字资料、数据图片等信息加以运用到红色文化产业中，对拓展红色文化产业链的经济效益有着可观的效应。②

---

① 施镱，张文：《红色文化的数字化传播研究》［J］．《产业与科技论坛》2017（24）。

② 同上。

第四章

文化传播的学理阐释

人类的文化传播古已有之，文化传播的萌生几乎与人类的社会形成与发展同步。源远流长的文化传播是与人类相伴而行的重要生存方式，它如影随形地伴随着人类的繁衍生息，影响着人类社会的发展进步。当人类祖先懂得用声音、动作和眼神等符号系统表情达意、传播不同信息伊始，人类就已经能够初步感悟、体验到传播的本质。古往今来，人类对“传播”问题的探索从未停息。随着社会的发展和传媒技术的不断更新，研究文化传播和社会信息传播的相关理论也应运而生。本章主要从人类文化传播的变革、传播与红色文化传播的内涵以及文化哲学视域下的红色文化传播等方面对文化传播进行学理阐释。

第一节　人类文化传播的变革

文化的本质是传播。传播是文化的实现，有文化必有传播，传播是文化得以存在的重要条件。文化传播是人类展示形象、寻求发展的重要方式，正是通过文化的代代相传，人类构建起自己赖以生存的物质世界和精神世界。在人类传播活动中，文化传播是最重要和最基本的类型。

在人类文化发展的进程中，文化传播的方式发生过多次变革，历经了语言、文字、印刷、广播、电视等媒介的发展，从单一的人际传播到大众传播，从网络新媒体传播一直走到当今的媒介融合传播。“文化生产在本质上与其他形式的生产一样，依赖于某些生产技术和生产方式。不同的传播媒介和文化生产方式作为文化生产力的一部分，既是文化生产力的内生变量，又会改变既有文化的形态、风格及其作用于社会现实的方式和范围”。① 根据传播媒介的发展以及传播技术的差别，人类文化传播可分为口语传播、书面和印刷传播、电子传播和媒介融合传播四个阶段。

一、口语传播

口语传播是人类文化传播的第一个阶段，语言的产生是这一阶段开始的标志。对于人类而言，语言的产生具有重大意义，一些人类学家认为语言标志着真正意义上的人类的产生。一方面，语言的运用让人类拥有了动物类没有的丰富的“语义世界”，从而同世界建立起一种特殊的关系。“无论我们用什么语言，我们获得的只是一个更为扩大的方面，一种世界观”；② 另一方面，由于语言与思维的紧密联系，语言的产生促进了人类思维的发达。抽象思维是人类与动物最本质的区别，思维就是内向的语言操作，语言的产生使人类具备了作为高级生物的独立意义。

语言的产生对于人类文化的传播而言也具有重大意义。在文字产生之前的相当长的历史时期内，人类文化传播主要通过有声语言的口耳相传来进行。作为一种传播媒介，信息的交流与共享是语言最基本的功能。为了生存和发展的需要，生活在自然环境和社会环境中的个体必须

---

① 陈立旭：《重估大众的文化创造力》［J］. 浙江学刊，2010（05）。

② （德）伽达默尔：《真理与方法》（下）［M］. 洪汉鼎译，上海译文出版社 1999 年版，第 76 页。

及时获取各种信息以适应周边环境的变化。语言的产生满足了这一要求，尤其在以近距离群体生活为主的原始社会时期，语言让人们有效地组织在一起，以提高群体行动能力。在协作生产和共同生活的过程中，文化找到了第一个传播载体——语言，这种基于人类先天能力的传播方式让文化的传播实现了从“不能”到“能”的转变，提升了人类文化传播的效率，大大加速了人类社会进化和发展的进程。

以语言为媒介的口语传播是人类原始阶段最主要的文化传播方式，具有直观、直觉、生动形象的特点。通过各种信息的口耳相传，每个部落的成员平等地享用信息传播带来的利益，没有任何个人或阶层有垄断这种传播方式的意愿和能力，由此而建立起平等、朴素、自由、开放的文化关系。然而作为声音符号的口语媒介对文化传播的限制也是显而易见的。由于口语传播的记录性较差，只能依赖人脑的记忆能力进行保存和积累，导致信息转瞬即逝，加之口语信息只能在近距离范围内传递和交流，因而文化传播受到空间和实践的巨大限制。随着人类社会的进步与发展，仅仅使用口耳相传的简单有声语言已无法满足文化传播和进步的客观需要，文化的发展首先要打破传播媒介的藩篱。

二、书面和印刷传播

随着社会的进步和文化的发展，口语传播已不能满足人们日渐繁多的交流和文化传播的需要，记录重要的事情成为人类生活的迫切需求。为了能对事件尤其是重大事件进行确切记录，人类发明了文字。这是人类发展史上又一座重大的里程碑。如果说语言的产生使人类摆脱了动物状态，那么文字的出现则让人类进入了更高的文明发展阶段。文字的产生标志着人类迈入读写文化即印刷文化时期，书面文字的交流是这个阶段文化传播的主要方式。

书面和印刷传播对人类文化的传播具有深远影响，人类信息传播在时间和空间两个范畴都发生了重大变革。第一，书面和印刷传播能够将信息长期保存，克服了口语传播转瞬即逝的缺陷，人类不用再单纯依靠人脑有限的记忆力进行知识、经验的积累和储存；第二，由于文字能够把信息传播到遥远的地方，突破了口语传播阶段只能依靠有声语言进行面对面交流的时空局限，人类文化传播摆脱了口语传播的距离限制，因而扩大了人类交流和社会活动的空间；第三，文字的运用让人类文化的传播和传承有了更加确切可靠的资料和文献依据，实现了由无形的听觉符号占主导地位向有形的视觉符号占主导地位的文化传播过程的转变。总之，书面和印刷传播让人类文化的传播进入了快车道，并且在持续加速发展着，正如英国历史学家巴勒克拉夫在《泰晤士世界历史地图集》中指出："公元前3000年左右的文字发明，是文明发展中的根本性的重大事件。它使人们能够把行政文献保存下来，把消息传到遥远的地方，也就使中央政府能够把大量的人口组织起来。它还提供了记载知识并使之世代相会的手段。"①

与口语传播类似，书面和印刷传播同样是人类社会在生产力水平发展较低阶段的主要传播方式，当时的社会整体比较松散，以分散的自然生产为主，社会内部联系程度较低，信息的产量和人们对信息的需求都较小，因此信息的传播规模和范围都有限。尽管书面和印刷传播克服了传播中时空的限制，让人类的精神遗产得以保存和延续，但是其缺陷也是显而易见的。由于信息传播成为一种破解和使用文字符号的技术，文化传播与接受成为一种权利的标志，只有掌握文字符号的少数人才有参与到书面和印刷媒介传播之中的能力，之前口语传播阶段平等、朴素的文化关系不复存在，文化传播成为少数人的特权。书面和印刷传播媒介在解放文化生产力的同时，一定程度上阻碍了文化传播的大众化。正是

---

① 庄晓东：《文化传播：历史、理论与现实》［M］．人民出版社2003年版，第25页。

由于这样的原因，当社会进一步发展，书面和印刷传播便丧失了主流媒介的地位。

三、电子传播

从人类文化传播的前两个阶段可以发现，生产力的发展以及由此产生的提高文化记录与传播效率的社会需求是主流传播媒介变革的动力。书面和印刷传播由于实现了文字信息的大量生产和大量复制，突破了信息传播和保存的时空障碍，接下来的电子传播最重要的贡献则是实现了信息的远距离传输以及信息的及时性。

电子传播媒介分为有线和无线两种。有线媒介主要指电话和有线电报，电话是口语传播的一次革命性变革，它最早被当作广播来使用，后来又成为信息传递的大众传播媒介。电话将信息传播的模式渗透到了人们的日常生活中，方便了民众的交流，在大众传播中体现了传播的双向性。电报的发明和使用则改变了时空关系和人们的互动方式，改变了传播与物质相关联的通讯方式，实现了传播与运输真正分离。以广播和电视为代表的无线媒介不仅使人类在信息传播速度、空间和时间上获得突破性变革，而且广播和电视的发明实现了人类不同感官向外部世界的延伸，形成了人体外化的声音和影像信息系统，以新的文类与体裁为人类文化传播提供了大面积的传播平台。

电子媒介给人类文化传播带来的变革不仅仅是空间距离和速度上的突破，以广播、电视等为代表的电子传播媒介既具有口语媒介特性——普适性，同时消解了书面和印刷媒介的文字符号对文化传播大众化的限制。随着科技的发展，摄影、录音和录像技术的进步，视觉元素获取的难度大幅度下降，图像获取的平民化程度逐渐赶超了文字，原有的文化资源分配方式发生了变化，传统的制约文化传播的瓶颈被打破，精英文化与大众文化的区别不再显著和重要，文化垄断和文化特权逐渐消散，以电子媒介为基础的大众传播变革推动着人类文化传播走向更高的发展层次。此外，人们运用电子媒介不但实现了文化信息的大量复制和大量传播，而且实现了它们的历史保存。由于声音和影像本身不具备记录性和复制性，在电子媒介出现前人们只能根据文字记录或考古发现对古代社会进行想象和推测，电子媒介的出现让人们可以通过直接的聆听和观察进行文化的传播。人类文化传播传承的内容更为丰富，感觉更加直观，依据也更加可靠，人类文化传播的效率和质量产生了新的飞跃。

四、媒介融合传播

文化的传播和传承，除了取决于文化本身的内在张力，也取决于它如何被传播。随着人类社会经济水平和科技的蓬勃发展，人们对信息获取的需求不断提升，以网络媒体、移动媒体为代表的新媒体应运而生，传播媒介日趋多元化。在互联网普及、数字信息技术日趋成熟的背景下，传统媒介在新媒体的冲击下不断突破自身局限，新旧媒体积极融合，一个全新的传媒格局逐渐形成。媒介融合时代的到来创造了新的社会互动交往方式，衍生了新的社会关系，开辟了人类文化传播的新时代。

信息化和数字化时代，以新技术促进的媒介融合对文化传播具有直接而有力的影响。在新的传播格局中，具有即时性、公开性、便捷性、交互性特点的新媒体扮演着重要角色。新媒体信息量巨大、使用成本低廉、可随时随地获取信息、传播速度快以及便于长久保存、受众可以自主选择接收等优点，使得大众在文化的交流传播中具有了话语权，最大限度地激活了以个人为传播主体的传播场域，让文化的传播与交流从“单向”趋于“多向”，在人人参与的状态中构成一个大的文化传播的共同体。新旧媒体的融合，让文化呈现出更多新的表达方式，更符合受众的媒体接触习惯。经过技术的包装和打造，文化更具感染力，更容易被理解接受，并以创新的方式得以传承与衍生，正如吉登斯所言："媒体有助于改变时空关系的程度并不依从于它所携带的内容或'信息'，而是依从于其形式和可再生产性。"① 概言之，新旧媒体的融合，逐渐颠覆着传统的传播方式和传播思维，为人类社会带来了前所未有的文化景观。

任何事物的发展都有两面性，媒介融合为人类开辟了一个崭新的文化传播渠道，也呈现出一定的弊端和局限性。首先，各种传播媒介在为文化传播提供更为便捷更大范围传播渠道的同时，随着新技术而来的碎片化的信息内容也正在影响着社会、影响着文化。传播方式的碎片化进一步削弱了文化深层次传播的效果，造成了总体性的消解，导致文化接受有效性下降。其次，媒介融合时代传播的平等性、虚拟性和隐匿性，降低了信息传播准入的门槛，信息内容出现多元化趋向，解构了信息的整体性和语境化，脱离传播语境的文化信息容易导致文化的精髓遭到扭曲，加上"注意力经济"下吸引眼球的视觉愉悦手段成为信息的基本构成方式，化解了文化传播传承的严肃性。最后，媒介融合时代新媒体成为人们学习文化的一种重要方式，人机相对的模式减少了文化的人际传播和文字传播概率，不仅降低了人们通过言语交流、思想共鸣和精神慰藉达到的文化传播效果，而且无法适应新媒体传播环境的部分文化内容容易为受众所忽略。此外，对于技术运用相对落后地区的人们而言，由于不能均等地获得新技术应用带来的利益，文化传播的信息分享产生不平衡，不可避免地带来由于信息落差而引起的知识分隔和贫富分化。

综上所述，人类文化传播经历了口语传播、书面和印刷传播、电子传播以及媒介融合传播四个阶段，这个历史进程并不是各种媒介逐一取

① （英）安东尼·吉登斯：《现代性与自我认同》［M］．赵旭东、方文译，北京三联书店 1998 年版，第 63 页。

代的过程，而是依次叠加的进程。历史证明，每出现一种新的传播方式，人类文化和文明的发展就相应经历一次巨大的转变。在文化发展的每个阶段，都有特定媒介的传播和表征，每一种新的传播方式和技术的兴起，都会引起一定意义上文化的变革。

第二节 传播与红色文化传播的内涵

一、传 播

人是传播的动物，传播渗透在人类的一切活动中，贯穿着人类的全部历史，人们通过传播构成各种关系，并由此发展人类自身。

（一）传播的内涵

“传”“播”二字在我国由来已久，汉语中“传播”是一个联合结构的词语。我国最早关于“传播”的文献记载的是《北史·突厥传》：“传播中外，咸使知闻”，《现代汉语词典》中“传播”的意思是“广泛散布”。① 现代的“传播”一词与英文中的“Communication”相对应，字面含义是传输、传送、散布。目前关于传播的定义有100多种，含义也较为广泛。国外对传播内涵的争论由来已久，不同的学者从不同的维度来界定传播的含义。传播学之父——威尔伯·施拉姆认为传播是“人类之间信息的传递和交流”；② 萨姆瓦认为，传播能唤起特定的反应或行为，是一方有意识地将信息编码，然后通过一定的渠道传递给另一

---

① 中国社会科学院语言研究所词典编辑室：《现代汉语词典》［M］. 商务印书馆2000年版，第193页。

② （美）施拉姆：《传播学概论》［M］. 陈亮译，新华出版社1984年版，第2页。

方从而两边都受到影响的行为过程；拉斯韦尔认为传播是一个信息流通的过程，并提出了影响深远的“5W”模式。“传播”不仅受到国外学者的关注，国内学者对此也有相关的研究和见解。郭庆光认为传播是“社会信息的传递或社会信息系统的运行”；① 邵培仁从动态的角度界定传播是“指人类通过符号和媒介交流信息，以期发生相应变化的活动”；② 林之达在《传播学基础理论与研究》中指出，“传播是人类社会的信息拥有者与信息承受者，凭借某种媒介沟通或交流信息的过程”；周庆山则认为“传播是人类运用符号并借助媒介来交流信息的行为与过程”。③

综上所述，传播的概念可以归纳为：第一，传播是一种人类行为，人既是传播的主体，又是传播的客体；第二，传播是人与人之间通过有意义的符号进行信息的传递、接收和反馈实现信息共享的过程，是信息的交流和共享；第三，传播以传播媒介和符号为载体，传播是通过直接或间接的语言、文字等符号并借助一定的媒介来实现的，符号与媒介是传播活动赖以实现的中介。简言之，“传播”是人们运用语言、文字等符号，并借助一定的传播媒介进行信息的传递、接收和反馈的过程。一个基本的传播过程由传播者、受传者、讯息、媒介和反馈五个要素构成。④

（二）传播的类型

依据不同的角度传播有不同的类型：按照信息在终端设备中的呈现方式，传播可分为平面传播、线性传播、同步传播和延时传播；根据信息到达受众所需的人体感官的不同，有视觉传播、听觉传播和视听传

---

① 郭庆光：《传播学教程》［M］．中国人民大学出版社 2011 年版，第 5 页。
② 邵培仁：《传播学导论》［M］．浙江大学出版社 2001 年版，第 68 页。
③ 周庆山：《传播学概论》［M］．北京大学出版社 2004 年版，第 5 页。
④ 郭庆光：《传播学教程》［M］．中国人民大学出版社 2011 年版，第 49 页。

播；按照传播技术的差别和传播媒介的发展，传播可分为口语传播、书面和印刷传播、电子传播以及媒介融合传播；依据传播者与接收者形成的交流方式不同分为单项传播和交互传播。传播是以人为核心的信息传递，人是传播活动的主体，是一种社会化、群体性行为，根据传播的这一特点可以分为个人传播、群体传播、组织传播以及大众传播四种类型。

1. 个人传播

个人传播包括人内传播和人际传播。人内传播又可称为内向传播、内在传播或自我传播，是个人接收外界信息之后在人体内部进行信息处理的活动。① 人内传播是一种内化的心理现象，它体现了由感性认识到理性认识的思维活动，是一种自我主体意识的传播方式，具有鲜明的社会性和互动性，其主要表现方式是“自省”。由于社会系统是由个人系统构成的，因此人内传播可以说是整个社会传播活动的基础。

人际传播是人与人之间的信息交流活动。随着社会的发展和个人需求的多样化，为了获得信息、满足自身的需求以及建立社会关系，人们需要进行相互间的信息交流。人际传播是由两个个体系统相互连接组成的新的信息传播系统，是人与人之间点对点的信息传播活动。② 人际传播与人内传播紧密相连，但与人内传播有明显区别。人内传播是单个行为主体的内部活动，是人体内部的信息处理活动，具有不可视性的特点。人际传播是两个行为主体间的信息活动，具有可视性，是社会关系的一种体现。人际传播是最为典型的社会传播方式，是人与人社会关系的直接体现，在加深社会协作和传承社会文化方面具有重要的作用。

---

① 郭庆光：《传播学教程》［M］. 中国人民大学出版社 2011 年版，第 61 页。
② 同上，第 71 页。

2. 群体传播

群体传播是将共同目标和协作意愿加以连接和实现的过程。[①] 群体传播的方式有一对多（如演唱会）、多对多（如座谈会）以及多对一（如汇报工作）。通过各种形式的群体传播产生群体意识，进而形成群体规范以确保群体活动和群体决策的有序进行。相对于个人传播，群体传播更能满足个人的多样化需求、自我实现以及推动社会的发展。由于群体传播具有非制度化和非中心化的特点，其传播机制主要表现在群体模仿、群体暗示和群体感染等，个人在群体传播中容易失去自我，使个人难以有效地发挥个性，一定程度上会阻碍个人的发展。此外，群体传播中非理性化占主导，也可能导致社会的混乱。

3. 组织传播

"组织是人们按照一定目的、任务和形式编制起来的社会集团"。[②] 组织传播是组织范围内所从事的信息活动。组织传播与群体传播关系密切，在传播方式上有一定的相似性。与群体传播不同的是，组织传播是有着统一规范的严密群体，是以组织为主体的信息传播活动，它既不是简单的个人集合，也不是非制度化的松散群体，"组织传播是由各种相互依赖关系结成的网络，为应付环境的不确定性而创造和交流信息的活动"。[③] 组织传播有着明确的目标和制度化的措施，通过组织内传播和组织外传播有效实现组织的内部沟通和外部联系，使组织文化更有凝聚力，以保障组织目标的实现、组织的生存以及长远发展。

4. 大众传播

19 世纪 30 年代大众报刊的出现标志着人类开始进入大众传播时代。大众传播是点对面的传播，具有很强的单向传播性。由于大众传播

---

① （日）见田宗介：《社会学典故》［M］. 东京弘文堂 1998 年版，第 20 页。

② 苏宏元：《网络传播学导论》［M］. 中国社会科学出版社，2010 年版，第 37 页。

③ 范东生，张雅宾：《传播学原理》［M］. 北京出版社 1990 年版，第 256 页。

的传播者是专业化的媒介组织，是“职业工作者通过机械媒介向社会公众公开地定期传播各种信息的一种社会性信息交流活动”①，相较于个人、群体和组织传播，其传播的范围更广，制度性更强。日常生活中报刊、广播、电视等传播媒介所从事的信息活动就是大众传播，这种点对面的传播方式具有提供娱乐、引导舆论以及社会教化等功能。由于大众传播的制度化特点，“是通过大型组织的工业生产活动产生出来的，这种生产组织的政策和职业规范存在于社会的政治、经济和法律的结构之中”②，大众传播在对社会、国家的价值观和意识形态的传播方面具有重要作用。

二、红色文化传播

（一）传播与红色文化

文化和传播密不可分，文化只有在传播中才能生存、发展、创新，发挥其应有价值。莱奥·弗罗贝纽斯曾提出过一个著名命题：文化没有脚，它是靠传播对人类产生影响的。传播与文化相互依存、共同发展，没有无文化的传播，也不存在无传播的文化。一方面，传播制约着文化的形成和发展。没有传播任何文化都无从谈起，文化在传播中产生，并且通过传播达到同化、增值和重构；另一方面，文化也影响着传播的发展。由于人类沟通交流的需要以及对更高文明程度的向往和追求，传播媒介持续革新，传播主体的素养不断提升，推动传播活动向更高层次迈进。

现实中，任何一种文化都与传播有着与生俱来、共生共荣的关系，红色文化亦是如此。红色文化是社会主义先进文化的重要组成部分，红

---

① 刘建明：《宣传舆论学大辞典》［M］. 北京经济日报出版社 1993 年版，第 290 页。
② 同上。

色文化是社会主义核心价值观教育的天然载体，是国家软实力的强大支撑。新中国的成立、建设、改革与发展的历史就是红色文化传播的历史。没有传播，红色文化不可能迅速地为人们接触、理解、接受和传承；离开传播，红色文化无法成燎原之势，不可能吸引凝聚一批批仁人志士前赴后继。简言之，有红色文化，就有红色文化传播。

第一，传播是红色文化的天然载体。红色文化在传播中产生、存在与发展，并通过传播实现传承。红色文化在传播的过程中被受众接触、理解、内化，实现自身的发展创新。传播促成了红色文化的变迁、整合和增值，使红色文化生生不息、超越时空、恒久长存。离开传播，红色文化就会失去继承和发展的基础。

第二，传播是红色文化价值实现的重要手段。传播是人们跨越时空获得红色文化价值信息重要环节，是红色文化价值实现不可或缺的重要手段。红色文化在传播过程中实现自身价值与受传者的结合，通过红色文化蕴含的思想观念、道德原则、价值观念对受传者的渗透，让受传者感受感知红色文化的价值和意义，以完成对受传者的内化，从而实现红色文化的价值。

第三，传播媒介和传播技术影响红色文化传播的广度和深度。文化发展的每一个阶段都受到特定媒介的支配，传播技术和媒介的每一次突破性发展，都对红色文化的传播产生巨大的推动作用。传播技术的革新改变着红色文化传播的方式和载体，提高了红色文化传播的速率和界域，使红色文化的传播更加多样化、具象化，提升了红色文化的品质和境界。尤其是现代传播技术和媒介的应用，促使信息更有效地突破时间和空间的限制，增加了红色传播的深度和广度，带给人们全新的传播体验，提高了红色文化的辐射力和影响力。

（二）红色文化传播的内涵

如同物质生产与物质流通的关系，文化生产与文化传播也是相生相伴的。作为人类存在和发展的表征和特权，文化传播是人类认识世界和改造世界的武器和工具。人类文化的产生与发展、差异与冲突、融合与创新、变迁与转型、生产与再生产都与文化传播息息相关。可以说，人类发展的历史也是文化传播的历史，没有文化传播，就没有人类社会的文明和发展。

文化传播又称文化传扬或文化扩散，"是研究文化和传播的相互影响及其影响规律的学问。从广义上通常把传播精神信息的方式都可以认为是文化传播，或者说，精神信息传播行为都可以作为文化传播。狭义地说，文化传播主要是指传播的过程中文化发生的变化以及文化的变化对传播的影响，泛指对文化信息的传播，重点研究传播对人类文化行为、文化习俗的文化传承的作用。文化传播关系社会成员怎样分享并相互传递知识、态度、习惯、行为模式及效果"。① 根据施拉姆对传播的解释："A 通过 C 将 B 传递给 D，以达到效果"，"这里 A 是信息发出者，B 是信息，C 是通向信息接收者 D 的途径或媒介，E 是传播所引起的反应。"② 文化传播是传播主体借助一定的媒介，通过语言、表情、姿势、图像、文字等符号系统，承载、传递及交流知识、意见、愿望等信息，使思想观念、经验技艺和其他文化物质由一个社会群体散布至另一群体、从一个社会传到另一个社会，或由一地传至另一地，以使受传者受到一定影响的活动。文化传播是基本的文化过程之一。

综合对文化传播的相关理解，作为文化传播形式之一，红色文化传播是传播者以红色文化为信息传播内容，通过有目的有意识地综合运用各种传播媒介、载体、终端和传播手段，让红色文化精神有效到达传播对象，使其内化为传播对象自身的价值取向和行为方式的活动。帮助传

---

① 戴元光，金冠军：《传播学通论》［M］. 上海交通大学出版社 2000 年版，第 127－128 页。

② 萨姆瓦等：《跨文化传通》［M］. 三联书店 1988 年版，第 11 页。

播对象树立正确的价值取向和行为方式是红色文化传播的宗旨，这个传播过程既是一个人们共享优质红色文化资源的过程，也是马克思主义意识形态和价值观不断传播、强化和传播对象接受教化的过程。

（三）红色文化传播的特点

作为文化传播的一种，红色文化传播具有所有文化传播的共性，也有自身的传播特质。红色文化传播的特点主要表现为传播主体与客体的广泛性、传播渠道与形式的多元化、传播方向的主导性、传播内容具有较强的地域特色、传播具有鲜明目的性等方面。

1. 传播主体与客体的广泛性

红色文化传播的传播主体与传播客体的范围十分广泛。作为红色文化信息的发布者，红色文化的传播主体除了政府、学校、个人外，还包括党组织、社会群体等党群组织和纪念馆、陈列馆、红色文化基地等。由于文化传播的渗透作用，当前任何个体的生活方式都可能成为一种红色文化传播方式，如雷锋；任何个体如教师、学生、工人、农民都可以成为红色文化传播的主体；而任何标的物都有可能成为红色文化传播的客体，起到红色文化传播的功能，如现今流行的车内毛主席挂像。而就红色文化的传播对象来说，红色文化传播的广泛性更加突出，涉及社会的各个阶层、各种群体、各类职业，包括各个年龄阶段、各个地区甚至海外的传播对象。

2. 传播渠道与形式的多元化

文化传播是当代的重要特性之一，人类生活的各个方面都渗透着文化与传播。人们生活的每一个角落都充盈着文化，文化传播的方式和渠道也格外复杂多样。口头传播、文字传播、电子传播、网络传播、媒介融合传播等传播媒介相辅相成，书籍传播、影视传播、旅游传播、论坛传播等不一而足，文字、图像、音频、视频、动画等交相辉映。红色文化的传播渠道和传播形式从未如现今这样复杂多元，从单一媒体到全媒体，从线上传播到线下传播，为推动红色文化的传播提供了新机遇。

3. 传播方向的主导性

红色文化是自带属性的文化，自产生以来就带有着党性的特征。红色文化传播必须坚持主导性，唱响“主旋律”。红色文化传播的主导性是指红色文化传播要坚守中华文化立场，以马克思主义为指导，以发展中国特色社会主义文化和建设具有强大凝聚力和引领力的社会主义意识形态为导向，发挥社会主义核心价值观在红色文化产品创作生产传播中的引领作用。在坚持主导性的前提下深入挖掘红色文化蕴含的思想内涵和民族精神，结合时代要求继承创新，让红色文化展现出永久魅力和时代风采。

4. 传播内容具有较强的地域特色

文化传播是人们在社会交往中，发生在个体之间以及个体与群体之间的文化互动现象，不同地域的历史积累和文化精髓赋予各地独具特征的红色文化传播内容。每一种红色文化都蕴含着独特的物质文化、制度文化、行为文化和精神文化的内容，红色文化传播首先传播的是独具当地特色的红色文化内涵。如延安红色文化传播的是延安斗争时期人民投身革命积累下来的艰苦创业、为民服务的精神；井冈山红色文化的特质在于星火燎原、敢于斗争；而沂蒙红色文化中具有独特人文地域特点的军民水乳交融、生死与共的精神文化则是当地传播的主要内容。当前媒介融合背景下，传播方式在融合，红色文化传播的内容也不可避免地进行着大融合，红色文化蕴含的主要精神实质相差无几，但是独特的地域特色给不同地区红色文化的发展与融合提供了多样性的基础。

5. 传播具有鲜明目的性

文化传播是在一定的意识支配下有目的有指向的活动，红色文化传播是在社会主义意识形态下有目的有指向性的文化传播活动。红色文化传播的根本目的是促进人的全面发展和社会的全面发展，红色文化传播的直接目的是培养一代又一代担当民族复兴大任的时代新人以及践行社会主义核心价值观的国民，因此，红色文化作品的创作和传播要坚持以人民为中心，坚持为人民服务、为社会主义服务，实现红色文化传播、发展的方向与社会主义的终极目标的有机统一，不断铸就中华文化新辉煌。

第三节　文化哲学视域下的红色文化传播

红色文化传播过程是一个文化耕植的过程，文化哲学视域下的红色文化传播是对红色文化内在精神的一种"总体性"反思。通过对红色文化传播的哲学解析，使红色文化这一先进文化以润物无声、潜移默化的方式影响人、塑造人，转化为内在的思维方式和价值观念，实现主体的文化自觉和文化自信。

一、立足生活世界的现实场域

一切社会现象都源自人们的现实生活，看似玄奥高深的精神文化现象也是如此。马克思主义认为，"人总是生活在这个世界之中"，①"回归现实生活"是马克思主义哲学的总体性视域，"人们在自己生活的社会生产中产生一定的、必然的、不以他们意志为转移的关系，即同他们的物质生产力的一定发展阶段相适应的生产关系。这些生产关系是综合构成……现实基础"。② 德国哲学家、现象学学派创始人胡塞尔提出的

---

① 杨国荣：《思与所思——哲学的历史与历史中的哲学》［M］．北京师范大学出版社 2006 年版，第 287 页。

② 《马克思恩格斯选集》（第 2 卷）［M］．人民出版社 1995 年版，第 32 页。

"生活世界"的观点认为："生活世界是自然而然的世界——在自然而然、平平淡淡的过日子的态度中，我们成为与别的作用主体的开放领域相统一的、有着生动作用的主体。生活世界的一切客体都是主体给予的，都是我们的拥有物。"① 现实的生活世界既是主观的、相对的世界，也是直观的、奠基性的世界，人们对现实生活世界的态度是其他态度的基石。

"生活世界"的观点强调，只有将社会关系和社会意识现象置于现实生活中加以审视，才能从根本上得到说明。红色文化传播的场域正在于此。生活世界是红色文化形成、发展、创新、传播的现实根基，立足于具体生活的生活世界是人的活动的全面展开，也是实现理想的场域，人们在生产、生活、交往中的一切感性活动以及情感体验、价值追求、思想感悟、道德关怀等均包含于其中。可以说，离开了生活世界，红色文化就失去了存在发展的现实土壤，红色文化传播更无从谈起。"生活世界是人类生活形式的历史展开图景。而生活形式作为人们日常活动的一般形式，是人类心性活动过程与物性活动过程的叠合展现形式"，②"如果说，生活指的是生命的存在状态，那么，生活世界指的便是生活实有与应有的畛域"。③ 红色文化传播意味着红色文化要能够满足人们对现实生活的需要，能够解决人们在现实生活中面临的精神困境和价值困惑，这些均立足于人的现实生活世界，人的现实生活世界是红色文化传播的根基和寓所。同理，红色文化传播要求改变阻滞人们生存发展的生活结构，只有对传播模式进行创新和变革，让红色文化有效地融入人

---

① （德）E. W. 奥尔特：《生活世界是不可避免的幻想——胡塞尔的"生活世界"概念及其文化政治困境》［J］. 邓晓芒译，哲学译丛，1994（05）。

② 黄旭敏：《深度技术化条件下生活世界的危机与重建》［J］. 中山大学学报（社会科学版），1997（02）。

③ 肖川：《教育的视界》［M］. 岳麓书社 2003 年版，第 126 页。

们的生活和精神世界，积极关注和解决人们的生存和生活问题，实现生活意义的跃升，才能切实提升红色文化传播的效能。

二、注重主体精神的实践理路

哲学视域下的主体是客体存在意义的决定者，指与客体相对的有认识和实践能力的人，马克思对主体进行了本质上的界定："实践存在物"，指出主体是"作为在历史中行动的人"。结合这一解释，红色文化传播的主体是广大人民群众。人民群众既是红色文化的创造者、传播者，也是红色文化的接受者和享有者，因此，在红色文化的传播过程中，人民群众既是红色文化的创造主体和传播主体，又是红色文化的接受主体，是红色文化形成、创造、传播的力量源泉和深厚基石。

马克思主义唯物史观认为，人民群众是历史的创造者，是推动历史前进的根本力量，"全部人类历史的第一个前提无疑是有生命的个人的存在"。① 红色文化传播只有依靠群众才能真正实现大众化传播。从历史角度来看，离开人民群众的历史创造和奉献牺牲，红色文化就会失去孕育的土壤；从现实的角度而言，没有人民群众的传播、弘扬和传承，红色文化就失去了生存和发展的空间；从理论角度来说，没有人民群众的集体智慧，红色文化的理论性就是无源之水、无本之木；从实践角度来看，离开人民群众的物质与精神生产活动以及人民群众的积极性、主动性和创造性，红色文化传播将会无以为继。

实践观点是马克思主义哲学首要的和基本的观点。人们是在其所处的并实践着的、具体的现实中创造着自己的历史，从而推动社会历史的不断发展，"全部社会生活在本质上是实践的。凡是把理论引向神秘主义的神秘的东西，都能在人的实践中以及对这个实践的理解中得到合理

① 《马克思恩格斯选集》（第 1 卷）［M］. 人民出版社 1995 年版，第 67 页。

的解决”。[①] 实践是人类的存在方式和最基本的社会活动，在人类产生、生存、发展中起着决定性作用。红色文化传播是主体有目的的实践活动，在具体实践中实现着红色文化的传播和认知，“主体是意志的纯自我规定，是简单概念本身。……这里没有行动着的主体，而如果意志的抽象，意志的纯观念要行动，就只能神秘地行动。一个目的如果不是特殊的目的，就不是目的，正像行动如果没有目的就是无目的、无意义的行动一样”。[②] 红色文化传播只有在尊重主体的实践精神，并不断激发人民群众的创造热情的基础上，才能获得最广泛的社会支持，从而内化为人民群众的行为规范和精神存在，提升群众的思想意识。

三、激发受众情感的心理认同

受众在红色文化传播过程中处于中心地位，受众的心理认同是红色文化传播的价值体现和直接目的。心理认同“是个人向另一个人或团体的价值、规范去模仿、内化并形成自己的行为模式的过程，认同是个体与他人有情感联系的原初形式”。[③] 心理认同是在过去经验的影响下，人们在认知、情感等方面对事件所表达的意义的认可和接受，并成为客观目标的驱动力。心理认同反映和制约着受众对红色文化传播的态度和行为，体现了受众对红色文化传播内容的专注性、倾向性和关注性。受众的心理认同是红色文化传播的起点，也是红色文化传播的目的，只有当受众产生了心理认同，才能最终实现红色文化蕴含的精神和价值观的内化。

红色文化传播的过程就是一个思想价值观念和民族精神植入、内化的过程，受众的思想情绪和心理活动影响着红色文化传播的效果。根据

① 马克思：《关于费尔巴哈的提纲》［M］．商务印书馆 1991 年版，第 39 页。
② 《马克思恩格斯选集》（第 3 卷）［M］．人民出版社 2002 年版，第 45 页。
③ 李素萍：《对认同概念的理论述评》［J］．兰州学刊，2005（04）。

心理认同理论，如果要对个人或者群体的思想、动机和行为施加影响，首先必须设法获得他们的心理认同。因此，实现红色文化的有效传播需要建构一种有效的心理认同，突破受众的心理过滤层，将红色文化传播的精神内涵、价值观念与受众的感情共鸣、文化归属紧密结合起来。“一种学说是否能满足人类的精神需求，不仅取决于特定的时间和地点，而且需要独立于时空之外的条件，即不可忽视的基本心理规律”。① 同理，在人们对某种传播内容接受时，认知、情感和意志会制约着这种精神活动发生、进展和进展的广度和深度。因此红色文化的传播不仅要在传播形式和传播载体等方面与时俱进，更重要的是注入大众情感，赢得大众认同，使传受双方形成良性的互动与沟通，有效地促使红色文化内化为社会心理层次的接受动机和认知态度，进而转化为受众的自觉追求和理想信仰。只有通过心理上的沟通和情感交流，才能有思想上的升华。“没有‘人的感情’，就从来没有也不可能有人对于真理的追求”。② 基于各种心理因素综合而生成的心理认同是人们精神交往得以开展和延续的心理前提，只有以心际沟通与情感交流为基础的精神交往和良性互动，才能达到对红色文化传播内容的认同、接受并转变为知、情、意等心理因素，端正人生信念的价值取向，并自觉地运用这种评价标准指导自己的社会行为和实践。

---

① （意）加埃塔塔·莫斯卡：《政治科学要义》［M］．任军锋，宋国友等译，上海人民出版社 2005 年版，第 231 页。

② 《列宁全集》［M］．第 25 卷，人民出版社 1998 年版，第 117 页。

第五章

媒介融合对红色文化传播的影响

红色文化是当前中国特色社会主义核心价值体系建设的主流文化，更是繁荣文化产业，建设文化强国的核心要素。红色文化所具有的先进性和时代性更是凸显着它强大而有力量的文化价值。在数字化时代的媒介融合过程中，红色文化中所蕴含的物质文化资源及中华民族特色的革命文化、抗战文化、中国特色社会主义文化在时代的发展中更是以新的载体形式发挥着它的价值和影响力。媒介融合是一把双刃剑，媒介融合的过程使信息传播、传媒产业等都产生重大变革，互联网、云技术等新媒体已经成为媒介融合发展的重要载体，对红色文化大众化传播的方式、方法创新既带来了新的机遇，更带来了全新的挑战。

第一节　媒介融合背景下红色文化大众化面临的困境

红色文化的大众化就是在接受的基础上，采用符合时代发展潮流的、更为通俗化的语言以及让大众喜闻乐见的形式，用红色文化中所蕴含的物质和精神文化资源来教育大众，使其上升为每一位普通中国人的一种自觉的价值取向。这个过程既是知识的传播与接受过程，也是价值观传播与接受的过程①。媒介融合背景下，传统媒体和新媒体之间相互作用，逐渐形成新的媒介生态环境，特别是网络媒体、手机媒体等新媒体的快速发展，利用数字技术、网络技术和多媒体技术来实现信息的传播和沟通渠道也逐渐成为大众选择的主要平台。作为媒介发展的大趋势，媒介融合对整个媒介信息传播过程产生直接而有力的影响，它在传播过程中所带来的革命性的变化对红色文化的大众化传播实践效果有着深刻的影响。

一、传播异化的困境

媒介融合背景下，原有的媒介生态被打破，以传统媒体和新媒体相互融合、相互作用为主要特征的新媒介生态体系逐渐形成。尤其是新媒体的快速发展，使得长期以来形成于原有传统媒介基础上的红色文化大众化传播的管理模式与经验无法有效地适应新媒体的要求，尽管针对数字网络化等新媒体信息管制的相关规程陆续出台，但由于经验欠缺，其规程的许多层面运用于具体的新媒体领域的红色文化大众化传播时会产生一定程度的不适应，造成现实可操作性弱化②。

新媒体是把双刃剑，新媒体环境下的受众不再只是传播的对象，更承担着传播者的角色，面对数字化、网络化的新媒体中储藏着海量的信息，再也没有传统媒体的“把关人”去筛选和限制。一方面，新媒体的超媒体、超时空、交互性的双向交流、个性化和虚拟化，它以多点对多点的“去中心化”的传播方式，特别是搜索引擎功能的应用，改变了受众的信息选择和习惯。新媒体在传播过程中的突出特点是其信息传

① 教育部社会科学司：《高校马克思主义中国化、时代化、大众化研究》［M］．光明日报出版社，2011 年版，第 186 页。

② 吕治国：《略论新媒体环境下马克思主义大众化的传播路径》［J］．思想理论教育导刊，2011（09）。

递影像化、符号化的传播方式，使信息传播显得更加直观化和视觉化，大大提升了传播的效力与地位，人们由此进入了一个感性传播的时代。不仅如此，即时通信的方便和快捷使得个人能够成为感性传播的主体，并且人们在不断地拍摄、录制、上传、下载中乐此不疲，成为主动的传播者。但另一方面，新媒体环境下受众信息选择拥有自主性，而新媒体环境中的大量信息并不都具有科学性、严谨性和深刻性，面对网络中海量的文化信息其科学性、真实性和价值性也需要予以甄别和分辨。在新媒介传播中新媒体既能够为红色文化大众化传播提供新手段、拓展新空间，也能够给敌对势力的思想渗透、各种有害信息的传播提供可乘之机。由于新媒体信息的自由化和传播权的泛化，又使红色文化大众化传播常常无法给予及时的管控，并且因为信息的自由化和超自由的表达形式，使红色文化大众化传播面临难以完全实现的问题。① 较之传统传播主要依赖于党政、学校、教育者、个体等群体为主体的参与，而新媒体传播则更多地是由个人去直接面对媒介。用户在虚拟空间内采集和发布信息相对更加容易，可以不再接受其他主体的主导，能够充分张扬用户的自主学习、接受、参与度。其传播的过程具有充分的自主性，主体可以自主选择、自主表达和自主参与，使新媒体传播具有充分的自由性。红色文化是社会主义社会的主流文化，是先进文化的重要内容，是社会主义核心价值观建设的重要内容，新媒介的传播过程在一定程度上使受众的个性化、选择性提升，使得传统媒介的红色文化大众化传播方式逐渐被新媒体消解，其红色文化大众化的效果也被弱化。

在新媒体时代，传统的自上而下的线性传播格局在新媒体环境下发生改变，新媒体逐渐分化了传统媒体中红色文化大众化传播的受众市

---

① 吕治国：《略论新媒体环境下马克思主义大众化的传播路径》［J］．思想理论教育导刊，2011（09）。

场，对传统媒介传播的权威进行了重新诠释，改变了信息传统传播中传授单向的媒介生态。对大众而言，大多数的传统媒介传播是在强制基础上的被动信息接收，对信息而言大众基本没有选择权；而在新媒体传播中，信息不再是组织指令，而是大众积极参与和自由选择的信息资源。新媒体传播环境下对传统媒介的红色文化传播形成了较大的冲击，传统媒体的影响力逐渐被削弱，从而颠覆了旧的传统媒体主导社会舆论的媒介生态，塑造了新的媒介生态环境。

二、受众异化的困境

媒介融合背景下，新媒体的发展和普及不仅让媒介受众的规模变得日益庞大，更使得受众结构发生根本变革。传统媒体时代的“受众”转变为新媒体时代的“用户”，普遍拥有了更多的选择权和自主权，个性化特征愈加凸显。

随着网络化、数字化的发展使得在“沙漏式”的传统传播模式下，受众所认知的主流大众媒介、传媒组织掌控红色文化传播的渠道和传播主动权，担当着红色文化信息的编辑者、传播者和把关人，是文化信息的搜集、处理、制造和分发者，其传播流程为“信息→职业传播者→大众媒介→受众”，传统媒介同时也承担着信息传播“把关人”的角色，“把关人”在传统媒体下对信息的控制始终处于至关重要的角色，其传播主体的地位决定了受众在传播过程中始终处于被动地位，所接受的是一种直线性的传播过程。然而新媒体的兴起彻底改变了“传受”直线单向性的传播方式，其信息传播为双向的、互动性的传播，受众在文化信息传播中的地位也出现极大的变化，其新媒体传播媒介的多样性使得红色文化信息传播形式越来越广泛，从而实现了传播者与受众、受众与受众、传者与传者间的全方位信息交互传播。媒介融合下的受众已演变成了媒介的使用者，并可以积极地参与到信息的生产过程当中，不再是传统媒介下的信息的接收者。在传统媒体与新媒体融合时代，红色文化信息传播的“受众”已然变成新媒体下的“用户”。相对于受众的概念，其用户更加突显了在数字化、网络化新媒体下其传播对象的主动性、独特性、差异性的特征。在媒介融合背景下的传播模式上，“受众”与“用户”身份的转变，使得受众的结构发生根本的改变。受众属于消费型的工业模式，而用户属于生产与消费融合的社会化模式；受众在信息接收方面是被动的，用户则是主动的；在与媒介对话方式上，受众是单向的，用户是双向的，可以与媒介进行对话、参与信息反馈等；受众针对的是单一媒介形态，不同受众追随不同媒介形态，如课堂教育、报刊、广播等，而用户则是对关注的内容来选择媒介，可以跨平台或跨媒介，即同一个用户可以与任何媒介内容相联系，由用户追随内容变为内容追随用户。①

新的媒介生态环境下，“用户”接收信息的方式、需要信息的内容、选择媒体的偏好等方面差异越来越大，使得其受众的群体也趋于逐渐分化的态势。在传统媒体生态环境下，红色文化的大众化传播更多的是对受众单向的中国化的马克思主义宣传教育过程，其传播对象都是具体的，“受众”的界限划分明显，身份固定，主要集中在党政、教育者、学生、组织、个人等，传播的范围、内容、时间等方面也都要严格按照等级行事，从而导致其覆盖面具有一定的局限性。“用户”的界限模糊，身份会随不同情形转换，传播的范围更广泛，“受众”是个体，“用户”可以是个体，还可以是机构、团体和组织，用户群体的范围也越来越大。红色文化在新的媒介生态环境下的传播中，由于“用户”的个性化、差异化特点使得新媒体形式的传播更加的分化，从不同的媒介传播途径让红色文化的内容能够传播给更广泛的受众，从而实现红色

① 吴丹：《媒介融合时代受众身份的转变》［J］．视听，2017（01）。

文化大众化的目的。从传统媒体到新媒体的发展下，“受众”向“用户”角色的转变可看出，“用户”对于信息的接收更为主动，拥有更多的选择权和自主权。在媒介融合的环境中，“用户”已成为新媒体时代的宠儿。

在新媒体时代，传统媒体“围攻轰炸”的传播方式被改变，“受众”和“用户”身份的转变使得“用户”也行使着“把关人”的角色，传统媒体下的“把关人”的地位逐渐被边缘化了。新媒介传播下，用户的积极性、主动性使得传播者趋于大众化和公共化，即构成社会大众的个体在原则上都可以成为面向整个社会的传播者。在新媒体传播平台中，信息的接收权和选择权对所有人都是平等的，任何人均可遵循自己的意愿自由地选择所需要的信息，人们只要拥有新媒体设施，就可以成为红色文化的“传播参与者”，其传统媒体传播，“大众”的身份。在新媒体环境下，不仅是红色文化大众化传播的对象，更成为红色文化大众化传播的主体。但由于网络环境的自由开放性，存在用户所传播、转发、编辑的相关信息所发布的文化信息并没有经过新闻组织或机构的严格把关、编辑和筛选，这些信息传播的内容是否真实、客观、公正也是数字化、网络化媒介传播下所面临的严峻问题，在一定程度上影响了受众对文化信息注意力的聚集。

三、精神诉求的困境

在新旧媒介生态趋于逐渐融合的环境下，新媒介的兴起在整个媒介生态中逐渐占据主体的地位。在传统传播生态下，红色文化的大众化传播受传播特定方式和媒介介质特性的制约，其文化信息传播模式主要依赖于媒介作为载体从而实现单向的、一次性的传播，其所能承载的信息量是相对受限的。而随着数字化、网络化技术的广泛应用和发展，在新媒体环境中，依赖于新媒介为载体的红色文化传播所承载的海量信息是传统媒介无法企及的。在新媒介的红色文化大众化传播中，其媒介信息采用数字存储，使得存储量随着存储技术的发展而不断扩张，这种网络信息承载的超量发展能够帮助红色文化传播在信息涵容量上得到扩展和丰富，然而，其良莠不齐的海量信息随之也给受众阅读带来了困惑和不便的负面影响。面对新媒体环境中的海量文化信息，受众在面对红色文化信息的传播时，首先需要从各种可供选择的信息中剔除众多的垃圾信息，过滤掉不正确的、不需要的信息。若与受众学习无关的信息过多，不仅会导致红色文化大众化传播的学习障碍，还会使受众无法有效地判断和选择有利于自身学习发展、有意义的信息内容。

其次，由于传统媒介环境下的传播过于忽略受众的实际需求，造成信息传播的不对等性。在新媒介环境下，其红色文化大众化传播，信息传播的重点主要是以用户需求为出发点，有针对性地进行传播，对用户所需信息进行数据分析，对数据进行跟踪，从而实现与受众间双向的、多次性的传播与沟通，提升信息传播的对等性和需求性。因受众差异性而导致多个信息中心并存的局面，从而增加了信息传播环境的复杂性。① 面对纷繁复杂的媒介形态，受众对信息的需求已经从传统媒体时代对信息数量的需求转向对信息质量的需求，受众更多地选择符合自己需要并青睐于更加权威的、更高质量的文化信息。这就要求在红色文化大众化传播过程中，必须保障社会主义主流文化的导向性作用，提升核心价值观的引领，加强对错误信息的过滤和甄别，以确保红色文化内容的正确性、真实性和公信力，只有这样才能真正提升红色文化传播的实效性。

在数字化、网络化的新媒体下，其网络化信息的海量远远超过传统媒介所传播的信息量，红色文化的信息在数字化、网络化的信息海洋中

---

① 李胜兰：《媒介融合背景下传统媒体的发展探究》［J］．视听，2017（04）。

幅阔甚广。新媒体的广泛应用使得受众不再是传统媒体传播下的直线式的“传－受”行为，受众更多地体现为用户的需求，受众可以根据自己的理解、需求喜好学习相关文化信息，可以说受众正在成为舆论形成的新型大众媒介，成为民意表达的新的重要平台，更是社情民意中最活跃的部分。在传统媒体中，信息把关是信息编辑者的独有权利，并且该权利绝对不允许受众的参与，而在新媒体下受众更主动积极地参与到红色文化信息的传播中来，使得受众自身也同时行使着“把关人”的角色，受众对于信息的选择性更为强烈，更倾向于根据自身需求来选择信息把关的类型，随之在整个媒介传播体系中的地位得到提升。在数字化、网络化的新媒介中，受众的主动性参与程度越来越大，而传统的传播管理控制权逐渐被弱化。传播主体的弱化不仅会导致受众在信息选择时无所适从，也会使受众因为失去对信息进行准确判断和有效选择的能力，从而使受众会无法接收到正确的、严谨的有利于红色文化传播的信息内容，使他们思维的尺度和内容的掌握及学习在过量异质信息干扰下难以保持。因此，新媒体环境下受众对于信息质量的真实性、严谨性要求越来越高。在受众承担“把关人”的角色时亦增加了舆论环境的复杂性。相比于传统媒介传播时期受众“传－受”式静态的舆论而言，新媒体传播生态下的舆论则突出表现为动态倾向。在新媒体传播下，信息传播的速度加快，传播范围更加广泛，传统媒体很难再抑制受众对于信息需求的渴望。在受众积极主动地参与下，部分受众的知识储备可能比专业从业人员的知识储备还要高，在面对相关信息传播时，受众往往更具有优势，这也给媒体从业人员带来了一定的压力。① 可见，在媒介融合时期，红色文化的传播对新媒体编辑人员的专业素养和能力提升提出了更高的要求。

---

① 李胜兰：《媒介融合背景下传统媒体的发展探究》［J］．视听，2017（04）。

四、话语转换的困境

红色文化具有历史性、时代性、先进性等特征，红色文化的传播不仅是为弘扬民族主义和爱国主义的文化历史，它更是在新时期引领社会主义核心价值观、抵御西方资本主义文化侵蚀的重要内容。红色文化是以中华民族传统文化精华为根基，用马克思主义理论学说作指导，在中国革命历程、社会主义建设的实践中逐渐形成的富有中华民族特色的革命文化、抗战文化、中国特色社会主义文化，它是中国化的马克思主义的宝贵内容。而在21世纪的新时期虽距离革命战争年代历史久远，但红色文化的历史内容仍然永葆其时代性和先进性的特征。其时代性和先进性的特征更是反映出在新的历史时期红色文化的传播需适应时代的变化发展，要以大众喜闻乐见的形式实现红色文化的大众化、时代化发展。新时期红色文化的大众化就是要用民族的、时代的、大众化的语言，以民众喜闻乐见的形式传播给大众来实现红色文化的实效性传播。在传统的媒介传播环境下，通过报刊、书籍等传统媒介的红色文化主要以系统理论的形式出现，具有宏观的理论性、严密的逻辑性、内容的丰富性和表达方式的抽象性，这些特性使得受众无法有效地对其进行系统把握和理解，进而丧失学习的兴趣，对陈腔滥调的古板措辞会产生厌恶情绪而导致传统受众的大量流失，其受众的范围更是针对在某些特定的党政、教育群体，其传播的范围受限。而在新的传播生态环境下，随着数字化、网络化新媒体的广泛应用，红色文化传播的对象更为广泛，尤其在虚拟形式的新媒体传播中，信息传播的主体和受众之间不再是传统媒介下的直线式传播，受众不仅是传播的对象，更承担起传播的主体职责，媒介意识逐渐崛起，而网络语言具有其独特个性化的特点，与传统话语差距拉大，从而导致大众对信息传播的认同感缺失。

在新媒体环境下逐渐改变了信息传播的话语环境，“去中心化”成为新媒体话语权变革的核心特征。在传统媒介的红色文化传播中，文化信息的数量与质量或是信息的流量与流向在整个传播过程中都是由传播者决定，传播者起着“把关人”的作用，牢牢掌握着传播话语权。在数字化、网络化技术广泛应用的新媒介传播环境下，信息传播由传统媒体的“主导受众型”变成了新媒体的“受众主导型”，受众不仅是传播的对象，也行使着传播者的行为，任何个体都可以在任何时间、地点对任何人通过新媒体的形式获取和传播红色文化的相关信息，从而轻易地突破了传统媒体的话语权壁垒，实现了“人人都有麦克风、人人都是麦克风”和新媒体世界的“百花齐放和百家争鸣”①。新媒体形式的红色文化传播使得受众依据自身对红色文化的认同和理解，按照所需信息对其内容进行选择具有强烈的个性和自主性，从而有效而主动地建立起个性化阐释红色文化内容的传播环境，个人也在自主选择过程中获得了其传播话语权。新媒体传播方式淡化了传统意识形态对红色文化大众化传播话语的主导权，而代之以草根参与、平民舆论和个体体验，传统的等级森严的传播划分在新媒体所创建的共享交流平台搭建后所发挥的作用日渐式微，同等的话语机会将成为新媒体条件下红色文化大众化传播的发展走向。② 同时，网络、手机等新媒体是资本和技术相结合的产物，在市场经济条件下它更多的是追求利润与利益，而传统媒体则承担着更多的社会责任、意识形态使命，在思想多元化、文化交融交锋的情势下，人们思想活动的独立性、差异性、多样性、选择性日益增强，新媒体的去中心化、碎片化、个性化、娱乐化剧烈冲击着马克思主义大众

① 马立党：《运用新媒体推进马克思主义大众化》［J］．中国井冈山干部学院学报，2017（03）。

② 陈锦宣：《新媒体对当代中国马克思主义大众化传播的影响》［J］．重庆理工大学学报：社会科学，2015（06）。

化关于权威、统一、核心、武装的本质要求，运用新媒体增强马克思主义话语权面临的挑战是现实的、尖锐的、长期的。① 面对新媒体的去中心化与话语权泛化，马克思主义的主导性较弱，再加上所面临的环境日益复杂，新媒体传播以几何级的速度自由传播，无形中为负面信息的传播与扩散提供了温床。② 同时，在新媒体环境下的传播其信息并不能保证一定能传达给传播对象，传播对象收到信息后也不能保证“被翻译”还原成传播者所要传递的信息表达。要达到传播的目的，实现传播的最优化，就需要实现传播者和传播对象之间的一种“视域融合”，使其拥有基本相同的符号系统和经验系统。新媒体环境下的信息表达形式多样，图片、文字、视频等表现形式改变了传统媒体较为单一的形式，使红色文化的内容表达在多样性的表现形式下通过动态的方式传播更为通俗易懂地让受众接受。③ 但在新媒体环境下，如在网络化的红色文化传播中面对网络世界海量的信息其信息的质量良莠不齐，还存在着大量虚假信息让人难辨真伪，同时，在网络中出现的一些新词汇生动有趣，约定俗成后可能会被大众接受，但并不是所有的网络语言都经得起时间的考验，对语言的不规范使用甚至是误用更是会影响红色文化传播的实效性。

---

① 马立党：《运用新媒体推进马克思主义大众化》［J］．中国井冈山干部学院学报，2017（03）。

② 刘烨：《新媒体视阈下的马克思主义大众化传播现实路径》［J］．科教导刊，2016（12）。

③ 陈锦宣：《新媒体对当代中国马克思主义大众化传播的影响》［J］．重庆理工大学学报：社会科学，2015（06）。

第二节　媒介融合背景下红色文化大众化带来的挑战

媒介融合是传媒发展的大趋势，在新媒体的冲击下，以传统媒体为传播载体形式及传播理念都发生了变化，如何跟进传统媒体内部变革、融合创新传播模式，如何让新媒体成为红色文化大众化传播的新平台，如何在新媒体上掌握意识形态的话语权、主导权，如何正确认识新媒体时代红色文化大众化传播面临的挑战，是做好红色文化大众化传播的主要问题。在媒介融合时代，以新媒体为主要媒介的传播创新了我国主流意识形态传播的新领域，同时对传播主体、传播信息、传播环境、传播模式等各方面带来了新的挑战。

一、传播主体面临的新挑战

媒介融合背景下，传统媒体生态下的传播主体承担着红色文化编辑、传播的职责，对受众的传播是直线型的“传－受”式的传播体系，受众对于所接收到的信息无从选择，只有单向性的接受过程。而新媒体的兴起，使得传统媒体中的受众在新媒体下不仅是媒介传播的对象，更承担起了媒介传播者的行为，面对网络化、数字化的媒介空间中的海量信息，受众不仅可以自由选择所需要的红色文化信息内容，而且也可以发表、编辑、传播自身所感兴趣的、所关注的红色文化信息。新媒体环境的传播给传播者带来了极大的便利性。在新媒体下的红色文化大众化传播过程中，为了保证传播质量，提高传播效率，增强传播效果，传播者与受众都成了传播的主体，受众的地位得到提升。但在现实的传播过程中，传播者很难真正实现与传播对象的地位均等，很难彻底实现双方地位的转变与平衡，这也会导致传播者在传播过程中通常以自身的倾向性传播内容，影响和改变传播对象。传播对象一直以来的被动地位，很难真正从自身定位出发，从大众需要入手，实现信息传播的互动与反馈。①

在媒介融合中，红色文化大众化传播主体的构建在新的媒介生态下也面临着极大的挑战。新媒体环境下的传播主体是传播信息的采集者、加工者、发出者，也是反馈信息的回收者和处理者，在传播活动中处于主导地位。红色文化的大众化传播主体主要包括党政系统、高校及社会上以个体形式存在的马克思主义者。其中党的系统是重点主体，高校部门是关键主体，社会上个体形式存在的马克思主义者是不可或缺的重要力量。②新媒体环境下的红色文化大众化传播，对传播主体带来了新的挑战。首先，在新旧媒体环境下，党政系统在红色文化的大众化传播中占据着领导的地位，尤其是在数字化、网络化的新媒体环境下，加强党政系统的信息化建设，通过新媒体形式传播红色文化的信息引领核心价值观建设是新时代的要求。这也要求党的领导干部和普通干部都要抓紧学习新媒体环境的新技术，不仅在理论上要提高自身的思想素质和信息素养，在新媒体技术上也要学习掌握，随着传播生态环境的变化，组织好新媒体环境下红色文化信息的大众化传播。新媒体环境下党的各级组织要加快信息化建设步伐，宣传部门的宣传工作要踏上信息化的快车道，利用现代化媒体技术传播提高宣传工作时效性。这也要求必须在党内建立一支老、中、青等各种力量相结合的当代中国马克思主义大众化传播队伍，这支队伍不仅是通晓古今、学贯中西的马克思主义学家，而

---

① 朱成利：《新媒体语境下马克思主义大众化传播契机与对策》［J］．辽宁师范大学学报（社会科学版），2015（05）。

② 参见刘基，苏星鸿：《网络境遇中当代中国马克思主义大众化传播问题研究》［M］．中国文史出版社，2014，5，第76页。

且是能够熟练运用现代信息技术的技术专家，这样才能适应新媒体环境下的红色文化大众化传播的时代要求①。其次，高校部门是推动红色文化大众化传播的主要阵地，高校教师则是红色文化大众化传播的重要推动力，在传统媒介及新媒介生态环境下，高校在红色文化大众化传播中起着重要的推动作用。传统课堂传播形式的红色文化教育是直线型的“教－受”形式，传播主体起着“把关人”的作用，对信息的选择和传授都有严格的体系，受众接收信息的范围受限。而新媒体传播时代下，网络信息资源丰富，受众可以从网络等新媒体资源获取所需信息，但并不是所有的信息都具有科学性、真实性和严谨性，需要仔细甄别和选择真实的信息资源。公开化、自由化的网络环境中出现的不良信息与思想倾向，在缺乏有效的保障机制与反馈制度下，如果处理得不及时，解决的效果不明显也会影响学生对信息的筛选与抉择，作为红色文化大众化传播的引导者，这也要求高校教师在新媒体环境传播中要加强信息处理能力、信息问题解决能力和信息交流能力的培养。同时，面对新媒体环境带来的挑战，高校教师也要不断提高自身信息素质，要树立正确的信息观，提高信息获取和运用能力，要善于识别、选择、加工、传播、回收和创新信息，不仅要懂知识，还要懂现代教育技术，科学运用现代媒体技术传播红色文化。只有这样才能挖掘新媒体的教育功能，达到趋利避害。最后，社会上以个体形式存在的马克思主义者也是红色文化信息传播的重要力量，在党组织和政府能力有限的情况下，这一特殊群体的传播作用显得尤为重要，在新媒体信息资源的开放环境下同样也面临着挑战。在新媒体传播的队伍中，红色文化网络传播的主体必须是政治立场坚定、具有深厚理论功底、精通新闻业务、深入了解社情民

① 参见刘基，苏星鸿：《网络境遇中当代中国马克思主义大众化传播问题研究》［M］．中国文史出版社，2014，5，第77页。

意的高素质复合型队伍，但在现有的传播队伍中，理论知识扎实、网络技术过硬的人才十分有限，缺乏大批了解新媒体现状与特征，把握新媒体传播规律的高素质专业人才，集理论知识与新媒体技术水平于一身的人才相当匮乏。因此，在新媒体环境中需要提升传播主体对于信息素养、信息编辑、评论反馈等能力的提升，坚持专兼结合，培养一批有影响的新媒体信息专家学者、新媒体信息编辑者来推动红色文化网络平台的学习互动交流，从而实现推动红色文化传播的大众化。总体而言，在新旧媒介融合环境下，推动红色文化大众化传播的主体相整合亦是新的挑战，这也要求红色文化的大众化传播在新媒体主导的新的生态环境下，传播主体不仅要在技术上实现突破，更要实现观念和管理制度上的创新。

二、传播信息面临的新挑战

信息是反映客观事物的现象、构成、属性、本质以及事物之间关系等内容的知识，只有通过各种新旧媒介形式的传播和交流，才能为人们所感知和接受，转化为人们知识结构的组成部分，对个人的活动乃至社会的发展进步产生作用。

在传统媒介生态环境下，受众可选择的信息及来源相对受限，而在新媒体环境下信息量蕴藏丰富，通过网络化、数字化技术形成数据存储，信息存储容量逐渐增大，伴随着信息传播领域的变革，人们可以从互联网、手机终端、网上交流平台等多个途径来获取信息资源，其信息资源的丰富性使得受众在信息接收和传播上更具自由性、选择性、多样性和积极的参与性。新媒体生态下的信息传播，颠覆了传统传播中主体和受众间“单向性”传播模式，传统媒介中的报纸、杂志、广播等信息单向传播功能也逐渐被弱化和边缘化，传统的红色文化的大众化传播也因此受到了极大的冲击和影响。

媒介融合是一把双刃剑，新媒体利用网络、微博、微信等媒介进行信息传递的门槛、成本大大降低，而其信息的种类、数量却迅速增长，使得新媒体领域内的信息产生必然是海量的、共享的和碎片化的。新媒体基于其现代化的先进数据技术给受众提供了一个开放的自由平台，受众在新媒体环境下获得了更大的自由空间，而信息的传播可以通过不同的媒介传播信息，被不同传播者储存、提取、加工和转换，而具有存贮性、提取性、加工性和转换性特点。无论何人都可以在任何时间、地点通过文字、声音、图像等新媒介让信息更加迅速、便捷地流通。但不是所有的信息都具有科学性、真实性、正确性，由于在其环境下受众可以自由传播、选择及开放性的互动等行为也使得红色文化的大众化传播面临信息真假难辨、重复信息泛滥、信息导向混乱、新闻炒作等失范现象的困扰。各种媒介为吸引受众或用户，往往挖空心思寻找新闻噱头，甚至不惜通过夸张、扭曲事实来进行新闻炒作，以达到吸引眼球的目的。在利益驱使下，新媒体尤其是网络媒体常常成为新闻炒作行为的始作俑者，一旦某条新闻受到关注，其他媒介必然会蜂拥而上，大量未经查实验证甚至扭曲事实的新闻便会迅速传播，严重影响了媒介的公信力和美誉度。① 其次，数字化、网络化媒介下，信息传播带有虚拟性特征，受众能够绕开各种障碍主动选择和学习红色文化的相关信息，也能够凭借虚拟身份在网络上散布虚假信息而逃避相关责任和约束。在这种情况下，一些违背科学、动摇信念、淡漠责任的信息和观点会大量出现在新媒体中，极大地影响着其他受众的思想和观念，而现代传媒环境规范尚未健全，从而使红色文化的传播无法及时得到管控，在一定程度上会弱化信息传播的控制权，逐渐淡化红色文化传播的意识，导致传播职能日益消退，传播阵地拱手相让。新媒体中信息把关成为难

① 参见宫承波：《媒介融合概论》［M］. 中国广播影视出版社，2016，12. 第230页。

题，传统媒体所具有的严谨、规范、权威性和针对性强等优势不复存在。这也使得受众在选择和学习红色文化过程中，容易受到不良信息的干扰而无法正确地判断，其信息内容的价值造成理解误区，从而影响红色文化的学习效率和传播效果。因此，新媒体环境下的红色文化大众化传播要求受众面对良莠不齐的海量信息，在接收信息的学习过程中，如何从众多的信息中过滤掉不正确的、负面的信息，汲取精华，并能有效整合媒介资源、规范信息传播管制来提升红色文化大众化传播效力有着极大的挑战。

在新的传播生态环境下，网络的广泛应用创造了一个各种信息高速度、高流量、无国界的开放传播环境。在全球网络文化信息兼容的情况下，意识形态安全问题非常突出。当前进行红色文化大众化传播的同时，新媒体网络环境中还存在着一些道德败坏及别有用心的人利用互联网大肆宣传色情、暴力、种族主义、民族歧视、封建迷信、反动言论等信息。另外，在新媒体网络数字化时代，西方国家利用网络技术及网络信息的垄断优势掌握着更大的网络社会权力，完全可能使发展中国家沦为新的“网络殖民地”，通过网络载体对我国进行价值观的渗透，并散布不利于中国特色社会主义的谣言，在民主、人权和普世价值的外衣背后，非马克思主义和反马克思主义思潮涌动，这些言论在互联网上的传播，弱化了红色文化的大众化传播，更威胁到我国网络文化主权，影响我国网络文化安全，对意识形态的安全构成潜在的实质性威胁。因此，如何控制敌对信息对大众思想的冲击同样带来了挑战。在新媒体环境下，要从意识形态安全的战略高度加强当代中国马克思主义大众化传播信息的开发和利用，尽快改变和发达国家之间的思想理论信息不对等的现状，通过网络技术手段，控制或屏蔽各种反马克思主义的信息传播，持续推进受众的当代中国马克思主义大众化信息的顺利接收，为其营造一个健康有序的信息环境①。

信息化是人类社会发展的必然取向。不同国家或地区走上信息化的道路各不相同，同一国家的不同地区走上信息化的速度也有快慢之分，由于历史文化传统、社会经济发展程度、民族风俗习惯、宗教状况等因素影响，我国东部地区信息化程度较高，中西部地区则较低。同一个地区城市要高于农村，汉族地区要高于少数民族地区，中心地区要高于边远地区。因此，如何加强中西部地区的信息化建设与东部地区均衡发展，推动中西部地区红色文化传播的大众化实效性也是信息传播过程中所面临的挑战。②

三、传播环境面临的新挑战

在红色文化大众化传播过程中，传播环境至关重要。良好的传播环境有利于营造积极的学习氛围，能提升红色文化大众化传播的实效性。传统的红色文化传播过程中其教育环境是相对封闭的、可控性较强，传播的内容重视历史理论，传播的方法主要是单向灌输，传播者和受众之间的界限比较明确，受众缺乏对传播信息的生产权、选择权、评判权，在传播环境中处于消极被动的地位。传播的过程带有一定的政治强制性，传播的内容也难以获得受众的彻底认同。而在新旧媒介融合的趋势下，数字化、网络化的广泛应用，尤其是网络媒体技术的发展，其开放性、快捷性、自由性、交互性、平等性的网络空间给红色文化的广泛传播带来无可比拟的优越性，同时也使得红色文化信息传播的环境面临着极大的挑战。在新媒体传播环境中，传播环境的自由开放性使得受众可以多途径地选择和接收所需要的信息，也可以通过新媒体平台根据自己

---

① 参见刘基，苏星鸿：《网络境遇中当代中国马克思主义大众化传播问题研究》［M］. 中国文史出版社，2014，5，第170页。

② 同上，第80页。

的个性化需求来生产、选择、评判传播信息，主动地参与到传播过程中去，使得大众媒体不再拥有对议程设置的绝对垄断权。其新的生态环境下的传播主体和受众之间的界限变得越来越模糊，受众既是传播的对象也是传播者，它又是不同传播者和受众之间的中介，构成“点对点”“点对面”“面对面”的即时传播模式，它集中体现“传播者、受众、守门者”三种角色于一身的“把关人”角色。在传统媒介传播过程中，把关人对整个传播过程中的“传播者、传播多少、以什么方式传播”具有决定性作用。① 而在新媒体环境下，“把关人”角色变得相对模糊，任何人在任何时间地点都可以发布信息，“把关人”创设的制度难以生效，受众也可以根据自己的需要进行把关。这种高度自由、开放的新媒体信息对把关人环境具有极大的挑战性。比如黑客的出现给网络安全带来的威胁和破坏、一些别有用心的网民在新媒体媒介环境中恶意造谣、宣传虚假新闻事实等。因此，如何规避“把关人”的消极作用，发挥其积极的带领作用，这是新媒体信息“把关人”环境建设中一个必须应对的现实问题。

尽管新媒体传播的信息量大、速度快，这种迅捷的信息传播是传统传播环境所不可比拟的。但网络媒体中的海量信息并不是所有的传播内容都具有真实性、可信性和有效性，在巨大的网络化媒体空间里，任何人都可以提取、编辑、加工和转换信息，信息的科学性与严谨性无法得到保证，大众在新媒体环境下难以鉴别传播内容的正确与否去把握理论本质。同时，新媒体环境下的信息传播由于其网络环境高度的开放性、自由性和可选择性，从而消解了传统传播媒体的权威，产生了一个能够让受众自由表达自己话语的环境。在开放性、自由性的网络空间里，一

① 参见刘基，苏星鸿：《网络境遇中当代中国马克思主义大众化传播问题研究》[M]. 中国文史出版社，2014，5，第200页。

些网民缺乏应有的网络道德意识，在网络环境中散布一些虚假的、不利于社会和谐稳定的反动言论，致使新媒体环境下的舆论监督失去了正义性、道德性和法制性，在我国信息传播环境规范还不够健全和完善的情况下，信息的传播难以控制，受众在海量信息的新媒体环境下容易造成价值判断与选择的迷茫，从而也影响着大众对红色文化的学习和选择及红色文化的大众化效果。因此，新形势下新媒体中的舆论监督环境建设也是势在必行。

网络传播使得传播主体可以在全球范围内实现传播信息共享，网络空间存在着不同国家丰富多样的文化信息，各国的文化信息间既相互冲突又相互交融。新媒体环境的传播信息具有海量化、快捷性、丰富性等特性。虽然有利于传播多样化的文化价值观念，但长期受网络文化影响的价值主体会逐渐形成多元化、复杂化的思想观念模式，各种思想文化之间产生出激烈碰撞和冲突，形成承载真、善、美的正面信息与承载假、恶、丑的负面信息共存并生的局面，易造成马克思主义理论和社会主义先进文化的“信息淹没”。① 另外，西方国家利用自身的技术强势使得网络信息传播形成单向流动的严重偏斜，造成发达国家和发展中国家之间的信息鸿沟越来越大，同时也助长了文化霸权主义，对民族文化构成严重威胁和挑战。一些反马克思主义的、反科学的不负责任的言论和观点不同程度地影响着网络受众，形成网络的“无归责性”。网络构筑了一个多元主体平等协商和和谐共处的虚拟社会，又滋生出了各种的网络违法犯罪行为和网络非道德行为；网络传播给公民的有效整治参与创设了一个自由、平等、开放的理想境遇，有利于红色文化的大众化传播，但同时也存在着西方新自由主义、民主社会主义、历史虚无主义等

---

① 鲁宽民，易鹏，乔夏阳：《网络时代推进中国马克思主义大众化的价值论分析》[J]．西北大学学报（哲学社会科学版），2012（05）。

极端功利化等错误思潮侵扰，影响着人们的世界观、人生观和价值观，对具有革命历史性、先进性、时代性的红色文化的大众化传播及核心价值观的构建带来极大挑战。可见，新媒体传播环境作为一个技术进步的虚拟环境，和现实环境一样是一个传播技术、传播文化、传播整治、传播社会等多层面内容共同构成的复杂环境，是众多要素相互作用和相互影响形成的不断发展变化的环境。① 信息化时代，谁控制了信息，谁就控制了世界。我国的信息化起步较晚，与发达国家相比存在着较大的差距。如果不加快信息化建设步伐，与发达国家的信息鸿沟就会越来越大，在信息化的进程中就会越来越被动，不仅会影响红色文化的大众化传播，更会弱化我国主流意识形态的话语权。

四、传播模式面临的新挑战

模式是人们在科学研究中对研究对象进行的直观和简洁的概括描述。任何模式都不是天然存在的，也不是自然而然产生的，是人们在实践过程中积极构建的结果。传播活动包括传播者、信息、媒体和受众等多个要素，其传播模式的构建与这些要素也是密不可分。红色文化大众化的传播模式即是其传播活动的理论概括，是在其新旧媒介生态环境中传播的基本范式。从静态上来看，它揭示了传播主体、受众、传播信息、传播媒介等要素间的结构关系，凸显了传播过程的整体性；从动态上来看，它揭示了传播系统中传播主体、受众、传播信息和传播媒介之间的互动关系，凸显了红色文化大众化的传播逻辑。红色文化的大众化传播模式要结合传播过程中各个要素之间的逻辑关系构建，并在传播实践中不断予以完善。

---

① 参见刘基，苏星鸿：《网络境遇中当代中国马克思主义大众化传播问题研究》［M］. 中国文史出版社，2014，5，第86页。

红色文化是先进的科学文化，它融合了新中国发展历程中的各个时期的核心文化，也凸显了社会发展过程中各历史阶段的文化主题，是近现代中国先进文化的反映，具有鲜明的时代性。新的历史时期，新媒体的广泛应用对于红色文化的传播提出了更高的要求。红色文化的大众化传播主体既是红色文化理论信息的编辑者、发送者，也是信息传播的接收者，要充分发挥传播者的主导性和受众的主体性，以提高红色文化大众化传播的实效性。但由于新媒体环境下，信息传播过程的传播主体和受众兼有双重角色，每个受众都有自己的信息需求，因而灌输式的传统传播模式在新媒体环境下很难实施，探索一种新的模式势在必行。在数字化、网络化广泛发展的新媒体传播环境中，新媒体的信息空间具有开放性、自由行、交互性、平等性的特征，红色文化的传播者与受众之间形成的是一种双向互动、交流模式，使其红色文化的大众化途径由单向的强制屈服式传播教育向双向的引导教育式转变。新媒体环境的自由开放性也使受众可以更自由地选择所需的信息，在海量的网络信息环境里，如何提升受众参与红色文化信息的传播、互动、交流、选择也是新媒体环境下传播模式建构的难题。在网络化的红色文化传播中，红色文化的传播要尊重受众的兴趣和行为特点，传播的内容要将历史的实践与当代社会的热点问题相结合探讨，传播的过程要注重主体和受众的平等交流和民主对话，要以交流、沟通、互动和共赢为要求的共创共享的传播理念来实现红色文化的广泛传播，在新的传播环境下，彰显科学理论的与时俱进，更要用新的传播手段模式实现红色文化传播的大众化。

在传统传播环境下，红色文化主要通过课堂教学、讲座、报告、报刊等形式传播，传播者与受众之间是直线式的“传受”关系，二者之间没有深度的交流和互动，是一种静态式、封闭式的信息灌输行为，灌输式的理论传授缺乏针对性和现实性，使受众在盲从、默认中消极接受，在这种重灌输轻接受、重权威轻民主、重单向轻互动、重群体轻个体的结构模式下，传播者的说服教育方法难以唤起受众的理论认同和共鸣，其红色文化的传播教育实效性不佳，吸引力不强。新媒体环境下，现代多媒体技术的使用使得红色文化的传播从平面化走向立体化，从静态变为动态的新形态，集声、色、光、画等多种现代手段的新媒体技术使红色文化中的革命历史理论内容从抽象转化为具体，从静态的文字论述转化为文图并茂的动态表达，不仅让受众能更全面地掌握和理解红色文化的相关理论，还能更大程度地激发受众学习的积极性和参与的主动性。现代化的新媒体环境的红色文化传播模式能够更便捷、更大限度地实现大众化传播的目的，对传统媒体环境下以单向性和强制性为特征的灌输式教育模式提出了新的挑战。同时，在传播途径中面对开放化、自由化的媒体空间以及个性化的受众需求、须待完善的管理规程等使其传播模式也面临着诸多的困难。

我国的信息化建设起步较晚，还处在不断完善的建设阶段。在自由、开放的新媒体传播环境下，原先长期的传统媒介环境下的红色文化传播的管理体制与经验，已经无法有效地适应新媒体的特征变化和要求，新的适应新媒体环境的网络传播管理规程相继出台，但由于实践经验的欠缺，这些规程的许多方面运用于具体的红色文化大众化传播实践过程时，会产生某些程度的不适应而造成现实可操作性弱化。其现有的网络传播管理体制、管理技术方法还不能完全满足红色文化大众化传播的需要。没有完善的管理规程以及与之相对应的特有的管理主体，红色文化的大众化传播就难以在各种新媒体传播要素的干扰下，主动调整传播过程和传播要素的构成，以适应传播环境的变化，并在新的媒介条件下形成和保持特定的灌输功能和教育职责。①

第三节 媒介融合对红色文化大众化带来的机遇

新媒体的诞生与发展已经引发了一场深刻的媒体传播革命，渗透到社会生活的各个领域。在媒介融合背景下，红色文化的大众化传播逐渐发展为以新媒体为主的传播形式，主要是在互联网、数字电视、手机网络、微博、微信、网络直播等传播媒介中发挥着大众化传播的作用。新媒体传播的形式是适应了数字化时代人们对信息文化选择和接收的便捷性，丰富了传播方式，拓展了传播的空间，实现了文化信息资源的共享性，让受众可以通过多种渠道、多种方式学习和接受红色文化，其形式更贴近现代人学习自主性的特点。同时，新媒体中的多种传播形式更加充实了红色文化大众化传播的内容，提高了传播效果，如通过网络、微博、微信、党建 App、互动性电视媒体、微课等多种现代传播媒介不仅能让红色文化的内容实现资源共享，也能让受众从多途径学习红色文化，更提升了学习的自主性、有选择性、针对性，切实提升传播的效果。

一、提升传播者的主体性

媒介融合背景下，以新媒体技术为主的传统媒体与新媒体的融合成为主要的传播渠道。新旧媒体的融合使得受众的信息反馈渠道更加畅通，原来被动接收信息的“受众”转变为可以主动使用信息的“用

---

① 吕治国:《略论新媒体环境下马克思主义大众化的传播路径》[J]. 思想理论教育导刊，2011（09）。

户”。用户能够随时随地地运用新媒体来接收红色文化的信息，并且对信息的接收和选择不再受时空的限制，而是取决于用户的个性化需求。同时，新媒体的发展及其与各种媒体融合产生的联动效应，使得用户可以通过网络博客、微博、微信、BBS 等新兴媒体或应用发布信息、表达观点，并成为左右当今信息环境的重要力量，而这些信息也往往成为报刊、广播、电视等传统媒体的议程设置依据和重要信息来源，用户在整个媒介生态环境中的地位和作用日显突出①。

信息传播主体的变化，使得原来被动的受众成为主动使用信息和制造信息的传播者，在媒介融合的背景下变化为更具主动性和参与性的用户。规模庞大的新媒体用户几乎每分每秒都在通过博客、微博、微信等网络应用生产各种信息，其数量之巨、传播速度之快，是以往任何媒体都无法企及的。新媒体，尤其是互联网所产生的海量信息，极大地丰富了整个传播体系的信息资源，并赋予媒介用户以更生动和重要的信息传播权力。同时，用户创造的海量信息也成为传统媒体争相开发利用的资源。从某种意义上说，传统媒体对新媒体内容的重视和开发利用，进一步巩固和加强了用户在信息传播格局中的作用，受众有史以来第一次被置于同传播者（政府、媒介记者编辑、社会团体、企业等）等量齐观的位置。②

通过红色课堂、红色影视、红色报刊等传统媒体形式的红色文化传播，其受众局限在一定的群体或范围内，信息的接收也是被动和消极的接收状态中，主体性难以得到发挥。而在媒介融合下，网络博客、微博、微信、网络直播等新媒体的广泛运用，使传统媒体形式中被动接收信息的“受众”转变为可以在新媒体形式中主动使用信息的“用户”，

① 参见宫承波：《媒介融合概论》［M］．中国广播影视出版社，2016，12，第 93 页。
② 同上，第 93 页。

用户在媒介中的主动性和参与性得到大大提升，其在整个媒介生态环境中的地位和作用也日益突出。受众可以自觉地选择感兴趣的红色文化信息，同时，像通过图片、声音、图像等现代技术合成的红色文化传播形式，更能够使受众在积极主动的状态下接受红色文化的学习。利用新媒体技术渠道的红色文化传播已成为大众文化接收和学习的主要选择，这种新媒体传播形式固然重要，但要成为真正的主流文化，红色文化本身所蕴含的物质和精神文化实质才是根本。红色文化的传播过程要避免游离于普通民众生活视域的空谈世事和寻章摘句的枯燥说教，要避免大众因感觉不到理论对于自己的意义而敬而远之①。因此，在红色文化大众化传播的过程中，要充分发挥传播主体的创造性、积极性、主动性，深刻揭示红色文化中所蕴含的物质精神实质和价值，引导人们树立正确的价值观。由此可见，在媒介融合环境下的红色文化大众化传播，既要激发大众（用户）传播学习红色文化的主动性、积极性、创造性，更要提升大众（用户）的责任感和使命感。微博、微信等新媒体的传播形式，从客观上使得传播者及受众满足自我教育的需求，通过讨论、留言、转发等形式的传播使受众实现了多层次的自我教育，不仅提升了受众的学习积极性，更能够双向或多向性地传播红色文化的内容，扩大了传播的受众范围。

红色文化大众化传播的主体主要集中在党、政、军、高校的马克思主义理论工作者中，及社会各组织和个人。理论传播者必须讲政治，明确传播的最高宗旨是培养坚定的马克思主义信仰，而不应局限在简单的知识灌输和能力的培养。在红色课堂、红色影视、红色报刊、红色主题讲座等传统载体的传播中，红色文化的大众化传播的受众范围较窄，传

① 教育部社会科学司：《高校马克思主义中国化、时代化、大众化研究》［M］. 光明日报出版社，2011，6. 第191页。

播资源的利用率低，传播的单向性的过程其效果不突出。而在媒介融合背景下，通过传统媒体和新媒体载体整合各平台的有效资源，形成各种传播主体间的传播沟通价值和资源共享机制，其强大的传播合力更能够提升红色文化大众化传播的实效性和广泛性。在新旧媒体融合时代，不仅要借助传统媒介资源的内容优势和人才优势去充分把握受众心理和信息需求，同时要依据新媒体中信息呈现方式的多样化特点，综合运用文字、声音、影像、图片、通信工具，以大众喜闻乐见的语言表达形式向受众传播红色文化的内容，借助新媒体强大的传播功能和丰富的表现力来引导受众在红色文化的学习中，实现有效信息分享和交流中实现传播的实效性。这种将传统的灌输转变为理性的思考和自我的教育学习的新形式，能够让受众更多渠道地选择和接受红色文化内容的学习，从而实现更广范围的红色文化传播的大众化。

二、信息资源的丰富性

随着网络技术、电子技术的普遍推广和应用发展，以新媒体技术为载体的新兴媒介平台实现了文化资源信息的拓展。传统媒介中以报刊、影视、讲座、课堂等载体形式，传播的红色文化受时间、空间的限制制约了受众的范围及红色文化传播的效果。而媒介融合背景下，传统媒体和新媒体的相互融合，尤其是新媒体技术的发展逐渐改变了传统的红色文化传播的方式和环境，为新媒介下的红色文化大众化传播提供了新的传播方式及手段，扩大了受众传播的范围，使得红色文化的传播形式也更符合大众对信息资源渠道获取的多元化，使红色文化的传播获得了无限广阔的崭新发展空间。

媒介融合背景下，尤其通过网络传播的方式，极大地扩充了红色文化传播的信息量。红色网站、红色微博、微信、微课堂等新媒介以更现代化、便捷化的方式影响着人们对文化信息的学习、接收和传播。红色文化的相关内容通过信息技术的处理转化为网络文化，其红色文化的信息资源在网络传播过程中由于信息的叠加而不断增加，更大范围地扩大了信息量的传播及受众关注的热度。红色文化中的经典著作、报刊、历史史记、各老革命地区的历史文物博物馆、红色微课、纪录片等资源，可通过网络查阅，其内容广泛、资源丰富、形式新颖的红色网络文化，为红色文化的大众化传播提供了更为全面的文化信息资源。同时，红色文化的信息资源通过新媒体技术的转化以更详尽、更丰富、形象、生动的形式在网络媒体、手机媒体中传播，从而实现了传统资源难以比拟的共享性，使得受众能够不受时空的限制而自由地选择所学习和接收的文化内容，不仅增强了红色文化传播的实效性，而且一定程度增大了红色文化传播的信息量，提升了大众化传播的效果。

网络技术的发展改变了人们的学习和生活方式，通过网络技术、电子技术发展起来的新媒介来掌握和学习红色文化的知识成为大众第二课堂学习的主要途径。网络中的信息资源丰富，由于网络文化的自由性及网络规范的不完善，在网络文化信息的学习中要明辨信息真伪，将错误的、反动的信息资源剔除掉。红色文化与网络中的信息资源间的互动、碰撞、斗争中有效地传播传统文化的精髓、主流文化的价值观及紧随时代性文化创新的成果，从而进一步提升红色文化大众化传播的引领力、批判力和创新力。当前，网络技术的传播已经成为各种思想文化信息的集散地和国家文化软实力竞争的制高点，为主流价值观的传播提供了一个崭新的传播生态。①在这个过程中，既要利用正面的传播信息增强传播的效果，在开展传播活动时要确保传播的信息准确无误，绝对不能把尚未定论或错误的思想理论信息传播给受众，还要同网络上各种不良的

① 参见刘基，苏星鸿：《网络境遇中当代中国马克思主义大众化传播问题研究》[M]. 中国文史出版社，2014，5. 第171页。

负面信息做斗争，确保传播活动的有序性。在媒介融合时代下，加强红色文化新媒介传播的健康生态环境，有利于大众更为积极地开展对高质量和富有吸引力的对主流文化的学习和接收，同时避免由于网络信息海量化所带来的不良信息的干扰，通过网络技术手段控制或屏蔽各种错误思潮的信息传播，持续推进受众对主流文化信息的大众化传播的顺利接收。这个过程对于新的红色文化传播生态环境建设提出了更高的要求。一个良好的网络虚拟传播生态是建设传播信息环境的重要保证，对于网络平台信息发布的自由性、自主性的传播生态特点，如果缺乏科学的传播信息管理制度，出现大量的异质传播信息势必会影响受众对主流意识形态的接收，影响社会主义核心价值观的建设。因此，在信息资源丰富的新媒介传播平台，营造一个健康良好的生态传播环境势在必行。

红色文化资源经过数字化的处理后，在网络技术、数字化技术的应用下以数字视频、音频、网络课程、文献资料、数据库、主流网站、党建系统、影像图片等途径进行传播，使静态的理论知识更具生动、抽象的理论知识更加具体、零散的理论知识更系统、一般的理论知识更具个性，更多地以人们喜闻乐见的形式来增强理论知识传播的形象性、趣味性、针对性、具体性和通俗化；与传统的红色文化传播途径相比，现代化的红色文化传播更具有便捷性、共享性、互动性、广泛性、时效性，不仅能让传播者及时在线掌握红色文化信息的受众数量及所反馈的信息、学习的效果，更能做到及时更新、完善相关信息满足用户更多的需求。①新媒体平台的红色文化网络建设中，将主流文化与经济、政治、教育、科技、文化、艺术等相结合，多层面地展开对红色文化网络资源传播的精神引领和推动作用。新媒介下的红色文化传播其受众的互动性

① 参见刘基，苏星鸿：《网络境遇中当代中国马克思主义大众化传播问题研究》[M]. 中国文史出版社，2014，5，第173页。

强，要充分利用其优势及时完善、更新、充实红色文化相关内容，发挥主流价值观的引领作用，增强红色文化的吸引力和影响力，让红色文化的传播能够更有效、更广泛地实现大众化的传播。

三、传播载体的多样性

传统生态媒介下的红色文化传播主要是依靠课堂教育、报纸杂志、影视剧、广播等形式进行，这种传播形式对特定范围的受众群体起到传播的效果，但传统媒介形式的传播也有自身的局限性。传统形式的红色文化传播速度慢，受众的范围窄等局限，也制约着红色文化大众化传播的时效性；传播主体难以准确掌握来自受众的反馈信息，与受众难以展开互动，即使受众可以通过信件、热线电话等渠道参与信息反馈，但其信息处理的速度较慢、采用率低等原因，使受众始终处于一种被动接受的地位，难以确定传播的实际效果。而在媒介融合的新形势下，以红色微博、红色文化公众号、红色网站、党建系统 App、红色微课、主流电子报刊等形式的新媒体传播有效地解决了传统媒体传播中的不足，使得大众化传播的效果更为突出。

红色文化的大众化传播通过传统媒体和新媒体的融合使得受众（用户）的信息反馈渠道更加通畅，尤其是数字化、网络化技术的发展，通过手机媒体、网络媒体、数字电视媒体等形式的新媒体传播使得用户能够不受时间和空间的限制随时随地地接收信息；同时，用户还能够通过新兴媒体或应用发布信息、表达观点，进行互动，既能够及时地反馈传播效果，也提升了用户在整个媒介生态环境中的地位和作用。当前，在媒介融合背景下红色文化的大众化传播载体相互融合，其形式丰富多样，极大地提升了传播的效果。

（一）红色报刊

在媒介融合背景下，新媒体的发展对报刊的市场地位和生存空间形成较大的冲击，但同时也给传统报刊的发展带来新的机遇，传统的报刊面临着向电子报纸、电子杂志、手机报、网络报纸等新媒体形式的改造升级。

传统的红色文化报刊传播在数字化技术出现之前承担着红色文化大众化传播的重要作用。通过红色报纸、红色经典著作、红色刊物等报刊载体的传播，让受众能够从书籍报刊中更多地了解红色文化的历史，为更准确地学习和传播中国革命历史文化发展的历程起到积极的作用，它具有一定的公信力。但传统的报刊载体其传播所面向的用户群体范围较窄，其出版的内容篇幅空间受限制、传播的速度较慢等缺点，使得红色文化的传播时效性不强，难以更有效地达到大众化的效果。随着电子技术、网络技术的发展和推广，利用电子和网络媒体的文化传播能够弥补传统报刊载体的不足。电子报刊可以通过文本、数据、图片、图像、声音等多种表现形式使文化信息的传播动静结合、声像兼备，带给受众更强烈的视觉冲击，让受众能够更深刻地理解和学习红色文化。同时，电子报刊省去了传统报纸要经过印刷、出版、运输、投递等过程，电子书、电子报刊、网络报纸其通过网络资源可以让受众能够随时随地地下载阅读，其传播的速度之快、受众群体的范围之广，使得红色文化的大众化传播的效果更为凸显。

（二）红色影视

红色影视是红色文化在传统媒体和新媒体时代传播最广泛的模式之一。红色文化通过影视剧、纪录片等形式展现我国革命战争历史年代的光辉岁月和可歌可泣的历史故事，其真实的历史史实和艺术手法结合直观、形象、生动的表现形式更能够激发受众的爱国情感和主流价值观的弘扬，其红色文化传播的实效性更为突出。

影视媒体作为20世纪以来发展最快、普及最广、影响力最大的大众媒体，在当前迅速崛起的新媒体及全新的技术媒介中，虽然继续保有其大众媒介的主体地位，但也面临着极大的挑战。传统电视媒体以新媒体技术为依托，催生了网络电视、数字电视、手机电视等新兴媒体。其互动性强、服务性强的特征让受众能够自主选择信息接收和传播，其远程教育、浏览互联网等增值服务，更是吸引和满足了用户的更多需求。随着手机电视、网络电视等新兴媒体的推广，将红色文化为主题的影视剧集、纪录片结合现代新媒体技术进行展播，突出专题，能够不受时空限制随时更新统计受众的范围，与受众间的互动、信息反馈等服务也能够及时调整并改进影视传播的内容、形式等，让红色影视的传播更具有吸引力。在新媒体技术载体中，受众不仅是红色文化信息的接收者，也是红色文化的传播者，而具有影响力的红色影视经典作品通过大众的传播能够更广泛地带动各群体的红色文化学习热潮，红色影视的传播是媒介融合背景下红色文化传播的重要载体。

（三）红色网站

网络技术、数字化技术的发展，使得红色文化的网络传播突显出比传统传播无可比拟的优越性。红色网站的传播能够更全面、更迅捷性地将主流价值观的思想内容融入人们的视野。红色文化通过网络传播能够进一步缩小红色文化内容与受众之间的距离，一方面使传播主体能够及时了解和掌握受众提供的反馈信息来改进传播方式、完善传播内容；另一方面，网络传播模式也增强了信息的互动性、受众参与的自觉性和积极性，提升了大众的主体性，能够让受众在学习红色文化的时候也能够成为红色文化的主体传播者，进一步提高了红色文化传播的实效性。通过红色网站的模块建设，其包括的理论内容丰富，专题全面，理论知识针对性强，用现代的网络技术实现图、文、声、视频、音频等资源功能的优化，结合受众能够更深层次地、更全方位、更立体地感知革命历史文化的图景，在潜移默化中得到思想的熏陶和信仰的塑造。其红色网站载体内容全面丰富，并可不受时间、空间限制随时获取网络信息资源，成本费用较传统的报刊书籍低廉，又易于红色文化信息的检索、复制和保存，更适应现时代人们对文化信息学习和选择方式的需求。同时，红色网站的建设能够更广范围地传播红色文化，其更自由、开放、活跃的信息传播环境，使网络红色文化的内容变得更加生动、形象、直观，更加突显了红色文化传播的吸引力。

（四）红色微博

随着手机技术的进步，移动互联网的日趋完善和普及，利用手机媒体所具有的随身性、移动性和便捷性优势，以微博、微信为载体形式的文化传播也越来越受到大众的关注和喜爱。在新媒体发展的趋势下，以红色微博载体形式的传播逐渐发展成为红色文化大众化传播的重要载体之一。利用微博平台可以实现信息的即时分享，同时可以受到更多用户的关注，或与用户进行互动。同时，可以通过微博发布文字、图片、声音、视频等多媒体信息，能够更生动地展现红色文化的具体内容，对于受众的关注度、转发次数等信息能够有效掌握，对微博用户的信息反馈、信息互动等形式更能增强受众学习的参与性，提升文化传播的实效性。而微博的信息传播自身有着碎片化的特点，其140字的字数限制使得微博传播的内容要更为精练，主题性强，其特点也正契合了现时代人们快节奏的生活规律。在新媒体快速发展的今天，通过网络媒体和手机媒体为载体，加强红色文化主题内容的微博建设，以突出主题的红色文化内容吸引更多的受众来关注、学习、转发、传播红色文化是提升红色文化大众化传播的有效途径之一。

（五）红色微信

移动互联网时代，手机媒体的广泛应用下，微信作为一项即时通讯工具成为当前用户信息接收的主要平台。相对于传统媒体而言，微信公众平台是其进行媒介融合、进入媒介市场、实现媒体转型的契机。微信将用户与用户、用户与企业组织、企业组织之间的关系紧密联系在一起，呈现出针对垂直领域的“窄众”传播特色，将大众传播最终落脚到面对点的传播路径上，从而提高了传播的有效性。①其红色文化的传播通过建立红色微信公众号、党建 App 等系统的形式更符合当前用户对信息获取和接收的主要途径。微信用户对公众号的订阅及对信息资讯的获取主要取决于用户对信息的需求，而传统媒体中的主流报刊、红色讲座、红色广播频道等内容由于传播的时效性慢，受众范围窄等制约性，其在媒介融合背景下融合新兴媒体技术的微信载体传播，能更广泛地推动主流报刊、讲座、课堂教育的大众化，订阅号用户数量的增加和关注不仅能提升传统载体的品牌价值和权威性，而且其及时的信息推送服务更增强了用户获取一手信息的便捷性，微信公众号中设置的一些具体功能能够更全面、更方便地选择和获取信息。

① 宫承波：《媒介融合概论》［M］．中国广播影视出版社，2016（12），第 119 页。

第六章

红色文化大众化传播传统模式及经验启示

从新民主主义革命时期开始，红色文化就伴随着马克思主义中国化的进程而发展起来，经历了新民主主义革命时期、社会主义革命和建设时期以及改革开放新时期，红色文化传播模式依然对现实有深刻的指导意义。在这个意义上，采用什么样的传播模式，有效推动当代红色文化大众化，已经成为现实课题。本章从分析红色文化传统传播模式中，总结经验以期探索进一步优化传播环境的创新思维，实现红色文化大众化传播的实践价值，为我国的社会主义现代化建设提供坚实的理论基础和思想保障。

第一节　红色文化大众化传播传统模式

一、传播模式的概念

模式，是某种事物的标准形式或使人可以照着做的标准样式，是从特定的社会现实中提炼出来的生产经验和生活经验的核心知识体系。从形式上讲，模式是一种把理论图形化的形式，是理论与现实相互转换的桥梁，是表现事物本质与现象关系的简约形式。从内容上讲，模式是解决某一问题的核心方法论，是认识论的历史思维方式，是可以重复使用的工具。

在传播研究中，一方面人们通过感官接触到信息，在大脑中与原有的认识形成对接并经过思维的过滤而建立起来的对客观事物的“认知模式”，即用这个模式对客观事物辨识、判断、权衡提供参考攻略；另一方面，人们通过理解信息而作出的反应来检验其与传播模式的相符性和对应性。所以，传播模式既是认识的工具，也是被检测的对象，要具有现实承载性，就要在形式和内容上满足人们的认识需求。

研究传播不仅要研究模式表征的建构、理解与使用，也要考虑实质的具体建构及使用。例如，党员与群众、教师与学生等关系，其背后是人际交往模式。本书所指的传播模式是侧重于研究政治学与哲学取向的模式，着眼于解决现实传播问题。对于红色文化传播就是要解决文化现代化转型问题，在当前国家的发展建构中必然有一种传播模式以实现政治现代化，让政治成为文化传播的载体和手段。红色文化的传播模式如同一块玻璃，能够在阳光折射中映辉出传播本质的理性之光，体现出一种知行合一的实践精神，一种注重体验的实用理性，一种顺应时代发展又保持初心的智慧，是一种意义的告知，更是一个生活实践的问题。红色文化传播的目的是构建一种价值，一个有时代性、有鲜明特色的文化社会的政治理想，一种由社会共享发展成果的共同文化，最终实现红色文化的重塑和经济社会效益的整合。

二、传统显性传播模式

红色文化显性传播模式主要是指研究马克思主义理论的经典著作，并把马克思主义核心要素与现实社会相结合，以指导实践的一种模式，“其内容包括马克思主义大众化过程中传播的主要著作和理论，如《马克思恩格斯文集》《共产党宣言》《资本论》、毛泽东思想、邓小平理论、科学发展观、中国梦等，这些理论都是在中国革命和社会主义建设过程中所形成的并被实践过的真理”①。党的十九大把习近平新时代中国特色社会主义思想确立为党必须长期坚持的指导思想，这是马克思主义中国化的最新成果，也是我们建设中国特色社会主义，实现中华民族伟大复兴中国梦的行动指南。

显性传播主体主要包括在国家机关、企业、事业单位等的组织制度体制内的党政机关、公务员、党员和教师等群体。主要是指中国共产党机关和国家行政机关。各级党政机关是推动红色文化传播的主要力量和战斗堡垒，处于传播主导地位，发挥引领全社会价值观的作用。在各级党政机关党组织内宣传红色文化是加强机关党的建设新的“伟大工程”的重要内容，是全面深化改革提高党对自我完善以及党领导全国人民实现全面小康的一个新考验，也是全面从严治党不断推进党风廉政建设的需要，为培养高素质的干部队伍和发挥党员干部带头表率作用提供了思想作风和文化保障。如，近年来“两学一做”教育活动的大力开展，成效显著。由此可见，深入学习和传播红色文化的相关内容有助于机关党建工作顺利开展。

红色文化大众化“显性传播内容主要是马克思主义理论的经典著作和马克思主义中国化过程中所产生的经实践检验的科学的理论体系”②，包括马克思主义信仰、社会主义理想、爱国主义和集体主义信念，传承解放思想、实事求是、与时俱进、求真务实、敢闯新路的价值取向，涵盖新民主主义革命、社会主义革命和建设时期中国人民不惧困难、勇往直前、严于律己、无私奉献、爱国爱民的优良传统等方面。红色文化传播内容是从革命和社会建设的实践中提炼升华的智慧结晶，是

① 唐剑，吴传一：《马克思主义大众化的传播模式及其实效评价》［J］. 西南民族大学学报（人文社科版），2016（2）。

② 同上。

我们中国人民战胜一切困难的制胜法宝，是各个时期马克思主义中国化的主流意识形态的内核。

红色文化大众化显性传播渠道是红色文化大众化过程中传播主体利用传播媒介向受众传递红色文化核心内容的方式和方法，既是红色文化理论传播者和广大人民群众之间构建良性沟通的主要工具，也是人民群众反馈传播内容的有效途径，包括专题讲座、党刊、党报、电视、广播等传统媒体的宣传报道，以及主流文化传播等综合传播形式。

“在传统红色文化课堂教学中，教师处于主导地位，选择的教学目标和内容是根据社会发展的需要的；选择什么样的教学媒体是依据教学需要而定的，这里的媒体不仅包括教程，还包括教师的言行举止等形式”①。随着社会发展和电子技术的进步，传统的课堂教学也引进了电子媒介，并把教师的讲授与多种媒体进行有机组合，增加了投影放映的效果，实现了教学模式的立体化。课堂教学的特点是面对面传播，教师可以直接向学生进行最有效、最直接的信息传送，减少了信息传递的时间差，可以快速地进行信息的反馈。在信息互相传递的过程中，教师遇到学生对红色文化某一问题有疑惑时，可以及时调整授课的节奏或者拓展知识点，以此来更进一步对信息进行针对性的加工，有助于提高传播效果。在传统红色文化课堂教学模式中，教师可以在课堂上运用多种媒体传授教学内容来活跃课堂气氛，比如黑板、模具、图片、实验体验等传统教学媒体，同时还可以利用电子媒介投影放映、计算机、电声等媒体把教学内容动态化表现，容易把学生带入情景中，让学生对所学内容有亲近感。

---

① 汪基德：《论教育传播模式的建构与分类》［J］．河南大学学报（社会科学版），2007（01）。

三、传统隐性传播模式

红色文化大众化的隐性传播模式是指除了在国家机关、企业、事业单位等的组织制度体制内的党政机关、公务员、党员和教师等工作人员外的传播主体，通过非正式的、间接的方式方法对红色文化的相关内容进行的宣传。这一传播模式包括隐性的传播主体、隐性的传播渠道和隐性的传播内容。

隐性传播主体包括社会群体、民间组织以及社会个人等体制外主体。隐性传播主体基于社会现实和群众利益的需求，在实际工作中会对红色文化进行传播，在拓展红色文化大众化的传播深度和广度方面，他们也发挥了积极的作用。“有较大影响力的社会个体社会活动中有发挥带头和示范效应的‘意见领袖’作用，如在《建国大业》和《建党伟业》这些主流影视作品中参演的明星群体，在阿里巴巴、腾讯、百度等民营企业发挥核心和关键作用的企业家及高层管理人员”①。随着社会科技水平的提高和新旧媒体相对融合的当下，在传统的红色文化传播模式下这些有社会影响力的隐性传播主体是传播受众的地位，他们也逐步转变为红色文化大众化的传播主体，发挥着示范带头的间接传播作用。

红色文化大众化隐性传播内容主要是相对于马克思主义理论的经典著作和马克思主义中国化过程中所产生的经实践检验的科学的理论体系而言的，其表现形式来源于生活而创作于生活，相对来说更加贴近人民群众的真实生活和工作实际。毛泽东同志曾说过：“我们说的马克思主义，是要在群众生活群众斗争里实际发生作用的活的马克思主义。”这

① 魏成杰：《马克思主义中国大众化传播模式的探索》［J］. 产业与科技论坛，2013（06）。

一定义说明了红色文化传播内容继承和发展了马克思主义的理论风格和理论精髓。以社会主义核心价值观为基础，红色文化作为一种道德规范得以传播和弘扬，其沉淀着深厚的历史和现实内容。从隐性传播内容来看，突出了内容的现实性，更加贴近人民群众的生活，也更能从一件件小事中升华情感认同，实现红色文化渗透于社会方方面面，最终提高传播实效。

隐性传播渠道是对红色文化大众化过程中传统单向灌输渠道的重要改革，改变了高阶层的传播者向低阶层的受众传播的模式，培养了受众主体意识，激发了受众的传播积极性，补充了红色文化显性传播中的漏洞。隐性渠道主要表现在两个方面：一方面是传播媒介打破了出版、广播、收音机等传统传播媒介的单一传播形式，更多地依附于计算机、数字电视等新媒体；另一方面是以受众为导向，改进传播语言的生活化，更多地使用了口号式的传播用语，更加方便记忆与传播，从语言的接受程度上有了进一步的突破，也进一步打开了传统传播渠道的出口，采取了不同于填鸭式的传播模式，通过网络论坛、交流讨论会等互动形式，多方面地体现了隐性传播渠道的人性化与便捷化，促使信息更加对称，为构建健全的红色文化大众化传播机制搭建了桥梁。

红色文化大众化传统隐性传播模式利用电视、电影、广播和多媒体等传播媒介进行红色文化理论教育宣传与普及，以主流媒体为例，《新闻联播》是传播红色文化最为重要的方式，《新闻调查》《共同关注》《道德观察》《法律讲堂》等栏目也根据当下最热门的社会事件，从不同的领域、不同的角度剖析问题，并提出解决办法，让人民群众能够从同一件事中获取不同领域的信息，拓宽了知识面，同时也宣扬了红色文化的社会道德规范。军事频道推出的《军事报道》《军事纪实》《百战经典》等栏目，以丰富的资料和新颖的视角，介绍军事历史上影响深远的经典战例、军事人物及相关背景知识，发布权威军事新闻，报道国防建设成就，展示中国军人风采，传递军事科技信息，追踪世界军事动态，传播现代国防理念等方面的内容，从军事上反映出军队践行红色文化、传承红色文化、培育军人血性的真实写照。另外有关部门也会通过制作党和国家的重大节日和重大政治事件等题材的新闻纪录片、电视电影作品宣传普及红色文化，例如《超级工程》《将改革进行到底》《一带一路》《法治中国》《抗战胜利 70 周年纪录片》等作品，通过电视和电影的传播在群众中形成一定的舆论引导和价值认同，宣传各种红色优良传统和革命建设精神，很好地展示了红色文化大众化的进程，塑造了新时代红色文化发展的进程。

红色文化传播的目标从根本上来说是构建一种价值，一个有时代性、有鲜明特色的文化社会的政治理想，并通过传播为社会认可并共享成果，从而形成一种共同文化，实现红色文化的重塑和经济社会效益的整合。这种目标从立意之初就融合了传播的方向和手段，使其成为适宜传播的文化。红色文化具有内在的传播特性。一方面，红色文化是对旧文化的革故鼎新，用马列主义创新传统文化，突出中华文化变革的革命性和继承性，并革除为旧政府、旧经济服务的文化；另一方面，红色文化所建构的价值规范是以争取民族独立，建设社会主义现代化国家、自力更生、艰苦奋斗、勤俭建国为基本取向，倡导共产主义、社会主义、集体主义。这样的文化构建使价值和规范从传统文化中来，又融入时代内涵和先进思想理念，以马克思主义作为红色文化传播的指导思想，从而发挥引领时代潮流、整合社会思潮的基本功能，实现内化的价值观和外在的实践可行性。

第二节　红色文化大众化传播的经验启示

红色文化的力量体现在对人民群众的价值观念、思维方式的影响上。红色文化传播中以塑造一代又一代具有共产主义精神的先进分子作为人民大众学习的标杆。新民主主义革命和社会主义革命时期，无数仁人志士投入到解放人民的事业中。社会主义建设时期，解放思想、实事求是、敢闯新路的精神造就了我们新中国一项又一项举世瞩目的伟大成就。这些都是红色文化传播的力量体现，成为引领人民大众投身经济建设、政治建设和文化建设的助推器。着眼于红色文化传播模式的分析，深入研究传播模式背后涵盖的核心要素，总结实践过程中的传播经验，是服务中国特色社会主义文化建设，满足人民日益增长的精神文化需求为落脚点和出发点，培养高度的文化自觉和文化自信的现实需要。

一、传播主体“打铁还需自身硬”

传播者在整个传播过程中处于核心地位，通过传播媒介将红色文化传播给受众，对受众认可和接受红色文化的过程有至关重要的作用。马克思主义是科学的世界观和方法论，红色文化是发展中的马克思主义，其理论内容是博大精深的，有维度的，不是静止的，是随着时代的发展和社会的变迁发展的，具有特定时代的印记。理论传播者想要完全理解理论内涵不仅要有“挖地三尺”的研究深度，也要有多学科交叉融合的研究广度。理解和把握只是完成了理论知识的内化，更重要的是通过外在表述宣传来进行二次传播，使内容的讲述通俗易懂，就离不开理论传播者的理论积累和运用能力。当前，拥有扎实的理论功底、丰富的讲授经验和语言表述通俗易懂的理论宣传工作者不多，有一些理论宣传工作者对理论的学习兴趣不高、热情不够，政治敏感度不强，对理论停留在字面理解得多、深入思考钻研得少，没有完全做到融会贯通、与时俱进。很多时候仅仅是为了完成工作任务，照本宣科地进行通读一遍，所写的理论文章缺少现实落地感，不能使群众真正信服，进行的科研活动以走访参观拿资料为主，深入田间地头获取第一手资料为辅，这样势必会造成很多问题的出现。

坚持走群众路线是我们党的优良传统，当前一些红色文化传播者在推动红色文化大众化的过程中，理论讲得太多，和群众交流太少，没有真正落实“从群众中来，到群众中去”的工作方法，没有从群众的需求来考虑问题，没有汲取群众中的有建设性的意见和建议，更没有深入地了解群众的所思和所想。在遇到要回答不是自己所掌握的范围的问题时，或采取回避问题的方法或词不达意地回答。对问题的解决，没有发挥人民智慧，贡献人民方案。红色文化的宣传，特别是在基层和农村，一些理论宣传过于形式，有些领导干部政治性不强，也不太重视理论教育，宣传教育常会出现脱离群众、脱离实际和脱离生活的现象。这一切都给红色文化大众化的推动造成了极为不利的影响。

红色文化传播主体是传播的“把关人”，通过他们过滤信息、发布信息、传播信息，传播者会对什么样性质的信息能够被选择，什么样的方式适用传播以及向什么人传播进行考量，传播的内容必须根据当前国家的方针、政策对一定标准的新闻信息进行取舍和选择，在坚持客观、中立和公正的传播原则上，通过大众传播媒介去营造一种红色文化传播氛围，传递一份红色文化信念，以影响人民群众的思想。

传播者的自身形象和个性特征，对红色文化的传播也存在影响。红色文化传播者是党的理论思想的传声筒，从个人行为的外在表现向人民群众传递出党和国家建设的精神风貌，预示着国家未来发展的动向，影响着红色文化以后的发展方向。传播者须具备扎实的理论功底，丰富的实践经验，较高的理论素质，较强的政治敏锐性和社会责任感，并能熟练地运用各种传播方法，在传播过程中多以启发式的教学方法增强互动效果，建立一个双向、多边和平衡的信息传播体系，改变以往传统的"灌输"和单向传播的模式，建立有效的沟通交流模式，把艰涩难懂的理论知识用事例去诠释普遍真理，提高人民群众的接受度，使传播者本身的形象更加突出，增加传播内容的说服力，彰显大众化的实践特性。

就红色文化传播而言，各级传播者应先有提高自我理论修养的意识，而后才能做到理论育人的行为。必先自我约束，而后才能有资格约束别人。"现实的情况是，不少党和政府的各级干部——既未有较高的理论修养，更未养成自我约束的习惯，就以'布道者'的身份在那里'讲经说法'"①，其传播效果偏离了正面宣传的轨道，反而引起群众的反感，增加抵触感。

作为一名合格的党员干部应该对社会起到正面示范作用，其权威性强，影响面广，是社会主义建设的中坚力量和领导骨干，对推动红色文化大众化负有重要责任。党员干部是党和政府的代言人，其一言一行都会被看作对红色文化的某种解释，真正在平时做到知行合一，言行举止合乎党员身份表征的人，才能通过自己的言行感染周围的群众，才能对红色文化做到真信、真学、真懂、真传播、真实践，这样的传播效果比满腹经纶的"布道者"要好得多，其影响要广泛深远得多。从人民群众接受程度来说，把红色文化的人格化体现到党员干部中，群众认知才能有一个具体的模范标杆，才不会产生认知障碍，才能加速其对红色文化价值的认同。

面对传播主体理论素养、专业水平不足的问题，我们需要从几方面

---

① 吴传一：《引入传播理论创新马克思主义大众化研究》［J］. 西南民族大学学报（人文社会科学版），2011（12）。

入手。(1) 抓住思想教育这个根本。切实加强红色文化理论传播者的理想信念教育和党性教育，通过全面、系统、深入地学习马克思主义理论，党的理论方针政策、国家领导人的重要讲话精神、红色文化理论知识等，持之以恒地在学习上下功夫，从根本上解决思想“总开关”松动问题，进一步补好精神之钙、培育思想之源。注重党员引领意识和引领能力的培育。各级党校通过开设红色文化理论教育课程，“引导学员坚信马克思主义是共产党人的‘真经’，要真学、乐学、活学，真正做到用以促学、学以致用、知行合一，使马克思主义成为行动纲领；引导学员多读经典，提升文化素养，在实际生活中运用马克思主义基本原理指导实践；引导学员深入认识共产党执政规律、社会主义建设规律、人类社会发展规律，牢牢掌握和运用辩证唯物主义和历史唯物主义”①。红色文化传播者首先要严以修身，加强党性修养，坚定理想信念，把马克思主义理论内化于心外化于行，做好率先垂范引领作用，才能辐射社会，引导大众接受、认同和信服马克思主义理论。(2) 抓住领导干部这个“关键少数”。加强对组织部门各级领导干部的教育管理和监督力度，以《关于新形势下党内政治生活的若干准则》和《中国共产党党内监督条例》的要求，“引导其从自身做起，加强成为信念坚定、为民服务、勤政务实、敢于担当、清正廉洁的好干部，做良好政治生态的积极构建者和坚定守护者”②。(3) 抓住选人用人这个导向。在红色文化传播过程中，宣传部门要坚持好干部标准，把德才兼备、以德为先贯穿选人用人工作全过程，把对党忠诚、实绩突出、真抓实干、清正廉洁的好干部选出来、用起来，评选出优秀共产党员，作为优秀共产党员的典型人物进行宣传，通过党员的示范作用，引导人民群众广泛的社会参

---

① 瞿振元:《发挥好高校党校的阵地和熔炉作用》[J]. 中国高等教育，2011 (22)。

② 杨长君:《简论加强组织部门工作文化建设》[J]. 内江师范学院学报，2012 (03)。

与，促进官民互动共进，在活动中建言践行，从而使红色文化大众化传播进入内生发展状态。

二、始终坚持以党建工程引领社会大众

“红色文化是我们党生生不息、永续发展的根本血脉，是攻坚克难、奋发进取的精神法宝，也是新形势下推进党的建设新的伟大工程的思想支撑”①。习近平总书记指出，“党的建设必须坚持继承和创新相结合，结合时代条件发扬党的光荣传统和优良作风”②。红色文化犹如一座富矿，蕴含着全面从严治党的政治智慧和无穷力量。全面从严治党，党员干部要继承和发扬纪律严明的优良传统，坚持把政治纪律和政治规矩挺在前面，以《关于新形势下党内政治生活的若干准则》、政治纪律“十不准”和党员干部“七个决不允许”等党规党纪为行为准则，自觉做到说话有分寸，行为得体而不失权威，时刻提高政治意识，警惕出现思想上的腐败念头，以自我规范影响身边的人，不妄议中央政策，确保自己的言行与党章要求的相一致。

清正廉洁，是红色文化中永不过时的传家宝，是我们党一贯的政治本色，是马克思主义政党区别其他政党的重要特征。在新的历史条件下，我们党面临着“四大考验”——长期执政、改革开放、市场经济和外部环境的考验。努力破解四大考验给我们党的发展造成的影响需要我们进行艰苦卓绝的斗争。当前，我们党员干部中存在精神、能力、做事方法等方面的不稳定因素，如一些党员干部缺乏理想信念、缺乏自信、缺乏斗志，是精神懈怠的表现；一些党员干部难以胜任所肩负的历史重任，是能力不足的表现；一些党员干部以精英姿态高居于人民群众

---

① 张海峰：《从红色文化中汲取全面从严治党的智慧力量》［J］. 解放军报，2017（08）。

② 转引自乔法容：《革命优良传统的当代价值》［J］. 红旗文稿，2016（02）。

之上，不愿深入群众，背离了党同人民群众密切联系的优良传统，是脱离群众的表现；一些党员干部思想腐败严重，忘记了入党誓词，视党章党规于无形，是消极腐败的表现。“这些表现反映出在党员干部中用红色文化培育涵养廉政文化的必要性和重要性”①。全面从严治党，就要努力实现干部清正、政府清廉、政治清明。将“清正廉洁”作为衡量“好干部”的重要标准之一，纳入个人廉政绩效考核内容中，作为党员干部提拔的重要依据。还要经常组织党员干部到党校进行党性学习，加强理想信念教育和党性党风党纪教育，引导广大党员干部进一步增强公仆意识、服务意识。将政府清廉建设纳入地区发展的总体规划中，落实党委的主体责任和纪委的监督责任，建立和完善反腐倡廉监督机制，保障权力运行合法、合理，形成党内监督、司法监督、行政监督、社会监督、新闻舆论监督的合力，实现政府工作的透明化、公开化和廉洁化。政治清明是推进反腐倡廉建设、有效抵御腐败，营造社会主义民主政治环境的内在要求。我们正处于改革的深水区、攻坚期，社会环境的变化也充满了各种挑战，有国内不理解的声音，也有国外趁火打劫的危险，越是这样环境复杂，越需要营造风清气正的发展环境。特别是一些领导干部手握重权，理想信念不坚定就容易被糖衣炮弹俘虏，腐败思想出现，继而腐败行为发生，其造成的影响和危害给国家和人民带来了巨大的损失，浪费国家资源，消解了人民群众对党和政府的信任。因此，实现政治清明，必须优化政治生态，加强民主监督，保持党和群众的血肉联系，建成一个政通人和、安定有序、明礼诚信、公平公正的政治环境。

红色文化是加强基层组织建设、开展创先争优活动的内在动力。红

① 张海峰：《从红色文化中汲取全面从严治党的智慧力量》［J］．解放军报，2017（8）。

色文化精神具有转作风、强素质、树形象的作用，是强化基层党组织的重要抓手。红色文化突出的时代魅力是它的实践品格。实践证明，以红色文化为引领，依托红色文化资源，有利于建设好班子、好队伍、好党员等活动，特别是通过明确党员责任，建设党员品牌工程、落实“三会一课”活动和“两学一做”教育学习活动，打造智慧党建平台等项目打造干部党性教育高地，加强对党员进行红色文化理论熏陶，打造一支坚定理想信念，作风过硬、人民满意的干部队伍。

红色文化不仅是中华民族先进文化的有机组成部分，而且在决胜脱贫攻坚、同步全面小康中发挥重要助推作用。红色文化中蕴含的“全心全意为人民服务，无私奉献”的时代精神和“不怕困难、艰苦奋斗、永不退缩”的奋斗精神，是决胜脱贫攻坚的坚定意志。习近平总书记指出，“脱贫攻坚事关全面建成小康社会，事关人民福祉，事关巩固党的执政基础，事关国家长治久安，事关我国国际形象”，这充分表明了脱贫攻坚工作的重大意义。

习近平总书记还强调指出：“越是进行脱贫攻坚战，越是要加强和改善党的领导。各级党委和政府必须坚定信心，勇于担当，把脱贫职责扛在肩上，把脱贫任务抓在手上。”① 因此，我们要坚持弘扬红色文化精神，把党的力量发挥在脱贫攻坚的前沿阵地上，把各级党组织和党员干部锻造成坚强的战斗队，通过党建落地生根促进贫困摘帽拔根，探索出党建引领脱贫攻坚的新路子。在扶贫工作中加强政策宣传，把红色文化与“两学一做”学习教育相结合，与当前“不忘初心，牢记使命”主题教育相结合，深入学习习近平总书记关于脱贫攻坚重要讲话精神，调动贫困群众的主动性和创造性，引导组织各级党组织和党员干部扛起政治责任，把脱贫攻坚作为最大的政治、最大的大局，带着强烈的责任

① 《习近平谈治国理政》第二卷［M］. 外文出版社，第85－86页。

和深厚的感情投入战斗，认真履行共产党人为人民服务的天职。

突出党建引领作用，从制订精准扶贫实施方案开始，就要因地制宜、严格标准、入户调查、公示公告、监督程序，避免出现错评、漏评，规范扶贫资金使用，对于延迟发放、挪用资金、虚报冒领、滞留资金的行为，严肃惩处相关责任人。把精准扶贫与新农村建设结合起来，共同推进，发挥党组织政治引领、组织引领、服务引领和法治引领作用，创新三种“党建模式”引领精准扶贫，“党组织 + 特色产业”模式、“党员 + 结对帮扶”模式、“党支部 + 合作社”模式，有效地推动基层党建和精准扶贫工作双促进、两不误。同时，坚持红色文化价值引领、政策协同，坚持先脱贫者与后脱贫者基本政策一致，“大力开展教育扶贫、科技扶贫、文化扶贫、健康扶贫，对丧失劳动能力、无法通过产业扶持和就业帮助脱贫的家庭实行政策性保障兜底”①，鼓励劳动脱贫，让脱贫者有更多的尊严感，从根本上解决“等靠要”的问题。“充分发挥好党校在党的理论教育上的主阵地作用和在党性教育上的大熔炉作用，全面开展贫困村干部培训，真正使党校成为党员干部思想政治教育的红色殿堂”②。

三、始终坚持以大众认同为传播取向

红色文化传播的情境是成功的前提，这正是“因材施教”的精髓所在。“因材施教”实际上是一种教学理念，是传播者根据不同的受众而实施教学内容，把传统的传播者主体性转变为受众主体性，关注受众的知识水平和接受能力，这是红色文化传播的重要前提。

红色文化的传播要通过分析受众的“使用与满足模式”，换位思考

---

① 魏恒：《广西吹响精准扶贫攻坚冲锋号 确保 2020 年实现小康》［J］. 人事天地，2015（11）。

② 史云峰：《发挥好党校的主阵地和大熔炉作用》［J］. 西藏日报（汉），2016（9）。

受众真正的心理诉求和利益契合点。大多数人是基于需求和兴趣来使用传播媒介，并以外在行为传达对社会的期许，以部分地实现这一需求。每个人的需求因时间、地点、环境的不同而不同，向社会索取需求的方式也会不同，这个差异就揭示了每个人使用传播媒介是由个人需求和兴趣来决定的。

受众选择什么样的信息以什么样的接收方式，是由价值取向和利益诉求两方面影响的，更愿意选择符合自己价值观的信息，选择自己习惯并乐于接受的方式。有时候受众是有意识地去接触媒介，有针对性地看自己感兴趣的信息，所以传播者如何能够高效实现传播效果，就要在媒介的选择、传播语言设计、传播内容精选上下一番功夫，以受众和市场的各方面因素为考量标准，分析受众的特点，增强理论传播的针对性。传统的红色文化传播依靠人际传播媒介，树立典型、口口相传，而现代红色文化传播则更多地依靠大众传播媒介，把文化与产业融合，产生出可感知、可触摸、可视化的具象，把原本边缘化的红色文化又拉回到现实生活中，更容易产生舆论和认同的心理，所以在红色文化大众化的过程中，必须首先抓住受众的需求心理，针对不同的群体运用不同的传播手段，处理好受众与传播媒介之间的紧密联系，满足受众的利益需求，使更多的人愿意学习和接受红色文化。

当前的社会现实因素，红色文化理论传播更偏重于在校学生、国家干部和知识分子，在广大农村和人民群众中宣传相关理论的活动相对较少，加上在数量和质量上缺乏高水平红色文化理论传播者，使得理论传播显得单薄而脱离实际，甚至有部分人发出了“无用论”的声音，这反映了红色文化在传播过程中的困境。在信息化社会，现代传媒多种多样，受众并不单一地选择某一传播媒介，而是同时接收多个不同渠道发出的信息，这些信息冗杂着各种不同的思潮，有些是正面的，有些是反面的，这就给红色文化大众化传播提出了更高的要求。如果红色文化传播者在向人民群众宣传理论成果的时候，不注意建立顺畅而有序的沟通平台，在解读国家的重大理论问题和社会热点事件中没有掌握沟通节奏，忽视精神沟通和人文关怀，单一地从国家和个人角度去宣扬一种政治意识形态，那么人民群众从大众传媒中收集到的信息可能就会跟我们主流宣扬的红色文化价值有出入，会产生对抗性的解读，这种解读的影响来自西方敌对势力宣扬的淡化政治、疏远政治思想，会影响红色文化大众化的有效进行。

人民群众在接收一些新的理论信息的时候，往往会与自身的社会经验进行比对，在个人认知和价值取向中与新理论精神一致，便极易产生价值认同。因此，推广红色文化大众化时，着力从人民群众所关心的社会热点事件挖掘红色文化精神，利用大众传媒的公信力，对群众生活中所遇到的问题，以及影响社会和谐发展等方面的问题，给予高度的关注和认真的解答，以红色文化引领社会舆论，用红色文化精神去解读事件背后的社会伦理和道德观念，去解决群众所关心和渴望解决的各种民生问题。

当前，在推进红色文化大众化时，要注意收集人民群众对红色文化认识不清、认识错误的问题，及时组织资源进行宣传和廓清，多角度、多形式、多层次地开展宣传活动，进行反复讲解，结合民生问题，做出令人信服的回答和找到解决问题的方法，答疑解惑，服务群众，使群众切实感受到红色文化的理论价值。

要将红色文化的传播由单向灌输变为双向互动，通过红色文化传播者传授理论、与人民群众对话沟通，把“本本主义”转化为“实践主义”，树立学习典型、发挥榜样的力量，把红色文化内化于心、外化于行，使人民群众主动接受并传播红色文化。双向互动的红色文化大众化传播，解决了传播者为唯一主体的单向传播局限，突出了人民群众从接受者到传播者的地位转变，达到红色文化大众化传播的方向与人民群众的内在要求相一致，方向上的一致促成了政治信仰和行为准则的认同。人民群众在扮演红色文化传播者的同时，其实也是信息反馈的表现，这种表现可以检验红色文化在传播的方向上是否偏离了原来的轨道，在出现问题时可以及时进行调适，从而主动适应实践发展与人民群众需要，对丰富和发展红色文化具有重要意义。

四、始终坚持以控制话语权赢得大众

福柯曾说过“话语权中的权力是指说话的资格”，是统治阶级传播政治局意图的工具。话语权的传播需要借助外在媒介，可以说掌握了传播媒介也就掌握了一定的话语权。传播什么样的社会价值是由掌握了话语权的组织决定的，这个价值传播直接影响了人们的政治判断和对世界的认知架构，左右着社会舆论发展的方向，塑造了这个社会人们的行为准则。我国是社会主义国家，由共产党领导人民群众进行社会主义建设，我们以科学的马克思主义理论为指导，而中国的媒体应该是党和政府宣传思想工作的喉舌，其性质是社会主义的媒体，是宣传红色文化和理论思想的重要阵地，党管媒体的原则不能改变，主流媒体和新闻报道要注重宣传国家的方针、政策，在政府的理论宣传中扮演好“代言人”的角色。国家控制话语权是国家主导社会意识形态的必要手段，也是发展政治意识的必然要求。

在当前各种社会思潮空前活跃，日益激烈的中西方经济、政治、文化方面的矛盾和冲突，背后隐藏着的核心问题是价值观和价值追求的矛盾和冲突。西方资本主义国家不断加强资本主义价值的输出，西方资本主义价值观念、资产阶级思想不断涌入我国，从而形成多种价值观念和信仰体系并存的局面。推广红色文化大众化离不开对媒介话语权的掌握，必须坚持红色文化理论传播的正确方向，把握好红色文化的宣传导向，通过掌握思想理论的话语权和主导权为红色文化大众化传播奠定基础。

现今世界各国政府和政党都十分重视传播媒介话语权控制问题，这个关系到国家举什么旗、走什么路、坚持什么方向等重大问题。在社会思潮百花齐放的今天，做好意识形态工作已经迫在眉睫，而发挥红色文化在意识形态工作中的作用就显得尤为重要。自从我们的国门被打开以来，人民群众的思想观念就逐渐与世界“接轨”了。很长一段时间，部分资本主义国家为瓦解我国人民群众的思想堡垒，采取了思想侵蚀的文化战略。他们主张宣称个人主义、享乐主义、拜金主义等思想是凌驾于社会主义价值观的，只有他们的思想才是《人权宣言》里面一直倡导的，是先进的文化，是人类最终的价值选择。他们以人权主义绑架我们的集体主义，否定我们党的指导思想和社会主义道路，试图宣扬“普世价值”，故意挑起事端，无视国际合约的规定，企图制造民族矛盾来分裂我们的国家。由此可以看出，世界对我们并不像我们想象的那么美好，依然是有敌对势力存在的，对此我们应该保持高度警惕。红色文化是抵御西方敌对势力文化侵蚀、防止“和平演变”的利器。弘扬红色文化，最根本的是要以马克思列宁主义、毛泽东思想、邓小平理论、“三个代表”重要思想、科学发展观和习近平新时代中国特色社会主义思想武装头脑，形成科学的世界观和方法论。重点把握唯物论和辩证法，善于利用历史思维和辩证思维分析和处理问题，从认识论和方法论上辨别真伪，增强我们的理论自信、制度自信、道路自信和文化自信。

不同的社会意识形态要受不同社会制度的政治目标所制约，也要被不同的社会形态所左右。也就是说，我国社会主义意识形态下的新闻、报纸、广播、电视、网络等都具有无产阶级的阶级属性，媒体必须为我们的社会主义制度服务，超政治的媒体是不存在的。2014 年召开的中央全面深化改革领导小组第四次会议上，审议通过了《关于推动传统媒体和新兴媒体融合发展的指导意见》，习近平总书记对新形势下如何推动媒体融合发展提出了明确要求，作出了具体部署。由此可以看出，在世界传播格局变动下，我们党意识到了媒体融合发展的重要性，也对中国媒体的发展做了重要的定位和部署。中央电视台领导指出："在推进传统媒体和新媒体融合的时候，至少要遵循六个字，就是走稳、走快、走好。走稳就是在推进媒体融合过程中，要注意科学发展，有序发展；走快就是与时俱进，抓住机遇，不能错过，不能迟疑，该做的现在能做就要做；最重要的就是像总书记提出的一手抓融合，一手抓管理，坚持正确的舆论导向不变，坚持党管媒体不变，坚持弘扬社会主义核心价值观不变①。"国家互联网信息办公室有关负责人强调，互联网信息服务应当坚持正确的舆论导向，以为人民、为社会主义服务为宗旨，依法服务，维护国家和公民的利益，担负起媒体应有的社会责任，积极传播社会主义核心价值观，传播正能量。促进媒体的融合，并促使其不断发展，抓住媒体融合时机促进传统媒体和新媒体的资源整合，通过红色文化大众化传播这种途径，将红色文化转化为一种普遍的标准、大众化的准则，让受众能够通过媒体的传播去更好地理解红色文化，使红色文化在群众中得到更全面、更深入的普及和推广，从而使广大受众的认识水平、思维境界和思想觉悟得到进一步提升。要始终坚持党管媒体原则，不断促进和深化红色文化大众化传播，坚持和贯彻正面宣传、正确导向，牢记媒体是党和国家的喉舌，以媒体融合发展巩固壮大主流思想舆论。

社会主义大众传播体制具有其独有的特征，它将传播媒介作为宣传教育群众的工具，通过这个工具对社会主义宣传文化工作进行有效的控制，以达到建设"富强、民主、文明、和谐、美丽的社会主义现代化

---

① 胡占凡：《媒体对价值观的影响是终其一生的》［J］．商业文化，2016（22）。

强国”的奋斗目标。中国社会主义制度下的媒介规范理论是在经历了革命战争和社会主义建设两个时期的锤炼后发展起来的，它规定中国的社会主义传播以公有制为基础，在中共中央的领导下，与党中央保持高度一致，具有很强的党性原则。同时还不断创造群众喜闻乐见的精神财富，在建设社会主义现代化的发展实践中，发挥着很强的经济功能。中国的社会主义文化传播制度还必须在社会主义建设的实践过程中不断摸索和完善，以便更好地为建设有中国特色的社会主义服务。

五、始终坚持传播内容通俗化、大众化

传统媒体在弘扬红色文化方面积累了很多的经验，也是传播的主要阵地，宣传的内容很正能量，信息量也大，但因传播形式没有跟年轻人使用习惯接轨，所以在年轻受众方面接受度不高，传播效果有所下降。

传统媒体在传播红色文化的时候接受度不高，主要原因还是在受众接受程度上，理论宣传过于教科书式，对于年轻人来说，他们已经习惯互联网快餐式的文化，对于需要花费一定的时间和精力，研读一本枯燥的纯理论的书籍，已经很难取得他们的青睐。习近平总书记说过，要用人民群众听得懂的语言，信得过的典型和看得见的事实加强教育和引导工作。习近平总书记就善于用讲故事的方式去向大众表述，也常常用朴实真诚的语言与群众交流，既让大众听得懂国家领导的讲话，又不失严肃场合的庄重感。比如，党的十八大以来，习近平总书记用“打铁”比喻自身修炼，用“壮士割腕的勇气”“硬骨头”比喻党风廉政建设和反腐败斗争的决心，用“照镜子、正衣冠、出出汗、洗洗澡、治治病”比喻自我净化，用“老虎、苍蝇”比喻腐败分子，用“缺钙”和“补钙”比喻理想信念缺失和增强等语言，从而拉近了国家领导人与人民群众的距离，人民听到这样贴切的比喻自然是有兴趣继续听下去。把印在文件上的政府官方语言转变为日常交流的简单对话，有了口号式的简

便记忆方法，让人民听得懂、愿意听、喜欢听，既增强了国家领导人的亲和力，也增强了红色文化的传播力、说服力和吸引力。因此，在红色文化大众化传播过程中，要多运用群众听得懂的话，多用群众看得见的事实，多举群众认可的典型例子，这样才能丰富红色文化传播的表达方式。

进入新媒体时代，青年人的阅读、学习方式都发生了很大变化，传统课堂教育中的单向灌输式传播已经难以抓住群众的注意力，跟不上群众诉求的发展，因此必须创新传播方式。当前，高校红色文化教育课程运用的教材很多是国家统一编写的，但红色文化与其他科目的区别在于它是动态的，不像数学学科那样，结论数据可能是唯一的。若按照书面语言去板书上课，不仅教师讲得枯燥乏味，学生听得也是昏昏欲睡，从体验上来说没有代入感，反而增加了排斥感。所以要把教材文字转变为教学语言，需要在理论联系实践上多下功夫，提高语言的应用能力。好的传播工作应该像有营养的米饭，可以单一食用，但最好的方式是与其他食材相互搭配，共同吸收。红色文化传播工作者在教学中要与时俱进，一方面要提高自己的理论素养，另一方面也要关注国家时事政治，把书本的理论与现实生活的案例结合起来，从事例中升华到理论的高度，也引导学生从生活中找到实例来验证理论的合理性，实现课堂上抽象的教材文本与学生真正的“生活世界”有效连接，灵活地将教材话语转化为教学话语，用平易近人的话语方式传播真理。

少年兴则国家兴，少年强则国家强，年青一代是国家的栋梁，是民族的未来。从不关心自己国家历史的民族是不会富强的，不了解自己国家历史的人是没有根的。红色文化诞生于革命年代，有着优良的革命传统，传承了中华民族优秀的文化，如果不了解红色文化，“那么对其价值观的形成或许是一种缺失，对国家发展则是一种隐患"①。在经济全球化的今天，国家之间的竞争除了经济上的考量，更重要的还是在军事上的竞赛。人民群众的安全感来自国家的强大，国家的强大来自强劲的军事实力。了解军史、尊敬军人、关注军事知识，是每一个中国人应该具备的素养。这些知识不仅需要通过课堂教学来获取，更重要的是通过社会传播来实现。课堂教育局限于图片文字，而其社会传播更能增加趣味性，更能吸引受众，寓教于乐。因此，在红色文化传播过程中，创意和策划不可或缺。

在庆祝中国人民解放军建军 90 周年的特别日子里，有一款游戏一时之间引起了广大群众的热议和追捧，这就是由人民日报客户端联合腾讯天天 P 图推出的新媒体《快看呐！这是我的军装照》。一经推出就收获了超过 10 亿次点击，这表明传统媒体如报纸类的媒介也进入了媒介融合的潮流，与时下最流行的软件合作，打开了媒介融合的突破口，市面上推出的爆款融媒体产品也打上了主流媒体的印记。主流媒体创作的一个个爆款新闻产品，展现了融合发展的强大态势和打不死的生命力。不仅是“我的军装照”是爆款产品，还有 H5《两会喊你加入群聊》、短视频《英国小哥侃两会》等新媒体产品也都体现了时代性和娱乐性，推出的时间可谓正逢其时，增添了足够的节日喜庆，激发了人们对时事政治的关注热度。

首先，对于“军装照”的热议，既让人民大众通过比照不同时期的军装来学习我军的光辉历史，也成了传播红色文化有效且高效的载体，而“军装照”的刷屏恰恰彰显了红色文化在民间的永恒魅力。

其次，“军装照”看似娱乐性较强，但也保持了适度的严肃性。事

① 顾骏：《“军装照”刷屏彰显红色文化在民间的永恒魅力》［J］. 文汇报，2017（8）。

关国运的事情都不是开玩笑，不能成为娱乐大众的笑料，特别是军事方面的，更应该体现庄严感和严肃性。阅兵场上铁流滚滚、鹰击长空，军人意气风发，展现了我国强大的军事实力。屏幕前的各个年龄层的群众看到如此震撼的场面，人心沸腾，无不激荡起一种难以尽言的自豪感，对那种“始终与人民同呼吸、共命运”的军人气质的敬佩感油然而生。这样的阅兵式既是我国展现强国风范的好时机，也给代入者以特别的体验。

再次，“军装照”的军装选取也是有严格标准的，这也是为了传播红色文化，唤起国民的政治认同。“只有中国人民解放军包括其前身红军、八路军等军装才能入选”①。这说明“军装照”所要传达的核心理念是：中国人民解放军是人民和历史的选择，在血与火的年代，就是依靠这群穿着军装的军人用生命保护了国家、保护了人民、保护了家园，我们应该在国家独立、民族复兴的伟大进程中，不忘初心、继续前行。军装就是守护，就是红色印记。

最后，“军装照”模板背后是各个历史时期的印记，每一套军装都代表了那个年代的军事实力。图片中有标明军服所属的年代，有以事件标注的，有以时间段标注的，这个细节让群众有较强代入感。根据服饰与时间的索引，从军装着手，可以进入相应的时代，所以才引起人们对军装颜色和款式的讨论，也让大众在不知不觉中自修了一堂中国近现代史的课程。

在快餐式传播的今天，热点事件往往都有起效快、传播快的特点。“军装照”是在现有的技术基础上，迎合人民群众的心理诉求而创新出来的一款体验式软件，它的成功为红色文化网上传播留下了可贵的

---

① 顾骏：《“军装照”刷屏彰显红色文化在民间的永恒魅力》［J］. 文汇报，2017(08)。

经验。

第一，坚持内容为王，媒体融合发展是时代所趋，媒体的形态和娱乐格局的改变，也不能否定思想内容仍为媒体最重要的品质。红色文化传播尤其体现政治性与严肃性，这是红色文化传播策划的关键性工作。第二，善于运用“互联网+”思维，突破传统媒介的局限，融合新媒介的软硬技术，严把质量关，树立品牌意识，注重体验式传播，让有时效的内容产生更长时间的吸引力，扩大传播效果。第三，有针对性地、及时地、有意识地开发衍生的产品，扩大宣传效果，持续宣传热度。

红色文化价值丰富，是发展中的马克思主义大众化，在当代社会具有政治、经济、文化等多重价值，在实现中华民族伟大复兴中国梦的关键时期，有效传播红色文化需要我们不断进行探索和创新。

六、始终坚持多元渗透的传播方式

习近平总书记指出，“意识形态工作是党的一项极端重要的工作”。国家对红色文化信息传播权的掌控，决定了这个社会意识形态工作的方向，对于巩固马克思主义在意识形态领域的指导地位有重要的意义。而媒介融合下的大众传媒是信息传递、文化传播的重要载体，而这种传播方式方法的创新其根源都是为了助力国家政策的制定与落地。同时实现政策的落地最终是要靠人民群众去践行，所以理论、政策如何能够赢得人民群众的拥护，就必须采取多种方式进行宣传。因此，用红色文化来引导社会主流意识形态工作，就特别需要在传播方式方法上与时俱进，紧跟科技的步伐，利用当今最受人民群众欢迎的一些新兴传媒，如微博、微信、客户端、手机报、网络直播软件等工具，运用数字、图形、插画、动态图等表现形式把红色文化内容可视化，并配以文字进行分析报道，理论性与趣味性相结合，让红色文化更快地传递到人民群众中去，从而使红色文化表现出更强的凝聚力、辐射力、渗透力。

当前，纸媒行业面临互联网媒介的冲击，特别是出版发行单位，有些甚至发出“报纸已死”的声音，但不管新媒介的发展速度有多么快，人们对于在闹市中手捧一纸图书而获取的适度安静还是有所需求的。但纸媒行业要想获得长足的发展，还是需要转型升级，这是社会发展的必然选择。要寻找到一条适合自身融合发展的道路，打开新的发行渠道，大力发展电子商务，整合延伸产业链，构建线上线下一体化发展的内容传播体系。

破解红色文化书籍阅读“最后一公里”难题，“须进一步加强实体书店建设，努力将实体书店建设成多功能集合化的消费场所，如阅读沙龙、学习交流、聚会休闲、创意生活等”①。支持实体书店与电子商务合作，如亚马逊图书网、当当网、豆瓣网等；分析用户需求，发挥区域配送优势，打造以用户为中心的全渠道服务模式；进一步开展红色文化图书进社区、进基层、进农村“三进”活动，营造社会读书热的良好氛围；利用社交网络平台的推荐功能，有意识地推送红色文化图书，建立出版网络社区等传播载体，构建纸媒读者群与电子读者群有效衔接的桥梁，着力增强读者黏性，广泛吸引用户。

新兴传播媒介扩大了红色文化大众化理论传播的渠道，使理论有了接地气的传播方式，并在不断传播与反馈中获得了理论的升华与创新，成为我国意识形态的主要价值取向之一。例如，网络上出现了红色文化高端论坛、红色文化问卷调查、红色影像、红色文化专题报道、《红旗文稿》杂志的电子版等形式，从三维空间多视角地对红色文化进行整合与传播，展示了红色文化的历史记忆和时代发展进程，使传播更加立体和生动，增强了代入感和互动感。

主流的权威教育门户网站是传播和宣传红色文化的主要阵地，是线

① 余丁:《数字时代“数”与“纸”的博弈和融合》[J]. 科技与出版，2016 (02)。

下媒体与线上媒体的结合，例如人民网、新华网、中国政府网、中国教育网、光明网等。这些网站为了吸引更多的受众，他们经常就社会关注的热点话题，邀请专家学者或者部委领导进行宣讲或者做客访谈，向网友宣传国家政策和实时动态，解答网友普遍关心的问题。这种网络论坛的形式，不是传统意义上单向传输，而是专家讲解与网友互动相相合的，网友可以实时地更新讨论话题，通过在线文字传输的方式向专家进行及时的咨询，也就是我们经常说的弹幕。栏目工作者通过网络信息的收集和整理，可以分析出大众对某一问题的认知程度，了解群众的所思所想，了解群众的诉求，了解群众喜闻乐见的方式，在节目的设计中及时调整节奏，以获取大众的吸引力和感召力。

一些网站也积极开发小软件或小游戏，利用流行的网络语言、音视频、游戏等方式，在网络互动的过程中加深对红色文化理论的理解，使理论简单有趣、容易记忆，取得大众进一步的认同，进而达到红色文化大众化传播的效果。例如，以传送手机短信的方式宣传“社会主义核心价值观”“五大发展理念”“四个全面”“四个意识”“三严三实”“中国梦”“强军梦”等社会主义价值观，将红色文化与精准扶贫、反腐倡廉、党的建设等工作融入其中，在重大的节日和特殊时期，应当及时发给广大的党员干部廉政短信、廉政格言等内容。这些都是红色文化大众化传播的重要手段。

拉斯维尔在《世界大战宣传技巧》中曾说过：“大众传播媒介传播的信息可以引起受众态度上和行动上的变化，其作用就像子弹一样，受众无力自觉抵制来自媒介的作用和影响。”这就是子弹论的核心观点。子弹论揭示了传播信息的集群化影响和引导作用，在红色文化大众化传播过程中，提高红色文化大众传媒的宣传技巧，建构多模式的传播形态，把传播内容运用到不同效果模式的传播和宣传中，提炼传播内容的精华，做好内容宣传策划，利用大众传播媒介的时效性和组合性等特点，长期、重复和循环地宣传，使受众及时有效地接触到各种红色文化理论信息。

生产方式和生产手段是决定社会发展变革的重要因素。随着电子信息的不断发展进步，网络文化引发的信息传播格局的大变动，改变了人们的交流方式，也在一定程度上改变了人际传播模式，所以，红色文化大众化的传播应当关注网络技术环境对理论思想传播的影响力，要重视新兴媒介对红色文化理论的推广，增强新媒介传播的时效性和战斗力。一方面，主流媒体网站要扩大红色文化宣传的版面，增加滚动次数，把宣传内容放在视线较好的位置上，增加受众注意力；另一方面，提高网络信息安全，加强网络法制建设，多开放公共话语平台，营造一个风清气正的网络环境，为网络安全、有序和健康运行提供保障，以解决受众利益为出发点，扩宽受众参政议政的渠道，加强对红色文化信息传播的方向和传播的情况把握，从而取信于民。

各级党政机关单位要经常通过举办各种类型的培训班、研修班，组织党员干部群众对红色文化思想进行学习研讨；通过订阅党报、党刊等方式，加强红色文化理论教育，定期组织党员干部进行学习交流，撰写学习心得；充分利用多样化的大众传媒体系推进红色文化理论学习，建立健全以传播红色文化为主要内容的网站群，不断深入研究红色文化，深挖红色文化信息资源，建立资料齐全、功能综合的信息库。借助文化和道德的力量，加强红色文化与文化产业进行融合，让影视业、旅游业等文化产业成为红色文化宣传教育的重要阵地。把握现代文化传媒化的传播规律，推动红色文化感性表达，注重让人们感受、体验、理解和运用，强调红色文化的实践性和生成性，让红色文化传播生动起来、充满暖意，更符合人民群众的接受习惯，有亲近感和吸引力，真正做到以人民群众喜闻乐见的形式实现红色文化传播，把红色文化传播做到深入人心，拉近与大众的心理距离。

第七章

媒介融合视域下红色文化传播的环境优化

媒介融合是在互联网络整合的情况下出现的，它是新旧媒介链接的集合化，让旧媒介也能结合新科技的发展实现自我的改革，旧媒介积累的丰富思想内容对新媒介也是一种弥补。在媒介融合的发展之下，各种技术之间由原本的单独发展转变为互相融合，逐渐融合成为合作共享的平台，实现了多技术、多媒体的无缝整合。互联网络整合了印刷媒介（书籍、报纸、杂志以及新的书写形式如微博）、视听媒介（包括电影、电视、再度得以兴盛的收音机以及由用户生成的合成与混搭形式如Youku）。互联网络和数字媒介是提升公众参与政治、经济以及文化领域中各种事务能力的一种资源。通过对红色文化传播的环境建设分析，提出媒介融合视域下红色文化传播的环境优化路径，进一步丰富红色文化大众化进程的理论内容。

第一节　媒介融合视域下红色文化传播的环境建设

媒介融合视域下红色文化传播的环境建设是顺应时代发展趋势，利用网络的交互性、及时性和便捷性进行红色文化网络传播的基础工作，包括网络硬件环境建设、网络法制建设、网络技术建设和网络管理建设。

一、网络硬件环境建设

网络硬件环境是红色文化大众化传播的基础，是红色文化网络宣传得以实施的前提。我国是目前网民最多的国家，一方面是因为我国人口基数众多，另一方面是我国网络硬件设备整体框架完备，它包括现代化的教育教学设施配置、服务器、远程传输和远程教育系统、校园网站等，尤其是网络平台的设立，都能够成为红色文化网络教育和网络化宣传的物质技术基础。

红色文化大众化传播主要还是依靠国家主导宣传，我们可以看到，一些中央重点新闻网站在文化战略的推动下，也把红色文化宣传作为重点放在页面中，如人民网、新华网、央视网、参考消息、央广网、中国新闻网、中国军网等，各级党政机关主办的网站如中国文化网、国家新闻出版广电总局、广西新闻网、湖南红网等，理论研究机构网站如中国社会科学院、中国行政管理、中央党校和全国各级党校、求是理论网、半月谈、瞭望、中共中央宣传部党建网，商业网络传媒如新浪新闻、腾讯新闻、搜狐新闻、凤凰资讯、网易新闻等。这些受到大众欢迎的主要新闻网站以其高吸引力、多受众、信息更新快等优势向大众宣传国家新政策，深入剖析时事政治，组织参与对重大事件的跟踪报道，关注人民群众最关心最迫切的需求，关注弱势群体的利益，关注国家党建推进工作进程等方面，积极寻求民众参政议政的渠道，构建国家与民众的良性互动。从中央到地方的新闻报道完成了报纸和电子媒介的融合，在全社会形成了新闻高覆盖率的氛围，人们生活和生产都发出了国家弘扬正能量的声音，实现了红色文化的植入。

“2010 年 1 月 5 日由中央组织部和中国移动联合建设的全国基层党建工作系统开始使用，这个系统汇集了全国 100 万名基层党组织书记和大学生‘村官’及省、市、县党委组织部部长手机号码”①。系统的建设目的是为了搭建中央与地方的领导干部之间及时、有效、快速、便捷的有效沟通渠道，是创新地运用现代化手段加强基层党建工作的新思路。在媒介融合的新时期，我们必须高度重视多元化的思想潮流对人们的生产生活全方位、多领域、多视角的渗透，要用辩证思维、历史思维、创新思维冷静分析国内外形势，对人们思想、意识、精神需求要有新的认识，并掌握其发展规律，对不同的价值取向和关注需求要保持开放、包容、理解的态度。习近平总书记对此提出了几点建议：“对建设性意见要及时吸纳，对困难要及时帮助，对不了解情况的要及时宣介，对模糊认识要及时廓清，对怨气怨言要及时化解，对错误看法要及时引导和纠正②。”在媒介融合视域下主动提高收集、提取、分析信息的能力，将红色文化核心信息进行深加工，加大传播投入力度，保持主流价值观的主导地位。

二、网络法制环境建设

网络法制环境是规范红色文化大众传播的网络空间，保证红色文化大众传播的主导地位，牢牢把握红色文化网络传播正确方向的有力抓手。自1996年开始，国家先后制定了《互联网信息服务管理办法》《信息网络传播权保护条例》《互联网出版管理暂行规定》等多部针对互联网的法律法规。新时代，互联网安全的法律框架已基本形成，为新媒体下实现信息安全以及规范推进红色文化大众化提供了重要保障。

在科技迅速发展的今天，国家为了营造一个言论自由的网络空间，对于网络新平台的注册条件要求不是那么严苛，因此，每天都有层出不

① 《全国基层党建工作手机信息系统开通》，人民网，2010年1月5日。
② 倪洋军：《六个“及时”承载着满满的责任担当》，人民网，2016年4月22日。

穷的新平台通过注册出现在网络上，既给互联网带来了丰厚的利润，也拓宽了群众言论自由的渠道。但是自由言论并不代表可以妄议中央政策，发布不实言论，做出煽动分裂国家的行为，每个网络媒体的参与者都应该有基本的媒介素养，应该遵守法律底线，看到自己所要承担的社会责任。如果没有法律意识，受利益追逐而缺乏媒介应有的“把关”，就有可能给社会安定带来隐患。

正如习近平总书记在《中共中央关于全面深化改革若干重大问题的决定》中指出：“随着互联网媒体属性越来越强，网上媒体管理和产业管理远远跟不上形势发展变化。特别是面对传播快、影响大、覆盖广、社会动员能力强的微博客、微信等社交网络和即时通信工具用户的快速增长，如何加强网络法制建设和舆论引导，确保网络信息传播秩序和国家安全、社会稳定，已经成为摆在我们面前的现实突出问题。”互联网不是法外之地，只要是发生在国家内的行为，都要纳入法律规范中来，网络无国界，但使用网络人是有国籍的，任何人的任何行为都要在法律规范内活动，逾越了就要为自己的行为承担责任，接受法律的惩罚。

媒介融合视域下，红色文化传播的新渠道已经发生改变，由传统的线下宣传发展为线下普及和线上网络共同推进，这是人们生产生活的新空间，是国家治理的新领域。网络空间要持续健康发展，必须坚持党管媒体的原则，学习运用法治思维和法治方法探索管网治网之道，加强网络立法，严格网络执法，引导网民遵法守法，全面推进网络空间法治化。

习近平总书记说：“国无常强，无常弱。奉法者强则国强，奉法者弱则国弱。”网络空间是虚拟的，但运用网络的主体是现实的。推进红色文化大众化传播必须强化依法治网，强化法治思维，发挥法治规范引导网络行为的重要作用。人们对现实社会的不满情绪可能会通过网络传播，特别是一些“键盘手”，在现实社会中因为社会关系、社会角色的限制，不敢有过激行为或发出过激语言，而在网络这种虚拟的空间里，有了一层神秘感，言行就不受控制了，往往不加遮掩地把情绪发泄到网络上，给网络环境造成了很严重的影响。在网络空间里要加大投入力度宣传红色文化精神，形成网络主流价值观，用法制思维来控制网络秩序，营造天朗气清、生态良好的网络环境。同时，建设社会主义法治化国家，也要求我们必须将互联网管理纳入法治轨道，全面推进网络空间法治化，让互联网在法治轨道上健康运行。

三、网络技术环境建设

技术为社会生活和跨文化交往提供了条件。媒介融合视域下，许多主流传媒机构，开始从理念和技术层面去研究红色文化大众化传播在媒介融合发展下的路径选择，创新新旧媒介传播相融合的新思路，探索媒体融合传播的新模式。一方面，利用先进网络技术丰富红色文化宣传形式，实现文化战略升级，发挥网络在线互动特点，引导政府培养网络思维，鼓励政府运用网络优化服务，转变落实服务型政府的目标，鼓励领导干部积极上网潜潜水、发发声、聊聊天，增强与群众的互动。另一方面实施因材施教，对于不同年龄、不同阅历、不同社会阶层的受众，改进在传播效果、舆论表达、精神需求满足方面具备的专业化、特色化和差异化，增强新媒体传播红色文化的有效性。

在报纸业，很多纸媒已经和网络结合，或拥有了独立经营的网站或依附于其他网站，如人民网，就在加速打造包括报纸、网络、音频和视频媒体在内的全媒体平台。中央和地方各级党政机关网站，在探索红色文化宣传、舆论和引导的功能上也日渐成熟起来，在考虑地域优势和特色下，对网站建设有了一定的发展方向，网站的品质逐渐提高，并追踪跟进最新科技动态，以最快的速度在网站上运用开来，实现与群众的无缝对接。如人民网为实现实时动态的更新，运用了多语种、多媒体、多站点的全方位新闻搜索系统，每天传送上万条新闻信息。为了兼顾实时性和吞吐量，在搜索区以关键字、关键词的对焦方法，对检索对象进行智能化分类，如“社会”“法治”“文化”“观点”“教育”等类型，搜索结果用时可达实时秒级更新，搜索引擎实现了全量、增量、实时三种更新通路。在红色文化舆论引导方面，“网络意见领袖”的作用也值得我们特别关注。微博的直播平台是主流媒体在线直播的延伸，是一种新媒体产业链，与主流媒体起着相辅相成的作用。此外。交互式网络电视与数字电视、手机电视及手机报、电子书等，都是红色文化传播的重要载体。所以我们须运用最先进的技术宣传红色文化，不断增强其影响和感召力，使红色文化的传播在新媒体领域占据应有的地位。

新媒体以计算机为支撑，它不仅具备计算机数据存储、云计算、人工智能等功能，还采用了声纹识别、语言识别、图形界面、交互输入和触摸层等先进技术，使计算机不仅有了处理文本、图形、音频、视频的能力，并能够模仿人类用语习惯、视觉习惯和声音特色来多维视角立体呈现传播的信息。新媒体技术的广泛应用促进了个人语音室、电子图书室、多媒体教学等红色文化新型教学传播方式的蓬勃发展。

Web2.0的出现，将人类带入了一个全新的数字化时代，扩宽了人类生存的空间——网络虚拟社会，使以Internet为主要标志的网络技术成为传播红色文化的重要载体。“旧媒体”与“网络”的融合，促使了“红色文化新媒体网络教学”的产生。这一教学形式的创新，突破了单机多媒体传输的局限，实现了“互联网+信息”的资源共享。与黑板、粉笔、挂图、幻灯等传统媒介相比，“互联网+信息”集合了网络信息技术所具有的数字化、信息化、集成化、智能化、立体化等特点。“互联网+信息”的优点不仅改变了红色文化的教学模式，同时对传统的教学理念、教学目标、教学内容、教学方法等也产生了巨大的影响。

在信息的获取方式上，人们更习惯于用时短、高精准、方便快捷的搜索方法。网络海量的数据存储记忆技术为人类提供了在线数据库的服务，进一步提高了人们获取信息的便捷度。“在互联网中，使用频率和依赖度最高的是搜索引擎功能”①。如新华网与数百家媒体合作，整合新华通讯社强大的采编力量，有中文（简、繁体）、英文、日文、阿拉伯文、韩文、德文、葡萄牙文、蒙文、藏文、维文、哈文等多种语言版本，依托图片、文字、动漫、音视频、论坛、数据库、思客、手机客户端、网评、访谈、信息化、微视频、网上直播等多种形式报道重大活动和各种新闻信息，每天发稿量近万条。其中时政/人事、国际、财经、法治/社会、数据新闻、科普、信息化、科技/教育、论坛/博客、舆情等栏目，已经成为国家重要新闻发布、政策法规权威解读、红色文化传播，沟通人民群众的重要桥梁。在搜索引擎海量的信息中，人们可以通过关键词、关键字的搜索，迅速获得自己需要的信息，人们实现了享受数据库式的信息服务。

四、网络管理环境建设

红色文化网络传播除了技术更新和维护外，网络管理方面也是非常重要的。重建设、轻管理的弊端长期存在于红色文化大众化管理工作中，有效合理的监管缺位，监管手段、方法落后，不能满足红色文化大众化网络运行管理的要求。有些部门购置了相关的运行设备，但却缺乏开发和利用的专业人员，而媒介素养成为部分红色文化理论工作者的软肋，不能熟练操作和维护，而专门负责网络维护和管理方面的人才又可能对红色文化大众化的理论掌握程度不够，因此两方面都极大地影响了

① 周小华：《论新媒体技术环境中的马克思主义传播创新》［J］. 湖北行政学院学报，2011（2）。

红色文化大众化网络管理建设的进程。

网络就像是硬币的两面，一面提供了人们方便快捷的生活体验，另一面却隐藏着网络危险。目前，我国出台了很多关于网络的各项管理制度的法律法规，如《互联网新闻信息服务管理规定》《信息网络传播权保护条例》《通讯网络安全防护管理办法》《互联网文化管理暂行规定》等，这表明国家对于规范网络行为非常重视。网络的虚拟性与开放性让不法分子利用言论传播谣言有了可乘之机，他们的行为触犯了法律底线和社会道德约束，在社会范围内造成了不良的影响。当前，红色文化大众化网络传播管理体制建设、管理技术手段和方法，还不能完全满足红色文化大众化传播的需要。原因在于：一方面，传统媒体在管理红色文化传播方面积累了较为丰富的实践经验，但进入媒体融合时代，传统媒体与新媒体的对接还需要技术和内容上的磨合，这也就造成了新旧媒体在红色文化网络管理方面有了时间差，旧媒体和新媒体的嫁接技术跟不上新媒体更新换代的速度，也就无法有效地适应新媒体的特征变化和要求；“另一方面，尽管互联网信息管理规定已经出台，但涉及红色文化大众化网络传播管理的规定比较少，由于实践经验的欠缺，对新媒体网络管理的不适应，这些规定在实际应用方面有现实可操作性弱化的情况”①。

管理规定的不完善一定程度上影响了红色文化大众化的传播效果。有效合理的监管缺位，监管手段、方法落后，不能满足红色文化大众化网络运行管理的要求。提高红色文化大众化传播效果，须建立较为完备的传播管理制度，包括管理主体、管理流程、管理范围、应对机制等相关内容，在传播过程中不断适应环境的变化而作出相应的调整。万变不

---

① 吕治国：《略论新媒体环境下马克思主义大众化的传播路径》［J］．思想理论教育导刊，2011（9）。

离其宗，抓住传播规律和受众心理，用受众喜闻乐见的方式加大传播投入力度，就能在媒介融合的时代发展要求下形成和保持红色文化传播特定的灌输功能和教育职责。所以，红色文化大众化网络传播的效果，从协调管理方面来说就是管理体制、管理目标、管理功能和管理机制与流程共同作用的集合体，是红色文化大众化传播管理系统构成要素相互依存、相互联动的集成。

第二节　媒介融合下红色文化大众化传播的环境优化

媒介环境是红色文化大众化传播活动全体参与者的行为方式聚合后形成的一种习惯模式，媒介环境是红色文化大众化传播载体的栖息地，只有在良性的生态环境下，红色文化才能健康发展。因此，我们必须遵循一定的原则，合理规划，优化媒介环境，充分利用媒介资源，才能最大限度发挥媒介融合的功效。

一、媒介融合下红色文化大众化传播环境优化的原则

在新媒体时代的背景下，媒介化社会不断形成和发展，对红色文化大众化传播的环境优化在坚持马克思主义的前提下，遵循一定的原则。媒介融合下红色文化大众化传播的环境优化的原则是结合红色文化传播基本要求和大众化网络传播的特点、规律所提出的基本准则。下面分别从红色文化大众化网络传播的方向性原则、系统性原则以及整体性原则三个方面加以论述。

（一）方向性原则

在红色文化大众化网络传播的过程中，要始终坚持社会主义的、无

产阶级的性质，坚持为社会主义现代化建设服务，为人民服务的方向，也就是要坚持大众化网络传播过程中所必须遵循的一般性原则，即社会主义方向性原则。坚持这一原则，体现了红色文化的重要育人目标，即为党和国家培养心中有党、心中有民、心中有责、心中有戒的“四有人才”，这是新时期红色文化对所有党员干部的要求和勉励。

我们必须在网络传播过程中把握社会主义方向性原则，就是要在网络传播过程中把握传播的方向，坚持正确的舆论导向，发挥主流媒体的主导地位，引领大众价值取向，使红色文化为整个社会所接受和认同。对于网络舆论阵地的建设，就是要说好中国故事，唱响中国好声音，使社会主义核心价值观成为人民群众的坚定理想信念。在全社会宣传马克思主义理论，有助于培养人民群众的政治意识、大局意识、核心意识和看齐意识，促进马克思主义大众化，尤其是将毛泽东思想、邓小平理论和“三个代表”重要思想、科学发展观和习近平新时代中国特色社会主义思想等马克思主义中国化的理论成果转化为人们的政治理想和信仰。

社会主义方向性原则是红色文化大众化传播环境优化的首要原则，决定着环境优化的方向和性质。一方面，我国社会主义性质和初级阶段的基本国情决定了我们创造的红色文化大众化传播环境必须坚持社会主义的政治方向，培养新常态下的“四有”党员干部（“心中有党、心中有民、心中有责、心中有戒”）。另一方面，红色文化大众化传播环境是广泛而复杂的，存在现实社会多元文化的挑战和网络行为虚拟化的挑战。经济全球化带来了人们思想的全球化，既有传统文化的印记，也有主流文化和非主流文化的冲击。价值的多元化是红色文化传播需要理顺的现实环境。经济的互动推动了文化的交流，竞争与交流同在，但合理的竞争必须遵循社会主义方向，红色文化大众化传播的方向同样要遵循社会主义方向。

坚持社会主义方向性原则，一是坚持党管媒体，守好舆论阵地。在我国红色文化传播的主流媒体应当是党和政府的代言人，必须姓党。面对形势复杂的国际社会，做好党的宣传工作是凝聚民心、搞好社会主义建设的思想武器，所以党管媒体的政治性方向绝不能动摇。二是强化责任意识，加强网络媒体管理。宣传红色文化是掌握意识形态话语权的重要内容，红色文化传播工作作为党的一项重要工作，处在意识形态斗争最前沿，是治国理政、定国安邦的大事。要做好这件大事，需要我们两手抓，两手都要硬，思想上高度重视，工作上真抓实干。当前我们正处于社会主义改革的深水区，爬坡过坎的攻坚期，把握正确的舆论导向，让红色文化更好地服务经济社会建设，这就要求我们必须强化责任意识。只有这样，才能充分发挥红色文化大众化传播环境优化的服务功能。

对红色文化大众化传播环境进行优化，必须坚持为人民服务、为社会主义服务为导向。在全球化的浪潮中，利益主体的多元化造成了利益诉求、价值追求的多元化，利益导向与社会主义价值导向从根本上是一致的，竞争必须要遵守社会主义的方向和原则。对红色文化大众化传播环境进行优化，其目的是使人们接受并以此为价值取向。因此，新媒体视角下，对红色文化大众化传播环境的优化要坚定为社会主义现代化服务的立场，明确优化方向，这不仅能够为红色文化大众化传播的发展开辟新的途径，提供丰富的资源，也能最终实现好红色文化大众化传播的目标。

（二）系统性原则

研究红色文化大众化传播是个系统工程，红色文化大众化传播环境是红色文化大众化传播过程的环节之一，与其他要素环环相扣。随着系统科学理论的提出及其在各个领域的应用，人们对系统观念有了一定的认识。研究红色文化外在的传播模式必须对社会环境要有所认识和了解，掌握传播的规律，有助于人们对红色文化大众化传播环境的进一步研究。红色文化大众化传播环境的系统性，决定了红色文化大众化传播环境优化要兼顾系统工程中各环节的联系，实现横向协调与纵向协调的统一。

首先是横向协调统一。媒介融合视域下红色文化大众化传播环境可以从不同角度做不同的划分，如网络硬件环境、网络法制环境、网络技术环境和网络管理环境，这些环境系统相互联系，共同构成了红色文化大众化传播的外在因素。若忽视了环境的协调作用，就会出现传播环节上的漏洞，引起传播矛盾，对于传播效果是有影响的，而有效果的传播应该是系统的，有组织的，有规律的。因此红色文化大众化传播环境应坚持横向协调统一，使红色文化大众化传播环境各要素密切配合，协调一致，形成一个结构完整的环境模式，向受众传播信息，增加传播的效果。

其次是纵向协调统一，要根据红色文化大众化传播的目标，制订创造红色文化大众化传播环境的路线图，根据路线图有目标、有方向地营造红色文化大众化传播环境。红色文化的传播不是一朝一夕就能够让人们自觉认可的，而是一个长期的、常态化的传播过程。红色文化的传播不仅是国家的事，也是社会各界共同关心的话题。要保持红色文化的时代性和先进性，就要党领导主流媒体发挥传播主导作用，抓住红色文化精神与社会热点事件的契合点，提炼热点事件中应当宣扬的红色文化精神，并扩大宣传的力度，让红色文化渗透于人们的生产生活中，形成共同的价值取向。同时发挥党员干部表率引领作用，带头做好家风建设和作风建设，以家庭和谐促进社会和谐，在全社会形成党风廉政建设的良好风尚。

（三）整体性原则

环境对人的影响总是潜移默化、每时每刻的，什么样的环境造就什么样的人民。人民的信仰需要环境培养，并持续加以刺激和激发。这是一种相互作用力，环境能够影响人，反过来人也能改变环境。因此，优化红色文化大众化传播环境必须坚持整体优化原则。一方面就是通过优化传播的内部和外部环境，深挖和开发红色文化资源，取其精华，去其糟粕，把积极因素深化加工，使其更适应于社会发展需要，消除消极因素，优化环境资源，使环境因素成为红色文化大众化传播的有效手段，以增强红色文化大众化传播的实效性。

坚持整体性原则，分析环境的普遍性与特殊性。红色文化大众化传播环境的普遍性表现在：互联网时代，每个文化都是开放的，都有一定的受众群体，人们因为价值观相同而聚集在一起。因为开放所以文化消除了边界，加强了世界文化的交流和互动。但同时也不可避免地出现“网络文化垄断主义”，这就是红色文化大众化传播环境的特殊性。西方敌对势力总想以霸权主义来削弱我国实力，阻止我们走繁荣富强的道路，他们采取了“文化侵略”和“和平演变”战略，散播一些诸如拜金主义和享乐主义的资产阶级腐朽思想，他们暗地里支持“疆独”“藏独”“港独”和“台独”分裂势力，企图达到分裂我们国家的图谋。所以红色文化大众化传播面临着机遇与挑战，在传播过程中不仅要营造有利于传播的环境，也要有应对外来文化侵略的准备，两者不可偏颇。机遇与挑战并不是绝对不变的，在文化交流过程中，我们可以向外输出我们的文化价值，但也可能会受到其他文化的介入，改变人们的认知。而遇到环境的挑战，我们也可以用红色文化实践经验去检验是否符合我们的价值观，有没有与我们的认知相违背，通过对比揭露出资产阶级腐朽文化的弊端与陷阱，从而加深对红色文化的认同。良好的红色文化大众化传播环境，为红色文化大众化传播的实施提供坚实的基础、良好的氛围、顺畅的渠道以及强大的合力，在人民群众的理论体系建构中实现“润物细无声”的效果。

科学技术的发展加快了社会生产力的进步，环境变化的速度也在加快，新旧媒介的组合从相加到相融，全媒体社会让人们在网络虚拟与社会现实之间来回穿梭，使红色文化大众化传播的环境更加广泛而复杂。因此在坚持整体性优化原则的同时，还要做到重点突出，避免“眉毛胡子一把抓”的现象。对于要传播的内容要有所选取，根据地区发展特点和定位，依托地方特色，结合社会热点问题开展与红色文化传播相应的活动，既结合了实际也传播了红色文化教育的功能。根据不同层次、不同经历、不同教育背景的受众，因时而定、因人而异，有针对性地选择节假日，选择合适的地方开展红色文化教育活动。只有选择、创设最合适的环境因素，环境的积极效应才能最大程度发挥。

二、媒介融合下红色文化大众化传播环境优化的路径

网络传播环境作为红色文化大众化传播环境的一部分，其对红色文化大众化传播活动的影响日益加强，科学合理地利用网络传播为我们的红色文化大众化传播服务，必将成为一个重要方面。具体说来，我们必须做好以下几方面工作。

（一）依法治网，依规管理，净化网络环境

从历史经验看，“法治”比“人治”更能促进社会进步，国家现代化管理需要法治思维，法治思维是文明社会的必然选择。法治国家的建成需要人民群众培养法治意识，在生活、工作、学习中都能运用法治思维去解决生活中的问题，单纯依靠某些领导口号式的呐喊，而人民群众没有话语权，这个社会仍然是不健全的，仍然是不发达的。由此可以看

出，网络空间不是法外之地，依然需要法治思维管理网络空间。在全面依法治国的大背景下，传播红色文化如同以德治国，培养法治思维如同依法治国，红色文化与法治思维的结合就是依法治国与以德治国相结合的典范。法治思维是红色文化的思想支撑，用法律规范来约束社会道德底线，维护社会秩序，规范人们自由活动的空间，做到有法可依、有法必依、违法必究，依法推动网络空间深化改革，遵循依法办网、依法管网、依法上网的理念，营造风清气正的网络空间。严格网络行为底线、网络空间红线、网络违法违规高压线，追究违法上传信息的用户和未尽监管义务的平台相应法律责任，加强网络监督管理工作，拓宽群众监督渠道，内部规范与外部监督结合，从而构建理性有序、充满活力的网络空间。

2017 年 6 月，《中华人民共和国网络安全法》（以下简称《网络安全法》）颁布实施，作为我国第一部全面规范网络空间安全管理的基础性法律，标志着我国网络安全从此有法可依，从制度上解决了监管缺位、执法不作为、执法无序、执法不到位等问题。《网络安全法》出台不久，国家网信办就对相关网站平台展开了调查，比如腾讯微信、新浪微博、百度贴吧等。受调查的网站都存在涉嫌违反《网络安全法》等法律法规的行为，比如虚假宣传、不实信息、竞价排位等危害国家安全、公共安全、社会秩序的信息。究其原因，是网络管理者对用户上传的信息不加以监督和管制，任其自由传播，没有尽到应有的监管义务。对涉案平台的相关责任人进行了约谈并依法给予法律处罚，让人民群众看到了网络法律法规得到了落实。网络虚拟的玻璃窗并不是散布谣言的避风港，仍然在法律的约束范围内，法律法规的落地生根避免了法律规定束之高阁、变成“稻草人”、产生破窗效应。不断提高计算机网络技术和人民群众的防范意识，发挥人民群众监督力量，与新型网络犯罪行为做好时间赛跑的准备，以维护人民群众利益和社会稳定。

习近平总书记在网络安全和信息化工作座谈会上指出："网络空间是亿万民众共同的精神家园。网络空间天朗气清、生态良好，符合人民利益。网络空间乌烟瘴气、生态恶化，不符合人民利益。""中国互联网络信息中心（CNNIC）在京发布第39次《中国互联网络发展状况统计报告》显示，截至2016年12月，我国网民规模达7.31亿，全年共计新增网民4299万人。互联网普及率为53.2%，较2015年底提升2.9个百分点。中国网民规模已经相当于欧洲人口总量"①。网络空间已经成为人际交往的第二个生存空间，维护网络健康环境、传播正能力、规范网络行为已经成为众多网站和亿万网民的自觉行动。

随着更加开放的网络环境，一些背离红色文化价值观，为追逐利益不择手段，无视道德底线与法律边界的现象时有发生。海量的信息，畅通的交流，是网络带给人们体验畅所欲言的快感，感受天涯若比邻的边界。与此同时，一些人思想道德素质不高，理想信念不坚定，受到的红色文化教育不足，产生了消极的社会抵触情绪，借助网络展示低俗和发布危害国家安全的言论，甚至把伟人、英雄恶俗化，把发泄个人情绪凌驾于国家利益上，这样的网络只会陷入混乱、走上歧途，不可能健康发展，更不是网民心中那片充满生机活力的新天地。必须切实落实开展红色文化网络传播的法制教育活动，加强网络传播者的媒介素养和政治意识，加强网络安全内容过滤，压实网络传播平台的主体责任，加强行业自律，完善自律机制和行业规范，内部监管与外部监督结合，强化企业责任心，确保网络空间在法律范围内自由发展。以红色文化带动诚信建设，完善诚信评价机制法律法规，网站注册实名制，规范信用记录，出台诚信黑名单制度，实名通报不受欢迎的网民黑名单，在网络空间里形

① 《中国互联网络发展状况统计报告》，中国互联网络信息中心网，2017年01月22日。

成监督氛围，引导网民正确使用互联网媒体，形成对不良信息不敢做、不能做、不想做的长效机制。

坚持网络法律制度建设，让法律制度成为“网德”的刚性力量。诸多不良网络行为的出现，归根到底在于缺乏网络规则法度。没有规矩无以成方圆，有法可依，才能执法有力。在媒介融合视域下，红色文化传播环境是新的，挑战也是新的，关系错综复杂，涉及的利益也是千丝万缕的，仅有个人和行业的自律，力量显得有些单薄。没有规则运行的结果，必然是劣币驱逐良币，拉低网络道德底线。但由于我国互联网立法出台比较晚，从制度完善上还有待提高，法律适用也多参照行政法和部门规章，执行难的问题一直存在。因此，通过更高层次的立法保护网络信息安全，对网站信息安全的技术建设进行规范，并建立联动机制共同抵制信息泄露行为，从而切实提高执法的可操作性，这是一个成熟市场经济国家规范市场秩序的理性选择。

坚持规范网络立法，让网络反腐更有效。从中央开展“打虎拍蝇”雷霆反腐行动以来，“反腐”已经成为社会热议话题。网络反腐扩大了人民群众举报腐败事件的监督渠道。随着我国网民在国家总人口中所占的比重越来越大，越来越多的网民通过网络第一时间了解国家政策和国内外动态，关心国家大事，积极建言献策，积极参加反腐。近些年，网络反腐风生水起，“王流浪”孙德江、“日记门”韩锋、“九五至尊”周久耕等人，因为网友的“人肉搜索”纷纷落马，让不少网民都体验到“小鼠标”扳倒“大贪官”的快感。随着公众对于网络反腐的期待被抬升，由此折射出的网络反腐立法制度建设也成为网民热议的焦点。“腐败”既是影响个人名誉的问题，也是影响政府公信力的问题。对于网络举报的事例，有些是真凭实据，有些是恶意诽谤。很多案例是实名举报并证据确凿的，例如原陕西省安监局局长“表哥”杨达才等一系列“网络反腐”案例，纪委收到举报马上成立专案小组着手调查，并通过司法程序对相关人员进行了处罚。但是，如果报案人举报不实，存在恶作剧的情况，反而会浪费司法资源，对反腐产生反作用。如果没有法律的约束，在互联网上，人人可以随意突破道德的底线，也就意味着人人可能成为被攻击的对象，因此关键事实是非常重要的。网络只是为反腐提供了一个平台，由于任何人都可在这个平台上发表涉及腐败的信息，一旦出现不适当、不正确、不真实的举报内容，会稀释公众对网络及政府的公信力，挑战公众的道德底线，那么网络反腐也就走到了尽头。如何甄别真假爆料信息、如何发挥网络反腐与制度反腐的协同效应，亟待通过立法进行规范。

加强网络舆论监督的法制建设。互联网时代，人人都有麦克风，人人都是传播者，言论的自由，加深了文化的交流。但言论界限不能超越法律的限度，如《中华人民共和国网络安全法》《信息网络传播权保护条例》等法律法规的规定是不能逾越的。目前，出台的互联网管理法律法规近十部，如此数量众多的规定，涉及的范围也比较广，但也存在职责不清、权限交叉、分工不明、配合不够、资源浪费等现象。规范网络舆论，需要进一步完善整合现有的法律法规，厘清各部门法之间的位阶关系。网络舆论的导向，是构筑健康网络环境的关键。网络舆论的立法，首要任务是平衡自由言论权与人格权之间的关系。不论是网上世界还是现实社会，言论自由都应该受到合法保护。但从“魏则西事件”“百度血友病贴吧事件”和网络直播乱象来看，不加约束的言论自由会侵犯人身财产安全。因此，作为网民，应当养成文明上网的公民意识，自觉抵制低俗信息，对谣言做到不造谣、不传谣、不信谣，对网上的不良信息不宣传、不点击、不转发，并积极履行公民义务，向有关部门举报，创造干净和谐的网络空间；作为网站，要有文明办网的职业操守，发现低俗信息要履行监管责任，做到及时清除有害信息，传播健康向上的舆论信息。同时各级党政机关的网站要积极引导舆论，弘扬正气的舆论占据主导地位，使网络成为红色文化传播的主阵地。

网络环境下，为了有效地开展红色文化法制教育，应发挥政府主导作用，做到构建机制、调动资源和教育多位的三者统一。

一是要构建一个良好的机制，机制是托举红色文化网络传播的刚性力量。互联网是多媒体技术融合下的集合体，利用互联网把传统政府嫁接到网络上，是转变政府职能，实现服务型政府的自我革新。在互联网上，政府法制教育与传统的政府法制教育有机结合，互为补充，通过线上与线下多维度的融合，发挥政府法制教育整体的效力。形式丰富的线上传播同线下的理论实际相结合，从形式上增加传播的趣味性，突破线下地区限制，加强体验交流。通过线上发布红色文化法制教育信息，扩大宣传力度和范围；通过线下专题讲座，实地走访，现场教学等活动补充理论知识，增加人民大众法治教育的体验感。

二是要充分调动社会资源，凝聚社会各方力量，全方位、多角度宣传。长期以来，法制宣传教育多以政府经费拨款为主，有限的经费一直制约着法制教育的开展和扩大化。法制教育既有公益性也有服务性，面对人口众多的人民群众，有网上环境与现实环境相重合，仅仅依靠财政拨款和有限数量的政府工作人员去管理和宣传，这个难度可想而知。在这样的背景下，政府可以推出市场化运作的机制，将社会资源吸纳为开展法制教育的资源，拓宽法制教育的渠道。在运作方式上，可以引入商业化管理，通过宣传红色文化法制教育活动与品牌商合作，既借助了品牌的传播力，也在内容和形式上丰富了红色文化的宣传，在政府主导的基础上，充分调动市场的积极性。

三是要在教育主体、教育内容和教育形式上做到多维度的扩展。网络环境下，为了有效地开展红色文化法制教育，还需要将社会各界教育主体纳入红色文化法制教育主体中来，改变只有政府单一主体的局面，丰富教育资源。除了由政府组织法制教育，民间组织、社会团体也可以相应地开展各类红色文化法制教育活动，营造一种全民自觉地开展法制教育的良好局面；在教育的内容上，可以采取“菜单式”培训，根据人民群众的需求，有针对性地将法制教育的内容向人民群众生活最需要的领域和方向拓展；在教育的形式上，除了简单的信息发布，还可以通过各类参观、讲座、模拟法庭、讨论辩论的形式，增进民众的直观体验。

（二）创新媒体，媒介融合，加强技术建设

新媒体视角下，对红色文化大众化传播环境进行优化，就是要利用先进的媒介技术，对传播内容进行整合，通过开设专题网站，或针对某一事件开设专题，在全社会范围内传递红色文化，传播社会主义主流意识形态的信息。

“网络技术的发展促进了大众传媒的高度融合，全面把握红色文化大众化的网络传播特点和规律，探索构建适应网络技术发展要求的红色文化大众化实现路径，是推动红色文化大众化的现实需要”①。在长期的实践经验中可以看出，要让网络技术在红色文化大众化传播的工作中发挥出最大的功能和活力，就要对网络技术进行技术性优化。比如，组建专业团队对红色文化大众化网络传播方面进行技术上的优化，做到专人专职，把最新科技应用到传播上来，开发更多的软件与游戏，方便人民群众获取信息，规范后台管理，实时监控，及时消除不良信息的传播。只有技术上进行了合理的优化，才能在功能上进行最强的保障。

保持红色文化大众化网络传播的先进性与时代性，关键在于新媒体技术和传播形式不断创新。这既包括新媒体技术、新旧媒介相结合的技术以及技术安全建设，也包括创新形式丰富、元素多样、群众喜闻乐见

① 高乃云：《论马克思主义大众化的网络传播境遇及策略优化》［J］．西南民族大学学报（人文社会科学版），2012（6）。

的学习互动方式等，这是媒介融合视域下推进红色文化大众化的重要手段。新技术是一把双刃剑，一方面，加快了社会进步的步伐，另一方面，加强技术防控体系建设，在技术层面，及时清除不利于红色文化传播的信息。比如，强化网站后台技术检测程序，在信息发布前对信息进行筛选，涉及敏感信息的重点排查，在信息发布后还须进行反复多次检测，对于出现的错误和虚假信息及时予以删除；及时更新监控和跟踪技术，通过对防控系统的建设，构建过滤系统；对技术人员进行培训，提高技术维护能力；集合人民群众的力量，建立有偿举报制度，鼓励发现各种虚假、错误信息并举报，净化网络环境；落实网络实名制，提醒网友谨言慎行不能越界，时刻保持依法上网的法治思维，既增强了法律意识，也在客观上减少了不良信息的传播。

我国“十三五”规划纲要明确指出：“推动传统媒体和新兴媒体融合发展，加快媒体数字化建设，打造一批新型主流媒体。同时，优化媒体结构，规范传播秩序，加强传播能力建设。”数字化建设是红色文化大众化传播的重要载体，在网络技术上，我们发挥动态性信息广泛性、时效性、简明性等优势，利用云端存储、资源共享、实时更新等信息技术，强化红色文化传播体系网络基础，扩大信息覆盖面，切实增强对虚假信息与低俗信息的实时拦截能力，加强红色文化国家传播力量的建设，助推新型主流媒体传播正能量。

相比于新媒体传播形式丰富、传播范围广、传播成本低、成效显著的冲击，以内容为王的传统媒体正在经历市场占有份额的弱化，传统媒体要想获得长足的发展，必须转型升级，发挥原有的资源和品牌优势，结合新技术开发出传统媒体的新传播形式。比如书面媒介与有声读物技术融合产生电子书，报纸与超文本技术融合产生了网络新闻，电话与包装交换技术融合产生了网络电话，剧场电影与视频剪辑软件融合产生了互联网电影，传统广播与卫星接收器融合产生了网络广播，传统电视与数字电视转化技术融合产生了网络电视、移动终端电视和交互式网络电视等丰富的媒体形态，这些新媒体形态所具有的大数据库、双向传播、使用便捷等优势，也为红色文化提供了更多层次的传播形式。在传播用语上，利用新媒体推进红色文化大众化，更强调语言使用上的时代性和通俗化，教科书式的语言不仅让人感觉枯燥无味，更突显了红色文化的历史年代感，所以必须善于运用通俗化的文字和群众性语言、新鲜生动的材料，深入浅出地阐述深刻的道理。在宣传形式上，要结合国家政策方向性的信息，及时捕捉广大群众反映强烈的社情民意，关注社会热点焦点问题，收集发生在人民群众身边的案例，以身边事教育身边人，多以网络宣传结合理论讲解，把红色文化的哲理性和通俗性结合起来，以增强推进红色文化大众化传播的效果。此外，还可以利用人工智能技术，建立集检索功能、支付功能、咨询功能、信息服务功能等多功能于一体的红色文化数字图书馆，实现图书馆智能化管理，减少人力成本，从而更加专业、系统、全面地构建红色文化传播体系，实现红色文化价值观的宣传与教育，促进我国媒体的良性发展。

（三）舆情引导，媒体自律，优化管理体制

当前，网络空间中存在以粗劣低俗为特征的不良行为和倾向，主要表现为吸引眼球的另类行为、庸俗化的恶搞行为、跳动欲望的煽情行为、低级趣味的猎奇行为。“网络滋生出的乱象，其根本原因在于监管缺失、相关法律的约束力弱以及该领域自我净化能力不强等问题。信息未经筛选与过滤便直接进入网络空间，其带来的危害，不仅挤占了红色文化大众化的传播空间，同时还消解了红色文化大众化的正面效应”①。

红色文化大众化需要环境的支持，健康积极向上的网络环境，是红

---

① 黎欢：《新媒体环境下马克思主义大众化传播问题与对策研究》［J］．淮北职业技术学院学报，2016（12）。

色文化大众化传播的坚实土壤。一个健康有序的网络环境，有利于引导、塑造、感染、激励人民群众选择与接受红色文化。网络思维已经深入人心，在这样的背景下，创造优良的网络空间，加强网络管理就成了推进红色文化大众化的重要环节。优化网络环境管理，首先要加强媒介素养的教育，制定信息发布准则，在传播者与受众之间形成共识。网络的虚拟性加大了言论自由的开放度，一部分政治素养和媒介素养不高的传播者，肆意在网络上发布大量非红色文化和反红色文化思潮以及扭曲的社会价值观念，给红色文化大众化带来了负面影响。

第一，建立和完善红色文化传播网络舆情管理工作体系。

制定有关红色文化传播网络舆情管理的规范性文件和政策，建立舆情监测制度，组建网络管理人才队伍，切实了解和掌握网络舆情，对监测中发现的非红色文化和反红色文化信息展开风险分析，做出预测报告，向上级机关和有关部门通报和发布预警信息。政府加强对网站的监管与考核，不定期地对线上网站予以评估，对传播虚假信息与不良信息的网站则予以通报，并责令其整改。充分利用广播、电视、网络、报纸等各种传统媒体以及博客、微博、移动新闻客户端等新兴媒体，实现网络舆情预警“一张网”全覆盖，保障数据收集的及时性、准确性和有效性，形成重点新闻网站发挥主渠道作用的网上舆情应对工作格局，从而实现网络空间的绿色与文明，实现红色文化网络传播朝法制化与规范化的方向发展。

第二，加强网络媒体自律建设。

自律的主体是网络媒体自身，而政府的角色定位是网络辅助者。政府的作用是宏观调控网络环境，监督和规范网络主体实施自律。在网络媒体自律建设中，依照可操作性强的原则，政府负责联合网络服务商共同制定行业标准，落实网络发展与管制工作。选拔具备较高媒介素养的工作人员，加强培训，提高举报有害信息的效率，维护网络传播安全。

此外，还可以发挥非政府机构和组织对人民群众进行红色文化互联网教育和引导作用，扩大宣传范围和力度。

第三，建立健全红色文化大众化网络内、外部保障体系。

规范网络传播机构内部组织架构和工作责任，明确管理负责人、传播技术人员、舆情信息监控人员、传播采编人员等的工作规程、岗位职责和任职条件。健全从人员、资金、设备配备到管理目标、工作考核等配套的规章制度外部保障体系，完成制度的顶层设计和体制建设，并逐步把红色文化大众化网络传播过程和管理部门的建设纳入组织整体发展规划之中。

第四，加强政府对红色文化网络传播的立法管理。

建立良好的红色文化网络传播环境，离不开法律体系的保障。尽管在过去十多年中，我国已经相继出台各类与网络相关的法律、法规、规章200多部，但是法律的出台还是滞后于各种社会矛盾爆发；另外自上而下的体制机制给大家带来便利的同时，也给个人信息泄露、虚假信息泛滥、网络诈骗与网络谣言滋生等现象的出现有了可乘之机，这些都需要我们对网络立法进行认真的研究和反思。从立法层面看，需要考虑如何让社会各类主体参与到网络社会的管理和建设中来。换句话说，网络立法靠的不仅仅是政府，还需要全社会共同努力。这对于改善党和政府的执政能力、构建和谐健康的网络环境、促进红色文化网络传播无疑是非常重要的。在立法的过程中，政府需要塑造一个良性有机的立法环境，让国家、网络服务提供者、行业组织、公民等多个利益相关方参与其中，发出多种“正能量”，这样不仅是对个体的保护，也是对公权力的约束，更是对服务提供者的规范。我们可以在部分领域借鉴其他国家的立法经验，如美国的《互联网用户隐私权利法案》。一方面，通过立法完善对通过网络散播恐怖主义信息的打击；另一方面，逐步探索对新兴社交媒体的法律监管手段，以加强对个人隐私信息外泄的防范，为公众提供安全、放心的上网环境。德国的《联邦数据保护法》规定，网络运营商需保证为终端用户提供中性数据，不合法网页在网络运营商那里应被屏蔽。暴力、色情、纳粹思想、种族主义等内容在德国受到完全禁止，不得出现在互联网上。新加坡政府于2003年成立新加坡媒体发展管理局，专事网络管理、监控，特别是过滤网络信息。近年来还成立了国家网络威胁监控中心，由通信安全专家每天24小时进行监管。面对复杂多变的新媒体技术，我国现有的法律和制度在具体问题具体分析上缺乏可操作性，应先作出原则性的规定，同时注重与已有的相关法律法规相衔接，并为需要制定的配套法规预留接口。在制定网络安全立法规范的同时，也要我们既要依法构建良好网络秩序，也要保护所有网络主体的合法权利，尊重网民交流思想、表达意愿的自由，加强网络伦理、网络文明建设，发挥红色文化道德教化引导作用，用红色文化精神滋养网络空间、修复网络生态。

（四）数字校园，政务优化，夯实宣传阵地

媒介融合视域下，不可避免会出现与红色文化相冲突的价值取向、观点看法，这是一场各种思潮与红色文化争夺大众的没有硝烟的意识形态的激烈战争。媒介就是舆论，运用好新媒介，抵御全球化意识形态领域的浸透，在世界各种媒体之间的战争中，加大政治意识形态领域与媒体环境中传播与战略相互配合研究，让互联网和移动新媒体成为传播红色文化理论的前沿阵地。要加强红色文化网络传播阵地的建设，主要是建立和健全红色文化传播网站，创新红色文化网络传播语言，注重运用新媒体提高传播效果，这是实现新媒体环境下推进红色文化大众化的重要平台。一是建立一批以主流媒体为主导的红色文化意识形态的网站，依托主流媒体的影响力，增加流量和关注度；二是明确红色文化网站的定位和传播优势，树立品牌意识，通过开设有特色的品牌栏目积极搭建

“接地气”的红色文化网络语言支架，引导人民群众形成红色文化语言思维，加强新媒体环境下的意识形态主导地位；三是规范自媒体公共交流平台，建立“政府—媒体人—个人”三个层次的舆论宣传、引导体系。同时，必须克服自媒体所具有的冲击红色文化指导地位、忽视先进文化传播、弱化理想信念等消极影响，积极构建各种新媒体交互作用的自媒体传播体系。

加强数字化校园建设。校园网是大学生在学校内学习和利用网络的主要平台，高校应该进一步发掘和利用校园网络平台开展红色文化大众化教育活动，充分借助校园网开展理论学习、传播和宣传工作，积极创新网络红色文化理论教学新阵地。数字化校园以数字化信息和计算机网络为基础，利用网络、数据库以及数据挖掘等技术，对教学、科研、管理等信息进行整合、分析及处理，使信息资源得到充分优化利用。数字化校园信息处理平台在传统校园上构建了一个数字空间，使传统校园突破时间和空间的限制，提高学校的运作效率，扩展传统校园的功能，从而最终实现教育科研及管理的全面信息化，发挥信息技术的高效能与推动作用，达到提高教学质量、科研水平以及管理效率的目的。要充分利用新媒体音视频技术，通过邀请校内外专家学者录制相关的理论教育视频，对经典著作深入剖析，以实际案例强化理论理解，对学生提出的问题答疑解惑，增强红色文化学习的积极性，实现课内外教育引导无缝对接。开展网络校园论坛、动漫网络视频创作、电影演出等活动，引导学生将红色文化理论和先进成果通过自己的理解，转化为音频、视频、图片等多样的形式进行展示，使理论学习变得生动、活泼、可触可感，在活动中加深理论理解，弥补了传统课堂教学的不足，增加参与感。开设校内 App 通信软件，通过软件后台数据记录的课程选择、登录时间、朋友圈信息发布等信息收集，了解学生思想动态，有针对性地结合学生关注的问题，开展舆论引导，更便于红色文化的传播与学生的关注点相契合。

“充分利用中央党校、中国社科院及高校院所等资源，建设高水准的马克思主义理论文献资料库；成立高校思想政治理论课程资源共享联盟，建设集课堂支撑、教学互动、专题辅导、自主学习为一体的网络教学平台”①。创新网络教育的新方式，研发红色文化教育实用技能学习平台，建设微课堂，与优秀讲师、专业机构、院校合作，为学生提供多类型的优质课程，以及创新的在线学习体验，帮助学生获得全新的个人发展和能力提升。对于红色文化网络微课堂的建设，我们可以学习教育部在网上开展思想政治理论课堂的经验。教育部社会科学司在 2015 年 9 月 29 日开展全国大学生“同上一堂网络思政课”活动，全国各省市百余所高校学生和教师在同一时间段共同观看武汉大学沈壮海教授《价值观的力量》的网络视频课。而后，这类活动常态化开展。这种教育形式的创新实现了优秀资源共享，教学活动形式新颖有效，内容贴合实际，讲解深入透彻，令人印象深刻。由此可以看出，微课堂的有益探索，打破了时空的限制，红色文化的传播同样可以效仿此类活动的模式，开展同上一节红色文化教育课活动，集中优秀的教学方法、新颖的教学形式制成可以反复使用的视频共享的资源库，不仅使红色文化教育课的教学效果得到了较好的发挥，也开启了红色文化网络课程的教学的新模式。此外，为了促进红色文化教学内容和信息技术的深度融合，可以成立全国高校红色文化理论课信息化建设联盟，研发在线开放课程的建设内容，发挥各高校的集体智慧，有利于红色文化共建共享共进，切实为提高红色文化教学的针对性和实效性、为推进高校红色文化理论课信息化的建设和发展作出贡献。

当前不断变化的政策环境、不断出现的新事物，对我们的党和政府

① 张烁：《构筑学习研究宣传马克思主义“高地”》，人民日报，2015，11.26。

的执政能力提出了更高的要求，为了推进学习型政府建设，党员干部要做到与时俱进、不断用科学理论充实自己的认知，发挥聪明才智为人民群众更好地服务。这就需要把学习教育常态化，干部教育在线学习是借助网络介质载体，为各级各类干部推送教育培训班次、课程资源推荐等学习信息，实现干部网络教育“时时可学、处处可学”。通过网络在线开设专题班，引导学员分班学习、集中学习、系统学习。每年围绕中央和各地方的重点工作，开设理论学习、经济发展、社会管理、法律法规等网上精品专题班次，并根据不同培训主题安排精品课程，比如学习习近平总书记系列重要讲话精神，十八届三中、四中、五中、六中、七中全会精神和党的十九大精神，马克思主义基本理论，纪念建军90周年专题教学，党性微课堂等专题班，这些课程的开设涉及社会方方面面，学员可根据专题班课程安排及本人的岗位需求、专业特点和兴趣爱好等，自主选择学习专题。通过干部教育在线学习，党员干部之间有了更多学习的渠道，对于工作上的遇到的问题可以通过理论的学习打开思路，有助于从宏观层面把握当前工作的目标与方向，对于政策的理解和落实有了更直观的把握，减少了对工作性质的不了解而产生的怨言怨气，提高了服务人民群众的责任心与使命感。网络在线学习的优势在于可以借助下载网络课件，学员自由地选择时间和地点进行学习，对于学习时间的把握有了更多的掌控力。自由便捷的学习方式和自主选择的学习环境，使得在线教育得到越来越多人的青睐。网络在线教育是以精品课的形式呈现的，对于教师的讲解水平又提出了较高的要求，只有深入研究红色文化理论的教师，才能讲好专题课，才能吸引党员干部自主选择课程进行学习，所以这又体现了网络在线教育反作用于红色文化传播，也有助于从客观上迫使红色文化研究者更加专注于自己的研究，以深入浅出的讲解赢得大众。

网络在线教育原来的模式是单纯地将线下的学习教材和模式录制到

线上，只有单向传播的功能，这体现不出网络的互动性，这与传统教学没有区别，所以在这个基础上又催生了新的教育形式——实时流媒体视频平台，是在线教育的发展方向。在线教育的流媒体视频平台最具代表性的形式是各种社交平台的网络直播，既有在线实时互动特点，也可以下载反复学习，其发展潜力是巨大的。教育者在业余时间可以通过平台讲课，一边讲课一边回应学员提出的问题，增强了学习的互动感，有助于教育者及时收集信息调整授课节奏。学员有了自主学习的时间和愿望，也不会感到平时课堂上的压力，高额的直播收入会吸引更多优秀的人才参与进来，而学员也就有了更多的选择。传统的红色文化教育给人一种古板枯燥的感觉，学员当“选修课”来做选择。作为线下课堂上的弱势科目，引入网络直播对红色文化教育的印象会有较大的改观。人民群众更关心的是当下的事情，每天国家大事和身边小事都是人民茶余饭后的谈资，网络直播正是抓住了这个兴趣点，在直播时人们交流的内容就有了新鲜感，所以就产生了“流量为王”的现象，这是体现直播内容吸引和留住受众的标准之一。所以红色文化要体现时代性，就须与网络直播进行融合，选取话题要贴近生活，也要普及红色文化的理念。

网络政务新媒体是各级政府进行与其工作相关政务活动、提供在线公共事务服务、与公众互动交流、开展网络问政的新媒体平台，推动了政务公开和信息公开，创新了政府服务模式，加强了政民互动交流，引导了社会舆论，已成为现代型政府必备技能。新媒体出现之后，公共话语空间被重构，有效构建平等、民主与和谐对话关系是网络政务平台建设应当考量的问题。将“互联网 + 政务”理念渗透到各个环节，推进政务微博、政务微信、政务 App 等主要载体应用，积极主动回应人民群众合理诉求，是建设服务型政府的重要渠道。

利用新媒体技术构建网络政务对话平台，需要在以红色文化为指导的前提下，既尊重差异，包容多样，又有力抵制各种错误和腐朽思想的影响。网络政务的快速发展，是全面深化改革，建设服务型政府的要求，把传统政务延伸到互联网上，利用大数据管理模式，节省了人力和物力资源，也为打造让人民群众办事“最多跑一次”的高效服务提供了条件，让人民群众有更多的获得感。网络政务为政府和人民群众搭建了一个有效的沟通平台，让红色文化从多样性的文化中汲取营养，不断发展革新，保持旺盛的生命力。

优化网络政务新媒体，打造综合功能交互平台。传统的多窗口、多部门、跑断腿的办事效率已经不适应快速发展的现代社会，提出“最多跑一次”改革，以“一窗受理、集成服务”为突破口，让老百姓到政府办事跑一次成为常态。在这个多元而开放的时代，政务公开更需透明。高效政务的建设，离不开人工智能、大数据等科技手段的推动。引进高效会议平台，利用智能交互产品演示政务网“最多跑一次”的业务流程，使用触摸屏操作提升体验感，设置人性化的操作界面，一目了然的流程示意图、数据分析图，让干部领导快速掌控政务全局，检视缺漏环节，杜绝烦冗职能。“最多跑一次”彰显的是政府的责任和担当，是红色文化“全心全意为人民服务”时代精神的完美诠释。跑断腿、磨破嘴，打不完的电话，盖不尽的公章……这种“一直在路上”办事流程曾是人民群众办事的写照，“最多跑一次”则将改变“一直在路上”局面。深入推行“互联网+政务服务”，以“最多跑一次”使得政府落实简政放权、放管结合的改革任务，进一步加强国家机关工作人员公共服务意识，提高服务素质，着力解决群众“门难进、脸难看、事难办”等问题。

建设网络服务型政府平台，履行为人民服务的宗旨。服务型政府就是管住政府的手过多地插足市场问题，厘清政府与社会、市场的界限，能让市场解决的就让市场解决，社会能自理的归社会，政府更多的是做好服务前置的工作。这是红色文化中“坚持群众路线精神”的体现，在服务过程中让公众不断地了解国家和社会，可以培养公众的主人翁意识。网络服务型政府平台兼有政治属性和服务功能，可考虑实施“一体两翼”的运营模式，“一体”即打造全国政府系统互联互通，上下协作联动的政务新媒体集群矩阵；“两翼”即在网络服务型政府平台提供“一站式”服务的同时，大力开展宣传红色文化工作，弘扬和宣传社会主义核心价值观，提升广大人民群众对“核心价值观”的知晓率。网络服务型政府平台有助于建立健全权威信息发布机制，实现信息精准化传播，在即时、快捷信息传播中不易受外界客观因素制约，精准发布权威信息，在时效性上远远胜过传统媒介。网络服务型政府平台须以红色文化传播为引领，一方面政务宣传与红色文化宣传同时推进，实现传播的叠加效应，极大增强对社会公众的舆论引导力；另一方面，用红色文化精神引导社会舆论，与社会突发事件相互配合发声，积极引导教育舆情健康有序发展。通过网络服务型政府平台应用，各级政府部门可以在线收集人民群众反馈意见，及时在线回应人民群众诉求，构建“零距离”的衔接渠道。在精准化服务和迅捷性传播中，不断提高工作效率，不断提升人民群众对政府的满意度，有利于构建适应信息化社会发展需要的政府组织。

第八章

理论扩容：从媒介融合到视觉展现——红色文化动漫传播探析

媒介融合强调了时代特征与技术背景的融合，在意识形态传播过程中，传统媒体与新兴媒体的融合最终是要达到更好地吸引受众，把握受众，引领受众的目的，而新时代下，人们获取的信息绝大部分来自视觉，大量的视觉符号营造了人们的生活空间，于是就有了媒介融合背景下红色文化传播的理论扩容——从媒介融合到视觉展现。新时代以视觉为中心的视觉符号传播系统正向传统的语言符号传播系统提出挑战。媒介融合加剧了这种趋向，时代与技术的融合更多地走向了视觉展现。视觉传播通过感性的意向和拟真的景观制造，引导人们认同其传达的意识形态理念。动漫作为动画与漫画的集合，在媒介融合时代借助视觉科技的支撑，越来越多地进入到大众的日常生活空间。动漫不仅具有商业广告价值，同样也具有深远的政治传播、文化传承、思想政治教育价值。因而，在本章作为理论的拓展，有必要对红色文化动漫传播进行探析。

第一节　媒介融合视觉符号环境下的红色文化动漫传播

媒介融合不仅意味着一种新的传播场域，也意味着进一步推动视觉符号在传播中占据主导地位，指向以视觉符号吸引关注力，达到传播的意图，基于此，一种新的红色文化传播理念应运而生。

一、理论：视觉符号与意识形态传播

“符号是人们共同约定用来指称一定对象的标志物”①。在媒介融合的背景下，符号不仅存在于虚拟网络世界中，在现实社会，由符号转化的图像、音频、视频等信息传递充斥着人们的感官世界。红色文化的传播也要利用符号的力量借助时代发展的快车，实现红色文化的多层次、全方位传播。符号意义的生成是其中运作逻辑的核心环节，意识形态控制通过符号消费得以完成，进而其中潜在的意象在悄无声息中得以传递②。在媒介融合时代，人们以媒介为载体，用声音和图像编码，通过具象符号将现实世界施之于符号化、景观化的呈现。信息时代是由符号编码的信息世界，一切受众成为无意识、被动收受信息传播的主体，这也导致个体的想象力和文化自觉逐渐退化，最终造成集体无意识状态。大众成了被信息所俘获的奴隶，首先是丧失了自我的主体性，只有消费，才能获得存在及符号的意义；其次是失去理性，陷入集体无意识。在媒介融合的后现代语义中，意识形态的展现有了更多的符号表征及意义，值得意识形态传播研究者深入研究③。

意识形态传播进入“生活化”的符号消费，媒体在市场经济中推波助澜，与消费文化一起，“制造出与现存的价值观、体制、信仰和实践相一致的思维和行为”④。这在现实生活中的表现为目的化的信息传

---

① 吴玉军：《符号、话语与国家认同》[J]．学术论坛，2010（12）。

② 《工具与政治之间：网络媒介意识形态传播的日常生活化转向研究》[J]．重庆邮电大学学报（社科版），2017（03）。

③ 《工具与政治之间：网络媒介意识形态传播的日常生活化转向研究》[J]．重庆邮电大学学报（社科版），2017（03）。

④ （美）道格拉斯·凯尔纳：《媒体文化》[M]．丁宁译．北京：商务印书馆，2004（12）。

播，以利益集团为主要传播主体，通过媒介的力量对受众进行意识灌输，实现信息直达有效传播。动漫以夸张、具象化的表现形式传播信息，但其背后利益集团通过动漫中的意识传播了解受众需求，进而达到控制个体消费的目的。但是，这种具象式传播也会产生负面效果，导致社会认同感降低，因此，要做好受众意愿工作，合理运用具象化符号信息，引导大众意识导向。

二、实践：红色文化动漫传播现实背景

动漫作为青少年最喜闻乐见的艺术形式，是国家践行社会主义核心价值观传播的创新路径之一。通过优秀的动漫产品生产践行社会主义核心价值观的传播已然上升为国家策略。文化部为贯彻中共中央办公厅《关于培育和践行社会主义核心价值观的意见》精神，发挥动漫在践行社会主义核心价值观中的独特作用。全国共有 20 个产品项目和 42 个创意项目入选，集中支持“动漫讲述党的故事”革命传统教育主题动漫作品，兼顾与中华优秀传统文化、优秀民族民间文化主题密切相关的动漫作品，例如：《中国共产党的故事》《榜样》《黑脸大包公》《一块好田》等。为进一步扩大国产优秀原创动漫在青少年中的影响力，文化部于 2015 年 6 月举办了扶持计划的校园推广系列活动，进行优秀作品展和动漫主题讲座。

当代中国要讲好中国故事，传播好中国声音，增强红色文化话语在人民群众中的感染力、吸引力，需要充分发挥动漫等视觉传播的作用，克服我国红色文化传播中的精英化倾向与大众化需求的矛盾，推动红色文化在视觉传播中的转化及实践。可见，深化红色文化动漫传播不仅具有极强的理论价值，也具有深层次的实践意义。

三、红色文化动漫话语转换——媒介融合背景下一种视觉符号传播理念的产生

红色文化属于我国主流意识形态，而实现红色文化的大众化是当前我国意识形态建设的重要内容。红色文化大众化，其一是指红色文化能够易于为群众掌握，即通俗化；二是指要尽可能多的广大群众理解掌握和运用红色文化所蕴含的深刻思想指导处理各种问题。话语体系是思想理论体系和知识文化体系的表达方式，一定的意识形态内容总是通过相应的话语体系表现出来的，红色文化的思想理论传播创新需要话语体系的优化和发展。

动漫是一种特殊的、最容易打动不同地域人们的艺术语言，通过生动夸张的手法就能潜移默化地传播红色文化。在实践上，红色文化动漫传播，一种视觉符号传播模式已经悄然产生。从《领导人是怎样炼成的》到第十届杭州国际动漫节上出现的新中国成立以来几位主要领导人的漫画形象，从漫画图表《习主席的时间都去哪儿了》到动画视频《穿军装的习近平》以动漫形式展现领导人的形象已经获得越来越多人的认可。这种诙谐、色彩感强的表现将政治的严肃性与人们日常生活相结合，不仅能够促进人们对上层领导的认知，也进一步拉近群众与上层领导的心灵距离。动漫是新时期信息传播发展的多融合型载体，通过将人物、事件、情感通过模拟化的方式展现出来，将表现主体由复杂变得简单、抽象变得生动。把动漫形象应用到红色文化甚至是国家形象方面都是一个很好的尝试。

因此，在媒介融合视觉符号构建了当今传播空间的情况下，通过红色文化的动漫话语符号转换，实现主流意识形态的有效传播，将理论进一步通俗化、生活化、艺术化，使马克思主义理论通过新媒体得到更

好、更广泛的传播①。动漫可以根据不同的传播受众设计不同的话语规则和传播内容，有针对性和实效性地推进红色文化的传播。比如延安精神、井冈山精神的内容对于不同的受众层次，可以有不同的内容层级展示，小学生的与大学生的接受内容可以在深度上进行不同阐释。

具体而言，从话语体系方面，要革新红色文化的话语内容，使其为人民所喜闻乐见，做到贴近生活、贴近群众，寓教于乐；在话语形式方面，要采用动漫媒介下引领和互动结合的、严肃性和生活化交融的、教化和交流同在的话语形式；在话语媒介方面，需要充分发挥各种动漫等视觉传播的作用，立体感性呈现红色文化的内容，使社会主义核心价值观自然而然地渗透到人们的生活中，通过"润物无声"的方式达成理论转换为人们的思维习惯、行为标准和价值观念，特别是影响到青少年的行为模式，帮助人们践行马克思主义理论，用马克思主义理论的价值观和方法论指引生活。

第二节　红色文化动漫传播的基本要素

要梳理这个问题，首先要回归到传播的基本构成要素。通常而言，传播学教材认为其要素包括传播主体（传播者）、传播客体（或受众）、传播信息（内容）、传播渠道（媒介）、传播效果（反馈）。

一、红色文化动漫传播主体与客体的重构

媒介融合背景下，红色文化传播的主体与客体的分界逐步消弭，受

① 郑洁：《网络媒体传播社会主义核心价值观的机制探析》［J］．社会科学家，2014，(6)。

众主体化趋向明显，为此，本小段主要从受体的角度来论证红色文化动漫传播主体与客体的重构。

近些年来，在媒介融合的催发下，各种媒介交汇融合，其中，最具表现力的是以图像化和视觉化为特征的图像符号传播风起云涌，为经济、社会、生活书写了新图景。动漫传播作为图像传播的一个典型，不仅解构了传统传播体系，各种传播关系与要素都得以重塑，而且创造了传媒世界新秩序。受众在新旧媒体交叉融合的传播环境当中，其心理、结构、行为方式也相应地发生了改变。当然，受众主体性身份的自由蜕变除了技术力量的施加之外，还需各种社会因素的涵化影响。因此，受众不应只是技术的产物，无论技术力量如何推广，受众还必须是社会生活的产物。在这些新变化中，传统的受众研究理论开始进行了转向。

动漫视觉符号环境下，受众重构——信息的个性选择者。新时代是一个海量的信息时代，个体和社会不可避免地淹没在信息海洋当中，受众不可能去接收每一个信息，大多数是其感兴趣的信息才能够更好地传播，因此，受众自然就成为信息的个性选择者。随着受众群体细化，动漫视觉符号更加能够满足小众或者独立个体的个性化需求，甚至人为创造出了个性化的消费模式。互联网通过数据挖掘，能够识别和推出符合个体需求的个性化服务。在个性化时代，动漫视觉符号制造者利用社交平台，利用云计算、物联网、大数据分析，了解每个用户，动漫视觉符号信息传播很轻松就能描述出个性图景。移动终端在个性化的时代，动漫视觉符号占据优势，第一是让热点传播得很快，第二是推送个性化的东西越来越精确化。

动漫视觉符号环境下，受众重构——信息的能动生产者。受众不再仅仅扮演动漫内容的接收者和消费者，还承担了另外一个角色，那就是动漫信息的选择者，甚至更多地参与到动漫信息内容制造上来。在新媒体时代，信息传播技术和新媒介的出现，给了每个人信息扩散的喇叭，让每个人都有发言权，信息壁垒就被完全打破了，信息的不对称也被打破了。受众成了动漫视觉信息的能动生产者。比如网络上带有各种情感趋向的动漫表情包在不断涌现和发布，也有些学者认为这是麦奎尔的社会文化性受众研究在新媒体时代的发展结果，认为通过动漫视觉符号能动生产，在景观式的展演中，由于媒介影像的大量渗透，不断在日常生活的空间渗透，生活在社会之中的人们，无人能够逃脱受众的位置，因而在当代社会人人都直接或间接地成为受众。①

动漫视觉符号环境下，受众重构——议程设置者的分权者。动漫视觉符号崛起，其最大特点是融信息的感性传播和动态传播为一体，具有典型的“全民传播”（Mass - participated Communication）的特点，这是任何传统的文字符号传播都无法比拟的②。随着动漫网络传播技术的发展，“议程设置功能”呈现出新特点——受众自我议程设置悄然构建。在传统媒体中，传播者永远是那些少数掌握媒介传播资源的人，而媒介融合背景下的动漫网络传播是一种“弱控制”状态，动漫网络传播的传播者是多元的。网民可以通过自己的个人主页、微博等传播信息，跨越国际、地域、种族等进行动漫视觉符号的感性和动态传播，任何人都有可能设置议题。有趣的一个现象是，经典动漫作品中的形象或比较流行的新媒体形象，辨识度高，动漫的故事化传播甚至完全跨越了传统的议程设置，带给人们极大的视觉冲击力和艺术震撼力。

二、红色文化动漫传播的内容

红色文化动漫传播的内容当然是有关红色文化的理论、故事、仪

---

① 康彬：《新媒体时代的受众研究——由麦奎尔的〈受众分析〉谈起》［J］. 新闻知识，2011（01）。

② 邢丽梅：《“视网融合”下的电视媒体文化传播设计》［J］. 新闻爱好者，2010（09）。

式、符号、记忆等。除此之外，还必须认识到在新时代媒介融合促动的红色文化符号内容系统里，必须强化红色文化动漫传播话语内容的理解及阐释。

首先，红色文化动漫传播话语内容的内在生命力来自对马克思主义话语的学理支撑的探寻。马克思主义理论的传播更需要把握学理，即其本质以及学理支撑。“面对马克思主义的实践探索，我们既可以运用已有的理论知识来进行科学性的证明，也可以运用新的实践探索形成新的规律性认识，丰富和创新马克思主义理论”①。用马克思主义的新观点来引领人们解决转型时期社会主义中国各种社会问题和社会矛盾并为他们提供方法，在回应和解决社会实际问题的过程中，寻找和探究马克思主义的规律性认识，实现理论创新基础上的学理支撑。

其次，红色文化动漫传播的话语内容需包含有大众关注的民生问题和百姓故事。民生问题是百姓关注的焦点所在，民生问题的有效解决成为意识形态公信力形成的物质性条件。在另外的意义上，红色文化动漫传播的话语内容不单是官方解读的版本，百姓也希望自己生活的鲜活故事能以漫画、动画等灵动的形式展现，成为红色文化在新时代的话语内容拓展，从广义上扩充红色文化内涵，从而激励百姓的主人翁意识，同时，这种“在场感”和“感同身受”也促进百姓在故事中的反省和成长。红色文化对民众产生打动人心的影响来自生活常态中故事的表述，有质感的生活故事聚拢成为一种时代精神和一种价值观，成为社会主义核心价值观大众化的内容。为此，红色文化内容上不是狭义的表达，而是融合了时代的声音，有传承、有发扬。红色文化动漫传播目的是理论化大众，而现在的动漫传播的内容应该是红色文化理论，应当把理论创新的主体还给人民大众，千千万万的理论工作者与人民大众一道投身改

---

① 尹汉宁：《立足中国实践，创新中国话语》［J］. 红旗文稿，2014（07）。

革开放的伟大实践中去，把产生于大众时间中零散的有关红色文化的看法和观点加以整理提炼，使其系统化、理论化，成为充满生机的动态活力的理论，避免红色文化陷入对历史性事件的简单复述的弊端。

最后，红色文化动漫传播话语内容需要合理的议题设置。合理设置议程和导入在媒介融合传播环境下成为追求个性化和“情感触动”的关键环节。传播媒介传播信息不单单是无目的进行信息传播，在传播过程中会进行人为介入或引导，需要有权威性的信息传递者进行信息强调，以达到引导大众注意和思考的目的，这样信息传播过程才会更有效。人们对红色文化的认同需要一个过程，一股脑的传播方法只会适得其反，动漫传播的平等性、灵活性、互动性、娱乐性等特性迫切要求改变以往简单的灌输方式和说教方式，通过合理的议程设置可以使人们在接触媒介时，在耳濡目染中自然而然地了解社会主义核心价值观，引导人们接受和认同红色文化。舆论议程设置的衡量标准，首先要看能不能影响大众认知；接下来能不能影响大家的记忆；能不能影响大家的行动；还有能不能产生长期的影响。

三、红色文化动漫传播的渠道

很显然，当今社会，动漫传播的一个大背景就是媒介融合，这使得新旧媒介不断融合，为动漫传播提供了受众面积更广的展示平台。必须提出的是，媒介融合背景下，新媒体表现依然强势，新媒体渗透了几乎现有的所有领域，可以实施个性化的精确传播，并且这种个性化传播可以精确指向到单个个体。人们可以在 BBS 论坛、SNS 网站、微博、微信等社交网络媒体中，以任何形式发布、转载、评论各种内容和信息。网络上的个体根据自己的喜好在网络上与不同的人群讨论兴趣相投的话题，形成一个个“社群”，从而新媒体可以有针对性地实现小众化传播，以取得良好的传播效果。

总之，媒介融合背景下，不可否认的是新媒体建构了另一种虚拟的信息社会，因此，红色文化动漫传播的主要渠道是新媒体为代表的信息网络渠道，通过其对日常生活的渗透，进入到普通民众的日常生活空间。从而，红色文化的传播通过新媒体的作用，不断实现平民化、大众化的传播，不断通过互联网、移动终端实现政治意识渗透，而红色文化动漫的传播借助新媒体传播的优势，打开人们生活化的空间，在日常生活的环境中达到政治意识形态上层建筑搭建的目的。红色文化依托媒介融合的动漫视觉符号展现，在日常生活中完成了意识形态无意识地实现。

四、红色文化动漫传播的反馈

红色文化动漫传播的反馈不同于传统的文化传播反馈，在效果上具有以下优势：

优势一：红色文化动漫传播能够体现理论性和感情性的协调。红色文化以动漫形式传播，在话语平衡上取得了突破，体现了理论性和感情性的结合。红色文化首先是意识形态，意识形态在传递的过程中需要解决理论支撑和回答理论难点、疑点的问题，但是，如何将理论支撑以及理论难点与疑点的解答用感性而深刻的话语表达是实现话语平衡的重要问题所在。红色文化在动画、漫画等视觉展示中更能立体展现民族的、大众的价值观，融故事讲述、艺术审美于一体，不需要文字的判读和研讨，直观而又简洁，动漫传播话语更富有人情味。能够打动人心形成情感共鸣的话语一定是饱含感情的真挚的话语。本课题研究团队制作的动画《航天英雄杨利伟》就采用了杨利伟的成长来展示红色文化中的爱国主义教育等内容。没有说教，只有故事的娓娓道来，通过杨利伟将军的成长、发展徐徐展开，具有很强的视觉效果和价值观潜隐，得到了广西壮族自治区教育厅主要领导和杨利伟将军本人的认可，也得到了试映现场大学生们的一致点赞。

优势二：红色文化动漫传播能够体现现实感与历史感的平衡。动漫能够较好地处理吸收中国共产党领导的红色革命道路、红色革命文化和红色革命精神为主线的历史元素。特别是优秀的红色革命文化是马克思主义大众化的精神沃土与思想源泉。继承优秀红色革命历史成果，在现实感和历史感之间寻找平衡是红色文化动漫传播反馈的核心要点之一。比如本课题研究团队制作的动画《系列红色文化表情包和头像》把红色故事与“两学一做”常态化结合起来，内容阐释深刻隽永，在媒介融合时代对于浅白和通俗的审美疲劳中，激活了民众对于红色文化话语形式现实感与历史感交融的体悟。

优势三：红色文化动漫传播能够体现严肃性与生活性的协调。红色文化动漫传播内容选择很严谨，语言风格选择也非常重要，个性化的话语风格得到推崇。在面对严肃社会问题的深入分析中，话语的严肃性和生活性的结合很重要。2014 年，各种“习近平式漫画”大量出现，“习大大亲吻灾区小男孩”“习大大握手环卫工”等 9 大场景，① 体现了严肃性与生活性的协调。网友纷纷为“习式执政”点赞。

第三节　红色文化动漫传播模式、原则及着力点

媒介融合背景下，红色文化动漫传播有其特有的传播模式、原则及着力点，本小节就此展开论述。

① 杜玮：《领导人漫画为何受欢迎》，人民日报，2014 年 2 月 24 日。

一、以动漫视觉符号为表征的红色文化感性传播模式

传播模式通常是对传播的过程、成效及相关性质的一种范式判断。传播学的研究往往是对传播现象进行系统化的考察，那么这种考察要不迷失于纷繁复杂的各种传播现象，必然要抽象出简化的程式去表达、重现传播现象，进而探讨传播效果、传播要素之间有哪些关联。传播效果研究也经历了以传播者为中心到以受众为中心的转变，从强调短期影响到研究长期影响的转变。

红色文化的传播实际就是个体之间、个体与环境、个体与社会之间不断互动的结果，正是这种互动使得红色文化在不同层级传播。也就是说，红色文化传播的受众面是广大人民群众，所以应当用喜闻乐见的民间语言，更接地气地开展传播工作。因此，在媒介融合的视觉景观中，动漫传播在当今时代取得了更多的关注和重视，《领导人是怎样炼成的》视频短片、《习主席的时间去哪儿了》等漫画在网络上广为流传，收到了良好的传播效果；同时，也被新华网、央视网等各大官方媒体转载。在2013年8月19日召开的全国宣传思想工作会议，习近平总书记提出，“着力打造融通中外的新概念新范畴新表述，讲好中国故事，传播好中国声音”。从而，国家层面的主流意识形态传播模式的新尝试与突破为本章红色文化动漫传播的探索提供了更多的指向及参考，同时也提供了丰富的研究对象和案例资源。从理论和实践的观察中，我们可以推断以动漫视觉符号为表征的红色文化感性传播模式已经悄然出现，在动漫视觉文化背景下开展红色文化的感性传播模式既是对现有理论研究进路的延续，也是对当前研究动态的进一步推进。

我们可以推断，在当今媒介融合的景观社会，个体更加不能摆脱各种视觉信息的裹挟，技术给予了人类更多的场域，开辟了更加多维的时空进行互动交流。在此背景下，社会正发生深刻变革，人与社会、人与

信息、人与传媒的关系更深刻地发生变化。尽可能地实现有效互动，以互动作为基本运营手段，这就是媒介融合时代的竞争规则。红色文化动漫感性传播模式在媒介融合背景下，利用不断开发的各种客户终端，比如智能手机 App 的助力下，打破了信息传输的时空壁垒，在碎片化的视觉感性体验中，各种动漫内容能够在各种传播工具直接自由切换，红色文化在内容形式上给予受众更多的新式体验，这种新的变化，已渐成气候。

二、红色文化动漫传播的原则

创新形式开展的红色文化动漫传播必须注意相关原则，在此之下抓住要点，保证红色文化动漫传播不偏离正确方向，取得更好的传播效果。

（一）红色文化动漫传播，必须坚持党对意识形态的领导权

意识形态与政党关系密切，意识形态依靠政党作为其载体，意识形态是政党用以实现社会整合和社会控制的工具。马克思主义是社会主义意识形态的主导思想，在社会主义革命、建设、改革的历史进程中都发挥了巨大的作用，极大地促进了社会的进步与发展。充分认识到意识形态领域斗争的长期性、复杂性和尖锐性，时刻都不能放松党对意识形态的领导工作，是社会主义事业健康长足发展的必要保证。中国共产党是中华民族和社会主义事业的领导核心，在红色文化动漫传播过程中尤其要巩固对意识形态的领导权。红色文化动漫传播实践中一直善于借助媒介融合的传播技术与力量，这是红色文化在新时期进行宣讲的理念创新、手段创新的一大举措。但是信息自由传播，互联网也是各种思潮和意识形态竞相争锋的场所。一些奉行霸权主义和强权政治的西方国家，不断推行文化殖民政策，利用动漫所潜隐的各种西方价值观对我国进行

意识形态侵扰，猛烈冲击我国的文化安全，对主流意识形态造成极大威胁。因此，利用动漫、借助各种新媒介及网络平台，唱响马克思主义的主旋律的过程中，必须坚持加强党对意识形态的领导，坚决捍卫马克思主义主流意识形态的指导地位。

（二）红色文化动漫传播，必须鉴别某些提法的不同意识形态性质

红色文化对于我们身边的绝大多数人而言，似乎是抽象甚至是虚空的，很多人的意识中认为红色文化只是停留在革命故事中。种种误解，根源在于不知晓、不了解。采用动漫形式，可以形象直观地对红色文化阐释、传播，但是，红色文化具有较强的阶级性，因此，不同的历史时期，在借助动漫传播红色文化时，都应当相应增强对主流意识形态的灌输，避免中西方错误思想危害。因而，在动漫创作和传播过程中，必须有意识地去鉴别某些西方的意识形态，立足中国实际；社会主义核心价值观就是典型的红色文化，比如富强，不单只在国家财富上的多少，还要包含到每个公民之中，也要体现在国家影响力的大小之上。对“富强”的追求，体现了社会主义初级阶段的最大国情，既有当代的价值，更有传统的价值；比如民主是中华民族百年来孜孜以求的目标。在历经近百年的帝国主义、外来列强的侵略，中国人民渴望“民主”，因此我们珍惜它，爱护它，创造它，努力实现它；比如文明，我们要的是全社会的文明，社会主义的文明。没有文明，也会影响到“和谐”社会的建立；爱国是人们对国家的情感认同，并希望通过行动证明自己的爱国热情。我们的爱国情感希望获得传递，在遵循基本道德观准则的基础上，通过任何形式的爱国行为都应得到重视，当前的爱国动画就是最好的展示，以区别西方的意识形态和话语逻辑，实现中华民族的伟大复兴。

（三）红色文化动漫传播，必须突出引领正确的人生价值观

红色文化动漫传播的受体主要是青少年和儿童，对于这部分受体而言，正是人生价值观形成的关键阶段，以动漫为载体的红色文化的传播必须具有强大的正确人生价值观的引领作用，具有突出的潜移默化帮助青少年和儿童树立正确的人生价值观的功能。近年来，国家新闻出版广电总局“动画公益短片征集”作品系列展播，就是突出了动画片传递正能量，引领正确的人生价值观的导向。此外，首都文明办为培育和践行社会主义核心价值观，特制作了一组十二幅“图说社会主义核心价值观”公益广告宣传画，宣传画以小男孩“贝贝”和小女孩“晶晶”为主人公贯穿组图，站在青少年的视角，诠释了社会主义核心价值观国家、社会、个人三个层面共 24 个字的含义①。画面清新大方，人物活泼可爱，取材生动，较好地宣传了科学的人生价值观。

（四）红色文化动漫传播，必须克服泛娱乐化现象

红色文化的动漫传播，是以着力提升我国主流意识形态的影响力为标的的，考虑到动漫主要借助视觉技术、艺术审美夸张等手段进行创作，因此红色文化在动漫传播过程中，必须高举克服泛娱乐化的原则。所谓克服红色文化的“泛娱乐化”现象，指的是坚决抵制电视、网络等媒体打着红色文化传播的名义制作、播出格调不高的动漫，人为制造不符合我国主流意识形态的情节故事、“戏说”英雄人物形象，过多地在动漫中掺进“娱乐”元素，来取悦观众的现象。“泛娱乐”容易把红色文化动漫传播导向为低俗。红色文化动漫传播确实需要吸引大众，才能够取得良好的传播效果，但一味地迎合部分观众的喜好，必然导致低俗文化的泛滥。

---

① 《北京创新形式让社会主义核心价值观深入人心》，中国文明网，2014 年 8 月 25 日。

红色文化的动漫作品，需要亮点，需要悬念和故事情节，甚至需要引人入胜的起承转合，需要喜剧性的高潮，有的动漫人物也需要夸张手法表示其个体特征，但特殊性在于，动漫作为载体传播的是红色文化，这就意味着需要把握严肃性和娱乐性，理论性和感性之间的度，更多的是需要一种责任感。这种责任感来源于积极培育和践行社会主义核心价值观，是为了巩固马克思主义在意识形态领域的指导地位、巩固全党全国人民团结奋斗的共同思想基础，引领社会全面进步，集聚全面建成小康社会、实现中华民族伟大复兴中国梦的强大正能量的深远意图。

三、红色文化动漫传播的着力点

（一）红色文化动漫传播必须依托媒介融合

任何传播过程都离不开传播媒介，任何信息的传播都需要借助一定的传播载体和平台的媒介作用。信息的碎片化使得信息的流动更加开放自由，书籍、报纸、广播、电视等传统媒介与互联网、新媒体等新型媒介共同发挥着传播功能。随着媒介融合时代的到来，传统媒介的话语权威与传播效能在逐渐退化，新型媒介正在兴起与发展，在传播媒介中的份额正在不断增长。如今，传播媒介呈现融合化、数字化的趋势，受众的类型也种类繁多。红色文化动漫传播为了取得良好的效果，必须充分尊重受众的个性化特点，采用更加贴近受众实际需求的传播媒介。“如何能够使马克思主义传播形式通俗化、传播方式形象化、渠道手段现代化，是马克思主义实现大众化的关键因素”①。不同受众的生活环境、文化程度、兴趣指向、心理特征、思维模式等千差万别，对信息的接受习惯和选择方式也因人而异。因此，红色文化动漫传播必须最大限度地整合

① 李春会：《马克思主义大众化传播的现实困境》［J］. 燕山大学学报（哲学社会科学版），2012（01）。

各种媒介资源，争取把各种类型的受众都纳入媒介的影响范围之内。

第一，要继续发挥传统媒介的效用，利用书籍、报纸、刊物等传统媒介采用图片漫画等形式宣传红色文化。虽然在媒介融合时代，传统媒介在传播媒介中的所占份额在逐渐减少，但仍然要继续发挥它的作用，尤其是一些红色经典刊物要继续充当主流意识形态的喉舌。第二，要不断学习和掌握各种新媒体技术，利用先进的知识和技术来高效传播。互联网时代，信息的容量、影响范围和传播速度是所有传统媒介所无法比拟的。广大受众越来越倾向于选择新型媒介来接收和选择信息，因而必须根据受众接收方式的喜好，广泛使用手机、博客、微信、论坛等平台来传播。第三，加强基础设施建设，增加传播媒介的覆盖面。考虑到农村受众的文化水平相对偏低，采用动漫向各个年龄层次的农村民众宣讲红色文化更容易被接受、吸收，为此，要加强向广大农村和边远地区辐射，加强数字化基础设施建设，从技术层面上为红色文化动漫传播提供支持，增加传播的覆盖面和影响力。

（二）加强红色文化动漫传播队伍建设

动漫产业作为文化产业的一个重要组成部分，在当今已经成为发展潜力巨大的智力密集型、劳动密集型、科技密集型和资金密集型的“朝阳”文化产业。要发展传播当代中国价值观念的动漫产业，必须加强红色文化动漫传播队伍建设。社会主义核心价值观的动漫传播离不开一支政治立场坚定、业务能力精湛的专业技术队伍。在红色文化的动漫传播过程中，宣传队伍是传播的中流砥柱。专业技术队伍的整体素质高低，对红色文化的动漫传播形态、路径和效果都会产生极大的影响。在当今媒介融合时代，必须加强专业技术队伍建设，提高专业人才的传播能力。

一是要强化故事原创人才、动画软件开发人才、二维三维动画制作人才、动画产品设计人才、网络和手机游戏开发人才和动画游戏营销人才的培育，在三个应用方向上进行重点突破，2D 动画（包括动漫造型设计、Flash 动画制作、漫画创作、动画故事版创作、插画制作）、视频合成（3D 动画后期合成、影片剪辑、3D 动画片后期剪辑、影视特效制作）、3D 动画（3D 场景建模、工业产品建模、3D 动画角色建模、3D 模型纹理绘制、3D 场景灯光设计、3D 动画渲染、3D 动画制作、3D 角色动画制作、3D 动画等特效制作）方面的人才培养。

二是要提升专业人才的理论素养。理论宣传是红色文化动漫传播的必要保证，也是取得良好效果的前提和基础。从事理论宣传的专业队伍必须具备扎实的理论功底，牢牢掌握马克思主义基本原理、观点和方法，并能够理论联系实际，学以致用。在红色文化的传播过程中，必须理论联系实际，把抽象的马克思主义基本理论与受众具体的实际需求相结合，这样才能让受众自觉领悟和接纳马克思主义理论。相反，如果理论宣传仅仅只是空谈口号，脱离生活、脱离实际、脱离需求，则无法激起受众的兴趣和热情，马克思主义大众化则沦为空谈。

（三）加强红色文化动漫传播的网络监管

上文提到红色文化动漫传播要注重媒介融合，确实在媒介融合时代信息的开放性和自由化给红色文化传播带来极大的便利和益处，同时也给动漫传播的网络环境健康有序和谐发展提出了前所未有的挑战。由于缺乏完善的信息监管机制，在媒介融合的视觉符号世界里各种承载与红色文化相背离的动漫肆意传播，比如恶意贬低我国社会发展的漫画，丑化党和国家领导人、丑化雷锋、黄继光等红色英雄人物的动漫等诸多负面信息在吸引受众的眼球和侵蚀受众的灵魂。媒介融合视觉符号社会虽然是虚拟空间，但它终归是人在使用，为人服务，仍是人类社会的一部分，因而人类社会里用来规范人们言行举止的道德与法律在媒介融合社会里依然是必要的。没有规矩，不成方圆。视觉符号的自由化不意味着可以随心所欲，信息的开放性不等于能够胡作非为。即使是在虚拟的网络世界，网民也要遵守道德和法律的规定，科学、合理地利用媒介融合进行红色文化动漫传播。

健康的环境与良好的氛围有利于红色文化的视觉符号动漫传播，能够营造引导、感染和激励受众的传播情境，有利于受众积极选择和主动接受红色文化。为此，一是要加强对网络的法律监管，确保动漫类网络信息健康有序传播。把动漫网络传播的监管纳入法制化轨道，严厉打击各种利用互联网散布歪曲解读红色文化的动漫，从信息源头上严格准入。建立和完善网络分级管理体制，加强对网络运营和网络动漫产品的监管。二是净化网络环境，努力构筑绿色网上红色文化动漫传播空间和服务平台。积极倡导网络道德自律。充分发挥社会监督作用，根据受众结构特点和网络应用出发搭建服务平台，突出互联网的社会服务功能，打造集教育、服务、娱乐等功能为一体的网络动漫文化空间。

第四节　红色文化动漫传播的路径优化

媒介融合时代，红色文化动漫传播要从源头上把握，加强主流意识形态话语权的控制力，重视受众（在当今时代受众与传播者直接的分野界限越发模糊）。面对这种颠覆性的舆论局面，作为创新红色文化传播方法的动漫传播，就必须进行优化，从网络热点聚焦与引导等现代媒介融合传播特质和方法中寻找路径，才能使红色文化在信息时代发挥应有作用。

一、必须重视多元化媒介融合环境下受众特征的对象性要求

多元网络环境网民对于某个事件的互议共论造就了舆论的多元化，当我们试图设置议程，进行舆论引导时，存在于我们预先设定范围内的

引导对象已不存在严格意义上的传统受众，对媒介融合条件下受众的特质的把握是红色文化在新时代进行动漫传播的前提条件。

（一）红色文化动漫传播必须凸显受众的主体性

媒介融合时代的发展，赋予了网民（受众）名副其实的舆论主体身份。在此之前，虽然网民相对比传统媒体时代已经初步具有话语权，但媒体资源的稀缺性决定了多数人受平台所限，只有少数人可以利用媒体平台真正发声，表达自己的权利与诉求。媒体融合重建，个体崛起并成为主体，这是受众群体在基本权利层面上最大的改变。红色文化动漫传播要适应网络时代的新要求就必须凸显受众的主体地位，观照其主体性，以受众主体性的实现和发挥作为红色文化动漫传播的前提条件。

（二）红色文化动漫传播必须体现传播的草根性

红色文化动漫传播的优势在于用视觉感性方式克服主流意识形态传播的精英化导向和大众化之间的矛盾，动漫在发展历程中本身就具有草根的特质，甚至有“二次元”之类的表述，那么以动漫为形式就有了网络舆论的表征，无论在现实生活中贫富悬殊如何，身份地位如何，语言能力如何，都可以根据自己的意愿，自始至终在舆论的发生、发酵、回落、消解这四个阶段，像线下的游行活动般聚集，并自由进行意见表达。因此，融合社会主义核心价值观的群众性、大众喜闻乐见的动漫草根传播方式比传统官方的、正式的传播更接地气，更有传播效力。

（三）红色文化动漫传播必须重视传播的碎片性

当自媒体人（网民）获悉某个事件，出于某种考虑，会将其公诸于众，希望尽可能多的网民知晓。敲几下键盘，按几下手机，事件就被发布，其他网民则会针对此事件有感而发，但大多是任性发挥，点到为止，甚至仅仅为看到信息，到此一游做个标记，毫无价值可言。《2015新媒体发展报告》也显示，超过半数网民在移动端阅读长文章的频率为“每月偶尔”甚至“基本不阅读”，每天都会阅读的网民占比不足20%。图像类的消息“升温”受追捧，价值内容的碎片化是受众群体碎片性的重要表现。红色文化动漫传播就必须发挥动漫构图精当、视觉吸引力强的言说方式，以“少而精”的模块化、碎片化动漫视觉传播来满足受众的需要。

（四）红色文化动漫传播必须关注泛责任性

也就是责任的缺乏或是分散化。无论是发布人还是转发人、评论人、点赞人，大部分都缺乏或出于某些利益主观屏蔽对事件真实性、可靠性的甄别和溯源。网络动漫信息根据其构图、视觉表达的倾向性自动划分为不同的阵营，每个阵营都有其各自不同的诉求与利益表达，但往往每个人都认为其他人有责任承担核实义务，即人多不负责，责任不落实。责任分散效应（Diffusion of Responsibility）的扩大化导致每个人都以旁观者自居，这是“自媒体化”的发声与传统媒体报道之间很大的区别，网络丑化我党和政府以及模范人物的动漫的产生和泛滥与此不无关系。红色文化动漫传播必须关注泛责任性的传播要求，在人多不负责，责任不落实的事实境遇下创新传播要求和方式，在泛责任传播中实现其大众化。

（五）红色文化动漫传播必须加强对“酱油族”与“网络水军”的正确引导

“酱油族”与“网络水军”为网民群体中较大规模的两类特殊群体。以“酱油族”为例，“打酱油”作为2008年的十大网络流行语之一，在今天依旧保持着足够高比例的认同网民群体。在网络热搜消息下，随手点击评论列表，我们很容易看到大量类似“路过”“点个赞，按个爪，让你知道我来过”，甚至是与信息事件本身毫无关系的评论，除去部分网商广告外，余下大部分都是“酱油族”活跃在各方的酱油评。“网络水军”则更加特殊，他们受雇于网络公关公司，为快速形成

"集束效应"而注水发帖，并以此获取报酬。帖文的目的明确，且有固定倾向。成千上万的网民在扮演"网络水军"角色时，只以公关公司的意志为转移。这两大群体因其特殊性和在网络生活中的举足轻重的作用，红色文化传播当然不能把他们排除在研究之外，应充分利用其"集束效应"等作用为红色文化广泛传播服务。

二、必须重视网络舆论的导向性和反制性作用

（一）发挥网络舆论在红色文化动漫传播过程中的导向性作用

在媒介融合时代红色文化传播的重要途径是通过网络舆论来实现，"网络舆论的形成速度之快，波及范围之广，传播渠道之多样，使得网络舆论成了一致性与非一致性，理性与非理性及'话语权缺失'和'话语权平等'并存的场域。"① 动漫作品的传播形成了反馈回路，或者说网络舆论，可以激发受众的广泛参与实现其大众化的目标。

它以扩展红色文化学习和实践的形式，不断提高人们的认知能力。网络舆论以其独特的形式可以聚焦红色文化学习的场域，烘托红色文化学习的氛围，为红色文化广泛传播开辟了多元化途径。比如《可可小爱》是由桂林坤鹤动画制作、推出的500集原创动漫公益广告品牌，是以可可和小爱两个动漫人物来讲述关于公民道德、文明礼仪、尊老爱幼、少儿品德培育等一系列红色文化以及公益小故事的正能量动漫品牌。《可可小爱》一经推出，就在社会上刮起了一股正能量之风，目前已成功登陆中央电视台12个频道等全国1000多家电视台，以及50多家主流视频媒体，在中国文明网、中青网专题播出并全网推荐；网络点

① 彭琳，邓国峰，李巧玲：《网络舆论对马克思主义大众化双向性问题研究》［J］．社科纵横，2010（02）。

击突破40亿次，形成了广泛的网络舆论，桂林生活网上有群众留言："我女儿一直有看，还挺健康有趣的，主题比较好，大多是说讲礼貌、讲社会公德之类的，可可小爱和巧虎是我最放心给孩子看的动画剧了。"桂林生活网在网络舆论的引导过程中，针对网民对《可可小爱》的关注为契机，开展了一系列的《可可小爱》红色文化动漫讨论方面的话题，引导受众用马克思主义的基本立场、观点和方法来看待问题，分析事件，更好地为动漫传播红色文化（包括社会主义核心价值观）的实践服务，同时通过红色文化正能量的引导不断提高大众看待事物、分析事物的能力。可以看出，在对动漫传播过程中的舆情引导中，无形之中就发挥大众主体性的方式使大众不知不觉中接受、深化了对红色文化的理解，最终自觉地参与到红色文化（包括社会主义核心价值观）的相关问题的探讨中。大众在相对宽松的网络舆论氛围中，自由地表达观点、自主地选择舆论信息，成为践行红色文化的主体。

（二）重视网络舆论在红色文化动漫传播过程中的反制性作用

网络舆论是一把双刃剑，在红色文化动漫传播的过程中重视网络舆论对主流意识形态的反制作用，消除其负面影响，是网络舆论引导要关注的着眼点。重视网络舆论负面影响以隐性传播的方式对我国主流意识形态的消解作用。网络舆论对动漫歪曲解读形成后，就以受众之间双向互动的形式传播出去，在网络空间和社会生活中造成极大的影响力。由于网络舆论隐性传播中传播者对动漫表达和解读的意图不明，这就给历史虚无主义等反马克思主义的思潮提供了可乘之机，敌对势力利用网络舆论隐性传播的隐蔽性特点，包装成草根化的形式，诱导错误的甚至是反马克思主义的舆论导向。这种隐性传播，对社会生活带来了极大的破坏力，对红色文化动漫传播效度制造了困难和障碍。

三、必须巧妙进行议程设置

美国作家沃尔特·李普曼（Walter Lippmann）于1922年出版的《公共舆论》（*Public Opinon*）一书被认为是传播学领域的奠基之作，开创了议程设置的早期思想。1972年，议程设置（The Agenda - Setting）理论由美国传播学者麦克斯威尔·麦克姆斯（Maxwell McCombs）和唐纳德·肖（Donald Shaw）提出。该理论认为，大众传播可能无法影响人们怎么想，却能够通过提供信息并安排相关议题来有效地左右人们对意见的关注及谈论的先后顺序，也就是影响人们想什么。

红色文化动漫传播是用通俗化的故事表述、接地气的视觉展现、平民化动漫阐述来传播红色文化，从人民大众的生活实践出发解决大众最现实的思想和理论问题，使马克思主义占领各种思想舆论阵地。贴近群众，才能保持大众化的因子，才能将学院化的书本理论转化为唤醒大众的强有力武器。媒介融合时代的大众参与决定了其价值取向的多元复杂性与传统媒体环境下意识形态的一元化思想指导不相符合，而动漫传播的议程设置有效地影响受众对事件的意见和关注点，使得主流意识形态由被少数人把握到被人民大众接受，进而自觉践行并丰富完善，有效解决了马克思主义大众化过程中单一的主流声音在传播过程中衰减、弱化的问题。

（一）重视红色文化动漫传播中议程设置的日常生活化

红色文化蕴含在日常生活的点滴当中，普通百姓的一言一行、邻里生活、家长里短都可以以动漫的形式表现广义的红色文化，从而，红色文化动漫传播可以采用议题的日常生活化巧妙设置，取得很好效果。比如《回家过年》动画短片，就采用了我们普通人过年团聚为主题展开，该短片通过讲述在中国传统春节来临之际，一个常年在外的海军爸爸（身份设置意味为保家卫国不遗余力）和农学家哥哥（身份设置意味对科技农业发展的高度重视和积极探索）从思乡到回家，全家三代人团聚在一起品味幸福、感恩自然、传递希望的故事……全家人最后把金种子放入代表中国各地的五色土里，种子发芽成长与母亲蜀绣作品《春回大地图》融为一体，表现出天人合一和“小家”和谐、“大家”富强的社会主义核心价值观；动画《和声》以邻里相处小事展开论述社会主义核心价值观“和谐”，主要讲述的是邻里之间和睦相处的故事。小男孩和老奶奶家是邻居，每天为了梦想刻苦练琴的小男孩打扰到了邻居奶奶的生活，最后由于奶奶的突然病倒和小男孩的及时援救让这对邻居开始互相理解和谐相处。这些都是融日常生活为一体的一种广义红色文化动漫传播的巧妙议程设置。

（二）重视红色文化动漫传播中议程设置的形象化

形象化要求红色文化传播中的议题设置更多地选择我们身边的人物，特别是典型人物宣传上，吸收当今百姓喜闻乐见的故事，进行感性引导。比如动画《航天英雄杨利伟》，作品以个人化的视角讲述了杨利伟的生平和事迹。故事主体分为三个部分：第一部分讲述杨利伟的学习、成长经历；第二部分讲述杨利伟成为航天飞行员的训练过程；第三部分讲述杨利伟乘坐由长征二号 F 火箭运载的神舟五号飞船首次进入太空的壮举。影片前期做了大量资料收集和调研工作，以期尽可能地尊重主人公、尊重史实。通过杨利伟的故事表现“爱国、敬业”这一主题，弘扬“社会主义核心价值观”。这样的动漫传播，人物、故事、情节设置都非常形象，切合“爱国”“敬业”主题，也让观者自然而然地发出国家、民族自豪感。

（三）重视红色文化动漫传播中议程设置的具体化

红色文化动漫传播的议程设置还必须具体化，能够针对具体培育对象进行关键环节的动态有选择性地设置。比如 2017 年 8 月 8 日上午，为隆重纪念中国人民解放军建军90周年，由中共瑞金市委、瑞金市人民政府策划并投资制作的建军90周年献礼片——26集红色文化启蒙教育电视动画系列片《红游记》。这个系列的面向对象是非常具体化的，可以看出都是面向小学生进行红色文化传播而制作的动漫。该片精选26个苏区时期发生在瑞金的重大事件和经典故事，结合少年儿童的审美习惯和视觉文化特点，以动漫形式寓教于乐，让革命事件更加形象生动，大大增强了红色文化的吸引力和感染力，是一部面向当代少年儿童进行爱国主义教育的好教材，也是一部具有良好现实意义的红色文化启蒙教育片。还有《雷锋》等红色英雄人物的动画也是非常具体的，对其中的情节设置、历史性阐释都非常有选择地进行了甄别，侧重于“爱国”要素的提取。

第五节　《航天英雄杨利伟》动画
——红色文化动漫传播的创作解析

本课题团队根据媒介融合背景下红色文化动漫传播的有关研究进行了创作层面的尝试，这也是我们对红色文化动漫传播的一次“实战演习”。

我们根据前面研究可以预见，在媒介融合时代，由于碎片化的浏览习惯，视觉消费的形成，导致视觉感性传播与文字的理性传播相互激荡，为此，以动漫形式传播红色文化大有发展空间。本章只是对从媒介融合到视觉展现，从而理论扩容，对红色文化动漫传播进行了粗浅的探索，我们也期待有更多的理论和实践研究对该拓展进一步深化，能够应用并促进红色文化的传播与内化。通过本研究团队创作的《航天英雄杨利伟》整个动画26个场景展示，我们可以看出：

（一）《航天英雄杨利伟》动画主题鲜明

本科研团队在创作《航天英雄杨利伟》动画的时候，就明确了红色文化的主题。从动画的叙事中、杨利伟的行为和语言中可以清楚地看到和感悟到。红色文化这时候并不是抽象的符号，而是体现在充满视觉造型特点的银幕效果上，通过杨利伟形象表达，能够感悟到社会主义核心价值观的要义。动画片所表现出的主题，也不是片面化和简单化的堆积，而是艺术性的再现，宣扬典型人物杨利伟所折射出的思想内涵，从而提高和净化人们的精神境界。

（二）《航天英雄杨利伟》动画受众明确

不同人群对于红色文化内容的接受角度、接受方式都有可能不同，甚至每一个受众对于理论的情感共鸣点都可能不同，每个人的内心深处都会有着对红色文化某一部分内容的理解与感悟。《航天英雄杨利伟》动画是在广西壮族自治区教育厅及杨利伟将军的支持下而制作的，其面向对象主要是青年大学生，因此动漫符号设计、语言都与当今大学生的语言接受习惯，成长、学习的惯性和背景契合。

（三）《航天英雄杨利伟》动画话语目标在于激发大学生的自觉

红色文化传播的话语目标就是逐步超越话语自发，促进红色文化受众的话语自觉。《航天英雄杨利伟》动画凸显了个体成长与爱国、敬业、国家富强的关联，致力于激发大学生的爱国之情，转换为个体的健康成长，积极参与国家、社会发展事务，通过动画的展现，让大学生受到教育，对其中蕴含的意义进行反思、讨论，不断深化主体认识。

（四）《航天英雄杨利伟》动画议程设置注重航天梦与中国梦的有机结合

航天英雄杨利伟是大学生耳熟能详的典型人物，动画片生动再现了杨利伟航天事件，通过深度挖掘，并把现实的系列报道，包括纸媒和官方媒体的有关杨利伟的个人追求、航天梦与中国梦有机结合的信息整合，整个动画剧情丰富生动，都来源于现实，可信度高。3D 动画还原了杨利伟执行首次载人航天飞行任务“神舟 5 号飞天”的过程，使人身临其境地感受到中国航天的一大跨越，中华民族的崛起自豪感油然而生，其实是立体地感受到了一个有质感的生命故事，这对于受众的教育意义非常重大。

（五）《航天英雄杨利伟》动画中隐喻的红色文化符号清晰

《航天英雄杨利伟》动画较好地体现了价值观的正向引领功能，整个动画隐喻的红色文化符号清晰，催人上进。“神五”“战鹰”“太阳”“国旗”等符号频繁出现；杨利伟从一个普通人家的孩子成长为中国第一个进入太空的宇航员，画面充分展示了“爱国”“敬业”的社会主义核心价值观，包括总书记下达指令，“神五”整流罩打开正常后，地面指挥大厅里一些白发苍苍的老专家，盯着大屏幕掉眼泪，哭得像个孩子。其他的领导、工程技术人员、教练、航天员们，也在那一刻流下激动的眼泪等场景无不展现了“爱国”“富强”等元素。

（六）《航天英雄杨利伟》动画的空间具有象征意义

《航天英雄杨利伟》动画主要由 26 个主体空间构成，这 26 个主体空间既是主题的载体，又是叙事的环境；既是影片的视觉风格，又是影片的造型风格。六股河、杨利伟家、吐鲁番艾丁湖、宿舍内、成都航空兵某团、航天医学工程研究所内、航天中心、北京 301 医院手术室外的走廊、北京航天城、“问天阁”前的广场、酒泉卫星发射中心、茫茫太空等既是杨利伟砥砺成长的空间，也是个体践行红色文化的场域，具有一定的象征意义。

第九章

典型案例分析

党的十七大以来，党中央在稳步推进“文化强国”发展战略的同时，十分注重互联网宣传工作和社会主义核心价值观建设，要求按照“积极利用、大力发展、依法管理、确保安全”的方针，把互联网办成宣传思想政治工作的新阵地，对外宣传的新渠道。为此，党中央及时确定了集中力量建设主流媒体网站特别是重点新闻网站的发展思路，先后制定（修订）颁发了《关于信息网络传播权保护条例》（2013 年修订）、《关于加强党政机关网站安全管理的通知》（2014 年）、《中华人民共和国网络安全法》（2016 年）、《关于加强国家网络安全标准化工作的若干意见》（2016 年）、《互联网上网服务营业场所管理条例》（2016 年修订）等一系列重要文件和政策法规，积极推动主流媒体网站建设和互联网安全建设。

习近平总书记特别重视网络安全和网络宣传工作。他亲自兼任中央网络安全和信息化领导小组组长，在 2014 年 2 月底召开的中央网络安全和信息化领导小组第一次会议上，他提出，要“总体布局，统筹各方，创新发展，努力把我国建设成为网络强国”。他强调指出：“做好网上舆论工作是一项长期任务，要创新改进网上宣传，运用网络传播规律，弘扬主旋律，激发正能量，大力培育和践行社会主义核心价值观，把握好网上舆论引导的时、度、效，使网络空间清朗起来。”2016 年 4

月 19 日，习近平在《网络安全和信息化工作座谈会的讲话》中再次指出："推动我国网信事业发展，让互联网更好造福人民；建设网络良好生态，发挥网络引导舆论，反映民意的作用。"

目前，我国已经建成 10 多家中央重点新闻网站，各省（区）市都建有地方重点新闻网站，我国主流媒体网站建设成效显著，实力不断增强，影响力不断扩大。它们充分发挥网络新媒体优势，按照"高举旗帜、围绕大局、服务人民、改革创新"的总要求，始终坚持"为人民服务，为社会主义服务"的"二为"方针，坚守马克思主义在意识形态领域的指导地位，唱响主旋律，打好主动战，重大主题网上宣传，在红色文化传播和马克思主义中国化、大众化、时代化的进程中发挥了极其重要的作用。

案例一：广西"两学一做"新媒体系列材料解析

自 2016 年党中央决定在全党开展"学党章党规、学系列讲话，做合格党员"学习教育活动以来，全国各地积极响应，工作扎实有序地展开。"两学一做"是加强党的思想政治建设的重要部署。怎么才能让每一名党员准确把握博大精深的学习内容、明确具体的实践要求，真正学进去、做出来，这是"互联网 +"时代推进"两学一做"学习教育时首先考虑的问题。传统的"三会一课"的党员教育模式存在诸多问题。为了解决这一现状，本课题团队直接依托的桂林电子科技大学政府数字传播与文化软实力研究基地与自治区"两新"组织党工委联合策划制作了"两学一做"系列新媒体材料，创新"两学一做"学习教育方式方法。这也是本课题团队开展的媒介融合背景下的红色文化传播的一次"实战演习"。

一、具体做法

创作一系列新媒体的素材，并通过人民网、中国共产党新闻网、广西新闻网、八桂先锋网、八桂两新党建网 5 家主流网站全国首发。同时，在各种门户网站、社交媒体、搜索引擎、微信微博和客户端进行全网推广。

新媒体的材料主要包括：

一是动漫说唱系列。创作了一首《立正，看齐，做合格党员》的动漫说唱神曲，包括 5 分 18 秒的完整版和 4 分 30 秒的精简版，未来还计划推出现场演唱版和广场舞版。同时推出了如：杨利伟将军动漫人生素材等。

二是手机 App 软件系列。一个以 12 句话、80 个字的入党誓词为内容的拼图 App 软件，可以手机下载安装使用，让党员在轻松愉悦的手机游戏中重温入党誓词。

三是两个分别以党章和党规为考核范围的知识竞赛软件，可以自我检验也可相互比试。同时后续还将推出更多的作品。

四是体现党员职业特性的超萌红色头像系列。一组让党员在网上亮明身份的红色头像，包括工人、农民、知识分子、军人、警察、医生、护士、壮族男女等超萌版红色卡通头像。

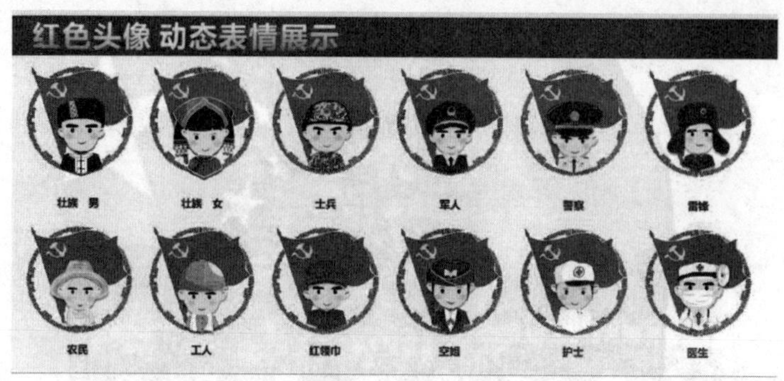

五是耳熟能详的英雄楷模卡通动态表情包。一组以李大钊、刘胡兰、董存瑞、焦裕禄、雷锋、孙家栋等英模人物为原型的动态卡通表情包，让党员在网络运用中接受党性教育、增强看齐意识。

这批材料形式多样，形成了浓厚的、有效的传播热潮，紧跟移动互联的时代潮流，激起党员学习兴趣的同时形成教育的常态化，同时能让党员对党章和系列讲话等内容，烂熟于心，知行合一，真正地应用到党员工作生活当中。

二、亮点与特色

广西“两学一做”系列新媒体材料的上线，大大克服了传统学习方式内容的局限性。整个新媒体材料的核心部分是“立正看齐－做个合格党员”这首“两学一做”动漫材料，该曲子首发之后，传唱度非常广，受到一致好评！“立正看齐－做个合格党员”这首歌曲的创作者聚焦“两学一做”增强政治意识、大局意识、核心意识、看齐意识的要求，深入学习党章党规和总书记系列讲话，把主要精神浓缩到1000个字的《立正，看齐，做合格党员》歌词中。

经自治区党委组织部部务会专题审定、字斟句酌，确保内容既准确又通俗、既亲切又实在。前半部分是说唱，突出党政主题，为了达到口头传唱度，在间奏的部分，用四部人声叠了R&B类型的小旋律，“你记得吗？记得吗……”打破了说唱的单一性，在最后的结束口号部分，使用现在年轻人最喜欢的回响重拍节奏，以及电音的配器。这样更加符合曲子C段的力度和节奏，满足了新生代党员的接受心理以及社会大众人群朗朗上口的要求。这首曲子通过千万次地追问，一再提醒每一名党员不忘初心、不忘本真、不忘担当、不忘戒尺，让大家在反复吟唱中反躬自省，从现在做起、从小事改起，进一步坚定理想信念、牢记根本宗旨、勇当先锋模范、严守纪律规矩，领导向焦裕禄看齐、党员向雷锋看齐、全党向中央看齐，队列整齐、步调一致，推动广大党员适应争做合格党员的新常态。

“立正看齐－做个合格党员”这首歌曲以及其他新媒体材料为扎实

推进“两学一做”学习教育提供了充满时代感的新利器，成为“互联网+”基层党建创新的“现象级”事件。动漫及系列新媒体材料的策划制作过程，是我们探索推动传统领域与新兴领域党建互补共赢的过程，更是团队成员把“两学一做”要求融入创作实践的过程。扩大了“两学一做”的优势亮点，收到非常好的效果。

三、成效及意义

“这是什么歌？真好听！”“‘两学一做’神曲啊！”“在哪里可以下载？下次组织生活会正好可以用……”2016 年 6 月 16 日广西壮族自治区党委常委喻云林，广西“两新”组织党工委书记梁海萍，桂林电子科技大学党委书记周怀营等领导，共同启动水晶球，由此广西“两学一做”系列新媒体材料首发上线，并在广西电视台各频道滚动播出。该系列材料加深了“两学一做”学习教育宣传的影响力和渗透力，收到了“润物细无声”的学习效果。

上线两天就吸引近万名党员添加关注，在全区掀起争做“两学一做”达人的热潮。很快，点播或转发就超过 2600 万人次，在自治区内外取得巨大的反响，引爆了国内党员的微信朋友圈，并一度上了百度热搜榜，被《人民日报》头版头条及《光明日报》、新华网等多家媒体广泛报道，受到时任自治区党委书记彭清华及自治区党委宣传部部长范晓莉的高度认可和肯定，同时被自治区党委常委、组织部喻云林部长高度评价及专门批示表扬，还受到中央巡视组及中宣部相关领导的高度肯定和表扬。此外，在中国浦东干部学院多个党建主题高级研讨班播出，得到中央政策研究室、中组部有关领导和各地学员好评。

各大论坛网友更是好评如潮：

1. “两学一做”动画很新颖，这样广大党员教育活动有了新的学习途径。真的很棒，全力支持！

2. 内容丰富，题材新颖。看完后感觉受益匪浅，也为我单位认真学习落实中央精神提供了参考方式，做得棒棒的。

3. 如此创新方式无疑给广大的人群带来别有一番趣味，我本人是真心地喜欢。

4. “两学一做”原来可以这么美，看完后受益匪浅，内容丰富，题材新颖，为我单位开展系列活动，提供了良好的借鉴。

5. 创新学习教育手段，肯定受广大党员群众欢迎！

6. 借助新媒体，创新学习平台，大力支持！

7. 这种方式很接地气，又时尚，紧跟时代潮流，更便于广大青年党员学习，点赞！

8. 我明白了要脚踏实地地实践“两学一做”，才能学以致用。

9. 说得好，作为一名党员，要补足精神之钙、强化自律之基，做政治上的明白人。

……

广西壮族自治区“两学一做”新媒体系列材料特色的传播方式变“纸上看”为“掌上看”……营造良好的学习氛围，活化“两学一做”的线上学习。党员干部能够及时共享图片、视频、网站等资源，极大地增进了彼此了解，凝心聚力，统一思想，在日常工作之余深刻把握“两学一做”学习教育的重大现实意义，积极弘扬社会主义核心价值观，源源不断地传递正能量。

四、前景展望与启示

“学者非必为仕，而仕者必为学”。习近平总书记曾用古语强调党员学习的重要性。只有不断加强学习，党员才能提高自身的思想道德素质和综合能力，增强工作的科学性、预见性、主动性。“纸上得来终觉浅，绝知此事要躬行”。“两学一做”是一项重要的政治任务。它所面对的是全体党员，就必须通过宣传造势，让全体党员知晓“两学一做”学习教育的要求、内容，创新学习方式方法，促进全体党员积极学习、有效学习、轻松学习，在“潜移默化”中接受教育。

1. “两学一做”不论形式如何，务必凸显其政治价值。“两学一做”新媒体材料，特别是“立正看齐－做个合格党员”动漫服务于“两学一做”学习教育抓出实效、抓出新意的要求，在“互联网＋”时代创新了“两学一做”教育形式，神曲贴近实际，影响力大，覆盖面广，把严肃认真的“两学一做”学习教育变成了学在日常、做在经常的创新实践，形式为价值服务，牢牢把握了其政治价值。

2. 挖掘新媒体时代“两学一做”的传播价值。“两学一做”材料新媒体新意十足，主动迎合新时代党员的学习习惯，引导党员常思、常学、常悟，做到学深悟透，引爆党员群众与网民传播热情。2016 年在纪念建党95 周年前夕，6 月 16 日，自治区党委组织部、“两新”组织党工委、人民日报社广西分社、桂林电子科技大学党委联合举办“桂 e 两学一做”系列新媒体材料上线仪式，在各大主流网站面向全国集中首发，在较短时间内点播或转发就超过 1600 万人次。

3. 重视“两学一做”新媒体材料创作的艺术价值。神曲采用党员群众喜闻乐见的卡通动漫形式，配上中国传统韵味的木刻版画及水墨风格画面，糅合独唱、说唱、和声、朗诵等流行音乐元素，通过政治性、艺术性和流行性的完美结合，具有较高的艺术水准。

4. 注重“两学一做”学习教育的时代性。动漫紧跟移动互联网的时代潮流，节奏明快、内容鲜活，能抓住人心、说明问题，做到了脉络清晰、层次分明、通俗易懂，符合党员的学习需求。当前全国党员的教育中尚无类似具有广泛流行、广泛运用、形成现象的歌曲案例，具有较高的时代价值。

“两学一做”新媒体系列材料的推出，是理论与实践具体的结合，使得基层流动党员人数日益增多，依赖新媒体生动形象地获得知识咨询的党员人数也不断增加，新媒体时代的到来推动着党员学习方式的转变，“两学一做”学习教育就应该紧紧依托新媒体平台，以满足党员多样化学习需求为宗旨，创作出更多新颖的学习资源，为早日实现党员教育学习的日常化、全覆盖，发挥党员自我净化、自我提高的主动性提供坚实的保证。

案例二：桂林电子科技大学党员学习教育系统解析

为深入学习贯彻习近平总书记系列讲话精神，拓展“三严三实”专题教育成效，进一步加强共产党员红色文化教育工作，桂林电子科技大学于2012年创建了党员学习教育系统，实行党员理论学习学分制。该系统对全体党员更加有效地传承红色基因，发扬中国共产党的优良传统，弘扬革命精神，传播红色文化，提升广大共产党员的思想政治素质和综合能力，更好地发挥广大党员的先锋模范作用和基层党组织的战斗堡垒作用，办好人民满意的社会主义大学，培养更多合格的社会主义事业的接班人，促进社会主义文化强国的建设，实现中华民族伟大复兴的中国梦发挥了重要作用。

一、平台概述

党员学习教育系统是指党员们根据系统要求，在规定的时间内完成一定量的学习内容，并取得规定学分的教育管理制度。

该学习系统实行学分制。每点击一篇学习资料，按照规定的学习时间学满后同步显示该篇学习资料的学分数，学分会根据每篇学习资料的内容长短和重要程度设定。每次只能点击出一个学习资料，关闭当前学习材料窗口后，才能继续下一篇的学习。个人所获学分数会显示在界面上，还会实时更新学分排名，从而提高党的理论知识学习积极性与成就感。

学分数一般由支部制定，规定党员在一定时间内达到相应的学分数，规定学分与年终考评挂钩，从而量化学习过程，也为考核提供精确的参考数据。

该学习系统初始结构分为七个板块：控制面板、学习专区、红色影院、交流讨论区、消息中心、问卷调查和考试系统。

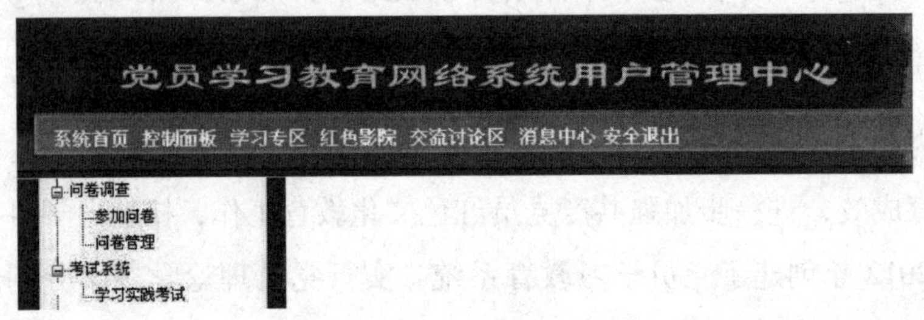

图一　七个板块

与以往的党员教育体制相比，党员学习教育网学分制的优越之处有：第一，党员学习的时间和地点可以自由选择。党员们即使学业或工作繁忙时，也可抽出半小时的空闲时间进行再学习，使得学习教育常态化、制度化。第二，学习内容的自主性及考察方式的多样性。在一定程度上允许党员自主选择感兴趣的内容；考察方式既能以学习时长的方式，也能以发表学习心得体会的方式获取规定学分。第三，学习过程具有指导性。党员实行学习学分制，目标明确。目标是增强党员党性修养，从而引导党员自觉学习党章党规、规范言行举止，做“四讲四有”合格党员。虽然规定一定期限内获取多少学分，但对于学生如何取得学分只做指导，在系统栏目、学习内容的设置上具有一定的引导性。

二、功能定位

桂林电子科技大学的党员学习教育系统是伴随着科技进步而萌生的一种新的学习教育形态，它作为信息技术与传统教育理念有机结合的新型教育方式，主要有以下六个方面的功能定位。

功能一是党务知识学习。点击系统中的“学习专区”或“红色影院”，可通过文字或图像进行党务知识学习。

“学习专区”板块主要分为五个栏目：媒体报摘、重要讲话、时代先锋、廉政学习和其他学习等。

“媒体报摘”主要摘自新华网，《光明日报》《人民日报》《京华时报》《法制日报》《人民时评》，人民网，《南方日报》《教育视界》等，及时快速地发布新闻动态，方便党员学习理论知识，了解国家最新动态。

“重要讲话”覆盖了以习近平总书记为首的领导干部的系列讲话。如《习近平：青年要自觉地践行社会主义核心价值观》《习近平总书记五四重要讲话精神》《李克强：着力推动大众创业万众创新，汇聚经济社会发展强大新动能》等系列重要讲话。这些重要讲话告诫我们：每一名共产党员，自从面向党旗庄严宣誓的那一刻起，就应让红色基因融入血脉，焕发新的生机，润养我们的精神源泉。

“时代先锋”主要摘自大公无私、助人为乐、劳动模范、社会文明及经济建设的领头人等优秀事迹，从而渲染良好的为人民服务的氛围，增强党员投身中国特色社会主义现代化建设的决心与勇气。

“廉政学习”通过发布一些反面的腐败案例和正面的廉政案例，发布反腐规范等，使得广大党员洁身自好，关注社情民意，弘扬廉政文化，人人为营造风清气正的廉洁社会氛围贡献自己的力量。

“其他学习”发布学术较好的关于党建工作的期刊论述等。作为解压的心灵鸡汤，党员可以根据自己的兴趣爱好，选择自己喜欢的文章进行学习领悟。

“红色影院”板块主要分为五个栏目：形势报告、廉政教育、党史学习、先进事迹和其他学习。“非学无以立党兴党”，通过较为生动形象的展示方式，如学习资料、视频学习等，从而让党员们第一时间学习到先进人物的优秀事迹和实用的党务理论等知识，使每位党员都能真正读懂、学会、悟透党章党规和系列讲话精神等内容。

功能二是交流讨论。在学习教育中，我校改变过去“三会一课”传统党课模式，由学生党员结合时事、热点，自愿发布讨论主题，其他党员积极参与讨论，针对发布的主题发表自己的见解和看法。这种学习方式调动了党员加强意识形态建设的积极性，提高了学校党组织的整体发展水平和党建工作水平。

功能三是在线考试。系统创建了大试题库，随机出考题。随后系统会自动统计分数，短短两分钟成绩就会出来，快速高效。

功能四是短消息通知。系统开发了系统内的短信功能。党员登录平台时，即可正常地接收、回复短信。

功能五是在线调查。该功能适用于党建调研或投票选举工作，结果实时传输到电脑界面上，方便快捷。

功能六是扩展功能。系统的开放性还体现在可根据用户需求进行功能扩展，如基于3G技术的移动学习，通过无限移动网络与互联网之间的通信，在空间和时间上的无限扩展，最大限度地进行无所不在的学习教育活动。

三、后台管理

后台管理包括学习资料管理、考试管理和系统管理，它是该系统的重要组成部分，确保整个系统正常高效的运作。

学习资料管理通过发布学习资料，系统管理员可以发布学习资料供用户阅读；也可以通过学习资料类别管理，系统管理员可以对所发布学习资料的类型、学分数、学习时间是否置顶等进行管理。

考试管理主要是对试卷和考试进行管理，系统管理员可以发布试卷并编辑试卷，进行成绩统计等；考完试的进行试题管理，系统管理员可以录入试题，对试题内容、类型进行编辑。

系统管理首先是通过部门管理，对需要进行学习的部门进行规定，并录入系统，根据实际情况随时进行添加修改。其次利用功能模块管理对整个系统的功能模块进行设计和编辑，根据需要调整板块设置。再者是用户管理对整个系统的注册用户进行管理，可以随时添加、删除、修改并查看全部用户的学习情况。最后是角色管理，它对整个系统的注册用户进行身份上的区别，授予不同的权限，行使不同的功能。

四、平台的特点

1. 参与性强，点击率较高，覆盖面广，时间和空间相对自由。截止到 2017 年 10 月底，该系统的注册总数：593832 人，平均每天至少有 1000 多名党员进入系统学习。党员同志无论任何时间，身处何地，都可以方便快捷地学习红色文化知识，学习近期有关先进人物、先进事迹的报道等，及时快速地接收到党委的信息，时空不受局限。通过短信平台，党员可以将近期的思想感悟，对党章、党史学习的新体会、新观点随时随地地反馈给党组织，使得党员的参与度提高了，同时增强了党员学习马克思主义理论等红色文化的积极性与主动性。

2. 系统更新速度高，内容丰富多样，重点突出，针对性较强。针对学生思维活跃，接受新鲜事物能力较强的特点，系统特意设计了内容精练，易学易懂的红色文化，传播了中央领导的重要讲话与精神，把党员学习教育系统变成在新媒体时代下，学习交流开展思想政治教育工作的特色平台。

3. 具有鲜明的理论性、服务性和实用性特色。按照理论联系实际、学以致用的原则，在系统学习党建基础理论、党的历史、红色文化、党章、重要会议、文件、讲话精神等理论知识，努力提高党员政治素质和党性觉悟。坚持政治理论教育与工作实际相结合，充分体现党员教育的实用性，增强广大党员的使命感、责任感和自信感，教育引导广大党员，尤其是党员干部学会运用科学理论指导工作实际，弘扬红色文化，团结带领全体党员立足本职岗位创先争优，在学习、工作、生活中均能起先锋模范作用。

4. 高度信息化，使得党员的学习生活能实现交互性、学习性、虚拟性，同时这些信息的内容又有多变性、共享性。该系统提供了广阔的求知“校园”。网络系统发展快，更新周期短，开放程度高。这一特征有利于培养党员的现代观念，如学习观念、效率观念、为民观念等，有助于拓宽党员的思路和视野，促进党员之间的交流和沟通，增强党员的社会参与度，开发党员内在的潜能，增强对红色文化的认知与传承。

五、实践成效及意义

学校党员和广大学生通过该系统加强党员对党史理论知识和红色文化的学习，通过廉政教育，立榜样，学先进事迹等方面的大胆探索实践，推进了党的建设工作，取得了较大成效，平台的学习和育人功能得到了充分的发挥，实现了红色文化的多维度传播。

1. 统一思想，凝聚人心。该系统的成功推出受到了党员和广大师生员工以及网友们的欢迎。最初，在该系统中总学分成绩排名前五名的同志分别是：崔越迪 13111 分，耿道双 13104 分，江肖灵 12629 分，凌艺全 6809 分，唐永康 6492 分。从数据中，不难看出党员学习的热情和积极性高涨，渴望通过系统学习到更多中国优秀文化、红色文化等，增强文化自信，为实现“两个一百年”奋斗目标作出贡献。学校通过党员学习教育系统实践活动的深入开展，不断创新教育载体，丰富教育形式，让党员“学得进、记得住、用得上”，广大党员的党性观念进一步加强，理想信念进一步坚定，意识形态进一步加强，模范带头作用进一步明显，党建教育活动取得明显成效，带动了各项工作，特别是红色文化传承方面有序开展。

2. 该系统的建设扩大了党员理论知识学习的传播渠道和传播方式。随着科学技术的发展，信息化、数字化技术等越来越重要，能够将我们党长期积累下来的大量经典著作、重要文献、重要理论成果等，通过网络信息化等先进的传播渠道，最大限度地保存开发利用，满足党员同志和网友们的不同需求。同时，对于建设学习型、服务型、创新型的马克思主义执政党，推进党的执政能力建设和先进性、纯洁性建设，提升基层党组织的战斗力，为全面建成小康社会，实现中华民族的伟大复兴的中国梦都具有十分重要的意义。

3. 积极开展各种形式的信息网络化教育活动，使新型信息化网络载体发挥重要的作用。星火燎原。在该系统学习中，党员们都能充分利用该学习平台，积极、认真地参与学习教育活动。

4. 党员带头示范，争做“四讲四有”的合格党员。讲奉献、有作为。通过开展一系列有特色的学习活动，学生党员充分发挥了先锋模范作用，带头遵规守纪，密切党群关系，带动广大学生共同学习，身体力行。增强了看齐意识。全体党员从被动学习转为主动学习，自觉学习、贯彻党章，经常重温党章，做到入脑入心、外化于行。自觉与党中央保持一致，不断提高自身党性修养。

撸起袖子加油干，为实现中国梦而努力奋斗。该校学生党员江盼身患重病高位截肢后仍顽强拼搏，乐于奉献，自强不息，保持艰苦奋斗的优良传统，坚持支教，服务大众的精神，感动了数万党员。人们争先学习她的优秀事迹。2014 年 5 月 3 日，习近平总书记给河北保定学院西部支教毕业生群体代表回信，而就在当天，《光明日报》头版头条长篇通讯《把最美的一面朝向世界》报道了江盼的感人事迹。江盼同学是我们培育和践行社会主义核心价值观的榜样，是我们身边的一笔宝贵的精神财富，学校以此为契机，结合总书记的回信精神，在党员系统开展系列活动，该报道的相关链接使党员学生都能随时随地观看学习，进一步推动了社会主义核心价值观融入党员学习系统中，让更多的党员在实现中国梦的伟大实践中书写别样的精彩人生。

总之，该学习教育系统为广大学员和网友提供了一个很好的学习和交流的平台，通过该平台的学习教育：大家谈体会，说感受，讲收获，相互学习，相互启发，分享学习成果，在互相交流中提高，在思想碰撞中升华，锻炼了党员归纳总结、理性思辨和表达能力，达到自我教育、互相学习、共同提高、共同进步的效果，进而加强对党性教育、新《党章》等理论学习，提高党员的党性修养，深刻牢记自己是一名共产党员，明确了自己身上的责任与使命：真正的共产党人血液中应流淌着红色基因，骨子里应有忠诚坚定，不畏牺牲，艰苦奋斗，服务人民的优良传统，才能凝练成为共产党人血液中代代相传的红色基因。无论是革命战争年代，还是艰苦创业的建设时期，还是今天红红火火的改革开放新时代，红色文化精神都是激励一代又一代的共产党人前仆后继、百折不挠、不忘初心、牢记使命，为实现中华民族伟大复兴的中国梦，最终实现共产主义的远大理想而奋勇前进的不竭动力。

案例三：中国共产党十九大召开媒介融合宣传报道

2017 年 10 月 18 日上午 9 时，中国共产党第十九次全国代表大会在北京人民大会堂开幕，习近平总书记代表第十八届中央委员会向大会作了题为《决胜全面建成小康社会夺取新时代中国特色社会主义伟大胜利》的报告。这次十九大的宣传策划是值得我们探究的媒介融合的典型案例。

在“十九大系列”宣传报道中，总共分两类，一类为“网下”宣传，以传统媒体宣传为主，一类是“网上”宣传，以网络平台为依托的新媒体宣传为主。“网下”宣传主要为报纸、广播、电视同步播放十九大开幕盛况。这次宣传媒介融合体现最明显的一方面为，一切纸质的、文字的信息全部转换成图片、数字和视频然后对外传播。多媒体交互传播带来的不仅是信息传输上便利，重要的是网络大面积覆盖让传播直接营造了一种“信息渴求”的氛围，大家对参与政治活动的心境不再是可有可无状态，由媒体完成的民意调查、民众反馈不断凸显出上层思想与基层群众的融合。十九大召开充分体现了媒介融合的独特优势，对建设社会主义和谐社会功不可没。媒体是党和人民的耳目喉舌，做好迎接党的十九大宣传，是媒体的首要责任。新闻工作者切实增强四个意识，传递正能量，弘扬主旋律，为十九大胜利召开营造和谐稳定、生动活泼的舆论氛围。①

一、参与面空前广泛

据统计，10 月 18 日上午 9 时，人民网、新华网、中国网络电视台、中国网、人民日报客户端、新华社客户端、央视新闻客户端进行十九大网络直播。网站 PC 端成为报道大会的主阵地，尤其是 15 家中央主要新闻网站成为十九大报道的“国家队”，30 多家网上非主流媒体全力参与并辅助中央媒体的新闻报道活动。他们在新闻报道中承担了主力军和拥

① 人民网评：《全力以赴，做好迎接党的十九大》，人民网，2017 年 09 月 19 日。

护集众的效果。各大网站分设专题，在新闻报道量、被转载等数据指标上均遥遥领先，各大网站开设专题并在网站首页全屏飘红推出，集纳新闻、评论、图片、视频等各种表现形式，极具视觉冲击力，吸引了众多网民。①

以百度搜索引擎为例，以“十九大”为关键词搜索，就有12000000条相关信息，其中包含网页新闻、图片、视频网页信息，其中以新浪网、央视网、凤凰网、中国网、新华网为主要网页信息传播入口。除了网站PC端外，各种移动端在十九大开幕中具有举足轻重的作用。十九大的内容传播主要依靠网下媒体或者PC端，但十九大的开幕式宣传与网上互动有直接关系。10月18日9时至10月19日9时期间，关于“十九大”内容PC端信息56286篇、微信订阅号文章51565篇、微博信息45579篇、客户端信息16937篇。该时段内，“十九大18日9时在京开幕”“习近平总书记作报告”“报告新提法”等话题受到境内外舆论的聚焦②。

从数据中可以看出微博、微信等自媒体与一些商业网站成为十九大前期宣传的重头戏。以新浪网为例，10月30日以前，以“十九大”为关键词搜索内容，搜索显示有47733篇相关推文，其中含图片有1777篇，含视频341篇。十九大从开幕到闭幕微博热搜和推送一直在循环进行。各大自媒体终端都呈现与十九大互动的景象，呈现全民互动的热潮，舆论参与度极高。

二、网络特点突出

十九大的宣传在群众中引起极大反响，群众参与度与往届相比也创

① 大数据告诉你：《新闻网站是十九大报道的主阵地》，网络传播，2017年10月20日。

② 中外媒体看十九大：《十九大开幕牵动全球目光》，人民网，2017年10月19日。

历史新高。微博热点话题转载、十九大内容图解、108 名明星视频推送点赞十九大视频以及微信朋友圈转载等成为宣传十九大召开的重头戏。在 10 月 18 日当天，百度搜索引擎搜索“十九大”就已达到搜索值 2322029，成为近 30 天的搜索最高峰，10 月 24 日闭幕式出现近 30 天的又一高峰，搜索值有 718959。除了网上宣传，网下社会各个群体阶层也开启共同迎接十九大的热潮，组织在校学生老师观看十九大开幕直播，共同学习十九大报告精神，相关单位也组织开展一系列十九大征文、文艺演出、网络话题等活动，一瞬间社会掀起学习、参与讨论十九大的热潮。

主流媒体积极运作十九大宣传任务。十九大的宣传经主流媒体记录、传播并经由其他媒体转载加工，以最快的速度传递给群众，各媒体根据自己所在时间、空间的特点做出相应的对策和调整。PC 端宣传主要是通过搜索引擎设置“关键词”，且网页背景都切换成十九大相关封面，这对网页宣传具有直接有效的反映。人们在不经意间就可了解十九大相关信息，如果有感兴趣者可深入了解，信息传播效果得到有效提升。而自媒体传播则多借用各种 App，如手机微博、微信、QQ。人们的日常多携带移动终端为主，生活信息也多从身边获取，十九大的宣传工作在 10 月 18 日十九大开幕式前期就已经开始进行自媒体宣传，微博官 V 如：人民日报、新华视点、中国青年报、环球时报等传统媒体借助网络平台与纸质、网页同时发布十九大开幕盛况。

自媒体宣传完成了十九大的大众化传播。自媒体是传统媒体在信息技术下的时代变革产物，通过借助互联网平台，充分利用时间空间资源，在有效时间内获取最多的资料，并根据传播者指令和受众接收情况做信息传播和处理。在十九大宣传中，微博移动终端是信息传播最有效的方式之一。以十九大移动终端信息传播为例，在十九大开幕式前期，微博移动客户端已经开始滚动发布十九大召开信息，以人民日报、旗帜、新华网、新华视点等为主，还有部分地方官微开始发布或转载十九大召开的新闻或消息，新华视点还进一步发布明星点赞十九大的视频，通过明星效应引起公众关注热情，其次，在十九大召开过程中，各大官微发布十九大新闻图解，帮助群众了解十九大报告内容，其中微博相关十九大话题的阅读量达到25.3亿，讨论量达到452.3万，据统计，10月18日至19日期间，涉“十九大”微信文章超过10万篇，总阅读量近6000万，单篇阅读量过10万的文章有80篇，产生10万+文章的微信号包括《人民日报》、人民网、新华社、共产党员、瞭望、《中国青年报》《环球时报》等。所有微博相关文章都可转发到QQ或微信，因此在微信朋友圈也刮起宣传十九大的热潮，根据微信指数趋势，微信上“十九大”相关话题讨论在18日开幕式当天达到峰值，讨论量达到3亿。① 十九大不仅在国内引起强烈反应，境外媒体也对十九大召开作出高度重视。美国路透社、新加坡海峡时报、英国路透社等，其中泰国《曼谷邮报》、日本《每日新闻》、英国《金融时报》分别发表新闻，报道习近平总书记的报告，中国台湾《经济日报》报道以《台籍十九大代表：爱台也可以爱大陆》对中国共产党召开十九大表示了祝贺以及对大陆表达了两岸友好的意愿。

十九大的召开牵动了国内甚至是国外媒体的关注度，中国特色社会主义的内涵在通过媒体的力量传到世界，让世界认识我们，让世界认同我们。利用媒介我们用中国特色社会主义文化感染大众，引导社会舆论，发出中国声音，可以看到媒介融合带来的传播效果显而易见。

三、传播方式多样

将十九大作为媒介融合案例，从实际传播情况来看，十九大的宣传

① 中外媒体看十九大：《十九大开幕牵动全球目光》，人民网，2017年10月19日。

行动已经实现了最广泛、最快捷、最全面的传播。针对不同群体各媒介相互作用，传统媒体与新媒体实现了内容和渠道的高度融合。以《人民日报》为例，作为十九大宣传的主流媒体，在报纸、网页、移动终端、自媒体运营以及与其他主流媒体合作方面更是实现了优质合作。《人民日报》的纸媒内容与网页版、移动版内容共享，甚至可以转载其他媒体的新闻内容，其次在媒介运营商上，《人民日报》设置了“《人民日报》App”以及“《人民日报》公众号”，无论在何种网络环境，身边的一切网络设备都可以帮助受众接收媒体信息。除此之外，新的信息传播方式也开始入驻人们生活——网络直播。网络直播是集内容、视频、互动于一体的新的信息传播方式，我们曾接触的现场直播多为电视节目现场直播，或电视网页转接的直播现场。但现在以移动终端为基础设备的网络直播，可随时随地拿起设备记录信息，实现传播互动一体化。

媒介融合带来了信息技术的合理运用，还有对人们需求的满足。信息科技的发展带来的不仅是设备应用的便利，最重要的是实现了群众需求与技术的高度契合。媒介融合时代的发展就是不断借助信息技术的便利，实现信息传播渠道的更新，更重要的是实现人们诉求的满足。十九大的召开，充分借助了媒介融合的便利，习总书记的精彩言论被各大媒体引用和广泛传播，在报道形式上呈现出简短、精练、发布频繁的特点，时间流、碎片化特征，使微博成为移动端主要传播渠道之一。① 传播渠道从分散走向统一，借用同一终端发布信息，节省资源，并将零散大众通过一个终端聚合到一起，提高了受众参与信息互动的热情。未来的社会是资源共享的社会，人们对待信息的态度会逐渐由被动转向主

① 《半天十亿！一场关乎十九大开幕的微传播盛宴》，《网络传播》，2017 年 10 月 19 日。

动，在媒介时代能做的就是实现资源利用的最大化，更加满足人们的正当利益诉求。

四、传播目的性加强

媒介融合时代促进了社会关系的进步。十九大开幕前一周，1388名外媒记者在大会新闻中心组织下，分成25条采访线路，遍访中国的新地标，一起感受中国发展的强劲脉动①。改革开放以来，国家一直秉持积极接受外来优秀文化，增强中国文化的包容性和文化自信，而新媒体的发展加快了西方优秀文化流入中国的速度。各国媒体记者之间相互交流，各种国际影视作品合作出现。媒体的开放使得国家和社会接受新鲜事物的心态也在不断改变，信息技术不断开拓新的传播领域，信息的传递已经不仅仅是为完成传播过程这么简单，媒体自身携带的社会使命也在慢慢影响着社会发展的脉象。

媒介融合承担一定社会功能。从最初的传播方式、内容的融合递变成技术的、所有权的、组织结构的、政府制度等的新型要素的融合，每个要素的融合都承载着一定的社会功能。媒介融合最基本表现形式就是传统媒体与新媒体的合作，而传统媒体是代表国家声音的高门槛传播媒体，而新出现的自媒体终端，内容生产者多为注册用户，门槛低，信息传播无明确细则限制。但十九大的宣传报道却呈现出所有媒体目标一致的原则，重点宣传十九大，传播正能量，弘扬社会主义核心价值观。媒介的融合在实质上也是政府介入、政府推动的未来媒体的发展趋势。信息传播规范化、网络信息环境安全、网络平台信息共享条例都需要相关单位的把控。

信息来源于群众，最终又反馈给人民大众。政府是信息传播的

---

① 《党的十九大新闻宣传报道创新和亮点综述》，人民日报，2017年10月27日。

"把关人"，而同时媒体作为党的"耳目喉舌"，在信息传播方面也会有目的性地进行信息传递，引导大众舆论，做好群众思想统筹的工作。大众舆论的变化慢慢影响着社会关系的调整。以往，召开地方各级人民代表大会似乎是各级党委和政府组织的事情，与普通群众关系不太大。但是，全国党代会或者"两代会"的召开，人们普遍都很关心，特别是这次党的十九大的召开，使全国广大的基层群众真正感受到了参与国家事务管理的仪式感。人们通过直播可以直接看到习近平总书记对社会民生的关注与解决态度。人们通过媒体"零距离"接触党和国家大事的决断，知觉、知晓国家颁布政策的目的要求，人们主动并乐意履行各项法律规定，对推进社会民主政治建设是很好的初探，社会关系愈加稳定，促进了和谐社会的建设。

五、结　论

媒介融合时代，信息传播方式不断更新，范围不断扩大，速度不断提升，传播目的性不断增强，传播互动效果不断改善。媒介融合不仅是信息传播内容和渠道的融合，媒介的基本功能是传播，但承载人民意志的信息传播是情感传递。信息技术改变了我们接收信息的方式，同样地也影响了我们看待事物的方式。十九大召开让全国人民重新了解发展中的中国。

媒介是信息传播的载体也是党与人民群众相互交流的渠道。媒介融合是时代发展的必然趋势，我们能做的就是充分利用时代给予我们的便利，做好信息处理，让上层声音传播到群众中来。十九大的召开，运营了一系列网络平台，如微博、微信等，自媒体成为十九大宣传的主力之一，自媒体做的不仅是宣传，在宣传的基础上还进行了十九大内容解读，这在以往是很难做到的。人们在观看十九大的同时也能够立即搜索公共号查看十九大报告图解，这对深刻理解十九大有着重要的社会意义。以往注重仪式的表达，但对人们的理解效果没有做过统计，人们对传播内容的了解只局限于当时环境，传播效果甚微。媒介融合时代的到来很好地弥补了信息单向传播的不足，对未来信息的互动和反馈效度统计有很重要的借鉴意义。

媒介传播的特点和规律要求我们不断探索和有效利用。媒介融合时代给予了人们信息传输的便利，为我们实现马克思主义中国化和红色文化大众化，拓展了广阔的传播渠道，为增强国家的文化软实力，建设中国特色社会主义文化强国，提供了有力的技术支撑。媒介融合背景下红色文化大众化，其传播是大众传播，每个人都是信息传递中的一员，“人人都是麦克风”，我们生产信息、发布信息的愿望在媒介融合时代成为可能。

主要参考文献

一、著作类

1. 《马克思恩格斯选集》（第 1－4 卷）［C］．人民出版社 1995 年版。

2. 《毛泽东选集》（第 1－4 卷）［C］．人民出版社 1991 年 6 月第 2 版。

3. 《邓小平文选》（第 1－2 卷）［C］．人民出版社 1994 年版。

4. 《邓小平文选》（第 3 卷）［C］．人民出版社 1993 年版。

5. 《习近平谈治国理政》［C］．外文出版社 2014 年版。

6. 《习近平总书记系列重要讲话读本》［C］．人民出版社 2014 年版。

7. 习近平：《决胜全面建成小康社会 夺取新时代中国特色社会主义伟大胜利——在中国共产党第十九次全国代表大会上的报告》，新华网，2017－10－27。

8. 宫承波主编：《媒介融合概论》［M］．中国广播影视出版社，2016 年 12 月版。

9. 韩延明主编：《红色文化与社会主义核心价值体系建设研究》［M］．人民出版社 2013 年版。

10. 教育部社会科学司：《高校马克思主义中国化、时代化、大众化研究》[M]. 光明日报出版社2011年6月版。

11. 李水弟主编：《红色文化与传承》[M]. 江西人民出版社2009年版。

12. 王爱华，王刚等主编：《多维视野下的红色文化》[M]. 西南交通大学出版社2011年版。

13. 杨溟主编：《媒介融合导论》[M]. 北京大学出版社2014年10月版。

14. 刘建明：《宣传舆论学大辞典》[M]. 北京经济日报出版社1993年版。

15. 隋秀英著：《新媒体时代马克思主义大众化传播研究》[M]. 辽宁师范大学出版社2016年版。

16. 周小华著：《基于新媒体技术的马克思主义传播》[M]. 国家行政学院出版社2012年版。

17. 杨兴林著：《新形势下马克思主义大众化问题研究》[M]. 光明日报出版社2014年版。

18. 郭庆光：《传播学教程》[M]. 中国人民大学出版社2011年版。

19. 李春会：《传播视域下的马克思主义大众化》[M]. 人民出版社2013年版。

20. 张雷：《传播理论与大学生思想政治教育有效接受研究》[M]. 浙江大学出版社2015年版。

21. 邵培仁：《传播学导论》[M]. 浙江大学出版社2001年版。

22. 周庆山：《传播学概论》[M]. 北京大学出版社2004年版。

23. 庄晓东：《文化传播：历史、理论与现实》[M]. 人民出版社2003年版。

24. 苏宏元：《网络传播学导论》［M］．中国社会科学出版社 2010 年版。

25. 范东生，张雅宾：《传播学原理》［M］．北京出版社 1990 年版。

26. 戴元光，金冠军：传播学通论［M］．上海交通大学出版社 2000 年版。

27. 萨姆瓦等：《跨文化传通》［M］．三联书店 1988 年版。

28. 刘基，苏星鸿：《网络境遇中当代中国马克思主义大众化传播问题研究》［M］．中国文史出版社 2014 年 5 月版。

29. 刘丽琼：《接受理论视阈中的马克思主义大众化研究》［M］．人民出版社 2016 年版。

30. 何玲玲：《当代中国马克思主义大众化的挑战与路径研究》［M］．人民出版社 2013 年版。

31. 肖灵：《当代大学生红色文化传播研究》［M］．中国社会科学出版社 2015 年版。

32. 熊澄宇：《文化产业研究：战略与对策》［M］．清华大学出版社 2006 年版。

33. 杨国荣：《思与所思——哲学的历史与历史中的哲学》［M］．北京师范大学出版社 2006 年版。

34. 倪梁康：《现象学及其效应——胡塞尔与当代德国哲学》［M］．生活·读书·新知三联书店 1994 年版。

35. 肖川：《教育的视界》［M］．岳麓书社 2003 年版。

36. 胡正荣：《传播学总论》［M］．清华大学出版社 2008 年版。

37. 张有录：《媒体教学论》［M］．国防工业出版社 2008 年版。

38. 喻国明：《传媒经济学教程》［M］．中国人民大学出版社 2009 年版。

39. 卢因：《群体生活的渠道》［M］．中国传媒大学出版社 2002 年版。

40. 宫承波：《传播学纲要》［M］．中国广播电视出版社 2007 年版。

41. 李彬：《传播学引论》［M］．新华出版社 2003 年版。

42. 杨魁，刘晓程：《危机传播研究新论》［M］．中国社会科学出版社 2011 年版。

43. 王洪叶：《贵州红色文化资源与地域发展研究》［M］．西南交通大学出版社 2015 年版。

44. 吴克礼：《文化学教程》［M］．上海外语出版社 2002 年版。

45. 俞思念：《文化与宽容》［M］．社会科学出版社 2009 年版。

46. 俞思念，魏明等著：《当代中国发展战略》［M］．华中师范大学出版社 2010 年版。

47. 沃尔特·李普曼：《公众舆论》［M］．上海人民出版社 2006 年版。

48. CottleS 主编：《媒介组织与产制》［M］．陈筠臻译，韦伯文化国际出版有限公司 2009 年版。

49. （丹麦）克劳斯·布鲁恩·延森：《媒介融合：网络传播、大众传播和人际传播的三重维度》［M］．复旦大学出版社 2012 年第 1 版。

50. （美）保罗·莱文森：《复旦新闻与传播学译库·新媒体系列：新新媒介（第 2 版）》，复旦大学出版社 2014 年第 2 版。

51. （加拿大）罗伯特·洛根：《理解新媒介：延伸麦克卢汉》［M］．复旦大学出版社 2012 年第 1 版。

52. （美国）亨利·詹金斯：《融合文化（新媒体和旧媒体的冲突地带）》［M］．商务印书馆 2012 年第 1 版。

53. Guillory J：Genesis of the media concept［M］. Critical Inquiry，2010.

54. Lievrouw L A，Livingstone S：Handbook of new media：Social shaping and consequences of ICTs［M］. Sage，2002.

55. raham Meikle，Sherman Young：Media Convergence：Networked Digital Media in Everyday Life . Palgrave Macmillan January 17，2012.

56.（德）伽达默尔：《真理与方法（下）》［M］. 洪汉鼎译，上海译文出版社 1999 年版。

57.（英）丹尼斯·麦奎尔：《受众分析》［M］. 刘燕南，李颖，杨振荣译，中国人民大学出版社 2006 年。

58.（英）安东尼·吉登斯：《现代性与自我认同》［M］. 赵旭东，方文译，北京三联书店 1998 年版。

59.（美）威尔伯·施拉姆，威廉·波特：《传播学概论》［M］. 陈良等译，新华出版社 1984 年版。

60.（美）约翰·帕夫利克：《新媒体技术——文化和商业前景》［M］. 周勇译，清华大学出版社 2005 年版。

61.（美）尼古拉斯·尼葛洛庞帝：《数字化生存》［M］. 胡泳译，海南出版社 1997 年版。

62.（美）赛弗林和坦卡特：《传播学的起源、研究与应用》［M］. 福建人民出版社 1985 年版。

63.（日）见田宗介：《社会学典故》［M］. 东京弘文堂 1998 年版。

64.（意）加埃塔塔·莫斯卡：《政治科学要义》［M］. 任军锋，宋国友等译，上海人民出版社 2005 年版。

二、论文类

1. 李红星：《红色文化的网络传播研究》[D]．河北师范大学，2014（06）．

2. 施镱：《广西红色教育的现状及发展研究——以桂林为例》[D]．桂林电子科技大学，2011（06）．

3. 毕晓梅：《国外新媒体研究溯源》[J]．《国外社会科学》2011年第3期。

4. 肖灵：《当代大学生红色文化教育研究》[D]．南京师范大学，2014.

5. 施镱，张文：《红色文化的数字化传播研究》[J]．《产业与科技论坛》2017（24）．

6. 陈映：《媒介融合概念的解析与层次》[J]．北京邮电大学学报（社会科学版），2014（1）．

7. 邱枫：《红色文化传播研究》[D]．中南大学，2012.

8. 朱伟：《红色文化传播现状、问题与对策研究》[D]．山东大学，2014.

9. 江峰，汪颖子：《中国红色文化生成的系统要素透析——以大别山红色文化为例》[J]．北京师范大学学报（社会科学版），2010（6）．

10. 孙晓飞：《红色文化的当代社会价值及其实现》[D]．山东大学，2008.

11. 王以：《红色文化的价值及其实现》[D]．山东大学，2006.

12. 丁柏铨：《媒介融合：概念、动因及利弊》[J]．《南京社会科学》，2011（11）．

13. 邢仔芹：《媒介融合的现状及对传媒业的影响》[D]．山东大学，2009.

14. 李海波：《论红色文化传播的价值和策略》[D]．江西师范大学，2009.

15. 毛日清：《老区建设与“红色旅游”事业的发展》[J]．求实，2002（12）．

16. 吕治国：《略论新媒体环境下马克思主义大众化的传播路径》[J]．《思想理论教育导刊》，2011（9）．

17. 吴丹：《媒介融合时代受众身份的转变》[J]．《视听》，2017（1）．

18. 李胜兰：《媒介融合背景下传统媒体的发展探究》[J]．《视听》，2017（4）．

19. 马立党：《运用新媒体推进马克思主义大众化》[J]．《中国井冈山干部学院学报》，2017（3）．

20. 陈锦宣：《新媒体对当代中国马克思主义大众化传播的影响》[J]．重庆理工大学学报（社会科学版），2015（6）．

21. 刘烨：《新媒体视阈下的马克思主义大众化传播现实路径》[J].《科教导刊》，2016（12）．

22. 朱成利：《新媒体语境下马克思主义大众化传播契机与对策》[J]．《辽宁师范大学学报》（社会科学版），2015（5）．

23. 鲁宽民，易鹏，乔夏阳：《网络时代推进中国马克思主义大众化的价值论分析》[J]．《西北大学学报》（哲学社会科学版），2012（5）．

24. 周小华：《论马克思主义传播在新媒体环境中的注意力挑战及其化解》[J]．《湖北行政学院学报》，2012（4）．

25. 刘兴云：《当代中国马克思主义大众化传播的基本经验》[J]．《重庆社会科学》，2010（4）．

26. 陈经苏：《充分利用现代新兴媒体大力推进马克思主义大众化》

[J].《福州党校学报》，2011（3）.

27. 谭志敏，吴叶林：《略论新媒体环境下高校马克思主义大众化的实现路径》[J].《学校党建与思想教育》，2014（7）.

28. 张静：《新媒体环境下思想政治教育大众化的传播路径研究》[J].《思想政治与法律研究》，2015（5）.

29. 骆鸿儒：《新媒体：推进马克思主义大众化的新手段》[J].《改革与开放》，2012（8）.

30. 刘锐，楚天：《践行社会主义核心价值观语境下的动漫题材选择与创作》[J].《艺术评论》，2014（3）.

31. 李义丰：《社会主义核心价值观内涵探析》[J].《岭南学刊》，2011（3）.

32. 任艳：《社会主义核心价值观的影像传播和接受——将社会主义核心价值观教育融入"影视作品赏析课"的研究》[J].《四川戏剧》，2015（2）.

33. 许灿荣，徐喜春：《新媒体环境下青年社会主义核心价值观的培育研究》[J].《青年探索》，2015（1）.

34. 颜小燕，康树元：《新媒体环境下大学生社会主义核心价值观教育研究》[J].《教育与职业》，2014（1）.

35. 王金磊：《借力新媒体加强大学生社会主义核心价值观培育的几点思考》[J].《思想理论教育导刊》，2014（11）.

36. 廖圣清：《西方受众研究新进展的实证研究》[J].《新闻大学》，2009（4）.

37. 单波：《评西方受众理论》[J].《国外社会科学》，2002（1）.

38. 刘文辉：《从"被时代"到"我时代"：新媒体语境下受众身份的重构与异化》[J].《上海交通大学学报》（哲学社会科学版），2013（5）.

后 记

二十年前，当我从新闻工作者转岗为高校教师时，便决定把教书育人作为自己的终身职责，并把“红色文化”和思想政治教育作为科研主攻方向。自2004年底中央办公厅、国务院办公厅印发了《2004——2010年全国红色旅游发展规划纲要》以来，红色旅游在全国如火如荼，方兴未艾。“红色文化”也引起了学界的关注和重视。

红色文化是在马克思主义中国化进程中，在中国共产党的领导和影响下，中国人民在民族文化基础上创造的崭新的文化形态，它代表着二十世纪以来中华文化发展的主流和前进方向，是物态文化、制度文化、行为文化和心态文化的统一体。自党的十七大提出建设“文化强国”的发展战略以来，中国特色社会主义文化建设的新高潮正在全国兴起。作为中国先进文化的重要组成部分的红色文化，是中国共产党人“红色基因”，加强对红色文化的研究和传播，更好地传承红色基因和红色精神，既是时代赋予社会科学工作者的重任，更是高校思政教师的责任担当。

习近平总书记在党的十九大报告中对新时代坚持和发展中国特色社会主义的基本方略进行深刻阐述，提出“不断增强意识形态领域的主导权和话语权，推动中华优秀传统文化创造性转化、创新性发展，继承革命文化，发展社会主义先进文化，不忘本来，吸收外来、面向未来，更好构筑中国精神、中国价值、中国力量，为人民提供精神指引。”这是对党和国家今后一个时期思想政治和意识形态工作的全局性指导意见。

党的十九大闭幕后不久，习近平总书记带领新一届中央政治局常委集体参观嘉兴红船并发表重要讲话，彰显了“红船精神”作为中国共产党人红色文化、红色精神之源的重要价值。贯彻落实好习近平总书记提出的“要把红色资源利用好、把红色传统发扬好、把红色基因传承好”重要指示精神，深入系统地研究红色文化和中国共产党人的红色精神，并以人民群众喜闻乐见的形式阐释好、宣传好、利用好红色文化和红色精神，用红色文化和红色精神引领人、感染人、鼓舞人是党史研究教育宣传的题中应有之义，也是教育和宣传思想工作者必须应对的重大课题。

本书的前身为2012年国家社会科学基金项目《媒介融合背景下的红色文化传播研究》的研究报告（项目批准号：12XKS028）。它是该年度我校有幸获得立项的唯一项目。作为课题主持人，我既欣慰于项目获批，又深感任务重大。因同期要完成一个国家社科课题和一个教育部人文社科规划课题，还要攻读博士学位，真可谓“亚力山大”。幸好这些目标都如期实现了！该课题也于2018年5月一次性顺利结题。课题结项后，本人根据评审专家的意见和建议，前后断断续续地花了一年多时间做了修改和完善工作。

本项目由张文主持并搜集资料，在立项后担任课题组组长，组织有关人员完成研究与写作任务，并初拟本书研究提纲，经与胡启明、蒋纯红等同志集体讨论确定写作提纲。胡启明博士为本项目的完成做出了重要贡献。全书写作分工如下：

张文：初拟提纲，撰写第一章、第九章和后记，并负责全书的修改和统稿工作；蒋纯红：撰写第二章、第四章；胡启明：撰写第八章；施镱（广州大学松田学院教师）：撰写第三章、第六章；全军桦（中共广西桂平市委党校教师）：第五章、第七章。张晖宇和我的研究生刘芳、武海燕参与了第九章有关案例的资料搜集和相关撰写工作。

我的博士论文指导老师，山东大学二级教授、博士生导师周向军教授，作为国家马克思主义理论研究与建设工程专家、身兼多个国家级学会的常务理事、国家社科基金项目和教育部人文社科规划项目评审专家等头衔，学术活动较多。作为首席专家，正承担着2018年度国家社科基金重大招标项目《习近平新时代中国特色社会主义思想的哲学基础研究》的科研重任。暑期，正是周老师忙碌之时，但当我冒昧地请他为拙著做序时，周老师欣然应允。出国考察期间还在为序言构思。衷心感谢周老师对我们的支持、厚爱和对本书的肯定！

本课题在研究过程中，得到了众多学术界专家学者研究成果的思想启迪和资料支撑，在参考了大量的相关研究成果的基础上才得以完成。在此，特对在注释和参考文献中提及的各界专家学者致以诚挚的谢意！

感谢各位批准本项目在国家社科基金项目立项的评审专家和本课题结题的鉴定专家。作为盲审专家，他们秉承“公正客观、学术至上”的原则，认真负责地为每一项成果做出实事求是的评审和鉴定。感谢他们对本成果的充分肯定和宝贵建议！

本课题在研究和出版过程中，还得到众多领导、朋友和同行的大力支持。原桂林电子科技大学党委书记唐善茂教授在我校上任伊始的第三天便亲自参加本课题的开题报告会，并就该课题的研究工作做出具体指导；广西特聘教授、广西师范大学马克思主义学院博士生导师谭培文教授在开题报告会上为本课题的研究提出了宝贵的建议；我校党委常委、宣传部长陈松青研究员主持负责的区级项目桂林电子科技大学党员学习教育系统为本课题的实践操作提供了平台。桂林电子科技大学马克思主义学院党委书记邓国峰教授原是本项目的主要成员之一，他及其团队为本项目的前期研究做出了重要贡献。广西高校人文社科重点研究基地政府数字传播与文化软实力研究中心与我校马克思主义学院联合为本书的出版提供经费资助。学院领导苏国辉、王占锋、韦诗业三位博士都对本书的出版十分关心和支持。中联华文（北京）社科图书咨询中心与中国社会出版社的领导和责任编辑为本书的顺利出版辛勤付出。课题成员为完成本课题辛勤劳动、贡献智慧、学识和精力。特对以上领导、专家和同仁表示衷心的感谢！

“媒介融合”对我们而言还是一个较新的课题。限于水平与能力，我们的研究难免会存在不足和错误，恳请专家学者们批评指正。

张　文

于2019年7月30日